民航服务心理与实务

Civil Aviation Service Psychology and Practice

郑菲菲◎主　编

马思斯　许倩倩　杨志慧◎副主编

电子工业出版社

Publishing House of Electronics Industry

北京·BEIJING

内 容 简 介

本教材以"识认—识辨—识用"为模块主线，介绍了民航服务心理基础、旅客感知心理、旅客需要心理、旅客个性心理、旅客情绪心理、客我交往心理、民航突发事件旅客心理、旅客群体冲突与投诉心理、民航服务人员心理素质提升等学习模块。每个模块均设置学习目标、思维导图、案例导引、同步思考、课堂互动、课程思政小红星、知识巩固、技能训练等，引入通俗易懂的民航服务心理案例、服务设计方案、民航影视赏析、优秀作业视频等多元化的教学资源和颗粒化的教学微课，辅以全面系统、设计精美的教学PPT、教学大纲和教学任务书，既增加了教材内容的趣味性、可操作性和新颖性，又为广大授课教师与学习者提供了极大的使用便利。

未经许可，不得以任何方式复制或抄袭本书之部分或全部内容。
版权所有，侵权必究。

图书在版编目（CIP）数据

民航服务心理与实务 / 郑菲菲主编. —北京：电子工业出版社，2024.2
ISBN 978-7-121-47125-4

Ⅰ．①民… Ⅱ．①郑… Ⅲ．①民用航空－旅客运输－商业心理学－高等学校－教材 Ⅳ．①F560.9

中国国家版本馆 CIP 数据核字（2024）第 013112 号

责任编辑：刘淑丽
印　　刷：中煤（北京）印务有限公司
装　　订：中煤（北京）印务有限公司
出版发行：电子工业出版社
　　　　　北京市海淀区万寿路 173 信箱　邮编：100036
开　　本：787×1 092　1/16　印张：15.25　字数：401 千字
版　　次：2024 年 2 月第 1 版
印　　次：2024 年 2 月第 1 次印刷
定　　价：58.00 元

凡所购买电子工业出版社图书有缺损问题，请向购买书店调换。若书店售缺，请与本社发行部联系，联系及邮购电话：（010）88254888，88258888。
质量投诉请发邮件至 zlts@phei.com.cn，盗版侵权举报请发邮件至 dbqq@phei.com.cn。
本书咨询联系方式：（010）88254199，sjb@phei.com.cn。

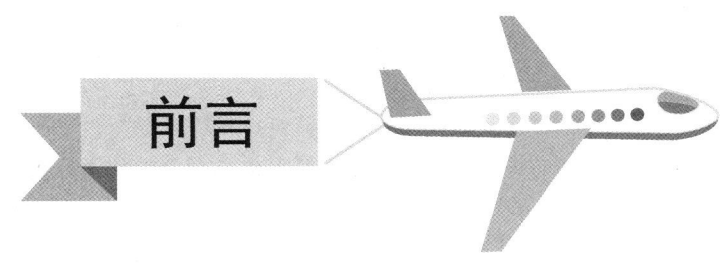

前言

随着新时代民用航空（以下简称民航）业的飞速发展和技术更新，民航运输成为人民群众出行的必然选择，民航旅客对民航服务水平和沉浸式服务体验提出了更高的要求，希望民航服务人员具有更高的从业水准、职业能力和职业素养。以旅客为本，提供精细化服务、人性化服务、个性化服务和差异化服务已经成为高质量服务的价值体现和行动指南，其中，对人的理解、尊重和关怀是筑基固本的关键工作。

民航服务心理与实务是空中乘务专业国家教学标准的专业核心课程，培养学习者从心出发的服务意识和职业能力。本教材致力于建构结构化的知识体系和包括典型工作任务的行动体系，帮助学习者掌握民航服务心理基础知识、旅客感知心理、旅客需要心理、旅客个性心理、旅客情绪心理、客我交往心理、旅客突发事件心理、旅客群体冲突与投诉心理、民航服务人员心理素质提升等知识。

本教材以"识认—识辨—识用"为模块主线，每个模块均设置学习目标、思维导图、案例导引、同步思考、课堂互动、课程思政小红星、知识巩固、技能训练等，引入通俗易懂的民航服务心理案例、服务设计方案、民航影视赏析、优秀作业视频等多元化的教学资源和颗粒化的教学微课，辅以全面系统、设计精美的教学 PPT、教学大纲和教学任务书，既增加了教材内容的趣味性、可操作性和新颖性，又为广大授课教师与学习者提供了极大的使用便利。

本教材特色鲜明，讲究实用创新，贴近民航岗位工作，注重数字化转型对民航服务心理的作用及其实务方法的运用和项目方案的设计。表现在：第一，本教材将知行合一、学以致用融入结构设计。悉原理，学习旅客服务心理的普遍原理；晓方法，掌握旅客心理的识别、分析和判断方法；通实务，基于旅客心理优化服务分析与服务实践；颂精神，将以人为本、实事求是、工匠精神等课程思政元素融入旅客服务心理的服务实施与服务提升中。第二，依据《民航乘务员国家职业技能标准》，创新性增设旅客感知心理——主题航班的方案设计、旅客个性心理——旅客用户画像评定、旅客情绪心理——减压放松活动、民航服务人员心理素质提升——团体心理辅导等工作任务，为判断、识别、调节旅客心理状态和提升民航服务人员心理素质提供了可操作、可演练的思路和方案。第三，主动融入民航课程思政元素，形成家国情怀，弘扬中国优秀传统文化，贯彻国家安全观，培育职业精神、劳模精神、工匠精神、民航三敬畏精神，"一模块一思政"，将课堂教学与课外志愿服务、社会实践、行业比赛、1+X 职业技能等级考核相关联，真正培养学习者的民航责任意识、服务设计思维、问题处理能力。第四，本教材与空中乘务专业国家教学资源库智慧职教平台"民航服务心理与实务（双语）"课程相配套，可供各兄弟院校空乘相关专业学生、航空公司空勤和地勤人员及其他服务行业（旅游、酒店等）工作人员学习和使用。

  本教材汇聚民航服务专业资深教师，由南京旅游职业学院郑菲菲、江苏经贸职业技术学院马思斯、南京旅游职业学院许倩倩、长沙航空职业技术学院杨志慧合作编写。郑菲菲作为主编，主要负责教材的总体框架设计、总体进度把控及模块一、模块二（部分）、模块三、模块四、模块九（部分）的撰写、校对与微课拍摄。马思斯负责模块八、模块九的撰写、校对与微课拍摄。许倩倩负责模块五、模块七的撰写、校对与微课拍摄。杨志慧负责模块二、模块六的撰写与校对。本教材有助于学习者深化对服务对象的理解、关心和尊重，树立和深化从事服务工作的社会价值认同和职业价值观。

  把握旅客服务心理是民航高质量旅客服务的工作前提，是旅客沉浸式服务体验的重要抓手，是服务人员工匠精神筑根培基的灵魂所在，是教材建设背后的行业使命和奋斗目标。国家"三教"改革引领一线教学工作者一路向前，不忘初心，守好试验田，耕好自留地。本教材编写组将一如既往地将学生需要、社会需要和国家需要牢记于心，把改善旅客心理和民航服务人员心理作为教材建设的重要方向指引，让航空优质出行成为人民群众获得感和幸福感的首选，让民航服务更尽心、更舒心、更放心。

  本教材付梓之际，编写组在此特别感谢王益友教授、电子工业出版社各位编辑老师给予我们大量前瞻性、针对性的意见和建议。同时感谢南京旅游职业学院许赟、陈璐、胡爱英等老师参与教学视频拍摄。

  由于本教材编写时间紧，疏漏和不足之处在所难免，谨恳请各位专家、各院校教师和读者不吝赐教，我们将及时修正，不断完善。

编者

目录

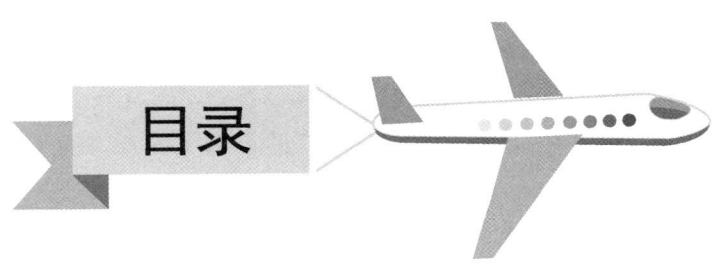

模块一 认识服务心理与民航服务心理 ·· 1
  项目一 识认日常生活中的服务心理 ·· 3
    任务一 服务心理的理论价值与应用价值 ·· 3
    任务二 服务心理的基本概念与流派 ·· 5
    任务三 服务心理与其他学科的联系 ·· 10
  项目二 识辨民航服务的工作性质 ·· 12
    任务一 民航服务的概念与特征 ·· 13
    任务二 民航服务人员的职业要求 ·· 14
    任务三 民航服务心理的主要内容 ·· 17
  项目三 识用民航服务心理的实务方法 ·· 17
    任务一 观察法 ·· 18
    任务二 问询法 ·· 21
    任务三 测试法与调查法 ·· 21
    任务四 工作实践法与实验法 ·· 24
  课程思政小红星 ·· 24
  知识巩固 ·· 26
  技能训练 ·· 26

模块二 旅客感知心理与民航服务 ·· 27
  项目一 识认旅客感知心理 ·· 29
    任务一 感知的概念与特征 ·· 29
    任务二 影响旅客感知的主客观因素 ·· 32
    任务三 旅客感知的心理偏差与效应 ·· 33
  项目二 识辨旅客满意度测评 ·· 36
    任务一 建立旅客满意度测评内容 ·· 37
    任务二 采集旅客满意度科学数据 ·· 39
    任务三 分析旅客满意度的影响因素 ·· 40

任务四　制订旅客满意度提升方案 ··· 41
　项目三　识用旅客感知心理的体验设计 ·· 43
　　　任务一　认识主题航班 ··· 44
　　　任务二　主题航班的方案设计 ··· 45
　　　任务三　不同类型的主题航班方案解析 ··· 49
　课程思政小红星 ·· 51
　知识巩固 ·· 52
　技能训练 ·· 52

模块三　旅客需要心理与民航服务 ·· 53
　项目一　识认旅客需要心理 ·· 55
　　　任务一　需要的概念与特征 ··· 55
　　　任务二　需要的理论与分类 ··· 56
　　　任务三　马斯洛需要层次理论及应用 ··· 58
　项目二　识辨一般旅客需要心理 ·· 61
　　　任务一　饮食需要心理 ··· 61
　　　任务二　安全需要心理 ··· 62
　　　任务三　情感需要心理 ··· 63
　　　任务四　尊重需要心理 ··· 64
　项目三　识用特殊旅客需要心理 ·· 65
　　　任务一　老年旅客的需要心理 ··· 66
　　　任务二　儿童旅客的需要心理 ··· 69
　　　任务三　病残旅客的需要心理 ··· 71
　　　任务四　孕妇旅客的需要心理 ··· 73
　　　任务五　重要旅客的需要心理 ··· 74
　　　任务六　旅客需要判定与服务方案 ··· 75
　课程思政小红星 ·· 76
　知识巩固 ·· 77
　技能训练 ·· 77

模块四　旅客个性心理与民航服务 ·· 78
　项目一　识认旅客个性心理 ·· 80
　　　任务一　个性心理 ··· 80
　　　任务二　性格 ··· 82
　　　任务三　气质 ··· 84
　　　任务四　能力 ··· 86

项目二　识辨旅客个性心理评定 88
　　　　任务一　旅客行为评定 88
　　　　任务二　旅客测验评定 90
　　　　任务三　旅客用户画像评定 92
　　项目三　识用旅客个性心理与服务 93
　　　　任务一　基于气质的旅客心理与服务应用 94
　　　　任务二　基于国家、地域的旅客心理与服务应用 99
　　　　任务三　基于职业的旅客心理与服务应用 101
　　课程思政小红星 103
　　知识巩固 104
　　技能训练 104

模块五　旅客情绪心理与民航服务 105
　　项目一　识认旅客情绪心理 107
　　　　任务一　情绪的概念、分类与功能 107
　　　　任务二　旅客情绪心理的外部表现与识别 110
　　　　任务三　旅客情绪心理的产生原因 113
　　项目二　识辨旅客情绪心理的调适方法 114
　　　　任务一　常见的旅客情绪安抚方法 115
　　　　任务二　合理情绪疗法与应用 122
　　　　任务三　放松方法与应用 123
　　　　任务四　正念方法与应用 125
　　项目三　识用旅客情绪心理的减压放松 127
　　　　任务一　全身放松活动 127
　　　　任务二　面部放松活动 128
　　　　任务三　手指放松活动 130
　　课程思政小红星 131
　　知识巩固 132
　　技能训练 132

模块六　客我交往心理与民航服务 134
　　项目一　识认客我交往心理 136
　　　　任务一　客我交往的概念与特征 136
　　　　任务二　客我交往心理状态的分类 137
　　　　任务三　客我交往形式 138
　　项目二　识辨客我关系的方法 142

任务一　客我关系建立 142
　　任务二　建立良好客我关系的谈话技巧 144
　　任务三　建立良好客我关系的共情技巧 147
　　任务四　建立良好客我关系的倾听技巧 149
　项目三　识用服务中的客我交往心理 150
　　任务一　地勤服务的客我交往 151
　　任务二　空勤服务的客我交往 156
　课程思政小红星 158
　知识巩固 159
　技能训练 159

模块七　民航突发事件旅客心理与民航服务 160
　项目一　识认民航突发事件 162
　　任务一　民航突发事件的概念和特征 162
　　任务二　民航突发事件的分类、原因和影响 163
　项目二　识辨民航突发事件旅客心理 165
　　任务一　一般突发事件的旅客心理 166
　　任务二　严重突发事件的旅客心理 167
　项目三　识用民航突发事件旅客心理的服务应对 171
　　任务一　大面积航班延误或取消 172
　　任务二　机上扰乱行为或非法干扰行为 176
　　任务三　旅客突发疾病 177
　　任务四　客舱安全突发事件 179
　课程思政小红星 180
　知识巩固 181
　技能训练 181

模块八　旅客群体冲突、投诉心理与民航服务 183
　项目一　识认旅客群体冲突心理 185
　　任务一　旅客群体冲突心理 185
　　任务二　群体冲突心理的行为表现与动力机制 190
　项目二　识辨旅客群体冲突心理的服务应对 193
　　任务一　群体冲突心理的阶段疏导 194
　　任务二　群体冲突心理的服务策略 197
　项目三　识用旅客投诉心理的服务应对 199
　　任务一　旅客投诉的事前预防 200

任务二　旅客投诉的事中安抚 …………………………………………… 203
　　任务三　旅客投诉的事后处理 …………………………………………… 205
课程思政小红星 …………………………………………………………………… 207
知识巩固 …………………………………………………………………………… 207
技能训练 …………………………………………………………………………… 207

模块九　民航服务人员心理素质提升 ………………………………………… 208
项目一　识认民航服务人员心理素质 …………………………………………… 210
　　任务一　心理素质的概念、分类与特征 …………………………………… 210
　　任务二　服务人员的心理健康 ……………………………………………… 212
　　任务三　服务人员心理健康的判定 ………………………………………… 213
项目二　识辨民航服务人员心理问题与辅导 …………………………………… 215
　　任务一　新时期民航服务人员心理问题的判定与辅导 …………………… 216
　　任务二　特殊事件后民航服务人员心理问题的判定与辅导 ……………… 217
项目三　识用民航服务人员心理健康提升路径 ………………………………… 220
　　任务一　个体身心发展 ……………………………………………………… 220
　　任务二　团体心理辅导 ……………………………………………………… 224
　　任务三　员工帮助计划 ……………………………………………………… 227
课程思政小红星 …………………………………………………………………… 231
知识巩固 …………………………………………………………………………… 232
技能训练 …………………………………………………………………………… 232

参考文献 …………………………………………………………………………… 233

模块一 认识服务心理与民航服务心理

学习目标

知识目标
- 了解服务心理的基本概念、流派和主要内容；
- 掌握心理过程和心理特征的内涵；
- 理解民航服务的概念与特征。

能力目标
- 能够灵活掌握民航服务心理实务方法及其适用条件；
- 能够主动关注与本课程相关的前沿学科的发展。

素质目标
- 树立以旅客为中心的服务意识与工作价值观；
- 具备良好的民航服务人员职业素质、敬业品质和民航"三敬畏"精神。

思维导图

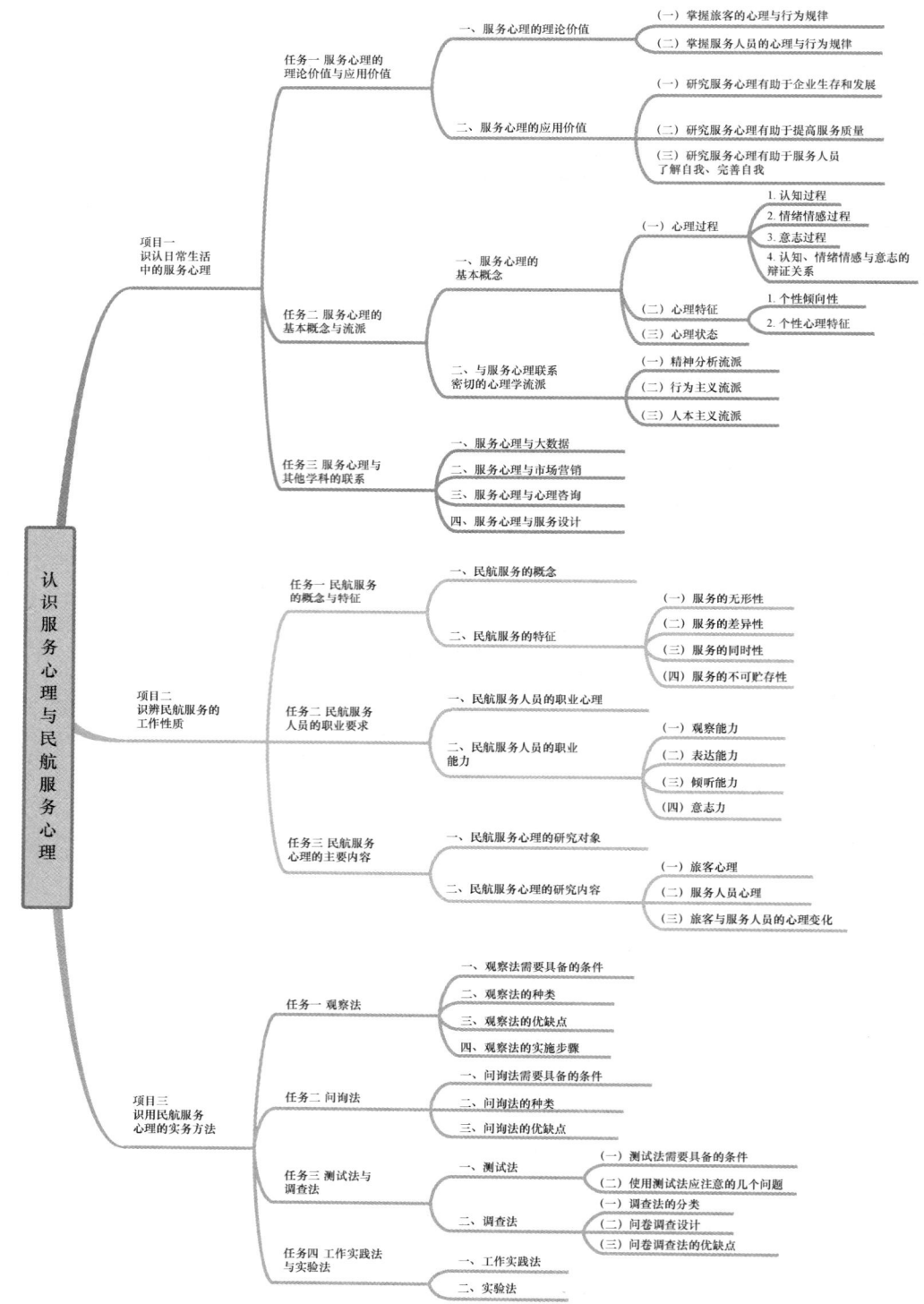

项目一　识认日常生活中的服务心理

 案例导引

服务从"心"开始

有一对老夫妻乘坐晚上 11 点 05 分前往美国洛杉矶的航班，在值机的时候发现没有办理美国签证电子系统（Electronic Visa System，EVS），急需在网上补办。当时已经临近晚上 8 点 30 分，他们心急如焚，让家人朋友在计算机上操作，但是无法登录那个申请的网站。我看到他们十分无助地站在那里，便上前询问他们是否需要帮助。他们告诉我他们遇到的困难，我尝试用我的手机登录申请网站，发现可以登录，我便将我的手机拿给他们使用，然后回去工作。过了一会儿，到了我下班的时候。我过去看见他们只填了几行信息，他们告诉我自己年纪大了，看不清手机上的字。我便坐下一个字一个字地给他们念，他们一个一个地告诉我信息，但由于网络稳定性差，不得不反复填写资料，直到 10 点多才将信息提交了。过了一会儿，我向一位同事求助，让他帮忙查询一下结果，但系统一直显示审批中。直到 10 点 20 分，在最后的时刻，登机牌出了。我赶紧拉着他们的行李跑向超限柜台，以最快的速度将他们的行李进行了托运，并把他们送到海关处。他们在进海关前拉着我的手，一定要我留下手机号码，含着泪水向我表示万分感谢。他们在最后时刻顺利登机了。

这对老夫妻到了美国后，非常感激我给他们的帮助，给我发了一条长长的短信，还写了一封感谢信，让他们女儿从美国给我寄了过来。两个月之后，他们回国第二天，一同前来我的办公柜台给我送上了一面锦旗。他们反复肯定了深圳航空的精神是雷锋精神，也表扬了我的服务优秀和贴心。

资料来源：民航资源网

21 世纪是一个充满创新与变化的时代。民航服务必须适应信息化、数字化、云技术的新时代发展要求，将提升旅客人性化、个性化与差异化的乘机体验和服务满意作为丰富新时代民航服务内涵的动力所向，这一切离不开对服务心理的研究与探讨。服务心理学是系统地研究旅客与服务人员的心理及行为规律的科学，是普通心理学、社会心理学等心理学分支在具体行业领域活动中的实际应用。本教材中的服务心理均指民航行业的服务心理。

任务一　服务心理的理论价值与应用价值

心理学是研究人的心理活动和行为表现的一门学科，它既是理论学科，也是应用学科，其主要研究任务是探索人的行为的心理规律、变化过程及影响因素。

一、服务心理的理论价值

服务心理的出发点是促进服务人员与旅客的高质量互动，达到双方都满意的目的。在愉快服务心理的驱动下，通过服务人员的努力，使双方心向一处，即服务人员了解旅客的心理，理解旅客的心理，乐于为旅客服务，愉快地为旅客服务。掌握民航旅客与服务人员的心理成为提供优质民航服务的前提。

（一）掌握旅客的心理与行为规律

旅客是服务人员的服务对象，民航服务人员的宗旨是满足他们的心理需求。特别是在信息化社会中，人们容易受到各种信息的影响，心理过程由此变得更加复杂与多变，这就要求民航服务人员紧跟时代步伐，不断探索旅客心理的新需求与新变化。旅客心理包括旅客感知心理、旅客需要心理、旅客个性心理、旅客情绪心理、客我交往心理、旅客突发事件心理、旅客群体冲突与投诉心理等。服务人员既要了解旅客的个体心理状态及群体心理状态，还要注意掌握不同类型旅客及特殊情境下的旅客的行为规律。从时间上说，服务人员与旅客的接触是短暂的。服务人员只有充分运用信息技术，掌握科学的服务方法，才能把握新时代旅客的心理需求与特点，提高认知和行为能力，做好民航真情服务。

（二）掌握服务人员的心理与行为规律

民航服务离不开服务人员，他们的服务质量直接关系到旅客的感受与满意度。服务人员在工作过程中的心理活动，如是否能正确认识自己的工作性质、是否尊重并热爱这份工作、是否愿意为旅客提供服务、是否能精力充沛并满腔热情地工作、工作是否积极主动，以及情绪低落时是否有可能将自己不愉快的心情带给旅客，都能体现服务人员自身的素质。

由于人们生活节奏加快、生活压力增强，服务人员普遍出现职业心理困扰，产生各种心理矛盾与压力。从服务的角度看，在服务过程中真情服务的落实者是服务人员，服务人员怎样进行自我调适、情绪调节等至关重要。如果服务人员的心态或情绪不佳，或者不懂、不会调节自我心理与情绪，就无法落实真情服务。从管理的角度看，管理是对人的管理，对服务人员的关怀与心理疏导是管理的重中之重。毋庸置疑，服务人员如果能够懂得自身心理特征，学会自我调节，无疑对提高民航服务质量与管理水平有积极作用。

二、服务心理的应用价值

（一）研究服务心理有助于企业生存和发展

当今民航企业的生存与发展离不开民航服务心理的把握。在供过于求的市场情况下，民航企业之间的竞争不在于如何击败对手，而在于如何高效地获得与留住旅客。深入研究民航服务心理，了解旅客消费需求，掌握旅客心理活动规律，能更有效地吸引和获得新旅客，很好地培养旅客的忠诚度和认可度。各民航企业越来越认识到精准研判旅客心理及其需求对占领航空市场具有重要意义。目前民航企业推出的一系列服务创新举措，正是从旅客心理需求出发，增加客源采取的有效措施。

（二）研究服务心理有助于提高服务质量

人的动机是行为产生的内在原因，是人类心理规律的根源。旅客乘机的动机是什么？他们在乘机的过程中可能产生哪些需求？如果旅客的需求得不到满足，他们的行为会怎样？民航服务心理学可以揭示这些规律，并根据不同的旅客心理提供有的放矢的服务。

服务人员如果只是单纯的热情、勤快、主动服务，没有关注旅客的心理需要，服务结果往往事与愿违，通常会出现服务人员越勤快主动，旅客越反感的尴尬情况。例如，有些商务旅客想要安静休息，不愿被人打扰，此时民航服务人员总去嘘寒问暖，旅客当然不愿意。如果我们能了解旅客的心理，根据其心理需要提供有针对性的服务，就能把工作做到关键点上，把服务人员的主观努力与旅客的客观需要统一起来，这样必然受到旅客的欢迎。提供有针对性的服务先要学会观察、了解、判断旅客的心理需要，从而探索服务规律，提高服务水平。

（三）研究服务心理有助于服务人员了解自我、完善自我

民航服务人员，无论是地面服务人员、安检服务人员还是客舱服务人员，很多都直接与旅客打交道。这些服务人员的自身素质和心理品质是影响旅客服务体验的重要因素。学习和研究

民航服务心理学可以深化服务人员对服务对象的理解、关心和尊重，形成对从事服务工作的社会价值认同和自我职业价值观，培养自身良好的心理韧性，为自我持续发展与全面成长提供较好的心理资本。

任务二　服务心理的基本概念与流派

普通心理学告诉我们，心理现象是通过心理过程、心理特征和心理状态三者表现出来的。通常，心理过程是心理活动在客观事物的作用下，在一定时间内发生、发展的过程，包括认知过程、情绪情感过程和意志过程三个方面。心理特征是心理活动经常表现出来的稳定的心理特点。心理状态是心理活动的基本形式，是在一段时间内相对稳定的心理活动，如认知过程的聚精会神与注意力涣散状态、情绪情感过程的心境状态和激情状态、意志过程的信心状态和犹豫状态等。在人的心理活动中，心理过程、心理状态和心理特征三者紧密联系。

一、服务心理的基本概念

（一）心理过程

心理过程是心理现象的动态表现形式，对心理活动起到推动作用。它是我们接触外部世界的桥梁，又是表达自己内心世界的渠道。心理过程包括认知过程、情绪情感过程和意志过程，即人的心理反应过程的知、情、意。

1. 认知过程

认知是人们获得知识、运用知识的过程或信息加工的过程。这是人的基本心理现象，包括感觉、知觉、记忆、思维、想象等。人接收外界输入的信息，并通过神经系统的加工处理，将这些信息转换成内在的心理活动，进而支配人的行为。这是信息加工的过程，即认知过程。

1）感觉。感觉是人脑对直接作用于感觉器官的客观事物的个别属性的反映。例如，不同光波作用于视网膜后引起大脑相应部位的机能活动，产生不同颜色的视觉映像，就是一种感觉现象。感觉是人对客观事物认知的起点。人对客观世界的认识开始于感觉。感觉分为外部感觉和内部感觉两大类，感觉又有视觉、听觉、嗅觉、味觉、皮肤觉等。

2）知觉。知觉是人脑对直接作用于感觉器官的客观事物的各个部分和属性的整体反映。例如，人会把一系列由音调、音色不同的音符组成的富有节奏感的曲子听成某首乐曲。知觉是人脑把各种感觉联合起来的结果。事实上，在正常人身上，感觉和知觉难以分开，心理学把它们统称为感知。

3）记忆。记忆是人对客观事物反复感知后在头脑中形成较为牢固的映像，并在需要时把映像重现出来的心理活动。记忆是感性认识和理性认识的桥梁，是知识经验积累的必备条件。记忆分为识记、保持、再认和回忆几个心理过程。在记忆过程中，从信息输入到提取的时间间隔不同，个体对信息的编码方式也不同，根据这些特点，记忆又分为感觉记忆（瞬时记忆）、短时记忆和长时记忆。

4）思维。思维是人脑对通过感知得到的事物现象材料进行分析、综合、抽象、概括，以揭示事物内在联系和本质特征的心理活动。对客观事物反映的间接性和概括性是思维的基本特征。因此，思维能够使人摆脱感性经验的束缚，达到对客观事物的理性认识，并能对客观事物做出超前反应。

人不仅能直接感知个别具体的事物，认识事物的表面联系，还能运用头脑中已有的知识经验间接认识和概括事物，揭示事物的本质联系和内在规律，这就是思维的奥秘。思维可分为聚合思维和发散思维。

5）想象。想象是人脑对通过感知得来的事物表象进行加工组合，以形成现实生活中存在或不存在的新形象的心理活动。想象是一种特色思维，人正是通过思维与想象的结合，才能把握过去、预见未来和创造发明。想象是人脑对已有表象进行加工创造新形象的过程，如建筑师设计建筑蓝图、艺术家塑造艺术形象等。社会实践是想象的源泉，是检验想象正确性的标准。想象可分为随意想象和不随意想象，其中，随意想象又分为再造想象、创造想象和幻想三种形式。

2. 情绪情感过程

情绪情感过程是人在对客观事物的认识过程中表现出来的态度体验，如满意、愉快、气愤、悲伤等，它总是和一定的行为表现相联系。人在认识客观事物时，不仅仅是认识它、感受它，还要改造它，这是人与动物的本质区别。

情绪和情感是人的感情生活中相互依存的两个方面。情感是感情生活的一种感受与体验，而情绪则是感受与体验的具体表现。人们通常把道德感、美感和理智感看成人的情感的基本方面，而把心境、激情和在特定条件下出现的应激看成情绪反应的基本形式和情绪情感活动的重要组成部分。

3. 意志过程

意志过程是人为了改造客观事物而有意识地提出目标、制订计划、选择方式方法、克服困难，以达到预期目的的内在心理活动过程。意志过程的特点是自觉确定行动目的、克服困难、战胜挫折，对行动起到激励或抑制作用。人在意志活动中表现出来的个性特征，反映了一个人的意志品质的性质和水平。

4. 认知、情绪情感与意志的辩证关系

认知、情绪情感与意志相互依存、相互联系。没有事实关系，价值关系就成了无源之水，没有价值关系，行为关系也成了无源之水，因此，认知是情绪情感的源泉，情绪情感是意志的源泉。事实关系以价值关系为导向，价值关系又以行为关系为导向，因此，认知以情绪情感为导向，情绪情感以意志为导向。情绪情感最初是从认知中逐渐分离出来的，它又反过来促进认知的发展；意志最初是从情绪情感中逐渐分离出来的，它又反过来促进情绪情感的发展。认知、情绪情感与意志相互渗透、相互作用、互为前提、共同发展。

（二）心理特征

心理特征反映的是一个人在社会生活实践中形成的相对稳定的各种心理现象。由于每个人的先天素质和后天环境不同，短暂的心理过程在产生时又总是带有个人的特征，从而形成了不同的个性心理。个性心理主要包括个性倾向性和个性心理特征两个方面。

1. 个性倾向性

个性倾向性是一个人具有的意识倾向，也就是人对客观事物的稳定的态度，如个体长期稳定的信念、理想、世界观、价值观及动机、兴趣、需要这些心理现象。它是个人从事活动的基本动力，决定着一个人的行为方向。人们在需要、动机、兴趣、理想、信念等方面会有程度和性质上的差异，人们的思想行为也有着不同的倾向性。

2. 个性心理特征

个性心理特征是指个人身上表现出来的比较稳定的心理特征，主要是指能力、气质、性格。每个人在处理问题和待人接物时都会表现出与他人不同的特点。我们把能力、气质、性格统称为个性心理特征。有的人观察敏锐、精确，有的人观察粗枝大叶；有的人思维灵活，有的人思考问题深入；有的人情绪稳定、内向，有的人情绪易波动、外向；有的人办事果断、有的人优柔寡断，等等。这些差异体现在能力、气质和性格上的不同。在能力方面，有的人有数学才能，有的人有写作才能，有的人有音乐才能；在气质和性格方面，有的人活泼好动，有的人沉默寡言，有的人热情友善，有的人冷漠无情。

（三）心理状态

心理状态是个体在一定情境下各种心理活动的复合表现。任何一种心理状态既有各种心理过程的成分，又有个性差异的色彩，还包括许多复合的心理过程。心理状态受客体、客体的背景、客体的关系等整个为主体所感知的事物及其环境的很大制约作用。所以说，一个人在特定时刻的心理状态是当前事物引起的心理过程、过去形成的个性特征和以前的心理状态相结合的产物。

心理状态是心理过程与个性心理特征统一的表现。心理过程是不断变化着的、暂时性的，个性心理特征是稳固的，而心理状态则是介于二者之间的，既有暂时性，又有稳固性。心理状态是心理过程与心理特征相结合的产物。心理过程与心理特征必须通过心理状态才能表现出来。心理过程在一定的心理状态背景中进行，表现为一定的心理状态，如注意的分心与集中，思维的明确性、迅速性和"灵感"状态，情绪的激动与沉着，意志的果断与犹豫等。心理状态是个别心理过程的结合和统一，是某种综合的心理现象，所以它往往又成为某种个性特征的表现，反映人的个性面貌，因而心理状态的特征又往往成为人的个性心理特征的表现。

心理过程、心理特征和心理状态的结构如图 1-1 所示。

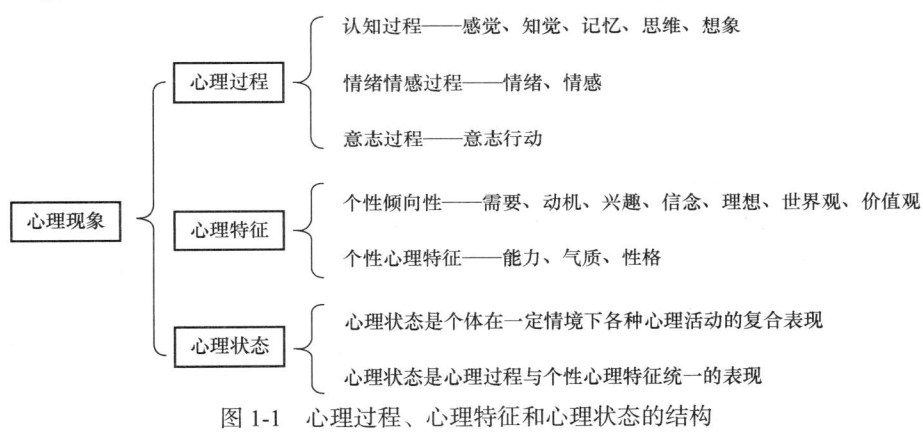

图 1-1　心理过程、心理特征和心理状态的结构

> **课堂互动 1-1**
>
> 请同学们以乘务组为单位，运用所学的知识，讨论并画出心理过程、心理特征和心理状态各具体要素之间关系的思维导图。

二、与服务心理联系密切的心理学流派

与服务心理联系较为密切的心理学流派有精神分析、行为主义、人本主义等，不同流派的基本观点和看法能为服务心理提供有效的理论支持和实务支持。

（一）精神分析流派

1. 精神分析流派的产生与代表人物

精神分析是西方现代心理学思想中的主要流派。它产生于 19 世纪末 20 世纪初，代表人物有精神分析心理学创始人西格蒙德·弗洛伊德。弗洛伊德提出了"潜意识""自我""本我""超我""俄狄浦斯情结""力比多""心理防卫机制"等概念。后人认为，他提出的精神分析学并非有效的临床治疗方法，但激发了后人提出各式各样的精神病理学理论，因此在

【微课】1-1 服务心理学的基本概念

临床心理学的发展史上具有重要意义。

2. 精神分析流派的主要观点

弗洛伊德的精神层次理论阐述了人的精神活动，包括欲望、冲动、思维、幻想、判断、决定、情感等，会在不同的意识层次里发生和进行。意识即自觉，凡是自己能察觉的心理活动都是意识，属于人的心理结构的表层。它感知外界现实环境和刺激，用语言来反映和概括事物的理性内容。前意识又称下意识，是调节意识和无意识的中介机制。前意识是一种可以被回忆起来的、能被召唤到清醒意识中的潜意识，因此，它既联系着意识，又联系着潜意识，使潜意识向意识转化成为可能。但是，它的作用更体现在阻止潜意识进入意识，起着"检查"作用。潜意识又称无意识，是在意识和前意识之下受到压抑的没有被意识到的心理活动，代表着人类更深层、更隐秘、更原始、更根本的心理能量。

在弗洛伊德的人格结构理论中，人格又称个性，这个概念源于希腊语单词"Persona"，原来主要指演员在舞台上戴的面具，类似于中国京剧中的脸谱，后来心理学借用这个术语说明在人生的大舞台上，人也会根据社会角色的不同来换面具，这些面具就是人格的外在表现。面具后面还有一个实实在在的真我，即真实的自我，它可能和外在的面具截然不同。

同步思考 1-1

精神分析流派在民航服务心理中的运用

弗洛伊德提出，防御处理机制是内部的边界——内心不同部分之间的冲突导致的，它允许人们回避那些令人不安的想法、感受、冲动。在民航服务中，由于双方地位的不平等及旅客对服务的负面看法，服务人员可能遭遇很多委屈和不理解，甚至被旅客施加各种形式的暴力。服务人员该怎么办呢？大致有以下两种处理方法。

第一，情感隔离。将情感从认知中剥离出来是个体应对焦虑和痛苦的一种方式，更确切地说，伴随体验或观念的情感部分可从认知整体中游离出来。民航服务人员对遇到的不公平的事情进行情感隔离，之后才能正常工作。例如，乘务员会使用"记忆的橡皮擦"，下了飞机之后就不再想上一个航班发生的事情，尤其是不愉快的经历，因为大家都知道带着情绪上飞机无法正常工作。

第二，理智化。这是把情感从理智中剥离出来的"高级版本"，与情感隔离的区别是情感隔离表现为对不良经历置若罔闻，但理智化的个体会处事不惊地谈论感受，有感受但深藏于心。面临危机时能理智应对、较少冲动是成熟的标志，但过度使用，会降低对幽默、娱乐等情趣类事物的兴趣。

不成熟的防御机制有退行、推诿等。在遇到事情时哭闹、推卸责任等行为，都是不成熟的防御机制。服务人员可以先缓解情绪，再处理事情。

（二）行为主义流派

1. 行为主义流派的产生与代表人物

行为主义否定以研究意识为出发点的传统观点，而主张以研究行为为出发点，重视实验的作用。行为主义以动物实验为基础，通过改变环境（刺激）来改变动物的行为，认为通过强化刺激可以形成行为习惯，从而预测和控制有机体的行为。行为主义可分为古典行为主义和新行为主义。古典行为主义的代表人物以华生为首，还有霍尔特、亨特、拉什里和魏斯。新行为主义的代表人物则有托尔曼、赫尔、斯金纳、班杜拉等。行为主义流派代表人物有巴甫洛夫、桑代克、斯金纳、华生。

2. 行为主义流派的主要观点

行为主义探索认知、思维、意象在行为调节中的作用，强调行为和认知的结合。既可以通过人的思维、信念和期待等认知过程预测人的行为，也可以通过改变人的认知来改变人的行为，通过行为的改变也可改变人的信念、期待等认知过程；强调自我调节的作用；强调心理过程的积极与主动。新行为主义者强调要把行为主义与建构论结合起来，重视以往通过学习而获得的认知规则在对环境信息做出反应的过程中的作用；坚持客观主义的态度。本教材的旅客情绪心理模块会着重介绍放松训练，运用的是行为主义方法。在长时间的航空服务过程中，民航服务人员可以引导旅客做放松操，缓解疲劳；当自己面临非常大的压力时，也可以用放松法进行自我调节。另外，在民航服务中，服务人员会多次使用及时反馈、赞美进行正强化，也是基于行为主义心理学的原理。

（三）人本主义流派

1. 人本主义流派的产生与代表人物

人本主义兴起于20世纪五六十年代的美国，由马斯洛创立，以罗杰斯为代表，被称为除行为主义和精神分析外的心理学上的第三势力。人本主义和其他流派最大的不同是特别强调人的正面本质和价值，而并非集中研究人的问题行为，并强调人的成长和发展，称为自我实现。代表人物有人本主义心理学创始人、美国著名社会心理学家马斯洛，他提出了融合精神分析心理学、行为主义心理学、人本主义心理学、需要层次理论等。需要层次理论将在本教材的旅客需要心理模块重点介绍。

2. 人本主义流派的主要观点

人本主义的主要观点是强调人的尊严、价值、创造力和自我实现，把人的本性的自我实现归结为潜能的发挥，而潜能是一种本质。人本主义最大的贡献是看到了人的心理与人的本质的一致性，主张心理学必须从人的本性出发研究人的心理。

近年来较为流行的积极心理学是人本主义心理学的衍生。积极心理学能在短短几年间就得到迅速发展，并且成为一场世界性的心理学运动，其中一个重要的原因就是积极心理学的观点。积极心理学提倡用积极的心态来看待身边的人和事，强调心理学要重点研究每个普通个体身上的积极力量。这里说的积极力量是正向的、具有建设性的力量和潜力。积极心理学还提倡对身边的问题做出积极的解释，并能从中收获积极的意义，从而从问题本身获得积极体验。积极心理学研究积极的情感体验，如幸福、快乐、希望、乐观、流畅，以及满足、满意等；研究积极的个人特质形成优秀的心理品质，开发智力和创造力，如积极的人格、爱的能力、积极的人际关系、审美体验、宽容、坚持、天才、智慧和灵性等；研究积极的社会组织系统，创造良好的社会环境，以促使个体发挥其人性中的积极因素，如责任、关爱、文明、自制力、容忍力及职业道德。

同步思考 1-2

美国西南航空公司的人本主义关怀

西南航空公司从创立开始就坚持一个基本理念：爱。公司把每个员工视为西南航空大家庭的一分子，鼓励员工在工作中寻找快乐，释放自己，保持愉快心情。公司认为，如果员工心情愉快，那么旅客也会体验到更优质的服务。

的确，快乐的工作气氛使西南航空公司的工作效率大幅提高，其运行控制部门通常只需要其竞争对手一半的员工就足以完成全部工作；由于员工清晰了解旅客的需求，西南航空公司运行控制部门调整运力只需要15分钟，而其竞争对手需要45分钟。

西南航空公司的成功并不在于其掌握了垄断性的资源，或者拥有强大的技术支持。西南航空公司是一家平凡的公司，在其成长为美国头部航空公司的道路上，旅客的认同是关键。西南航空公司的卓越表现，完全归功于人本管理的企业价值观，营造出可以增加员工人力资产价值的工作环境。西南航空公司的经验策略，从缩短停场时间、精简业务流程、航班班次密集到旅客需求导向的服务，无不体现着员工对公司运营的智慧。

【微课】1-2 心理流派

任务三 服务心理与其他学科的联系

服务心理学是一门以人为中心的、应用性的新兴学科。它以普通心理学、社会心理学、管理心理学为基本出发点，与大数据、市场营销、心理咨询、服务设计等学科有着密切联系。现代科学的发展趋势是学科与学科之间相互渗透、共同发展。服务心理学以服务旅客的实践为基础，与这些学科的关系是既有联系又有区别。

一、服务心理与大数据

随着数字科技、人工智能技术的飞速发展，人的行为表现的记录方式大大扩充。网络痕迹数据、音视频数据及便携式设备采集的数据均可作为心理与行为的大数据。利用机器学习、深度学习等方法进行个体心理特质的数据挖掘，已经成为信息时代心理学研究者无法回避的问题。利用大数据，服务心理通过旅客网络行为数据记录，结合经典心理测验技术，探究旅客的兴趣、能力、态度、情绪等心理特征，做到精准测评、精准聚类与精准对话；探索旅客和服务人员行为与动机，找出服务环境行为与感受的影响因素，帮助民航企业建构更加友好、积极的工作与服务环境。

信息网络化时代，社会交往已产生了新特点，特别是信息对人们认知心理的影响。信息不再是单纯的信息，它已经转化为旅客心理需求的一部分。旅客在乘机过程中需要尽可能多地了解航班的各种服务信息，例如，在航班不正常的情况下，旅客对航班信息需求的及时性和全面性已演变为心理需求。服务人员应知道，航班信息需求满足与否往往是不正常航班客我矛盾激化的焦点。

二、服务心理与市场营销

心理学是研究人们的心理、意识和行为，以及个体作为一个整体，如何与其周围的自然环境和社会环境发生关系的一门学科，其研究对象是人。而人是市场营销活动的主体，也是市场营销学研究的主体。了解不同客源的旅客市场，掌握支配旅客行为活动的各种心理现象，了解旅客的消费特点、消费习惯和消费需求，才能更好地组织生产与服务。服务心理要适应旅客的心理需求、心理特征和心理倾向；不仅要适应旅客当前的心理需求，还要提前预测和主动适应旅客的超前心理需求及其变化，尝试不同的服务手段来影响和激发旅客的心理需求、购买动机和购买行为。二者都要应用心理学的原理和方法，通过针对性的营销方式，使企业形象、产品或劳务服务更好地被旅客接受，使旅客满意，同时让企业得到更好的收益。

举例来说，航空公司与机场推出的"两舱服务"，实际上就是差异性与个性化服务的典型代表。差异性与个性化服务的前提就是要掌握旅客的个性差异，进行精准营销。只有了解与掌握旅客的个性差异，才能在对这些"特殊旅客"的服务中突出个性化与温馨的服务，使其真正感受不同的服务。市场营销虽然能够追踪消费者的行为，却尚未抓住消费者的心，未来要想抓住消费者的心，其一是要将市场营销与人格心理分析相结合；其二是要将市场营销与人际情境心理分析相结合；其三是要将市场营销与物理情境心理分析相结合；其四是要将市场营销与文化背景心理分析相结合。

 同步思考 1-3

旅客丰富的心理活动

任何一个人在群体中都会有丰富的心理活动。乘坐飞机的旅客处于一个封闭式的环境中，关注其心理变化是极其重要的。

一是旅客对优质服务的期待心理。由于机票价格相对较高，因此旅客对服务质量期待较高。就像平时出门吃饭，若是高档餐厅，我们就会不自觉地对餐厅有较高的要求，既要卫生好，又要服务好等。所以，旅客自踏入机场到登机的过程中，始终对航空服务的质量有较高的期望。

二是旅客焦灼的心理。旅客希望花同样的钱享受到同样的服务，如果认为自己可能无法享受到相同的服务，他们在言行举止方面就会显得比较焦灼。例如，旅客在登机时由于担心行李架数量有限，怕自己带的行李没有好的地方可以安放，而不顾登机的顺序向前挤，不听乘务员的指挥，从而影响了其他旅客登机和安放行李；坐在紧急出口的旅客不听从乘务员的安全管理和劝阻，执意将个人行李物品放在过道、安全出口；在飞机落地以后还在滑行阶段，旅客就急于站起来拿行李、开手机等。对于以上旅客，乘务员在客舱服务中要秉承多帮助、多理解、多沟通的原则。

三是旅客希望被关照的心理。有部分旅客在登机以后希望能够得到空中乘务员的特别对待和照顾，尤其是一些特殊旅客，如带婴儿的旅客、无人陪伴的儿童、初次乘坐飞机的旅客、老人、残疾人等。他们通常会有很多问题和很多事情请乘务员帮忙。如果同一飞机上这样的旅客特别多，就会导致乘务员在服务过程中过于忙碌，使其他的旅客不能得到更好的服务。在这种情况下，乘务员应该在多与旅客友善沟通的同时，熟练掌握接待各种问题的旅客的能力。切忌不能长时间忽略特殊旅客，使旅客有受到冷漠和歧视的感觉。

四是旅客希望自己受关注的追求优越的心理。人类在正常的社会活动和交往中都普遍存在希望自己的言行能受到别人关注的心理，所以乘务员在服务中要恰当地赞扬旅客，这样不仅能让旅客感觉到被别人认可，还有利于旅途中的服务和交流。

了解了旅客的心理及其变化，乘务员在服务旅客时会更加游刃有余，也给自己减少了很多不必要的麻烦。

三、服务心理与心理咨询

心理咨询是运用心理学的方法对在心理适应方面出现问题并需要解决问题的求助者提供心理援助的过程。对于民航服务人员，掌握心理咨询的理论知识和实务方法，可以有效应对旅客乘机心理适应上的困扰和服务人员自身的工作压力。面对旅客的情绪问题和群体冲突，服务人员通常需要用心理安抚的方法快速解决矛盾和问题。平时服务人员自身工作强度和压力都比较大，他们需要时刻关注自身的心理变化，及时做好心理保健，调整心态，以便更好地服务旅客。经调研，不少民航公司优秀的乘务员都持有二级国家心理咨询师的职业资格证书。

四、服务心理与服务设计

服务设计是对现有的服务进行更改或创新。基于交互设计的思维方式，服务设计旨在对整个服务系统中各利益相关者的需求点进行探索，围绕用户与产品的每个触点进行设计，对服务的人员、基础设施、信息沟通和材料组成部分进行规划和组织，设计出能够提高用户体验和服务质量的活动，创造有效、高效且与众不同的服务，进而营造更好的体验，传递更积极的价值。

服务设计的基本原则有：①以人为中心，考虑所有被服务影响的人；②协作，收集来自不同背景和职能的利益相关者的诉求，让不同的利益相关者参与到服务设计流程中，从不同的角度看待问题，以帮助服务设计更加全面、具体地解决相关问题；③迭代，寻找探索性的、适应性的和实验性的方法，根据实施的情况进行迭代；④有序，把服务编排成一系列可视化的、相互关联的行为；⑤真实，在实际中调研需求，将想法在真实世界中原型化，无形的价值也应该在物理或数字的现实世界中证据化；⑥整体，服务应覆盖整个服务和商业实体中的利益相关者的需求，对用户的服务体验进行全方位整体设计，设计过程中需要考虑更多的利益相关者的需求，而非只着眼于一个触点。

项目二　识辨民航服务的工作性质

 案例导引

民航服务的三种价值

航空公司的主打产品"服务"，如同普通产品一样，其对消费者的价值可分为核心价值、基本价值和附加价值三个部分。对民航业来说，其服务的核心价值与其他运输行业并无二致，都是以"输送"旅客为中心任务，即将旅客从一个地点安全地运送到另一个地点。与飞机相关的消费者能体会到的任何价值感都被称为基本价值，如飞行的快捷性、安全性、经济性等。与民航业核心价值、基本价值无关的其他价值被称为附加价值，如飞机餐是否美味，旅客是否体会到尊贵服务等都属于此类。

提高民航服务的工作水准应当分别考量这三种价值。首先要加强对核心价值的认识，既然民航运输与其他运输行业一样，都以把服务对象安全运送至目的地为最终任务，那么服务的立足点就应当是保障运输过程的完整性，在旅途中旅客享有的是全部合理的运输服务。其次，民航业的基本价值在于它与其他运输行业的运送方式不同，那么充分考虑其特殊性，并有针对性地提供有效服务就是我们应当注意的。例如，航空服务工作中，由于受到气象条件的限制，会出现一系列问题，此时及时地向旅客传达航班信息，对出现的情况给予必要和充分解释，就形成了与旅客建立良好沟通渠道的前提。这也是目前航空服务遭遇投诉的普遍问题，消费者不满甚至投诉一般起因于航空公司提供的基本价值。最后，作为空中服务部分，乘务员的工作更多地体现在提升附加价值上。在飞行过程中为旅客提供尽可能满意和舒适的服务成为民航业的特色窗口。现今，旅客普遍对空中服务寄予较高的期待，同时空中服务展现的特色和水准也直接影响到旅客对航空公司的评价。

规范化、标准化可以提升服务质量，但不能提升服务满意度。各民航公司应结合旅客需求，在探索人性化、亲情化服务方面不断充实服务内容，提升服务档次，树立服务品牌，彰显服务特色。以独具特色的空地系列服务产品形成无缝隙的服务链。

资料来源：杨静，空港航站楼微信公众号

及时掌握旅客的心理需求有助于航空事业的发展和提升。从某种意义上讲，只有把旅客需求从乘机的基本需求上升到心理需求，才能为航空公司赢得旅客，增加航空公司在市场上的竞争力。

任务一　民航服务的概念与特征

国内外对于服务有很多种阐释和理解，有代表性的有三种：第一种认为，服务本质上不可感知，不涉及实物所有权转移；第二种认为，服务是以无形的方式在顾客与服务人员、有形资源商品或服务系统之间发生的可以解决顾客问题的一种或一系列行为；第三种则认为服务是一种不可自产自用、只能买卖交易的东西。

一、民航服务的概念

服务即"为满足顾客的需要，供方与顾客接触的活动和供方内部活动产生的结果"。由于行业自身的特点与要求，民航服务与其他行业的服务，如餐饮服务、旅馆服务、旅游服务等相比，在服务的内涵、本质及要求等方面存在一定的区别。民航服务以旅客的航前、航中、航后的需求为中心，是为满足旅客需要而提供的一种活动。从狭义上看，旅客是民航服务的核心和主体，而民航服务人员、服务部门是民航服务的客体。实际上，民航服务有更丰富的内涵。

根据民航服务的实践，我们从以下三种不同的角度来认识、理解民航服务。

第一，从广义上看，民航服务不仅是单纯的服务技巧，还包括航空公司提供的各项内外设施，是有形设施和无形服务共同组合而成的有机整体。

第二，从旅客的角度看，民航服务是旅客在消费过程中感受到的一切行为和反应，可以说是一种经验的感受，也可以说是航空公司及服务人员的表现给他们留下的印象和体验。

第三，从航空公司的角度看，民航服务的本质是员工的工作表现。这是航空公司提供给旅客的无形产品，而这个产品具有消费和生产同时发生的特性。

二、民航服务的特征

服务业与人们的日常生活息息相关，而人们常说的服务一般有四个特征，即无形性、差异性、同时性、不可贮存性。服务的基本特征表明服务运营和管理具有巨大的困难，服务满足要求程度的评判及服务技术标准的制定困难重重，服务的管理、风险评估及服务认证技术的开发面临着前所未有的挑战。解决这些困难和挑战，也是服务业发展过程中必须突破的瓶颈。

（一）服务的无形性

服务是由一系列无形的活动组成的过程，这个过程需要在服务提供者和被服务者互动关系中进行，所以无形性是服务的根本特征，也是其特殊性的根源。首先，与有形的产品相比，服务包含的要素在大多数情况下都是无形的，人无法用眼睛看到其存在。其次，服务使用后的利益很难被察觉，或者要等待一段时间后，接受服务的人才能感觉到利益的存在。因此，服务在被购买之前，旅客不可能去感觉、触摸，或者嗅到"服务"。购买服务前，旅客往往参考许多意见与态度方面的信息，或者依据他们自己以前的体验、经验来选择。

（二）服务的差异性

服务产生的同时往往伴随消费，因此服务和消费具有不可分离性。与制造业不同，服务是在生产和消费过程中由服务提供者和被服务者共同生产出来的，所以服务必须依靠服务系统、服务提供者和被服务者三者的共同作用。被服务者会参与服务过程的各环节，由于被服务者的多样性，服务接触特性的满足程度也不同，所以服务具有典型的差异性，也称易变性。服务存在明显的差异性，具体体现在服务提供者与服务提供者之间、旅客与旅客之间、这次与下次之间，因此服务人员与服务行为的一致性很难保证。

（三）服务的同时性

服务人员向旅客提供服务的时刻，也是旅客消费服务的时刻，二者在时间上不可分离。旅客为航空公司提供自己的需求等方面的输入信息，并参与服务过程，在服务过程中发挥作用。没有旅客的参与，服务根本就是不可能完成的。

（四）服务的不可贮存性

服务不能被保存、贮存、再次出售或退回。例如，某段时间飞机或饭店的座位、律师一小时未使用的服务不能被再次索取和使用或在以后的时间里重新出售。这与商品形成了鲜明的对比。商品能贮存在仓库或在另一天再次出售，如果消费者不满意还可退回。但由于服务的生产和消费同时发生，服务往往是不可贮存的，因此服务行业不同于制造业，无法依靠库存的调节来缓冲需求的变化，只能依靠稳定需求、调整服务能力及"排队"来解决。服务的同时性和不可贮存性这两个特点，也是服务管理上常见的难题。

 同步思考 1-4

乘务长的"秘密武器"

乘务长府颖是个真心真意做服务的人，随着飞行经验的累积，她自创了"府颖创新服务心法"——"小府报天气""贴心小保姆""小府方言广播站""环保站"等。

"小府报天气"，利用每位乘务长配备的 iPad 下查询最全面、最专业的天气情况，并且结合传统节气及当下时事趣闻，在航班延误或滑行等待的时候，用独特的诙谐风趣的口吻播报综合类的信息，不仅缓解了旅客等待时的焦急情绪，也让旅客感受到了乘务组贴心、知性的服务。

"贴心小保姆"，航班中经常有很多第一次乘坐飞机的旅客，以及没有经验的年轻父母带婴儿乘坐飞机，或者有调皮的小旅客、行动不便的老年旅客等。乘务组利用平时积累的生活小窍门来帮助大家，如用空矿泉水瓶子灌进热水给落枕的旅客做热枕头，准备小零食和玩具哄哭闹的小旅客，以及为老年旅客准备水果花样拼盘等，让老人和孩子都很开心。

"小府方言广播站"，利用飞机上来自五湖四海的乘务员的人力资源，根据当天航线的特色来准备方言广播，给旅客带来"老乡""回家"的温馨感觉。

"环保站"，响应当代"环保"和"光盘"的号召，从自身做起，节省每滴水、每个杯子、每粒粮食。并在航班上准备精美的杯子，展开环保主题的机上活动，让大家共享环保小知识。

资料来源：民航资源网

任务二　民航服务人员的职业要求

保持心理和谐是一个人身体健康的重要标志，是充分发挥个人能力的重要条件，也是在服务社会中实现人生价值的重要基础。职业心态的好坏和职业能力的高低体现了民航服务人员的服务水平和服务质量。

一、民航服务人员的职业心理

人的心理和谐是人的认知、情感、意志等内心活动处于平衡自然、协调统一的状态，并对外界事物抱有平静适度、热情友善的态度。心平才能气和，内和才能外顺。和谐的心理向社会释放的是向心力、亲和力；不和谐的心理向社会释放的是离心力、破坏力。心理和谐越多，社会和谐程度就越高。现代社会工作和生活节奏加快，人们容易产生急功近利、心浮气躁的心态。特别是事不遂意时，容易产生焦虑、郁闷、激愤甚至仇恨等情绪。如果调整不好，于己、于人、于社会都会产生不利影响。

在航班中，民航服务人员随时随地面临着调节自己的心态、促进心理和谐的现实需要。对他们来说，需要加强修养，经常调节心理，按照客观事物的本来面目观察世界，用平和宁静的心态思考问题，以乐观豁达的情怀对待生活，用理性引导，让冷静战胜浮躁，以恬淡取代痴迷。具体来讲，就是正确对待自己、他人和社会，正确对待困难、挫折和荣誉。对待自己，坚持自省、保持清醒。对自己的能力、水平和潜质有自知之明，既不妄自菲薄，也不盲目自信，根据自己的实际情况确定志向和目标。对待他人，与人为善、见贤思齐。常怀博爱之心、友善之心，多看别人的优点，多学别人的长处，在别人需要帮助时真诚伸出援助之手。对待社会，宽容大度、尽职尽责。用发展的眼光看待现实中存在的问题，以包容的心态面对新生事物，以积极的姿态紧跟时代步伐，常怀感恩之心、责任之心，为社会和企业的发展进步做出自己的贡献。对待困难，坚韧不拔、知难而进；对待挫折，百折不挠、绝不言败。

二、民航服务人员的职业能力

在心理学中，人们能顺利完成某项活动的心理特征称为能力。反之，不能顺利完成某项活动的心理特征称为缺乏能力。要想为旅客提供高质量的服务，就必须注意个人能力的培养。

（一）观察能力

优秀的民航服务人员最令人称奇的本领就是仅仅通过短暂的接触甚至外部观察，就能发现旅客的特点及需要，还能一语道破旅客的需要，这就是敏锐的观察能力。敏锐的观察能力可以帮助民航服务人员通过旅客的外部表现了解其真实的心理活动和心理需求。观察力较强的民航服务人员在日常工作中能够通过旅客的眼神、表情、装束、言谈、举止，发现旅客不同的国籍、职业、个性、习惯，甚至某些不明显但又非常重要的心理活动或需要，从而有针对性地做好服务工作。要观察旅客，一是通过对方的表情和动作来判断其心理状态，二是通过对方的语气、语调等来判断其心理状态。

（二）表达能力

表达能力是指民航服务人员在与旅客交往时，运用语言、表情传递信息的能力。民航服务人员的表达能力直接关系到服务质量。民航服务人员如果具备真诚友善的态度和良好的表达能力，就能吸引旅客、打动旅客、说服旅客，给旅客以好感。

1）语言要简练、通俗、亲切。要多说让旅客听着舒心的话，即"良言一句三冬暖"。民航服务人员应注意自己的言辞。傲慢的言辞会伤害旅客的自尊，慌乱的言辞会使旅客不信任你，卑屈的言辞会使旅客看低你，冷淡的言辞会使旅客远离你，随便的言辞会给旅客一种消极感。

2）语言要有针对性。民航服务人员面对的是不同国家、不同地区、不同文化层次、不同职业、不同年龄和地位、不同风俗的旅客，不看对象、场合，千篇一律地应答或服务是不合适的，所以要掌握多种语言表达方式，善用礼貌用语和无声语言，避免平淡、乏味、机械。民航服务人员还应加强外语学习，最终目的是满足旅客的各种需求，使其成为公司的忠实旅客。

3）语言要与表情、动作一致。如果只说话而无表情或动作，便会有一种命令式的语气，令听者不高兴，所以民航服务人员在为旅客服务时，应尽量配以适当的表情和动作，拿出最佳状态，不做出力不讨好的事。

4）应具备一定的劝说能力。劝说能力是指在服务过程中，通过民航服务人员的劝说使旅客的态度有所改变的能力。服务人员工作能力的强弱，主要表现在是否能够处理好服务过程中的矛盾，而矛盾处理得好坏又往往取决于民航服务人员的劝说能力。民航服务人员要学会委婉地表述否定性话语，因工作需要或条件限制而需要拒绝旅客时，如果用否定词句会显得十分生硬，让旅客不愉快。因此，即使在需要对旅客说"不"的时候，也要尽量用委婉的方式表述。

（三）倾听能力

"听"需要自觉，需要思考，需要把自己的全部精力，包括具体的知觉、态度、信仰、感情及直觉都投入听的活动。倾听可以拉近与旅客之间的距离。俗话说，"人有两只耳朵，却只有一张嘴"，也就是说，人应该多听少讲。倾听是民航服务人员的重要品质，民航服务人员要力求听懂旅客的话外之音或欲言又止之处，因此要掌握一些倾听的技巧。

1）提问。民航服务人员可以补充说明，建议旅客讲得更详细一些，或者鼓励旅客继续说下去。例如"您请说""还有其他要求吗""还有什么特殊情况"等，这类语言会使旅客感到服务人员很亲切，关心他，从而增加对民航服务人员的好感。

2）提出共同的意见和经验。民航服务人员可以在倾听时简述自己的意见或经验，或简要解释与旅客类似的观点。

3）不断变换应答语。民航服务人员可以使用不同应答语，如"是""明白了""好""对"等，以赞成旅客的观点，使旅客有被重视的感觉。

4）让旅客把话讲完。民航服务人员在倾听旅客讲话时，无论观点是否一致，都不要急于打断旅客，要让旅客把话讲完，这是良好沟通的基础。

5）复述旅客讲话的内容。民航服务人员可以复述旅客的关键句、词组、观点，表示自己理解了旅客的意图，但复述要注意简明扼要。

6）运用非语言技巧。非语言技巧包括身体反应、轻松而灵活的姿势、积极的面部表情和头部运动、保持目光接触、适当靠近对方等。民航服务人员在倾听时身体应该微微前倾，用微笑、点头、扬眉、目光专注等动作表示自己在认真倾听。

（四）意志力

优秀的民航服务人员需要不断克服各种主、客观原因造成的各种心理障碍，不断发挥自己的主观能动作用，增强意志力。

1）自觉性。自觉性是指一个人能够自觉支配自己的行动和努力实现既定目标。自觉性较强的民航服务人员如果立志提高自己的服务水平，可以在意志力的监控与调节下自觉地支配自己的行动，还能正确对待自己取得的成绩与进步，虚心学习别人的长处，改正自己的不足，勇于克服各种困难，战胜各种挫折。

2）果断性。果断性是指一个人善于根据情况变化，迅速采取相应措施。具有果断性的民航服务人员在处理工作过程中的种种矛盾与问题时，反应机敏、判断迅速、勇于负责，并且比较稳妥。同时对于工作中的各种情况，善于权衡利弊、全面考虑，并恰到好处地利用一切可以利用的资源，不失时机地做出恰当的处理。

3）自制力。自制力是一种对个人感情、行动的约束能力。民航服务人员应善于控制自己的情绪，谦让、忍耐，无论与何种类型的旅客接触，无论发生什么问题，都能做到镇定自若；善于把握自己的语言分寸，不失礼于人；善于控制自己的心境，纠正不良的心态，明确自己的角色；善于在实际行动中抑制消极情绪和冲动行为；遇到困难和繁重的任务，不回避、不推诿，能克制、调节自己的行动，自觉遵守纪律和信用。

任务三　民航服务心理的主要内容

民航服务心理是心理学科的一个分支学科，是心理学基本理论和方法在服务领域的应用和发展。民航服务心理利用心理学的规律更好地了解和把握旅客及服务人员的心理特点，以提供更高水平的民航服务。

一、民航服务心理的研究对象

民航服务心理的研究对象是各种服务过程的心理现象，既包括旅客的个体与群体，也包括服务人员的个体与组织的心理现象及其变化规律。

本教材中，服务心理的理论层面主要深挖"是什么"，即研究旅客的一般心理现象、特殊情境心理现象、特殊旅客心理现象及服务人员自身的心理现象。通过心理现象的观察、总结、比对，去发现和揭示旅客的心理规律、服务人员的心理规律，以及服务过程中旅客与服务人员交往时的心理规律。

本教材中，服务心理的实务层面主要注重"怎么用"，即解决基于旅客心理规律和服务人员心理规律的实务问题。与以往其他教材不同的是，"怎么用"围绕实际典型工作任务，运用心理规律，形成与服务心理相关的方案制订、活动策划、产品设计、服务优化、素能测评、团体辅导与干预等，更好地决策和指导实际工作。

二、民航服务心理的研究内容

无论是旅客的心理现象，还是服务人员的心理现象，都围绕着人的感知心理、需要心理、个性心理、情绪心理、人际交往心理、危机心理、群体心理等主题展开有针对性的理论学习与实务学习，具体见各模块。

（一）旅客心理

研究旅客的知觉、需要、个性差异、情绪情感和态度等，了解心理因素对其服务或消费行为的影响及选择和接受服务对其心理的影响。

（二）服务人员心理

服务人员在为旅客服务的过程中要尽量满足旅客的合理需要，还要按照行业、企业与自身的原则和利益行事。缓解服务人员的心理压力与维护服务人员的心理健康成为民航服务心理的主要研究内容。

（三）旅客与服务人员的心理变化

民航服务在保障旅行安全、便捷、舒适、高效的同时，还要顺应时代发展为旅客提供富有变化的个性化服务和差异化服务，这使民航旅客的接受端与服务人员的提供端在民航服务内容、方式和理念上不会出现心理偏差甚至矛盾或冲突。

项目三　识用民航服务心理的实务方法

 案例导引

幼儿园里的不同孩子

有一个发生在幼儿园里的有趣实验：不同性格类型的小朋友眼睁睁看着花瓶被打碎后会有怎样的反应呢？

细心灵敏的小朋友：看到老师把花瓶拿起来的行为，这类小朋友马上提出了强烈抗议，老师把花瓶打碎后，他们夺门而出，第一时间向其他老师汇报"案情进展"。这类小朋友非常细心，他们会留意周围的动态，也更在意身边人的评价，而且特别遵守规则，得知花瓶是重要而易碎的东西，就能够做到小心对待。对于这样的孩子，我们要耐心交流，切勿大声训斥和随意评价，可以多多鼓励他们独立完成一些事情。

　　乐观热情的小朋友："要是哆啦A梦在就好了"，在老师故意打碎花瓶之后，这类小朋友提出这样奇怪的想法，并异口同声地回答不会告密。在其他老师询问情况的时候，他们竟开始责怪拖鞋。他们乐观开朗，不拘小节，不太在意别人对自己的看法。对于这样的孩子，可以多多培养他们的交往能力，同时鼓励孩子勇敢地尝试感兴趣的事情，说不定会有意外的收获。

　　正义理性的小朋友：老师故意将花瓶打碎，这类小朋友会严厉责怪，在其他老师进来询问的时候，他们满怀着正义感供出了"主犯"。这类小朋友无论做什么事情，都会意志坚定，很有耐心，把每件事都处理得井井有条。我们只需要及时对他们的行为进行鼓励，清楚地指出不足的地方，就能更好地培养这样的孩子各方面的能力。

　　好奇聪慧的小朋友：老师打碎花瓶后，这类小朋友都答应了要保密。但是，当其他老师进来询问情况时，这类小朋友还是选择说出实情。他们拥有聪慧的头脑，思维敏捷迅速，对感兴趣的事情会追根究底，具有持之以恒的决心。对于这样的孩子，我们可以鼓励他们利用自己的智慧去面对问题，适当地对他们进行引导，激发他们内在的潜能。

　　请运用观察技能，试着说一说每类孩子的行为特点。如果这些孩子是你服务的旅客，你有哪些想法？

　　研究服务心理必须遵循客观的原则、联系发展的原则、理论与实践相结合的原则。民航服务心理的实务方法有观察法、倾听法、问询法、调查法、测试法、移情法、暗示法、背景资料法、工作实践法和实验法等。本项目重点介绍观察法、问询法、测试法、调查法、工作实践法与实验法。

任务一　观察法

　　观察法是根据一定的研究目的、研究提纲或观察表，用自己的感官和辅助工具直接观察研究对象的行为、态度和情感，从而获得资料的一种方法。它是不通过提问或交流而系统地记录人、物体或事件的行为模式的过程。它是最常用的实务方法。

一、观察法需要具备的条件

　　当事件发生时，运用观察技巧可以见证并记录信息，或者根据以前的记录编辑整理证据。成功使用观察法需要具备如下条件：①所需信息必须是能观察到并能够从观察的行为中推断出来的；②观察的行为必须是重复的、频繁的或可预测的；③观察的行为是短期的，并可获得结果。需要注意的是，我们要进行观察记录和观察分析，如观察直观现象处理判断、观察前后异象甄别判断、观察周围环境综合诊断及观察仪器设备辅助判断。只有观察记录和综合分析，才能得出较为科学的结果。

二、观察法的种类

（一）自然观察和策划观察

　　根据观察者设定的环境，观察法可分为自然观察和策划观察。自然观察是指观察者在一个真实生活情境下（包括超市、展示地点、服务中心等）观察研究对象的行为举止。策划观察是指调查机构事先设计模拟一种场景,观察者在一个已经设计好的并接近真实的环境中观察研究对象的行为举止。设置的场景越接近真实,研究对象的行为就越接近真实。例如,乘务员可以在航班中组织策划小型活动,设置某种场景和航班氛围,然后试着观察不同旅客对活动或服务产品的体验,据此优化活动,提高服务质量。

（二）伪装观察和非伪装观察

根据观察采取的方式,观察法可分为伪装观察和非伪装观察。伪装观察是在不被研究对象所知的情况下监视他们的行为的过程。如果研究对象知道自己被观察,其行为可能有所不同,观察的结果也就不同,调查获得的数据也会出现偏差。非伪装观察法是指研究对象知道自己被观察时所开展的观察。

伪装观察的主要优势是可以观察个人的真实反应,但是,如果伪装观察者监视的是研究对象的隐私或不愿向观察者披露的行为时,就会出现严重的法律、伦理问题,并且通过伪装观察法收集到的数据可能并不如非伪装观察法收集到的数据丰富。非伪装观察收集的数据可能没有真实情况那么准确。

（三）人工观察和机械观察

根据观察者扮演的角色,观察法可分为人工观察和机械观察。人工观察是完全以感官为工具,如眼、耳,直接观察他人的行为。机械观察是在某些情况下采用视听器材,如录像机、照相机、录音机等工具取代人员观察。在一些特定的环境中,机器可能比人员更便宜、更精确和更容易完成工作。

（四）结构性观察和非结构性观察

根据观察者对观察环境施加影响的程度,观察法可分为结构性观察和非结构性观察。结构性观察需要提前设定好所采集信息的要求,并将其分解为相互独立、不同类型的观察方式;非结构性观察可以不预先制订计划、制定观察提纲或观察卡,观察者随看、随听、随记,操作简便。但这种方法对调研人员的要求很高,只有受过良好训练的调研人员才能胜任,这种方法一般只适用于探索性观察。结构性观察和非结构性观察的差别在于数据收集的性质和类型。

（五）连续观察和非连续观察

根据观察时间周期,观察法可分为连续观察和非连续观察。连续观察是指在比较长的一段时间内,对研究对象连续做多次、反复的观察;适用于动态性事件的观察,可以定期进行,也可以不定期进行。非连续观察是指在较短时间内一次性的观察,一般只适用于过程性、非动态性的观察。例如,在飞机上遇到患病的旅客,多次和连续的观察显得尤为必要。

三、观察法的优缺点

观察法的优点是目的明确、使用方便,收集的数据比较系统,在服务心理研究中广泛应用。但观察法只能反映客观事实的发生过程,而不能说明其发生的原因和动机;只能观察到一些表面现象和行为,不能反映私下的行为;只能了解大量的一般现象和表面现象,很难进一步了解复杂现象的本质特征,从而解释原因。因此,观察法最好能与其他方法结合使用,这样才能有更大的成果。同时在使用观察法时要注意观察之后推断的合理性,避免个人主观性和片面性,以提高准确性;观察时要注意眼观六路、耳听八方,合理完成注意力的分配和全局的兼顾。

四、观察法的实施步骤

（一）观察法的阶段划分

观察法分为准备阶段、撰写观察提纲阶段、实施阶段、观察记录阶段、分析总结阶段（分为观察过程说明和观察结论分析）。在准备阶段，需要讨论与确定时间特征、观察场所、观察群体、观察形势、观察目的、观察手段等内容。观察法的阶段划分如图1-2所示。

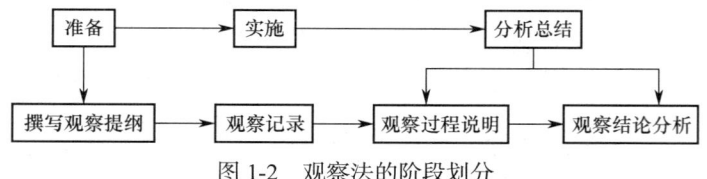

图 1-2　观察法的阶段划分

（二）绘制观察表

绘制观察表可以分解观察内容，形成完整的观察记录。表格不是最重要的，最重要的是分析和得出观察结论。一般情况下，准备阶段准备观察提纲，包括观察者与研究对象的基本信息，以及观察的关键要点；实施阶段绘制观察表，如记录某旅客乘机晕机反应全过程观察内容，并提出观察结论；分析总结阶段，完成观察过程说明，并简要以数据方式提出观察结论和规律。

科学的观察具有目的性、计划性、系统性和可重复性。同学们可以以小组为单位，采取观察法对某个主题展开调研，通过观察、分析、总结，最终得出结论，由此提高观察能力。

【微课】1-3 观察法

 同步思考 1-5

特殊的小旅客

春运第一天，某航班来了一名特殊的小旅客——一个孤独症孩子。因大雾天气，航班延误了近三个小时，终于要登机了。地面人员送来《特殊旅客申请单》，并询问机组是否可以承载。答复是："快过年了，让我们送孩子和家人一起回家过年吧。"作为一名母亲和有十多年飞行经验的乘务长，府颖已经非常有信心把这名特殊旅客服务好。在乘务组临时机上准备会上，她通报了这名特殊旅客的基本情况，要求乘务组细心观察，不刻意打扰，对周边的旅客耐心解释等。孩子入座后，她主动向孩子和父母进行了自我介绍，在父母的提醒下，孩子叫了声"阿姨好"。为了调节气氛，府颖开玩笑地说"叫我姐姐就好"，拉近了他们的距离。

登机结束后，府颖发现略有紧张的孩子很喜欢用手撕报纸和杂志，撕得非常整齐，纸片一片一片落在地上。府颖却装作什么都没看到，默默地拿来了十几本杂志放在了他的旁边。航程中，服务程序有条不紊地进行着。与以往不同的是，大家都默默关注着他。最终，航班顺利到达了目的地，虽然孩子的座位旁堆了一地被他撕碎的报纸和杂志，但看着他平静地和父母走下飞机，想着他也可以和家人一起过年，乘务组感动着、幸福着。

资料来源：民航资源网

案例中，鉴于这名特殊旅客的心理特点，乘务长一改以往为普通旅客提供的常规服务，一是结合心理学知识了解这类旅客的心理特点和交往特征；二是通过观察法，默默关注这名旅客当下的心理活动和行为特征；三是准确判断并决策服务行为，发现撕纸是这名旅客保持最好状态的有效活动。因此，乘务组选择默默关注、不打扰、提供更多杂志及向周边旅客解释说明等服务行为，圆满完成了本次航班任务。

任务二　问询法

问询法是通过面对面的谈话或以口头信息沟通的途径直接了解他人心理状态的方法，是调查和分析旅客行为和意向的最常用方法。

一、问询法需要具备的条件

运用问询法时，既要根据问询的目的，保持主要问询互动的基本内容和方向，也要根据被问询者的回答，对问题内容进行适当的调整，更要善于发现被问询者的顾虑或思想动向，进行有效引导。整个问询互动过程中，必须注意保持无拘无束和轻松愉快的和谐气氛，以便迅速取得第一手资料。

二、问询法的种类

问询有多种方式，下面列举一些典型的服务问询。

（一）限制性问询

这是一种目的性很强的问询方法，也就是给所提出的问题设定一个范围。它可以帮助问询者获得较为理想的回答，减少被问询者拒绝的可能。例如，法国咖啡馆喜欢在咖啡中放牛奶块。侍者在旅客点咖啡的时候会问："要不要放牛奶块？"很多旅客回答"不要"。但是如果侍者这么问："放一个还是两个牛奶块？"这样对方的选择范围就小了，问询者就有很大可能得到一个对自己有利的回答。

（二）选择型问询

这种问询方式比较流行于已经熟悉的旅客或亲朋好友之间，表明双方并不太在乎怎么选择。例如，你不知道旅客爱喝什么饮料，于是便问："旅客您好，请问您是喝苹果汁还是喝红酒？"

（三）协商型问询

如果你想让别人按照你的意图去做事，可以用商量的口吻提问。例如，你需要实施某个服务项目，可以先征求一下别人的意见，把意图讲清楚，随后问一句："您看这样是否妥当？"

（四）婉转型问询

为避免对方拒绝回答而出现的尴尬局面，可以婉转提出问题。例如，服务人员不知道旅客是否听明白自己的服务内容，可以试探性地问："您看这些是否让您满意，您还需要别的服务吗？"就算旅客没有同意，此时的拒绝也不会令服务人员太难堪。

三、问询法的优缺点

问询法的优点是能够在较短的时间内获得比较及时、可靠的调查资料。问询法询问的主要内容一般是相关的具体事实、原因、意见等。但关于被问询者心理特点的结论必须从被问询者的回答中去寻找，所以具有较大的局限性。

任务三　测试法与调查法

相对于观察法和问询法，测试法与调查法需要提前编制需要测试或调查的内容。一般情况下，大规模的民航服务调查由第三方统一组织实施，从民航服务的结果衡量，到结合旅客特征研究旅客期望、洞察旅客需求，推进民航业科学管理。

一、测试法

（一）测试法需要具备的条件

测试法又称测验法，是用一套标准化的问题（量表）来测验某种心理品质的方法。测试结果可以为进一步的诊断、评价、甄选和有效实践与指导提供依据。测试法包括能力测试、人格测试、机械能力测试、驾驶员反应测试等。

> **课堂互动 1-2**
>
> 请同学们以小组为单位，搜索"FPA性格色彩测试"，完成自己的性格色彩测试并分析。
> FPA性格色彩测试用"红、蓝、黄、绿"四色代表人的性格类型，借助图画解析多变的人性；解读"性格色彩密码"，帮助你洞察人性，并修炼个性，从而掌握自己的人生。

（二）使用测试法应注意的几个问题

第一，测试法的使用必须谨慎，防止乱编乱用。使用测试法是必要的，但又必须适度控制，保证编制、实施、解释等各个环节的科学性，避免因误用、滥用而导致不良后果。第二，量表的编制要符合测量学的要求，尤其要注重信度、效度的考察。编制者不仅要对有关问题具有较深的造诣，而且要通晓测验法的基本原理与编制技术。第三，保证严格施测与客观评估。一般应由专业人员施测、评分、解释和诊断。

 同步思考 1-6

航班中的性格色彩

在东航开展的性格色彩培训中，我知道了人的性格色彩可以分为四种类型：热情洋溢的红色、谨守分寸的蓝色、具有大将之风的黄色、温顺和谐的绿色，每种颜色的人既有优点，也有缺点。掌握性格色彩理论，既能让我们很好地认识自己，也能让我们更深入地了解别人，扬长避短，让我们的工作和生活如鱼得水，事半功倍。我将性格色彩理论运用到航班中，将红色和绿色性格的乘务员分为外场，将蓝色性格的乘务员分为内场，而作为乘务长的我就在工作中加强黄色性格的优势，有责任感、全局观，雷厉风行。

完成分配后的第一次航班，客舱气氛非常好，红色性格的乘务员热情迎客，让旅客如沐春风；绿色性格的乘务员温柔细心，很好地体现了公司的"两微"服务；蓝色性格的内场乘务员把厨房收拾得干干净净，工作程序安排得有条不紊。一个半小时的航班，由于内外场协调配合，大家只用50分钟就把工作完成了。不巧的是，回程航班由于交通管制而延误了，旅客只能坐在飞机上焦急等待。这时，擅长与人沟通的红色性格外场乘务员开始巡视客舱，主动与面露焦虑的旅客攀谈，用活泼亲切的话语解释，使紧张的客舱气氛缓和起来。忽然有一位旅客按捺不住了，很显然，这应当是一名容易冲动的红色性格的旅客。此时绿色性格的乘务员迎难而上，她是最佳的倾听者，极富耐心，能够巧妙地化解冲突。在旅客发泄出心中的不满后，绿色性格的乘务员听出他还没有吃饭，就适时递上一份热腾腾的晚餐，旅客的情绪得到了安抚，平静了下来。"叮咚"——头等舱的呼唤铃响了，我立即微笑着迎了上去。还没等我开口，头等舱的一名旅客就说："不要跟我解释，我只要知道起飞时间。"一看就知道这位旅客是黄色性格，缺乏耐心，遇事只要结果、不讲过程。"好的，我去问一下机长，马上给您回复。"我和机长沟通后，迅速回到旅客面前："先生，我们的飞机排在第三架起飞，大约还需要半小时，您还需要其他服务吗？"旅客对我的回答略感满意，看了看手表，说不需要了。

资料来源：民航资源网

二、调查法

调查法是常见的调研方法，系统、客观地收集、整理和分析与旅客行为相关的资料与数据，以更好地制定有效的服务战略与策略。

（一）调查法的分类

调查一般有实地调查法、访谈调查法、问卷调查法等。这里重点介绍问卷调查法。问卷调查法有两个重要环节：信息收集与调研分析。信息收集为调研分析提供数据；调研分析剖析信息数据并写出调研报告。

（二）问卷调查设计

运用内容明确、表达正确的问卷题项，让被调查者根据个人情况自行选择答案。常用的问卷题项设计方法有是非法、选择法和等级排列法。民航业使用的问卷调查法主要面向广大旅客，调查其对现有航空服务产品的现实反馈及对未来服务产品的期待，以提高民航服务品质。问卷一般设有问卷导语、旅客基本信息、客观性题项、开放性题项与问卷结束语。

（三）问卷调查法的优缺点

问卷调查法是调查者用控制式的问卷对所研究的问题进行度量，从而搜集到可靠资料的一种方法。问卷调查法大多用邮寄、个别分送或集体分发等多种方式发送问卷，由被调查者按照题项来填写答案。一般来说，问卷比访谈表更详细、完整和易于控制。问卷调查法的主要优点在于标准化和成本低，节省时间、经费和人力。因为问卷调查法以设计好的问卷工具进行调查，问卷的设计要求规范化并可计量，可避免某些人为误差。自填问卷调查在很大程度上排除了不同调查人员带来的影响，这样就可以尽可能地避免某些人为压力造成的偏误。问卷调查法的缺点在于问卷的回收有时难以保证。若被调查者对该项调查的兴趣不大、态度不积极、责任心不强，则问卷的有效回收率常常受到影响。另外，问卷调查法对被调查者的文化水平有一定要求。因为被调查者起码要能看得懂问卷，能够理解问题及答案的含义，能够理解填答问卷的正确方式，才能按要求填答问卷。

同步思考 1-7

"无人陪儿童卡片"服务的问卷调查

航空公司通过问卷调查可以对旅客构成进行分析，熟悉旅客出行需求，对出行目的有一定掌握，由此制定满足旅客需求的新服务产品。

目前，各航空公司都在以服务细节取胜，竞争的关键在于对细节的落实。某航空公司想要推出一项新服务：航班乘务员及时获取无人陪儿童信息，指定专人为小旅客提供服务，全程关注，在飞机抵达目的地之前，填写"无人陪儿童卡片"，乘务长在卡片上签名。航空公司制作调查问卷，在航班中随机调查，了解旅客对"无人陪儿童卡片"服务的认可度，确认此项目是否可行。问卷调查从问卷设计、问卷发放、结果分析到产品计划出台完美衔接。调查结果显示，"无人陪儿童卡片"服务可以让旅客对航空公司产生良好的印象，对旅程留下美好的回忆，也可使其他旅客通过此项活动增加对航空公司的认可度。本次问卷调查由相关部门负责旅客信息的采集，保证信息的准确性，确保整个服务链条顺畅。本次问卷调查和产品也让旅客感受到空中服务的贴心举动，提升了旅客对航空公司的忠诚度。

任务四　工作实践法与实验法

工作实践法与实验法是指在实际岗位工作中或者在综合性项目化典型工作任务、工作演练中完成技能训练和能力提升：科学分析旅客心理，根据需求和实际情况设计服务方案，有序实施，开展服务，收集旅客反馈，形成服务闭环，进而调整服务方式。实验法更侧重于某些条件的控制或变更。

一、工作实践法

工作实践法又称参与法，是指工作分析者参与或从事所研究的工作，在工作过程中掌握有关工作的第一手资料，了解和分析不同服务的特征及要求。例如，资深乘务员会留意旅客的喜好，积累不同特征和身份的旅客的喜好。工作实践法从工作流程上看，可以分为制订方案、实施方案、优化方案；从工作经验上看，可以分为不同职级工种的工作经历和工作演练。在民航业中，服务演练是在岗服务人员与初学者提升岗位技能相对常用的方式。

服务演练的基本步骤有演练需求分析、确定演练目标、选择演练方法、组织实施演练、跟踪演练效果和进行总结，以指导下次演练方案的确定。服务演练目标一旦确定，首先要考虑应通过怎样的演练来实现演练目标、体现构思、完成要求。演练方法无论是在内容的安排和取舍上、在方法的确定和实施上，还是在形式的选取上，都应完全服从和服务于演练目标，并遵循前瞻性、技能性、实践性的原则。本教材介绍了多个服务演练项目，分散于各个模块。

二、实验法

实验法是指有计划、有目的地控制条件，使被试者产生某种心理现象并加以记录，然后进行分析研究的方法。在实验中，研究者可以积极干预被试者的活动，创造某种条件使某种心理现象得以产生并重复出现。实验法可以分为两种，即实验室实验和自然实验。民航服务心理涉及的实验法主要是自然实验，是在日常情况下适当地控制某些条件或变更某些条件，并结合经常性的业务工作进行心理研究的一种方法。

课程思政小红星

岗位要求与敬业精神、"三个敬畏"民航精神

在模块一的学习内容中，民航服务人员需要具备相应的职业心理和职业能力，符合自身的岗位要求，才能在实际业务中做好本职工作，提升自身综合素质。中国民用航空局一直将"敬畏生命、敬畏规章、敬畏职责"作为民航精神的代表。岗位要求与我们常说的敬业精神、"三个敬畏"民航精神有什么关系呢？

敬业精神

中华民族历来有"敬业乐群""忠于职守"的传统，敬业是中国人民的传统美德。早在春秋时期，孔子就主张人在一生中始终要勤奋、刻苦，为事业尽心尽力。他说过"执事敬""事思敬""修己以敬"等。北宋的程颐更进一步说："所谓敬者，主之一谓敬；所谓一者，无适（心不外向）之谓一"。敬业精神是人们基于对一件事情、一种职业的热爱而产生的一种全身心投入的精神，是社会对人们工作态度的一种道德要求。它的核心是无私奉献意识。低层次的即功利目的的敬业，由外在压力产生；高层次的即发自内心的敬业，是把职业当作事业来对待。

敬业精神是一种基于热爱的对工作、事业全身心忘我投入的精神境界，其本质是奉献精神。具体说，敬业精神是在职业活动领域，树立主人翁责任感、事业心，追求崇高的职业理想；培养认真踏实、恪尽职守、精益求精的工作态度；力求干一行、爱一行、专一行，努力成为本行业的行家里手；突破单纯追求个人和小集团利益的狭隘眼界，具有积极向上的劳动态度和艰苦奋斗精神；保持高昂的工作热情和务实苦干精神，把对社会的奉献和付出看作无上光荣；自觉抵制腐朽思想的侵蚀，以正确的人生观和价值观指导和调控职业行为。

培育敬业精神首先应从树立职业理想入手，突出以下内容。

1）牢固树立职业理想。职业理想是敬业精神的思想基础。树立富有时代精神、健康向上的职业理想和目标，并以最顽强、最持久的职业追求把职业理想落实在职业岗位上。

2）准确设定岗位目标。高标准的岗位目标是干好本职、争创一流的动力。有了岗位目标，才能做到勤业、精业，在岗位上创造性地开展工作。

3）大力强化职业责任。包括履行岗位职能、保持职业目标、完成岗位任务的责任；遵守职业规则程序、承担职权范围内社会后果的责任；实现和保持本岗位、本职业与其他岗位、职业有序合作的责任。

4）自觉遵守职业纪律。职业纪律包括职业道德规范和企业的各项规章制度。

5）不断优化职业作风。职业作风是敬业精神的外在表现。敬业精神决定着职业作风，而职业作风又直接影响着企业的信誉、形象和效益。

6）全面提高职业技能。企业内部要营造浓厚的学习氛围，促使员工不断掌握新技术、新工艺，不断增强技术业务能力，不断更新知识结构，不断提高管理水平，以过硬的职业技能实践敬业精神，为国家做贡献，为企业创效益、树信誉、争市场。

"三个敬畏"民航精神

要明确敬畏生命是党的根本宗旨和民航业内在要求的高度统一。中国共产党人的初心和使命，就是为中国人民谋幸福，为中华民族谋复兴。而生命安全是人民群众的最基本需求，一个以人为本的社会，必定把人的生命置于最高的价值地位。安全第一始终是民航业发展的生命线，民航全行业开展作风建设，就是为了通过培育优良的作风，进一步提升民航安全运行水平，使旅客的生命安全得到更好的保护。敬畏生命高度体现了党的宗旨和行业内在要求，体现了民航人的初心和使命，应该成为民航企业生产运营中牢固树立的价值理念。

要明确敬畏规章是安全理论与实践经验的高度统一。坚持理论和实践的辩证统一，是马克思主义的基本原则。民航业安全类规章注重确保航空安全，是具有很强约束性和操作性的技术规范，有一系列科学原理及现代管理理论的支撑，同时是在一次又一次血的教训基础上总结出来的经验结晶。这些规定体现了民航业的运行规律，体现了理论与实践的统一，值得每个民航人敬畏。对规章的敬畏，实际上就是对生命的敬畏。要通过深化作风建设，努力把规章外在的强制要求转化为员工内在的自我约束，真正做到按章操作、按手册运行，真正做到规章执行要令行禁止。

要明确敬畏职责是岗位责任和专业能力的高度统一。民航安全运行链条长、环节多、专业性强，每个岗位都有自身必须负起的责任，一个环节履职尽责不到位，就可能给下一个环节带来风险隐患，导致整个安全链条断裂。能力过硬才能更好地担当。长期以来，根据各岗位工作需求，民航业建立了较为系统完备的人才教育培训、资质能力评价等体系，其目的就是确保人岗相适，努力把每个岗位上的人都培养成足够专业的人。敬畏职责体现了责任和能力的统一，要求我们对自己的岗位职责高度认同，在关键时刻绝不放弃自己的责任，自觉按照岗位要求提升自己的专业能力，自觉摒弃不适应岗位职责的不良习惯。

知识巩固

一、知识题

（一）填空题

1. 民航服务心理的研究内容是旅客心理、_____、_____。
2. 研究方法有观察法、问询法、_____、_____、_____等。最常用的是_____。
3. 个性心理特征由能力、_____、_____构成。

（二）判断题

1. 服务心理学是心理学科中的一个应用分支学科。　　　　　　　　　　（　　）
2. 认识过程包括感觉、知觉、记忆、思维、想象等。　　　　　　　　　（　　）

二、简答题

1. 简述心理过程的内容。
2. 简述服务心理学与其他学科的联系与应用。

技能训练

以小组为单位，完成某典型人群的观察记录。要求分工协作，提前制作准备阶段、实施阶段和总结阶段的表格，并给出有效的结论。

模块二 旅客感知心理与民航服务

学习目标

知识目标
- 理解感知的概念与特征;
- 熟悉旅客满意度测评的相关内容;
- 掌握主题航班方案设计的主要内容。

能力目标
- 能根据问题分析旅客感知的影响因素和心理偏差效应;
- 能够针对旅客满意度情况制订合理的服务提升方案;
- 能够设计主题航班的体验项目并评鉴优劣。

素质目标
- 培养创新思维,养成爱岗敬业、争创一流的劳模精神和文化传承的家国情怀。

思维导图

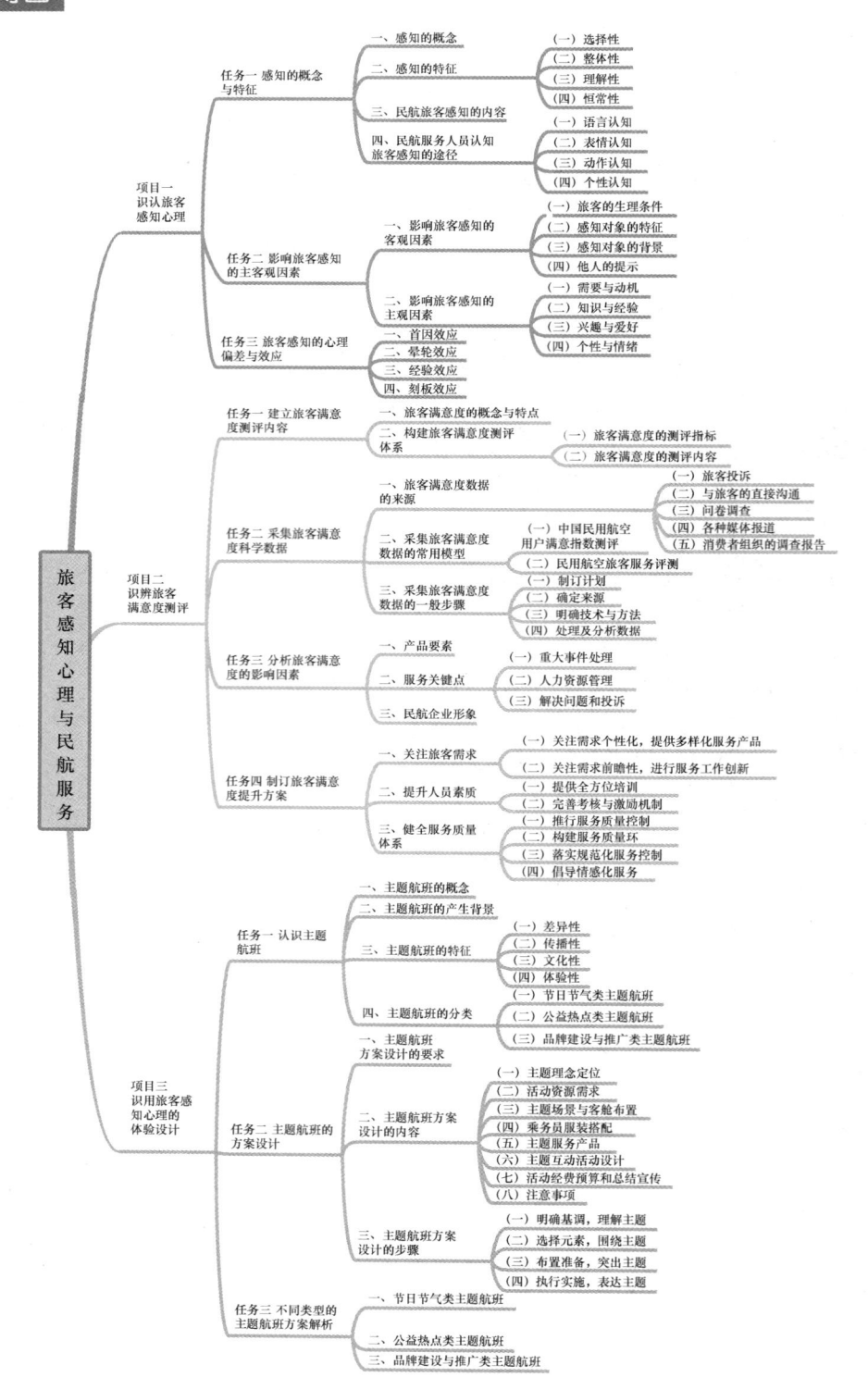

- 旅客感知心理与民航服务
  - 项目一 识认旅客感知心理
    - 任务一 感知的概念与特征
      - 一、感知的概念
      - 二、感知的特征
        - (一) 选择性
        - (二) 整体性
        - (三) 理解性
        - (四) 恒常性
      - 三、民航旅客感知的内容
      - 四、民航服务人员认知旅客感知的途径
        - (一) 语言认知
        - (二) 表情认知
        - (三) 动作认知
        - (四) 个性认知
    - 任务二 影响旅客感知的主客观因素
      - 一、影响旅客感知的客观因素
        - (一) 旅客的生理条件
        - (二) 感知对象的特征
        - (三) 感知对象的背景
        - (四) 他人的提示
      - 二、影响旅客感知的主观因素
        - (一) 需要与动机
        - (二) 知识与经验
        - (三) 兴趣与爱好
        - (四) 个性与情绪
    - 任务三 旅客感知的心理偏差与效应
      - 一、首因效应
      - 二、晕轮效应
      - 三、经验效应
      - 四、刻板效应
  - 项目二 识辨旅客满意度测评
    - 任务一 建立旅客满意度测评内容
      - 一、旅客满意度的概念与特点
      - 二、构建旅客满意度测评体系
        - (一) 旅客满意度的测评指标
        - (二) 旅客满意度的测评内容
    - 任务二 采集旅客满意度科学数据
      - 一、旅客满意度数据的来源
        - (一) 旅客投诉
        - (二) 与旅客的直接沟通
        - (三) 问卷调查
        - (四) 各种媒体报道
        - (五) 消费者组织的调查报告
      - 二、采集旅客满意度数据的常用模型
        - (一) 中国民用航空用户满意指数测评
        - (二) 民用航空旅客服务评测
      - 三、采集旅客满意度数据的一般步骤
        - (一) 制订计划
        - (二) 确定来源
        - (三) 明确技术与方法
        - (四) 处理及分析数据
    - 任务三 分析旅客满意度的影响因素
      - 一、产品要素
      - 二、服务关键点
        - (一) 重大事件处理
        - (二) 人力资源管理
        - (三) 解决问题和投诉
      - 三、民航企业形象
    - 任务四 制订旅客满意度提升方案
      - 一、关注旅客需求
        - (一) 关注需求个性化,提供多样化服务产品
        - (二) 关注需求前瞻性,进行服务工作创新
      - 二、提升人员素质
        - (一) 提供全方位培训
        - (二) 完善考核与激励机制
      - 三、健全服务质量体系
        - (一) 推行服务质量控制
        - (二) 构建服务质量环
        - (三) 落实规范化服务控制
        - (四) 倡导情感化服务
  - 项目三 识认用旅客感知心理的体验设计
    - 任务一 认识主题航班
      - 一、主题航班的概念
      - 二、主题航班的产生背景
      - 三、主题航班的特征
        - (一) 差异性
        - (二) 传播性
        - (三) 文化性
        - (四) 体验性
      - 四、主题航班的分类
        - (一) 节日节气类主题航班
        - (二) 公益热点类主题航班
        - (三) 品牌建设与推广类主题航班
    - 任务二 主题航班的方案设计
      - 一、主题航班方案设计的要求
      - 二、主题航班方案设计的内容
        - (一) 主题理念定位
        - (二) 活动资源需求
        - (三) 主题场景与客舱布置
        - (四) 乘务员服装搭配
        - (五) 主题服务产品
        - (六) 主题互动活动设计
        - (七) 活动经费预算和总结宣传
        - (八) 注意事项
      - 三、主题航班方案设计的步骤
        - (一) 明确基调,理解主题
        - (二) 选择元素,围绕主题
        - (三) 布置准备,突出主题
        - (四) 执行实施,表达主题
    - 任务三 不同类型的主题航班方案解析
      - 一、节日节气类主题航班
      - 二、公益热点类主题航班
      - 三、品牌建设与推广类主题航班

项目一 识认旅客感知心理

案例导引

"体验经济"视角下改善旅客航空出行体验的思考（节选）

在一个阳光明媚的上午，您缓缓步入窗明几净的航站楼，呈现在您眼前的是这样一幅场景：新颖繁多的休闲健身设施、妙趣横生的娱乐项目、快速便捷的网络服务、耳目一新的航空展；从值机到登机全程自助通行，科技感十足；当您候机疲劳时，有专业的按摩师为您提供服务；如果候机时间较长，有商品琳琅满目的零售店、五味俱全的饕餮大餐供您游览消费，从家常所需到顶级珍品应有尽有；如诗如画的主题花园和艺术长廊将您带进梦幻世界，使您流连忘返。相信这样的乘机体验一定可以给您留下深刻而难忘的记忆。

传统航空出行较少关注旅客从进入出发机场到离开目的地机场的过程体验，因此很难抓住旅客"眼球"，并给旅客留下难忘的乘机体验。在体验经济日渐崛起的当下，各运输环节通过流程设计、过程优化、交互体验、沉浸式融入等方式，让旅客与机场、航空企业及全流程服务环节产生交互式"自我体验"，由过去的"单方面供给式服务"向现在的"交互体验式服务"转变，在整个乘机过程中带来更多的"深度体验"，不仅有助于增加民航业的辅营收入，还可借机打造、宣传机场和航空企业独特的品牌，增加"有形"产品和"无形"服务的知名度，形成一定的"虹吸效应"。

资料来源：民航资源网

人类通过感知世界而获得知识，产生思维和行动。感知是解释各种行为发生原因的一把万能钥匙。旅客通过感知获得旅行体验，民航服务人员通过感知把握旅客心理、关注旅客需求。本项目通过识认旅客感知心理，使学习者学会分析、处理在民航服务中遇到的各类问题，从而更好地提高民航服务质量。

任务一 感知的概念与特征

一、感知的概念

感知是感觉和知觉的总称，是人对客观世界认识的初级阶段，每个人都可以凭借自己的感觉和知觉去认识世界。只要一睁开眼，人就可以开始看、听、触摸，通过这些简单的活动去了解世界。人的其他心理活动也都来源于感觉与知觉。

二、感知的特征

感知的特征主要包括选择性、整体性、理解性和恒常性。

（一）选择性

选择性是指在一定时间内并不感受所有的刺激，而仅仅感受能引起注意的少数刺激。从另一种意义上说，由于作用于人的客观事物是纷繁多样的，人不可能同时对各种事物进行感知，因此人脑会像过滤器一样，自动过滤那些次要的、无用的、有害的刺激，选择主要的、有用的、有益的刺激优先知觉。

不同的兴趣、需求、知识经验和情绪情感，会导致人们对事物做出不同的选择，如机场儿童游乐设施和活动设备容易引起儿童旅客的注意，免税店的海报更能引起女性旅客的关注。

（二）整体性

心理学家认为，心理现象只有被视为有组织和结构的整体时才可以被理解，而不是分解成原始的知觉元素。感知的整体性是指人们根据自己的知识经验把直接作用于感官的客观事物的多种属性整合统一、组织加工的过程。人们在反映客观对象时总是将其作为一个整体来反映，这就是感知的整体性。例如，当我们初次进入一座机场时，我们不会过分关注机场大厅的装饰或布局的细节，而是形成对机场的整体印象和认识，这就是感知的整体性。

（三）理解性

人在感知事物的时候，总是根据先前的知识经验理解、判断当前事物，并按照自己对刺激的察觉进行选择和组织，这就是感知的理解性。感知的理解性反映出人们总是根据已知事物来认识未知事物并做出相应的选择。例如，长期在机场候机楼工作的人可以根据自身工作经验和知识准确判断旅客的身份和职业等。

（四）恒常性

人们在感知刺激物时，虽然感知条件如距离、位置、光线、时间等发生变化，但感知对象仍然保持不变，这就是感知的恒常性。例如，当旅客离开出发厅向我们挥手告别时，虽然他远去的背影在我们眼里越来越小，但我们不会感到旅客的身体在越变越小。如图 2-1 所示，观察到一扇门的角度发生变化时，这扇门原本的形状知觉在人们头脑中却保持相对不变，这就是形状的恒常性。

图 2-1　形状的恒常性

三、民航旅客感知的内容

（一）民航服务的物质环境

旅客对民航服务物质环境的感知，主要包括民航服务场所、服务设施设备和交通工具等。

（二）民航服务人员

民航服务过程中旅客对服务人员的感知是普遍存在的，这种感知属于社会感知，主要包括民航服务人员的仪容仪表、言谈举止、职业角色等方面。

（三）民航服务文化

民航服务文化是民航企业文化的一部分，是体现企业服务特色、服务水平和服务质量的物质和精神因素的总和，也是旅客的感知内容。民航服务文化包括理念、物质和制度三个层面的文化内容。

1）理念文化。理念文化属于思想文化的意识层面，是服务文化建设的基础，也是服务文化的核心与动力。

2）物质文化。物质文化是理念文化的外在表现，包括企业的服务形象及硬件设施、服务品牌等，是服务文化的基础内容。

3）制度文化。制度文化包括服务机制、服务手段、服务特色等，是服务文化建设的重要保障。民航企业将优秀的服务文化用制度的方式规定下来，形成科学的管理体系和服务机制，将抽象的服务理念和要求变为具体的服务指标，即本企业的制度文化。

四、民航服务人员认知旅客感知的途径

民航服务人员对旅客感知的认知，就是通过对旅客外部特征的知觉，进而获得对他的动机、情感、意图等方面信息的认知，包括以下几个方面。

（一）语言认知

一个人的语言节奏、语调高低、语速缓急可以体现其性格特征或心情。例如，笑声朗朗说明旅客性格开朗、心情愉快；唉声叹气、语调沉缓说明旅客心情忧郁、闷闷不乐；语调高、语速快说明旅客性子较急、脾气暴躁、情绪较难控制；语调低、语速慢则说明旅客情绪温和、性子较慢、情绪变化不明显。

（二）表情认知

面部表情是一个人喜怒哀乐的晴雨表。人们通常用愁眉苦脸、眉开眼笑分别描述人的哀与乐。如果旅客目光炯炯、神采奕奕，说明他情绪高涨、心情愉快；如果旅客目光呆滞、脸色阴沉，说明他情绪低落、心中不快，这时服务人员应注意观察他们的行为，及时给予周到细致的服务，以免使旅客感到受冷落，心情更加郁闷。

（三）动作认知

一个人的动作主要包括手势、走姿、坐姿、站姿等。如果旅客在座位上东瞧西望，好奇心较强，说明他可能是第一次乘坐飞机；如果旅客入座后两臂相抱、低头沉睡，说明他可能比较劳累；如果旅客入座后动作比较多，精力旺盛，说明旅客心情比较好，精力充沛。

（四）个性认知

个性是多种心理特征的组合，集中反映了一个人的精神面貌，以及不同于其他人的独特心理类型。个性是旅客在相当长的时间内形成的较为稳定的心理品质，而且看不见、摸不着，民航服务人员必须通过旅客的言谈举止去推断。例如，性格倔强的旅客一般对服务比较挑剔，个性温和的旅客一般对服务人员的态度和服务质量比较包容。

同步思考 2-1

"从小事做起"

2018年3月30日，CA8228航班起飞后大约25分钟，飞机遇到不稳定气流，产生了轻度颠簸，一个小女孩因为身体不适出现了呕吐的情况，一边呕吐一边哭，座椅上、地板上都是呕吐物，周围的旅客都不自觉地捂住了鼻子，而孩子的母亲则更显得无助和慌张。6号位乘务员宋纪德看到后，马上准备了一杯温水递给一位女性乘务员，并交代她带小女孩去洗手间清理一下，他自己则准备了手套、毛巾、报纸，蹲在地上仔细地清理大片呕吐物。小女孩几次因为气味难闻出现了干呕的情况，宋纪德还特别细心地把自己机组的小面包拿给孩子，防止孩子因为呕吐伤到胃，并且宽慰她的母亲不要担心。他还当起了"幼儿园老师"，给孩子折纸，陪孩子聊天，很快孩子就忘记了刚才身体的不适，破涕为笑。

这时，乘务长对宋纪德说："你做得真好。"宋纪德却说："乘务长，这点活不算什么，我主要是怕她妈妈担心孩子不舒服，也担心别的旅客乘机感受不好。客舱卫生不是短板嘛，要想提高分数就得从这点小事做起。"

资料来源：2018年度湖北分公司客舱服务部案例集

任务二　影响旅客感知的主客观因素

世界是唯一的，而每个人眼中的世界都是不一样的，原因在于感知的差异。影响旅客感知的因素包括客观和主观两个方面。

一、影响旅客感知的客观因素

客观因素是指旅客心理以外的因素，主要包括旅客的生理条件、感知对象的特征、感知对象的背景、他人的提示等。

（一）旅客的生理条件

旅客感知的产生依赖于各种感觉器官去接收各种信息。因此，旅客的生理条件不同，产生的感知也不同。例如，盲人旅客不能对机场的照明、座椅的颜色、空乘人员的微笑等产生知觉；而有听力障碍的旅客也难以被广播中及时更新的信息、乘务员温柔的语气打动。

（二）感知对象的特征

感知是由对象引起的，感知对象的特征影响感知效果。感知对象的大小、强度、新颖性、对比性、重复性等都会影响感知效果，如特别的景观、鲜艳的颜色、醒目的标识、响亮的声音等均容易被人们清晰地感知。例如，机舱上的安全标志往往以醒目的方式呈现，就是为了让旅客容易产生感知；同时，柔和的光线则可尽量避免对旅客产生强烈的干扰性刺激。

（三）感知对象的背景

感知对象的背景是指对感知对象起衬托作用的客观环境。背景与感知对象在强度、颜色和形状等方面反差越大，主体对感知对象的知觉就越清晰。例如，飞机上有重要的事情广播时，一般会把背景音乐的音量调小或直接关掉，以使旅客产生清晰的知觉。

（四）他人的提示

他人的提示有助于提高旅客感知的理解性。它能使旅客迅速了解、理解民航服务，从而加深对民航服务的印象，有助于民航活动的开展。例如，起飞前客舱乘务员进行的安全演示，就能帮助旅客对机上设施有更好的了解，更好地配合乘务员的安全检查，确保飞行安全。

二、影响旅客感知的主观因素

主观因素是指旅客心理方面的因素，包括旅客的需要与动机、知识与经验、兴趣与爱好、个性与情绪等。

（一）需要与动机

能够满足旅客需要、符合旅客动机的事物往往容易引起他们的有意注意，成为感知对象。反之，与旅客需要和动机无关的事物则容易被忽略。例如，饥肠辘辘的旅客，看到乘务员的餐车会更为关注，希望早点品尝；精力充沛的旅客容易兴奋，往往主动参与机上的互动活动；而身心疲惫的旅客则希望能得到休息和放松，座椅是否舒适就成为关注的焦点。

（二）知识与经验

人的知识与经验直接影响感知的内容、精确度和速度。一般来说，人的知识和经验越丰富，对事物的感知就越全面、越深刻。例如，由于经常出行，贵宾旅客对服务质量和服务品质有更高的要求。

（三）兴趣与爱好

人们常常把知觉集中在自己感兴趣或爱好的事物上，而其他事物则作为背景被排除在知觉之外。例如，对艺术感兴趣的旅客就容易对机场的建筑特征、装修风格等加以注意，对美食感兴趣的旅客就会关注机场餐饮区的特色美食。

（四）个性与情绪

情绪高昂的旅客对航班的些许延误并不在意，而情绪低落的旅客就容易对服务表示不满。此外，旅客的收入、年龄、性别、职业、家庭、国籍、民族、种族、态度和信仰等也是影响他们对民航服务感知的重要因素。

任务三　旅客感知的心理偏差与效应

旅客感知的心理偏差，常见的效应有首因效应、晕轮效应、经验效应、刻板效应等，下面分别阐述。

一、首因效应

（一）识别首因效应

在日常生活中，首因效应（Primacy Effect）也称"第一印象"，是指人们与不熟悉的社会知觉对象第一次接触后形成的印象，是一种心理定势，影响人们以后对该对象的看法。在民航业，服务人员与旅客接触时间短，给旅客留下一个良好的第一印象尤为重要。例如，机场贵宾厅布置得温馨、舒适，机场问讯处的服务人员总是热情大方，对人彬彬有礼，甚至机场大厅都特别大气、开阔等。这些都是首因效应的具体运用。

对旅客来说，需要认识到第一印象具有片面性，存在主观因素，不能代表人或事物的真实面目。所以旅客不能把它的作用夸大到不适当的程度，不能仅凭第一印象就妄下结论。

（二）识用首因效应

1. 树立良好服务形象

通过树立良好服务形象，力求给旅客留下良好的"第一印象"，这就是首因效应的具体应用。在旅客与服务人员交往的过程中，服务人员的个人形象将给旅客留下重要的第一印象，这种印象将直接影响后续的客我交往的效果。其具体要求如下。

1）外表要求。五官端正，能显示健康和活力。服务人员健康、优美的外表可以使旅客产生视觉上的舒适，以及心理上的亲切感，并在服务交往中反映出服务人员的可靠、优雅。

2）服饰要求。穿着得体、整洁大方，与民航业特点、民航各服务部门的类型和特色相协调，同性别、同岗位的服务人员要穿着同样的服饰，给人以庄重、职业的知觉印象。航空公司和机场员工的统一着装，能够给旅客留下专业、规范的良好印象。

3）语言要求。注意礼貌用语，恰当称呼旅客。在服务工作中要"请"字开头，"谢"字结尾，多运用"您好""请""谢谢""对不起""再见"等文明用语。

4）举止神态要求。符合服务工作的职业标准，站、坐、走的姿势要规范，要保持愉快的表情、真诚的微笑。航空公司一般都将空乘人员的形象作为公司整体品牌形象的重要符号，需从发型、妆容、服饰等各个细节入手进行统一设计，使空乘人员随时保持良好的形象与精神面貌。

2. 形成良好服务态度

服务态度是指民航从业人员对旅客在语言、表情、行为、举止方面表现出来的一种心理倾向。良好的服务态度会对旅客产生吸引力，使旅客与服务人员更加亲近，提高旅客的满意度；而低劣的服务态度会使旅客产生心理反感，使旅客望而却步。这就要求服务人员积极主动、热情待客，急旅客所急，想旅客所想，不断满足旅客需求，并努力超越旅客期望。

二、晕轮效应

（一）识别晕轮效应

晕轮效应（Halo Effect）也称"光环效应"，是指将对象的某些特征夸大为整体特征，从而产生美化或丑化对象的心理倾向。晕轮效应带有强烈的主观色彩，所谓"情人眼里出西施"就是这种效应的表现。

在民航服务过程中，晕轮效应如果发生泛化，可能产生很大的消极作用。例如，一位旅客第一次到机场某航空公司柜台办理值机手续，碰见的第一位服务人员态度冷淡，他会认为这家航空公司的服务都不好，有可能产生不再搭乘这家航空公司航班的想法，甚至离开。所以，民航服务人员应该想方设法为旅客提供良好的产品和服务，防止晕轮效应的消极作用，努力使旅客产生良好的第一印象，产生积极的晕轮效应。

（二）识用晕轮效应

1. 建立统一的服务标准

晕轮效应在民航服务交往中表现为旅客对服务人员和航空公司某方面有较清晰、鲜明的印象后，掩盖了对服务人员和航空公司其他方面的知觉。建立标准、执行标准的过程就是帮助旅客形成积极正面认知的过程。

同步思考 2-2

新加坡樟宜机场的服务标准

快捷、高效是新加坡樟宜机场的标签，建立高服务标准是机场工作的重心。高服务标准贯穿了机场的方方面面：在飞机落地12分钟内，飞机上的第一只行李箱必须出现在传输带上；入境手续的办理和行李的提取都必须在半小时内完成；在旅客运送上，采用计算机控制的高架快运系统，航站楼间的机场轻轨每次载客可达百人，每次间隔2~3分钟；机场在设计上保证旅客在航站楼内的步行距离不超过300米。无论旅客购买了哪家航空公司的机票，在新加坡樟宜机场都将享受到头等舱的服务。旅客在这里乘机，就是一次高质量、高标准的体验。

资料来源：民航资源网

2. 充分落实首问责任制

首问责任制要求民航企业的服务人员在为旅客办理业务、受理咨询、协调事项的过程中，明确第一受理人即为首问责任人，应尽最大可能为接待对象排忧解难，对问题跟踪处理，直至处理完毕。落实首问责任制，能让旅客感受到服务人员的热情、主动，从而形成对航空公司的良好印象和积极评价。

课堂互动 2-1

请以小组为单位，讨论在民航服务工作中晕轮效应还可以应用在哪些方面。

三、经验效应

（一）识别经验效应

经验效应（Experience Effect）主要是指人们在知觉人和事物的过程中只凭借以往的经验进行认识、判断、决策、行动的心理活动方式。在知觉当前事物时，人们总是根据以往的经验来理解它，并为随后的知觉活动做好准备。经验效应体现了经验在人们接收信息、处理信息方面的优势。俗语"姜是老的辣""老将出马，一个顶俩"都有此意。

经验丰富的乘务员会根据自身工作经验，对不同的旅客采取不同的交往方式。对老年旅客，多请教、多学习，让他们感受到被尊重、被重视；对儿童旅客，尽量主动和他们讲话，以孩子习惯接受的语气与他们沟通，多鼓励、多肯定。

当然，经验也有不利的一面。如果不顾实际情况变化，生搬硬套，就会陷入经验主义的困境中。

（二）识用经验效应

1. 倡导体验式服务

体验式服务的意图在于通过旅客的体验参与，使旅客感知服务，获得旅客对服务的良好评价。为实现这一目的，很多民航企业进行了精心设计与安排。例如，昆明长水机场打出了"转眼一个世纪、普洱自有大益"的广告词，在宣传普洱产品和文化的同时，让旅客感受到当地浓郁的文化特色；新加坡樟宜机场中转区配备温泉浴场、24小时剧院、游泳池、按摩机、躺椅等供旅客使用，充分考虑了中转旅客的服务需求；韩国仁川机场与当地博物馆合作展览博物馆文物，开放24小时文化体验馆，旅客不仅可以欣赏国宝级文物，还可以体验到韩国传统文化。

2. 创新服务产品

很多航空公司为满足旅客对产品的高期待，在服务方面推陈出新，不断创新。例如，东方航空公司的"东航那杯茶"，是民航业中为数不多的"出圈"产品，它从旅客角度出发，考虑到旅客在乘机过程中喝茶的便利性和安全性，将茶叶通过滤网锁在杯底，外加一个安全杯盖，实现了在机上也能安全、放心地品茶。同时，东方航空公司结合特定节假日和主题活动，开展"线上+线下"的茶杯图案创意征集，征集过程本身就是与网友、旅客进行互动的过程。看到自己设计的图案被征集使用且印在茶杯上，对旅客既是一种奖励式回馈，也是一种沉浸式过程体验，同时能在一定程度上扩大航空公司品牌影响力。

同步思考 2-3

新加坡航空公司的"飞机餐厅"

为了缓解疫情对新加坡航空公司的不利影响，新加坡航空公司推出了"飞机餐厅"，人们可以在A380客机上全程沉浸式用餐。根据客舱舱位的不同，飞机餐的价格也在250～3000元。活动一经推出，在半小时内，两架A380客机上餐厅的座位全部售空。疫情之下，人们实际的航空旅行愿望虽然受限，但人们对于航空旅行的体验心理并未消退，"飞机餐厅"的推出正好迎合了人们内心的需求。

资料来源：民航资源网

3. 树立以人为本的服务理念

在客舱服务过程中，乘务员会根据特殊旅客的需求提供贴心服务。面对老年旅客，主动提供毛毯和热水；面对孕妇旅客，主动提拿行李，提供靠枕等。在娱乐方面，为各个年龄阶段的旅客提供多种选择，与时俱进。

课堂互动 2-2

请以小组为单位，讨论在民航服务工作中以人为本的服务理念还体现在哪些方面。

四、刻板效应

（一）识别刻板效应

刻板效应（Effect of Stereotype）也称刻板印象，是指社会上对某类事物产生的一种比较固定的看法，这是一种概括而笼统的看法。例如，在日常生活中，人们认为知识分子书生气十足，工人粗犷豪放，会计师精打细算等。但在刻板印象支配下获得的人际知觉只是一种概括而笼统的归类，若具体到某个人，则有很大差异。

刻板印象是人际交往中的普遍现象，一方面有助于人们对某类人的特征进行概括了解，另一方面容易使人们产生对他人知觉的偏差，具有明显的局限性。

（二）识用刻板效应

旅客对于民航企业的刻板印象很多时候体现在一些消极方面，形成认知偏差。在服务工作中要尽量避免这种认知偏差形成。

1. 改进服务标准与服务内容

民航服务一直都有诸多烦琐的标准和制度规定，有时过于刻板的服务内容会使旅客有距离感，因此对于服务标准与制度的改进就很有必要。这一改进要关注旅客需求，要注重人性化。注重人性化是指通过机场的设施、环境、资源、气氛等的改变，达到便捷最大化、功能最优化的目的，使旅客能够通过接受相关服务缓解紧张和焦虑，并争取使旅客的每个需求都能够得到快捷和满意的解决。

例如，天津机场推出了"新旅客"项目，该项目针对首次乘机及首次在天津机场乘机的旅客，通过动态演示、静态展栏、人工讲解和亲身体验等方式使新旅客舒缓内心情绪，十分人性化。新加坡樟宜机场为了旅客候机更加舒适，专门修建了多媒体休闲中心、小型游泳池等。

2. 改善服务产品

在服务产品方面，一直以来，旅客对于机上餐食都有一定的抱怨和不满。餐食总是千篇一律，缺乏特色，没有创新，很难满足人们的需求。

在这方面，四川航空公司进行大胆创新，开启了"一带一路"美食文化之旅。旅客在万米高空中，7月品尝新疆大盘鸡，8月享用海南鸡饭。旅客不仅能品尝到"一带一路"沿途省市的特色美食，还能通过机上广播了解当地的风土人情、历史文化等。开启"一带一路"美食文化之旅以来，四川航空公司所有航班正餐均采用首创的双拼米饭，不仅具有高颜值，还拥有丰富的口味，受到广大旅客的好评。

【微课】2-1 心理效应

项目二　识辨旅客满意度测评

案例导引

"点赞！完美旅行国航打造！"

2018年4月5日，一位中国国际航空公司（以下简称国航）终身白金卡旅客通过微博对执飞CA8248（沈阳—武汉）航班的国航湖北分公司客舱服务部乘务长王静和全体机组人员发出书面表扬："感谢国航CA8248航班乘务长王静和全体机组人员的细心服务，感谢国航领导培养出这么一支优秀的团队！点赞！完美旅行国航打造！"

4月5日，沈阳突降大雪。旅客计先生乘坐CA8248航班从沈阳飞往武汉并转机前往三亚。

从踏进机舱的那一刻，计先生就被乘务长王静第一时间递过来的一瓶热矿泉水所感动。王静还根据计先生餐食水果喜好，提前将餐食拍成照片，将水果摆成果盘，通过平板电脑直观呈现在计先生面前供其选择，计先生对王静的暖心服务感到惊喜，备受感动。

临近起飞时间，王静得到机长通知，航班暂时无法起飞。王静立刻向计先生解释航班不能按时起飞的原因和情况，并安抚计先生耐心等待。

考虑到计先生担心行程会被耽误，王静立刻通过国航湖北分公司"空地一家亲"微信群发布信息，与地面服务人员取得了联系，并妥当安排好计先生的后续转乘事宜。

由于王静的努力，计先生如期赶上了飞往三亚的航班。在走出舱门口的那一刻，计先生由衷地对乘务员说道："由于你们乘务员的贴心服务，国航的航班无论是正常起飞还是突发延误，给我的感受始终是安心与舒心。感谢你们认真负责的工作态度！感谢你们充满爱心的真情服务！"

资料来源：2018年度国航湖北分公司客舱服务部案例集

当前，民航企业竞争日益激烈，旅客满意度是企业关注的焦点。很多民航企业都会不遗余力地进行旅客满意度研究，通过建立测评指标，采集数据，分析成因，最后提出提升满意度的方案。

任务一　建立旅客满意度测评内容

对于民航企业，旅客满意度是一个重要的数据，是反映其服务质量的重要依据。因此，满意度测评是一项重要工作。要进行满意度测评，就需要理解旅客满意度的概念与特点，熟悉旅客满意度的测评指标和测评内容。

一、旅客满意度的概念与特点

（一）旅客满意度的概念

旅客满意度指的是旅客比较购买的产品或服务产生的实际作用与期望的作用后产生的心理反应。可以说，当旅客购买的产品或服务产生的实际作用符合旅客期望，旅客就会满意；高于旅客期望，旅客会非常满意；反之，如果低于旅客期望，旅客的满意度就会降低。

旅客满意度测评可以综合衡量民航企业的经营质量，有助于民航企业改善产品质量，促进和谐发展。

（二）旅客满意度的特点

1. 旅客满意度的差异性

旅客满意度本质是通过主观心理反映客观情况。旅客满意度由产品对个人产生的作用和个人期望两个因素构成，两个因素都属于个人的主观心理，存在极大的个体差异性。

2. 旅客满意度的对比性

民航企业之间的横向比较会对旅客期望产生重要影响，而且在同类产品的营销、广告、口碑的影响下，旅客期望会产生波动，进而影响旅客满意度。

3. 旅客满意度的渐变性

从旅客购买行为开始，旅客满意度就已经形成。随着时间推移，甚至到购买行为结束后的很长一段时间，旅客满意度都在不同的时间点上具有渐变性。

4. 旅客满意度的模糊性

旅客满意度是旅客的一种主观感受，无法用准确的计量概念进行规定，所以旅客满意度具有模糊性，无法形成准确的衡量标准。

二、构建旅客满意度测评体系

满意度是旅客的一种主观体验，是一种心理反应。在评价满意度时，需了解旅客体验的真实情况，获取旅客在接受服务时的感受。这一目标可以通过服务质量评价体系的构建来完成。服务质量评价体系的构建一定程度上就是旅客满意度测评体系的构建，包括以下七个方面。

（一）旅客满意度的测评指标

1）有形性。这一指标判断旅客通过自己的感官感受到的服务状态，如服务人员穿着整洁得体的服装，机场大厅环境舒适卫生，客机具备完善的配套设施和应急处置设备。

2）可靠性。这一指标判断机场或航空公司传递给旅客的信息是否可靠，公司向旅客承诺的事情是否能及时完成。例如，航班信息的变更提醒是否准确；无陪老人在乘机过程中能否得到关心和帮助等。

3）响应性。这一指标判断当旅客遇到困难时，服务人员能否及时帮助解决问题。例如，是否做到每次都能告知提供服务的准确时间，都能提供及时的服务等。

4）保证性。这一指标判断服务人员是否值得信赖，是否有礼貌，是否有足够的知识和技能胜任工作岗位，以及服务人员能否从公司得到适当的支持，以提供更好的服务。

5）移情性。这一指标判断能否针对不同旅客提供个性化服务，服务人员能否对旅客提供个别关怀，能否了解顾客的需求，公司能否优先考虑旅客的利益。例如，航空公司不同航线是否能根据地域特点推出特色餐食，客舱内提供的影视、杂志等娱乐内容是否丰富、更新及时等。

6）补救性。这一指标判断航空公司对服务差错能否及时采取补救措施；服务人员在出现服务差错后，补救态度是否诚恳，补救方式是否灵活多样。

7）前瞻性。这一指标判断服务人员能否对特殊旅客（如老弱病残）给予特殊关照；是否适时举办客舱活动，提供惊喜服务；是否能够根据不同旅客（如VIP旅客）提供个性化服务。

（二）旅客满意度的测评内容

旅客满意度是旅客感知服务质量的结果，旅客感知服务质量包括旅客的期望和旅客的感知，旅客对两者之差做出的判断即旅客满意度。

结合民航企业的实际情况，旅客满意度的测评内容主要是由机场和航空公司提供的服务内容构成的，包括以下几个方面。

1）购票服务。购票服务测评内容主要是了解旅客对购票服务的满意度，包括服务态度和服务效率两个方面。

2）地面服务。地面服务测评内容主要包括地面交通、机场环境与设施、机场服务等。地面交通包括机场到达的便捷性、停车位的可获得性。机场环境包括航站楼的清洁程度、机场周围环境。机场设施内容包括餐厅和餐饮设施、购物设施的有形性及购物设施价有所值、洗手间的可获得性、可用性及干净程度，候机厅的舒适性等。机场服务包括值机与离港服务，如排队等待时间、值机员的工作效率等；行李服务，如行李保护、行李提取及不正常行李服务等内容；边防检查，如排队等待时间及边检警察的礼貌和友好，对旅客的帮助情况；机场安检，如安检员的礼貌和友好、对旅客的帮助情况、安检彻底细致、安检排队时间等内容。

3）机上服务。机上服务测评内容包括机上广播、机上餐食、客舱设备、机上娱乐等。机上广播包括广播清晰度、英文广播、广播流畅性和广播音量等内容；机上餐食包括餐食品种、口感、质量、搭配、饮料品种、供餐时间等；客舱设备包括座椅舒适度、气味、洗手间卫生、小桌板使用、客舱灯光等；机上娱乐包括娱乐节目内容、耳机、阅读刊物、设备音量、设备完好度等。

4）不正常航班服务。不正常航班服务测评内容包括不正常航班餐饮安排，不正常航班休息场所安排，不正常航班旅客情绪安抚，不正常航班退改签服务，航班信息变更提醒服务，不正常航班机上服务等内容。

> **课堂互动 2-3**
>
> 请以小组为单位，讨论旅客满意度的测评指标与测评内容之间的关系。

任务二 采集旅客满意度科学数据

奥斯本和戈贝尔曾经说过："有多种不同的方式来倾听旅客的心声。"采集旅客满意度数据的过程就是倾听旅客心声的过程。要采集旅客满意度数据，需要了解旅客满意度数据的来源、熟悉采集旅客满意度数据的常用模型、掌握采集旅客满意度数据的一般步骤。

一、旅客满意度数据的来源

旅客满意度数据的来源多种多样，民航企业应根据数据采集的目的、数据的性质和资金等确定最佳数据来源。

一般来说，旅客满意度数据的来源有以下几种。

（一）旅客投诉

旅客投诉是采集旅客满意度数据的重要途径。民航企业一般都很重视旅客投诉，会建立专门的旅客投诉跟踪体系。旅客投诉跟踪体系能记录旅客投诉信息，进行归纳整理和调查，采取补救性服务措施。对旅客投诉的重视能改进服务产品，提高旅客满意度。

（二）与旅客的直接沟通

服务人员在对客服务过程中，通过与旅客直接沟通，也能采集到满意度数据。服务人员可以根据旅客的表情、动作、手势、语言等判断其对服务是否满意。如果满意则继续保持，如果不满则探寻原因并努力弥补，以提升旅客满意度。

（三）问卷调查

问卷调查也是很好的数据采集的方式。民航企业一般采取线上或线下的方式进行问卷调查，如通过微信、电子邮箱将问卷发给旅客，请旅客填写。航空公司还会通过机上服务满意度问卷来获取旅客满意度信息。

（四）各种媒体报道

各种媒体对于与民航企业相关事件的报道也是数据的重要来源。

（五）消费者组织的调查报告

消费者组织也会定期对各行业进行服务质量及产品质量的调查研究，发布调查报告，这也成为民航企业采集数据的渠道。

民航企业应对旅客满意度数据的采集进行策划，确定责任部门，对采集方式、频次、分析、对策及跟踪验证等做出规定。

二、采集旅客满意度数据的常用模型

民航企业旅客满意度数据采集主要借助两个模型，即中国民用航空用户满意指数测评（China Civil Aviation User Satisfaction Indices，CACSI）和民用航空旅客服务评测（Civil Aviation Passenger Service Evaluation，CAPSE）。

（一）中国民用航空用户满意指数测评

该测评模型开始于1993年的"旅客话民用航空"活动，由民用航空协会用户工作委员会等

单位共同举办，以杂志插页、活页调查问卷和用户网址作为调查问卷的载体，对航空公司和机场实行用户满意指数测评。该测评模型包括用户满意、员工满意和社会满意三个方面，模型的潜变量采用七个模块，即旅客期望值、对产品质量的认知、对服务质量的认知、对价值的认知、品牌服务形象、旅客满意度、旅客投诉、旅客忠诚度；针对每个潜变量设计出若干可以实际调查测评的观测变量。

（二）民用航空旅客服务评测

该测评模型充分借助了目前民航先进的移动信息技术，数据来源是"飞常准"移动客户端。"飞常准"移动客户端的用户在乘机后使用移动客户端实名登录，加上登机牌扫描等二次确认方式，确保调查问卷真实、有效。使用移动客户端的优势还体现在有效问卷总量多、数据分析快等方面。基于旅客对服务体验的"感受"设立评判标准是该测评模型的基础。

以上两个测评模型各有特色，在民航企业应用广泛。

三、采集旅客满意度数据的一般步骤

旅客满意度的测评过程就是一个数据采集的过程，是科学进行数据分析的基础。数据采集的准确性决定了数据分析的价值。一般来说，数据采集包括制订计划、确定来源、明确技术与方法、处理及分析数据四个步骤。

（一）制订计划

在进行数据分析之前，数据采集工作是一项最重要的工作，很多企业非常重视数据采集。数据采集需要花费大量的资金、人力及物力，因此在数据采集时要周密计划、妥善安排、控制成本。只有计划周全，才能为数据采集做好准备。

（二）确定来源

在数据采集前，就需要确定数据来源，选择一些有说服力的数据，这样才能使数据分析工作更有意义。通常，数据分为第一手资料和第二手资料。第一手资料就是为了某种目的采集所得的原始材料，如前面提到的旅客投诉、与旅客的直接沟通就是第一手资料。一般来说，采集第一手资料所需的费用较高，但是针对性强。第二手资料是指采集的现成资料，如问卷调查、各种媒体报告、消费者组织的调查报告等。进行旅客满意度测评，既需要第一手资料，也需要第二手资料。

（三）明确技术与方法

在数据采集中，由于需控制成本费用，以及数据的采集范围很广，很难直接获取全部数据。这时，我们常用抽样技术对样本进行调查，并根据样本统计量估计总量。

常见的数据采集方法有三种，分别是访问调查法、实验法和观察法。访问调查法通过访问代表性的样本而获得数据。观察法强调非语言方式，这一点和访问调查法不一样。实验法可以有效控制调查环境。在实际数据采集中，可以根据项目特点、成本费用、时间及精度的要求，使用不同的方法。

（四）处理及分析数据

原始数据会出现虚假、错误、冗余等现象，如果直接利用这些数据进行预测分析，会导致数据分析失去意义。因此进行数据处理很有必要。通过数据处理，运用科学的方法，将调查所得的原始资料按调查目的去粗取精，为后续的数据分析打下基础。

任务三　分析旅客满意度的影响因素

从本质上讲，旅客满意度反映的是旅客的一种心理状态，它来源于旅客对民航企业某种产

品或服务产生的感受与自己期望的对比。旅客满意度受到以下多种因素的影响。

一、产品要素

产品要素既是影响旅客满意度的因素之一，也是旅客和潜在旅客对产品质量做出判断的依据之一。例如，机上娱乐设施的安全性和舒适性、机票的价格和折扣、机上餐食的卫生及味道、服务人员的言谈举止、机场建筑外观、服务环境等会最先印入旅客的脑海，从而影响旅客对民航企业的判断和评价。

> **课堂互动 2-4**
> 请以小组为单位，选择某机场或某航空公司的产品进行分析，评价其是否符合旅客满意度要求。

二、服务关键点

在民航企业提供服务的过程中，以下几个关键点可能对旅客满意度产生影响。

（一）重大事件处理

重大事件往往影响着旅客的满意度，以及他们对产品和服务的感受。重大事件被描述为"与常规状态或预期状态之间存在巨大的正面或负面差异的事件"，这些事件被称为"紧急时刻"或"服务遭遇战"。旅客心目中存在一个允许限度，当亲身感受与预期出入不大时，旅客一般不会太介意，反之则会很介意。例如，航班延误时，机场和航空公司的处理方式与处理效率会影响旅客对服务的感受。

（二）人力资源管理

在服务行业中，人力资源管理在很大程度上决定了服务质量水平和旅客满意度。民航企业同样如此，服务人员的表现往往会给旅客的经历"锦上添花"或"雪上加霜"。旅客满意度取决于民航企业能否有效地进行人力资源管理，对员工的专业技能、工作态度、团队精神、解决问题的能力等进行科学管理及合理引导。

（三）解决问题和投诉

要评价一个质量管理系统，就要看当一些不可避免的问题发生并且旅客投诉时，民航企业是怎样处理的。旅客并不期待尽善尽美，但是希望当问题发生时能够得到快速、合理的解决。事实上，民航企业有效地解决问题和投诉可以在很大程度上提升旅客满意度。倾听并恰当地处理旅客的意见可以产生积极的效果，对此，可以用这样一个等式来说明：处理好旅客抱怨=提升旅客满意度=增强旅客的认牌购买倾向＝丰厚利润。

三、民航企业形象

企业形象也是影响旅客满意度的重要因素之一。民航企业要树立良好的形象，不仅要提高旅客对民航企业的认识程度，更要让旅客对民航企业产生好感和信赖，只有这样才能真正产生购买行为。因此，很多民航企业通过各种途径，不断加强自身的企业形象建设，以获得旅客较高的满意度。例如，航空公司推出主题航班活动，就是提升企业形象、提高旅客满意度的一种有效途径。

任务四 制订旅客满意度提升方案

根据旅客满意度的影响因素，可以从以下几个方面来提升旅客满意度。

一、关注旅客需求

旅客对产品满意与否与旅客需求密切相关。随着经济、社会的不断发展，人们生活水平的不断提高，旅客需求逐渐转化为多种多样、各具特色的个性化需求，所以能够提供多样化服务产品是民航企业创造更高价值的有效途径。

（一）关注需求个性化，提供多样化服务产品

通过对旅客需求的深入分析，重新设置服务产品，不仅能丰富旅客购买服务产品时的选择，也将成为民航企业利润增长的新空间。例如，针对特殊旅客，需做好相应的保障工作，丰富服务内容，提供个性化服务，不断提升特殊旅客的整体满意度。

同步思考 2-4

突尼斯航空公司的客舱改造措施

提高"两舱"客座率，是突尼斯航空公司目前急需解决的问题。结合"两舱旅客"的喜好和需求，建议从以下方面改进客舱布局和设备选型的有关工作。

一是改善"两舱"座椅的舒适度。在有关的客舱设备中，座椅是最影响旅客舒适度的，因此该公司加大"两舱"座椅的间距与宽度，使远程航线的"两舱"座椅实现全平躺。

二是改造机上的娱乐设施。为缓解远程旅途的单调乏味，该公司在所有执飞远程航线飞机的"两舱"内加装个人娱乐设施，增加电影、游戏、广播等的种类和数量，同时安装公务处理软件，方便旅客处理工作事务。

三是满足旅客的个性化需求。通过在飞机"两舱"区域设置小型会议室、豪华包间、空中酒吧等，满足高价值旅客在奢华、个人私密性方面的个性化需求。

资料来源：民航资源网

（二）关注需求前瞻性，进行服务工作创新

民航企业需建立网络平台，拥有自己的售票营业部、官方网站、手机客户端 App、服务热线等，使旅客可以有更多途径，选择更适合自己的方式。旅客出行时，可以体验乘机过程的顺畅和便捷，如值机环节可以选择自助值机，安检环节可以通过扫描二维码快速通关。

二、提升人员素质

产品与服务影响旅客满意度，而提供产品与服务的人则是影响满意度的关键。服务人员特别是一线人员作为航空公司提供服务的主体，是影响旅客满意度的重要因素。为了提升旅客满意度，需要先提升人员素质，可以从以下方面去做。

（一）提供全方位培训

全方位培训包括业务知识、服务流程、职业素养、行为习惯等多方面的、系统的培训。通过全方位培训，员工不仅能够树立良好的服务理念，还能够在工作中自觉地规范自己的行为。

（二）完善考核与激励机制

完善考核机制是将员工的工作进行量化管理与考核，不仅便于管理员工，也有助于企业调动员工在工作中的积极性和主动性。完善激励机制不仅能调动员工在工作中的积极性和主动性，也在服务标准化和服务趋同的前提下，为旅客满意度的提升提供了制度支撑。民航企业可以发挥考核和激励的作用，以员工在工作中的贡献为基准，提供公开、透明的职业上升渠道，对优秀的员工进行物质奖励和精神奖励。

课堂互动 2-5

请以小组为单位，讨论人员素质提升的关键点有哪些。

三、健全服务质量体系

提升旅客满意度主要通过健全服务质量体系来实现，体现在以下四个方面。

（一）推行服务质量控制

服务质量控制是一个系统工程。首先，提出服务水平目标，通过分析服务内容，将投入较少而旅客满意度提升较大的项目优先放入服务水平目标，进行实施；其次，发布服务标准承诺，接受社会监督；再次，通过培训服务人员，落实服务水平；最后，进行服务质量测评，找到薄弱环节，提出下一个服务目标，制定新的服务标准，并做出承诺。这样循环往复，追求卓越，不断提升服务水平。

（二）构建服务质量环

首先，分析服务流程，弄清各环节服务质量之间的相互影响，确认服务流程各环节的质量责任、标准和控制规范；其次，建立服务流程质量反馈系统，进行服务知识和技能培训；最后，通过建立检查评比制度，巩固服务质量环。

（三）落实规范化服务控制

落实规范化服务控制需要做到以下六点：一是制定服务质量规范；二是质量规范应透明；三是接受社会监督；四是进行严格的规范培训；五是建立严格的规范执行检查制度；六是建立科学的激励机制。

（四）倡导情感化服务

情感化服务就是关注旅客情感需求的一种服务，又称人性化服务、个性化服务。很多民航企业提出的"四心""四声"服务，就是一种情感化服务。所谓"四心"是指接待旅客热心、排忧解难诚心、解答问题耐心、接受意见虚心；所谓"四声"是指主动招呼声、耐心解答声、唱收唱付声、临走道别声。

倡导情感化服务要求任何岗位的员工必须树立服务意识，应当了解旅客心理，了解旅客需求，倾听旅客抱怨，努力满足旅客需求。

> **课堂互动 2-6**
>
> 请以小组为单位进行资料收集，选取某机场或某航空公司的情感化服务项目进行分析与点评。

项目三 识用旅客感知心理的体验设计

案例导引

> **奇妙的"空中音乐会"**
>
> 湖南航空公司与酷狗音乐在春运期间共同打造了音乐主题航班，希望能给旅客带来不一样的"潮流飞行新体验"，在乘机过程中有更优质的体验，让旅途不再枯燥、乏味。
>
> 从地方代表歌曲到年度刷屏热歌，音乐人郑鱼、416女团可爱晨等为返乡旅客送上一首首新春祝福歌曲。歌曲风格多样，既轻松愉快，又有湖南文化特色，让旅客拥有更优质的航空体验。
>
> 此外，湖南航空公司还为特殊旅客准备了新春音乐大礼包，让旅客享受来自音乐的温暖；线上用户分享自己最爱的旅途歌曲及讲述自己和音乐、出行相关的故事，同样有机会抽取新春音乐大礼包。

> "空中音乐会"作为 2022 年春运期间的特色活动之一，目的是在春运之始就为出行的旅客送上诚挚的新春祝福，提升旅客的旅途幸福感。湖南航空公司作为湖南省首家本土航空公司，在春运期间不断优化航线结构，满足旅客的出行需求。后续湖南航空公司也将围绕"潮流飞行新体验"开展一系列品牌升级，让选择和认可湖南航空公司的旅客成为潮流飞行的体验者。
>
> 资料来源：民航资源网

湖南航空公司打造的"空中音乐会"音乐主题航班及相关的一系列主题航班，服务于旅客的出行需求，极大满足了旅客"潮流飞行新体验"的需求，很好地提升了公司的品牌形象和品牌价值。什么是主题航班？主题航班为何成为很多航空公司活动策划、品牌提升的首选？接下来进行介绍和阐述。

任务一　认识主题航班

主题航班是很多航空公司服务创新的首选。主题航班活动的开展能丰富旅行体验、提升旅客满意度、树立航空公司的良好品牌形象。下面介绍其概念、产生背景、特征及分类。

一、主题航班的概念

主题航班是以一定文化为主题，以飞机客舱为载体，以旅客的体验为本质，通过营造特定的文化氛围，带给旅客个性化文化感受，倡导个性化的服务，让旅客感受到欢乐、愉悦的航班。

二、主题航班的产生背景

近年来，越来越多的航空公司选择在特定时间段开展主题航班活动。主题航班之所以成为航空公司策划活动的首选方式，主要基于以下三方面因素。

一是航空公司参与竞争的需要，是服务创新的必然选择。航空公司的竞争倾向于同质化，产品内容和形式较为单一。很多航空公司推出的航线差不多，服务流程与服务标准接近。主题航班的出现，能增强旅客的出行体验，满足个性化需求。

二是航空公司承担社会责任，塑造良好形象的选择。很多主题航班本身就具有明显的公益性质。例如，围绕传统节日开展的节日主题航班活动，能很好地宣传和推广传统文化，让人们在感受传统文化之美的同时获得文化传承、文化自信。

三是体验经济时代满足旅客个性化需求的必然要求。在体验经济时代，旅客对出行体验的要求更高、更多。"体验"的主体既是各个环境空间的使用者，也是主题航班的服务对象。在主题航班设计中，体验主要表现在旅客在整个乘机过程中的参与及互动，感受旅行的个性化、趣味化。

三、主题航班的特征

主题航班是集差异性、传播性、文化性和体验性于一体的航班。它们相互渗透、相互影响，共同组成了主题航班的特征。

（一）差异性

主题航班的差异性主要体现在主题不同，因此主题航班之间存在细节表现上的差别，给旅客带来的体验内容与感受也不同，但是对于体验的重点突出应当是相同的。在主题航班方案设计过程中要处理好主题之异和模式之同两者之间的关系。

（二）传播性

主题航班注重旅客的参与互动，能够提升服务品牌在旅客中的美誉度，甚至活动本身就具有一定的新闻价值，能够在第一时间传播出去，引起公众的注意，起到良好的品牌形象宣传作用。

（三）文化性

主题航班的文化和一般意义上的企业文化是有区别的，两者是两个不同的概念。客舱是一个提供服务的场地，因此，服务文化成为客舱产品的核心；主题航班的文化以客舱文化为基础，以特色经营为灵魂，以人文精神为核心。为了突出主题航班的文化性，主题航班需要挖掘与主题素材相呼应的主题文化。

（四）体验性

规范化、标准化的服务能给旅客带来良好的体验，个性化、有特色的服务更能带给旅客不一样的体验。

体验可以是多种类型的，可以是娱乐的体验，如播放音乐、视频，让旅客体验到轻松、愉悦；可以是教育的体验，旅客通过亲身参与，认识到新事物或获得一些启发。

四、主题航班的分类

主题航班是服务创新的一种，其主要目的就是增加乘务员与旅客之间的互动和感情联络。主题航班的类型多样，一般包括节日节气类、公益热点类、品牌建设与推广类三种类型。

（一）节日节气类主题航班

节日节气类主题是当前航空公司最常选用的，几乎所有航空公司都组织策划过类似的主题航班。节日节气是一个宽泛的概念，既包括传统节日，如春节、元宵节等，也包括夏至、冬至等传统节气；既包括现代节日，如国庆节、劳动节等，也包括少数民族节日和国外节日，如壮族的"三月三"，国外的圣诞节、情人节等。不同节日节气的主题航班，让旅客在理解节日节气文化内涵的同时，还能体验节日节气带给人们的美好心情。

（二）公益热点类主题航班

公益类主题如"世界环境日""世界地球日"等，热点类主题如"抗疫""冬奥"等。这类主题航班一方面能宣传社会公益知识，培养公益心，传播社会正能量，另一方面能提升公司知名度与美誉度，展示航空公司的社会责任感，塑造良好的形象。

（三）品牌建设与推广类主题航班

这类主题航班主要进行产品形象推广或企业形象推广。例如，腾讯游戏就在2017年与深圳航空公司推出了"王者荣耀"主题航班，推广了"王者荣耀"的品牌形象。

任务二　主题航班的方案设计

进行主题航班的方案设计，需要把握设计要求，熟悉设计内容，并按照一定的步骤来实施。

一、主题航班方案设计的要求

主题航班方案的设计要突出旅客体验，因此应遵循以下几点要求。

一是强调"真实"。要符合实际情况，具有可操作性，带给旅客积极体验。在设计主题客舱时，既要体现客舱的本质特征，又要能够通过感官直接感受。这是人、空间、时间和物体之间相互协调作用的整体。

二是突出"个性"。体验设计的"个性"，就是体验的唯一性，是其他主题航班不能复制的体验经历。构建有独特个性的体验设计，为满足旅客个性化体验做好市场调查，了解行业内的体验主题与类型，从而决定要为旅客提供什么样的服务产品。"个性"的体验设计不仅能满足旅客的喜好与追求，而且能提升航空公司自身的竞争力。

同步思考 2-5

大嘴猴（Paul Frank）主题航班

北京首都航空公司与中观传媒公司结合大嘴猴的形象特征，打造中国大陆首个单一卡通形象全主题飞机，从机身喷绘到内部装饰都运用了公众熟知的"大嘴猴"形象，此项合作也标志着中观传媒航空跨界合作正式迈入动漫 IP 文化领域。

为了呈现完美的视觉效果，无论是机身设计、喷涂用料的选择，还是机舱的布置，首都航空公司均尽心经营，长时间设计和制作。首都航空公司采用了专用绿色环保油漆，在保护空中环境的同时保障旅客的健康。而在机舱内饰配套设施、机上餐食和空乘服饰方面，首都航空公司也全部进行了主题元素的定制。后续，首都航空公司还将根据地方特色，在自己的各航线及各大城市的 VIP 休息室中推出大嘴猴主题屋。

大嘴猴作为国际知名潮流品牌，以明亮的色彩、时尚的造型，以及富有冒险精神的主题深受年轻人喜爱。大嘴猴 Julius 更被视为所有人的朋友，只要有需要，他可以变身为任何人：消防员、医生、律师等，出现在人们身边。在朋友眼中，他是大家的中心，是可以信赖的基石。他活泼快乐、自信张扬且无处不在。正是这种性格吸引了首都航空公司。在首都航空公司看来，Julius 能够被朋友依赖、信任且对朋友无处不在的陪伴是他们一直期望在旅客心中建立的形象。首都航空公司相信，只有通过与自己的旅客建立彼此信赖的关系，成为相互陪伴的朋友，才能真正赢得旅客的心，让旅客在出行中更快乐地选择首都航空公司。

资料来源：民航资源网

三是紧扣"主题"。体验设计需要一个"主题"，无论是什么类型的体验空间，主题都可以让体验的行为更直接与具象，也可以说它是体验的内核与灵魂。一个"主题"是主题航班体验设计的命脉，确定体验设计主题的关键是要处理好主题内涵与外在表现形式之间的复杂关系。而体验设计成功的关键在于体会到旅客内心的需求，也就是厘清到底什么样的体验才是能够让旅客感动、惊喜并难忘的。例如，中国台湾长荣航空公司与日本三丽鸥公司联合推出涂装 Hello Kitty 等卡通明星图案的彩绘飞机，就因为主题鲜明而给人们留下深刻的印象。

二、主题航班方案设计的内容

主题航班方案设计的内容一般包括主题理念定位、活动资源需求、主题场景与客舱布置、乘务员服装搭配、主题服务产品、主题活动设计、活动经费预算和总结宣传，以及注意事项等内容。

（一）主题理念定位

汇集旅客感兴趣的主题创意，通过甄别、分析、筛选，进行可行性分析，保留有价值、有前景的主题，形成主题活动的基本运行方向。主题理念能够吸引旅客的注意，为了将主题表现得更加充分，我们可以设计主题航班标识物，让它反复出现在海报、饰物、手牌或祝福贴纸等载体上。

（二）活动资源需求

活动资源需求主要包括人力资源和物力资源。在人力资源方面，主要指活动的参与人员，如策划人、主持人、与旅客互动的人员等。在物力资源方面，主要指客舱环境布置、餐饮、纪念品等用品选择和设计，可以通过主题颜色、客舱音乐、客舱饰物来打造。主题颜色和主题整体定位要吻合，登机音乐尽量选择轻音乐，机上主题餐食和纪念品要能烘托主题内容。

（三）主题场景与客舱布置

主题场景要考虑主题特点，根据主题特点选择合适的元素进行客舱布置。客舱布置可以考虑旅客的体验内容，主要包括视觉、听觉、味觉、触觉、嗅觉五感体验。视觉方面，可以通过灯光、色彩营造主题氛围，并通过使用特定元素装饰客舱来突出主题，如对行李架、座椅靠背、抱枕、一次性餐具等进行装饰；听觉方面，可以选择合适的背景音乐；味觉方面，可准备特色餐食。

（四）乘务员服装搭配

乘务员服装搭配也需要围绕主题、突出主题。可以是款式、风格，如传统节日可以选择中式风格的旗袍，少数民族节日可以选择民族服饰；可以是色彩、基调，如春节选择红色，象征喜庆、红火；也可以是配饰、妆容，如 Hello Kitty 主题航班中乘务员的特色围裙，都能很好地突出主题。在乘务员的外在形象和语言表达上，尽量让乘务员的服装、口罩、配饰等外在形象与主题相互呼应。

（五）主题服务产品

在主题航班执飞中，一方面按照正常的服务流程提供服务，另一方面根据主题进行服务创新，可以从以下几个方面思考。一是餐食服务。可以根据主题来安排，如特定传统节日提供特色节日美食，春节的饺子、元宵节的元宵等。还可以根据航线特色、旅客喜好来安排，如针对四川旅客提供的钵钵鸡，针对新疆旅客提供的大盘鸡等。也可以根据主题进行餐食名称创新，如"七一"主题的"红心向党"特定餐食。二是问候服务，如节日问候、主题问候等。三是广播服务，如欢迎词与欢送词等，可以根据主题进行创新，带给旅客不一样的感受与体验。

（六）主题互动活动设计

不是所有主题航班都会安排互动活动。互动活动的安排取决于以下几点。一是航程长短。航程长短会影响主题航班的具体呈现方式。如果航程比较长，在两小时以上，就可以考虑安排体验性的互动活动，增强旅客参与的积极性；如果航程较短，则只能进行简单设计，无法穿插互动活动；如果是中转航班，也不适合安排互动活动。二是航班时刻。航班的具体时刻也会影响主题互动活动的安排，如果是白天，旅客普遍有精力，就适合安排互动活动；如果是凌晨或深夜，旅客相对比较疲惫，就不适合安排互动活动。

互动活动的设计也不是率性而为的，会受到多种因素的影响。一是安全因素。例如，春节主题航班设计"剪纸、贴窗花"的活动就不太适合。因为剪刀是管制刀具，在飞机上是严格管控的。二是时间因素。例如，春节主题航班安排旅客书写"福"字送祝福，可能占用较多时间，遇到飞机颠簸，也会影响活动效果。三是场地因素。由于客舱空间较小，场地有限，无法进行需要较大场地的互动活动，如拔河。

互动活动时间的选择也有讲究，一般控制在半小时之内。时间太长，操作困难，旅客也容易疲倦；时间太短，又很难取得预期的效果。

互动活动环节安排也要考虑，一般安排在平飞阶段。如果有发餐，则互动活动最好安排在餐后进行。

（七）活动经费预算和总结宣传

主题航班活动设计在经费预算方面也需考虑一些情况，不能不计成本，应减少不必要的浪费。主要需考虑三个方面的因素：一是合理，所有开支均为实际活动所需；二是详细，开支的品类、数量、价格都要一一标出；三是适度，航空公司在一般大众心中还是比较"高大上"的，因此主题航班活动涉及的物品要确保品质，价格适当。活动结束后要总结宣传，注意收集相关影像资料，配合宣传文稿，还原主题航班活动现场效果，带给读者身临其境的感知，发挥品牌形象宣传作用。

（八）注意事项

充分考虑客舱安全和正常服务流程等要素，避免因实施主题航班活动而对客舱安全和正常客舱服务程序造成影响，避免大量旅客位置移动对飞机配载平衡造成影响。进行主题航班活动策划时，充分考虑航程中颠簸等特殊情况，预留充分的时间来实施。充分利用机上资源，如广播器、机载娱乐系统等机载设备，烘托主题航班活动氛围。

三、主题航班方案设计的步骤

（一）明确基调，理解主题

主题航班的设计实施必须突出主题。理解主题是第一步。只有充分理解主题，把握主题的文化内涵，才能进行后续的设计工作。主题是灵魂，是核心，是关键。

有些主题有特定的内涵，大家都比较熟悉与认可。例如，春节的主题内涵可以理解为"团圆、喜庆、祥和"；中秋节可以理解为"团圆"；重阳节可以理解为"敬老"。有些主题需要理解、调查、挖掘。例如，"美食之旅"的主题就需要考虑具体航线、具体旅客群体，再突出主题特点。成都—长沙航线的"美食之旅"可能主打湘菜、川菜，突出这两大菜系的饮食文化；如果是青岛—上海航线的"美食之旅"，就可能突出鲁菜、沪菜的饮食文化。

不同的主题，其基调色彩也有所区别。例如，春节主题就是团圆、红火、热闹，可以选择红色作为主色调，应该以暖色调为主。而"空中孔子学堂"营造的是一种儒雅大方的氛围，整个布置也以冷色调为主。儿童节以"童真童趣"为主题，则可选择绚丽的色彩。

（二）选择元素，围绕主题

不同的元素表达不同的主题。元素通过感官来感受，感受元素也是多种形式的。可以是视觉方面的，如色彩、图案、动作、手势等；也可以是听觉方面的，如音乐、语言、问候等；还可以是味觉方面的，如茶饮、美食等。

不同类型的主题元素在选择时也是有所区别的。传统节日类主题航班的元素很明显，一般人都比较熟悉。例如，春节主题会想到的元素有福字、灯笼、对联、鞭炮、窗花等装饰物，"饺子""年糕"之类的食物，以及"恭喜发财""新年快乐"之类的话语。公益热点类主题航班的元素就需要通过媒体报道、舆论焦点去提炼和挖掘。而品牌建设与推广类主题航班元素的选择则需更多考虑企业文化、企业价值与企业经营理念。在数量方面，元素要有一定的量，还需要有不同类型的元素来突出主题，以充分调动人的感官，突出沉浸式体验，实现 $1+1>2$ 的效果。

（三）布置准备，突出主题

布置准备是后续活动具体实施的前提。布置准备是否妥当直接影响后续活动开展的效果。布置准备的核心也是"突出主题"。为突出主题，要做到以下两点：第一，准备充分。充分体现在数量上，如需要的彩旗、彩带、气球需要一定数量才能烘托效果。充分还体现在类型上，如春节主题客舱布置，如果只有几张福字就会显得单薄，很难营造氛围。如果有福字、窗花、对联、中国结、喜庆乐曲、财神造型、饺子等，就会更加凸显浓浓的年味。第二，整体协调。一是位置合适，如海报、贴纸张贴的位置合适。二是色彩协调，所选色彩与主题呼应，为主题服务。例如，春节主题可以以红色为主色调；端午节可以以绿色为主色调；中秋节可以以黄色为主色调等。

（四）执行实施，表达主题

主题航班活动能否突出主题、取得预期效果，还需要在实施时把握两点。一是服务环节特色创新。一般来说，在进行主题航班设计时，客舱服务流程不会发生变化，仍然包括登机服务、安全检查服务、广播服务、餐饮服务、细微服务等，但可以对某个环节的内容进行创新。例如，可以进行登机问候语创新，问候"新年快乐""中秋快乐"等；可以进行广播词创新；可以进行餐食创新，提供粽子、元宵、饺子等特色餐食。二是特色活动创新。为丰富客舱环境，增强旅客的参与感与体验感，主题航班可以安排一些互动活动来活跃气氛、凸显主题。例如，春节主题可以安排对春联、送福字、猜谜语等活动；国庆主题可以安排唱国歌、颂国旗、赞英雄等活动；环保主题可以安排视频观看、知识问答等活动。

任务三　不同类型的主题航班方案解析

主题航班方案需要根据不同目的进行安排与设计。下面根据不同类型主题航班的特点，分别对节日节气类、公益热点类、品牌建设与推广类主题航班设计方案的具体实施进行解析。

一、节日节气类主题航班

节日节气主题航班的实施，一方面帮助人们理解节日节气文化内涵，另一方面让人们通过体验节庆氛围获得美好心情。在设计时，结合主题航班的不同内容，可以有如下设想。

（一）主题场景与客舱布置

主题场景要考虑主题的特点，如春节突出"团圆、喜庆"的氛围；儿童节突出"童真、童趣"的氛围；七夕节突出"浪漫"的氛围。

客舱布置要围绕主题展开。首先，根据主题选择特定的元素，如春节主题可以选择春联、福字、窗花、中国结、财神爷等典型元素，基调是红色；儿童节可以选择彩带、气球、卡通人物、动画片、儿童音乐等典型元素，基调是绚丽多彩；七夕节可以选择玫瑰、同心结、经典爱情片段、浪漫音乐等典型元素，基调可以是白色，也可以是粉色等。其次，根据主题特点进行客舱布置。视觉方面，可以通过灯光、色彩营造主题氛围；通过使用特定元素装饰客舱来突出主题，如对行李架、座椅靠背、抱枕、一次性餐具等进行装饰；听觉方面，可以选择合适的背景音乐；味觉方面，可以准备特色餐食。

（二）乘务员服装搭配

乘务员服装搭配为突出主题，可以从下面两个方面着手。一是可以选择典型服饰，如春节、中秋节可以选择旗袍作为特色服饰；泼水节可以选择傣族传统服饰筒裙；"三月三"可以选择壮族传统服饰。二是可以选择与节日相关的物品作为配饰烘托主题，如国庆节可以选择在脸上贴上小国旗，儿童节可以佩戴卡通造型的帽子或系卡通围裙。

（三）主题服务产品

主题航班要根据主题进行服务创新。一是餐食服务，可以根据主题设计安排，如特定传统节日提供特色节日美食。二是问候服务，如节日问候、主题问候等。三是广播服务，如欢迎词与欢送词等，可以根据主题进行创新，带给旅客不一样的感受与体验。

同步思考 2-6

立春主题广播词

"'律回岁晚冰霜少，春到人间草木知。便觉眼前生意满，东风吹水绿参差.'大家好，我是南航机长马保利。今天是癸卯兔年正月十四，立春。立春揭开了春天的序幕……航班穿梭、高铁飞驰、灯火辉煌、车水马龙，中国经济运行稳步回升，到处生机勃勃、欣欣向荣。新的一年也许更加忙碌，但一定满载收获。中国南方航空祝您兔年'卯'足干劲，大展宏图，万事如意！"

资料来源：民航资源网

（四）主题互动活动

节日节气类主题航班活动要切合主题，把握时间，有序进行。例如，春节主题活动可以选择知识问答、观看视频、诵读诗词、送福字等形式。可以先观看视频，接着进行知识问答，再诵读诗词，最后送福字，将活动推向高潮。时间方面一般半小时即可。儿童节主题活动可以安排唱儿歌、叙童真、画童趣等活动，让大家都能重温童年的美好时光。

二、公益热点类主题航班

公益热点类主题航班一方面能宣传社会公益知识，培养公益心，传播社会正能量，另一方面能提升公司知名度与美誉度，展示航空公司的社会责任感，塑造良好的公司形象。

（一）主题场景与客舱布置

主题场景布置要切合主题。公益类主题航班可以选择与公益活动、公益主题相关的内容进行布置。例如，"世界地球日"可以选择每年世界地球日的主题口号作为元素，张贴公开的宣传海报，选择与主题相关的事件作为音视频资料，选择相关音乐作为背景音乐。热点类主题航班的布置也需要选择与热点问题相关的元素。例如，"致敬最美逆行人"主题航班，可以选择抗疫的先进事迹、先进人物作为海报张贴，可以准备鲜花装饰客舱，还可以选择抗疫主题的歌曲作为背景音乐。

（二）乘务员服装搭配

针对公益热点类主题航班，乘务员服装搭配的要求有两点：一是不与主题冲突；二是可以通过配饰突出主题。例如，"世界地球日"主题航班，可以选择在服饰上贴主题标志贴纸。

（三）主题服务产品

公益热点类主题航班服务产品创新可以从几个方面思考，下面以"世界地球日"为例进行介绍。一是餐食服务方面。为突出主题，采用低碳环保的材料制作餐盒，提供绿色健康的食物。二是问候服务方面。围绕主题设计"倡导绿色飞行，欢迎乘机！"的问候语。三是广播服务方面。可以根据主题进行创新，带给旅客不一样的感受与体验，如"绿色飞行，守卫家园。世界地球日是一个专门为保护地球而设定的节日，很高兴在世界地球日当天，与大家共乘同一航班。乌鲁木齐航空将为大家提供亲和、精细的客舱服务和精心安排的客舱活动。地球是我们共同的家园，让我们共同守护好这颗蓝色星球。"

（四）主题互动活动

在互动活动设计方面也要突出主题特点。例如，天津航空公司"致敬战疫英雄"主题航班就设计安排了这样的活动：一是向战疫英雄献主题手幅并致敬，二是请来自武汉的旅客在航班上同大家分享他们亲身经历的故事，感谢每位"白衣天使"的付出；三是请"白衣天使"分享经历；四是向"白衣天使"送上鲜花和祝福。整个活动主题突出，洋溢着浓浓的情意，使旅客在感谢英雄默默付出的同时，对抗疫充满信心与勇气。

三、品牌建设与推广类主题航班

品牌建设与推广类主题航班主要进行产品形象推广或企业形象推广。这里既包括航空公司为其他企业进行产品形象推广，也包括航空公司为自身进行产品形象推广。

（一）主题场景与客舱布置

在主题场景与客舱布置方面，要突出主打企业的特点，选择主打企业的代表性元素进行设计。例如，中国台湾长荣航空公司早在2005年就与日本三丽鸥公司合作推出Hello Kitty主题航班，目前已成为特色航班。除了机身的涂装，客舱内部也是相同的主题，包括Hello Kitty椅背枕巾、枕头、纸巾、杯子和香皂，舱壁上也挂着Hello Kitty艺术品，给旅客很不一样的感觉。

（二）乘务员服装搭配

乘务员服装搭配也需要围绕主题，突出主题。例如，Hello Kitty主题航班中乘务员身着特色围裙；王者荣耀主题航班中乘务员身着"cosplay"服饰，都能很好地突出主题。

（三）主题服务产品

突出主题也可以通过一定的服务产品来实现。在餐食服务方面，天天爱消除主题航班把游戏元素直接用在餐盒包装上；下飞机时，如果同排三连同色的旅客的机票"被消除"，则三位旅客的机票钱直接全免。问候服务也能与主题相呼应，如"各位少侠，欢迎来到海口，大吉大利，今晚吃鸡"，这是腾讯公司携手海南航空公司定制的多条具备IP特色的主题航线的问候语。通过特色产品与特定公众进行有效沟通，能达到宣传推广产品的目的。

（四）主题互动活动

在主题互动活动设计方面也要突出主题。例如，腾讯游戏携手海南航空公司，定制多条具备IP特色的主题航线，通过IP特色内饰、IP特色欢迎词及机上文创互动等方式，为航班注入年轻活力。

【微课】2-2 主题航班设计

> **课堂互动 2-7**
>
> 请以小组为单位进行讨论，如果迪士尼乐园与某航空公司合作，进行品牌推广，其主题航班该如何设计？可以选择哪些代表性元素，开展哪些活动？

课程思政小红星

体验主题航班，感受家国情怀、创新精神和劳模精神

在本模块的学习内容中，民航服务人员应能把握旅客感知的心理偏差，制订旅客满意度提升方案，实施主题航班的创新设计，并具备家国情怀、创新精神和劳模精神。

湖南航空公司策划的"让阅读陪伴成长"的"云端伴读"公益主题航班就是一次成功的创新设计。该策划以"'领读中国'第三届湖南网络阅读节"为活动背景，旨在通过活动传播并倡导"全民云端阅读，关注青少年健康成长"的公益新主张。一是打造创新图书借阅平台，提供图书300本之多，涵盖湖南少儿出版社出版的"全球儿童文学典藏书系""大英儿童百科全书"等多个品牌书系，包括《中国革命史话》丛书、《精神之火》《生命状态文学》丛书、《科学之门》等精品图书，覆盖3~15岁少年儿童阅读需求。二是倡导陪伴阅读。由客舱乘务员向航班中的青少年旅客及家长推荐优秀的青少年读物，鼓励家长在"三万英尺"高空陪伴孩子阅读经典，增进亲子关系。同时面向"无陪儿童"推出乘务员陪伴孩子空中阅读服务，带"无陪儿童"度过一段美妙而有意义的空中旅程。

这样的主题航班非常有意义。首先，倡导全民阅读，关注青少年健康成长，具有一定的社

会意义，充分体现家国情怀；其次，打造"云端图书馆"，丰富阅读形式，增进亲子关系，具有创新精神；最后，推出空中阅读服务，关注旅客需求，丰富旅客乘机体验，体现出服务旅客的劳模精神。

知识巩固

一、知识题

（一）填空题

1. 感知的特征主要包括_____、_____、_____、_____。
2. 旅客满意度测评指标包括有形性、可靠性、响应性、_____、_____、_____及前瞻性。
3. 主题航班的类型有节日节气类、_____和_____三种。

（二）判断题

1. 旅客感知与满意度之间没有相关性。（　　）
2. 主题航班方案设计需要突出个性、突出主题。（　　）

二、简答题

1. 影响旅客感知的主观因素有哪些？
2. 简述主题航班方案设计的主要内容。

技能训练

以小组为单位进行某个节日主题航班的设计。要求分工协作，形成完整的设计方案。

模块三 旅客需要心理与民航服务

学习目标

知识目标
- 了解旅客需要的特征、原理与类型；
- 理解马斯洛需要层次理论；
- 掌握一般旅客需要心理与服务需要；
- 掌握特殊旅客需要心理与服务需要。

能力目标
- 能够根据马斯洛需要层次理论分析具体问题，运用服务技能满足、挖掘、创造旅客需要；
- 能够根据特殊旅客需要心理与实际情况，灵活提供满足特殊旅客需要的多元化服务；
- 能够根据复杂服务情境与服务对象的需要心理进行合理化的服务决策，设计和优化满足旅客需要的综合性服务方案。

素质目标
- 坚持以问题为导向，提供个性化与人性化服务；
- 关爱特殊旅客，提升自身人文素养；
- 树立艰苦奋斗、勇于创新的服务意识和一丝不苟、追求卓越的工匠精神。

思维导图

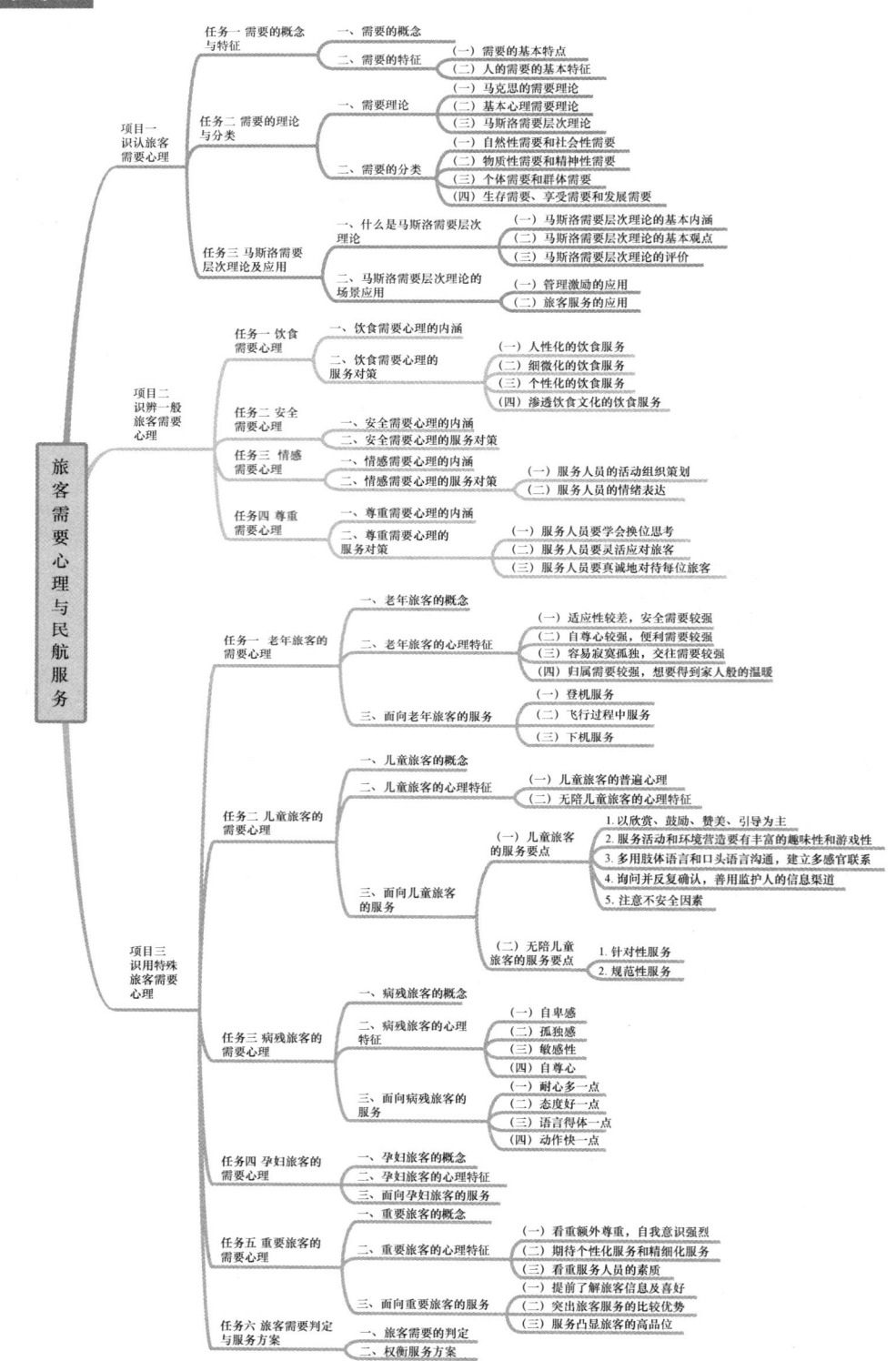

- 旅客需要心理与民航服务
  - 项目一 识认旅客需要心理
    - 任务一 需要的概念与特征
      - 一、需要的概念
      - 二、需要的特征
        - （一）需要的基本特点
        - （二）人的需要的基本特征
    - 任务二 需要的理论与分类
      - 一、需要理论
        - （一）马克思的需要理论
        - （二）基本心理需要理论
        - （三）马斯洛需要层次理论
      - 二、需要的分类
        - （一）自然性需要和社会性需要
        - （二）物质性需要和精神性需要
        - （三）个体需要和群体需要
        - （四）生存需要、享受需要和发展需要
    - 任务三 马斯洛需要层次理论及应用
      - 一、什么是马斯洛需要层次理论
        - （一）马斯洛需要层次理论的基本内涵
        - （二）马斯洛需要层次理论的基本观点
        - （三）马斯洛需要层次理论的评价
      - 二、马斯洛需要层次理论的场景应用
        - （一）管理激励的应用
        - （二）旅客服务的应用
  - 项目二 识辨一般旅客需要心理
    - 任务一 饮食需要心理
      - 一、饮食需要心理的内涵
      - 二、饮食需要心理的服务对策
        - （一）人性化的饮食服务
        - （二）细微化的饮食服务
        - （三）个性化的饮食服务
        - （四）渗透饮食文化的饮食服务
    - 任务二 安全需要心理
      - 一、安全需要心理的内涵
      - 二、安全需要心理的服务对策
    - 任务三 情感需要心理
      - 一、情感需要心理的内涵
      - 二、情感需要心理的服务对策
        - （一）服务人员的活动组织策划
        - （二）服务人员的情绪表达
    - 任务四 尊重需要心理
      - 一、尊重需要心理的内涵
      - 二、尊重需要心理的服务对策
        - （一）服务人员要学会换位思考
        - （二）服务人员要灵活应对旅客
        - （三）服务人员要真诚地对待每位旅客
  - 项目三 识用特殊旅客需要心理
    - 任务一 老年旅客的需要心理
      - 一、老年旅客的概念
      - 二、老年旅客的心理特征
        - （一）适应性较差，安全需要较强
        - （二）自尊心较强，便利需要较强
        - （三）容易寂寞孤独，交往需要较强
        - （四）归属需要较强，想要得到家人般的温暖
      - 三、面向老年旅客的服务
        - （一）登机服务
        - （二）飞行过程中服务
        - （三）下机服务
    - 任务二 儿童旅客的需要心理
      - 一、儿童旅客的概念
      - 二、儿童旅客的心理特征
        - （一）儿童旅客的普遍心理
        - （二）无陪儿童旅客的心理特征
      - 三、面向儿童旅客的服务
        - （一）儿童旅客的服务要点
          1. 以欣赏、鼓励、赞美、引导为主
          2. 服务活动和环境营造要有丰富的趣味性和游戏性
          3. 多用肢体语言和口头语言沟通，建立多感官联系
          4. 询问并反复确认，善用监护人的信息渠道
          5. 注意不安全因素
        - （二）无陪儿童旅客的服务要点
          1. 针对性服务
          2. 规范性服务
    - 任务三 病残旅客的需要心理
      - 一、病残旅客的概念
      - 二、病残旅客的心理特征
        - （一）自卑感
        - （二）孤独感
        - （三）敏感性
        - （四）自尊心
      - 三、面向病残旅客的服务
        - （一）耐心多一点
        - （二）态度好一点
        - （三）语言得体一点
        - （四）动作快一点
    - 任务四 孕妇旅客的需要心理
      - 一、孕妇旅客的概念
      - 二、孕妇旅客的心理特征
      - 三、面向孕妇旅客的服务
    - 任务五 重要旅客的需要心理
      - 一、重要旅客的概念
      - 二、重要旅客的心理特征
        - （一）看重额外尊重，自我意识强烈
        - （二）期待个性化服务和精细化服务
        - （三）看重服务人员的素质
      - 三、面向重要旅客的服务
        - （一）提前了解旅客信息及喜好
        - （二）突出旅客服务的比较优势
        - （三）服务凸显旅客的高品位
    - 任务六 旅客需要判定与服务方案
      - 一、旅客需要的判定
      - 二、权衡服务方案

模块三　旅客需要心理与民航服务

项目一　识认旅客需要心理

案例导引

智能机器人服务于智慧机场

近年来，随着人工智能、大数据、云计算等新兴技术的发展，不少商务旅客希望获得智能服务，以更好地简化乘机流程，提高出行效率。为让旅客享受到国内领先的智慧化、全程无缝衔接的机场出行体验，深圳机场自2013年转场以来，围绕打造"最具体验感机场"，持续优化完善相关服务流程，引入更多先进技术，加大对高科技设施的投入，直接提升旅客的出行便利。

"也许未来有一天，当你走进深圳机场时，就会有一个可爱的机器人走过来热情地跟你打招呼，为你提供航班查询、问询指引、娱乐互动等一系列专业服务。"深圳机场相关负责人表示，机器人服务对于深圳机场正在推进的智慧机场建设和最具体验感机场的打造具有积极作用，希望未来通过机器人服务，让旅客在深圳机场享有更加智能、便捷的出行体验，加速以机场体验为导向的机场3.0时代的到来。

国内首台公安智能安保机器人AnBot（"深圳小安"）正式在深圳机场T3航站楼上岗，执行日常巡逻防控任务，主要在T3航站楼四楼出发大厅开展24小时不间断自主巡逻，通过前后左右四个移动高清数字摄像头实现民航安检前置、移动人像识别功能，并将相关图像信息回传公安大数据后台进行碰撞分析、实时预警。该机器人具备自主巡逻、人像识别、智能服务、突发应对四大功能。

资料来源：中研网

不难发现，旅客购买某种服务是为了满足自身一定的需要，但是当这一需要获得满足之后，新的需要又将产生，如此变化往复，永不停歇。民航服务就是既要在确保服务质量的前提下满足旅客当下的需要，又要大胆预测、提前适应或创造推动旅客未来的需要，以更高的服务质量使旅客得到满足。只有这样，才能长期保持旅客的购买信任，赢得旅客的购买忠诚，维护客我关系，实现共同发展。

任务一　需要的概念与特征

从饥则食、渴则饮，到文学作品创作、科学技术发展，都是在人的需要及其变化的推动下进行的。你喜欢的服装会发生变化，你对知识的探索会发生变化，可能随着生活经验和阅历的增加，你对世界的看法也会发生变化，因而通常说需要是变化的。因为旅客需要不断发生变化，所以服务人员要学会分析、满足、挖掘和创造旅客显性和隐性、当下和未来的各种需要，精准决策，按"需"服务。

一、需要的概念

需要是人类活动的基本动力，是行为动力的重要源泉。需要是人感到某种缺乏而期望获得满足的心理倾向。需要是人脑对生理和社会需求的反映。因此，需要是有机体感到某种缺乏或不平衡状态而力求得到满足的心理倾向。

55

二、需要的特征

（一）需要的基本特点

第一，任何需要都有明确的对象。它或者表现为追求某种东西的意念，或者表现为避开某种事物、停止某种活动的意念。第二，一般的需要有周期性，周而复始。比较复杂的需要虽然没有周期性，但在条件合适时，也可能多次重新出现。第三，需要随着社会进步而不断发展，一般由低级到高级、由简单到复杂、由物质到精神、由单样到多样。

（二）人的需要的基本特征

1. 对象性

人的需要是有目的、有对象的。人需要的对象既包括物质的东西，如衣、食、住、行，也包括精神的东西，如信仰、文化、艺术、体育；既包括个人生活和活动，如个人日常的物质和精神方面的活动，也包括参与社会生活和活动及这些活动的结果，如通过相互协作得到物质成果，通过人际交往得到愉悦和充实；既包括想要追求某种事物或开始某种活动的意念，也包括想要避开某种事物或停止某种活动的意念。各种需要之间的区别，就在于需要对象的不同。但无论是物质需要还是精神需要，都必须有一定的外部物质条件才能满足。例如，旅客出门乘机要有交通工具，机上娱乐要有空间。

【微课】3-1 需要的对象性

2. 阶段性

人的需要是随着年龄、时期的不同而发展变化的。个体在发展的不同时期，需要的特点也不同。例如，婴幼儿旅客主要是生理需要，即吃、喝、睡；少年旅客开始发展到对知识、安全的需要；青年旅客又发展到对情感、交往的需要；中年旅客又发展到对名誉、地位、尊重的需要等，这对服务工作具有指导性。

3. 社会制约性

人不仅有先天的生理需要，而且在接受文化教育的过程中发展出许多社会性需要。这些社会性需要既受时代、历史的影响，又受阶级属性的影响。在经济落后、生活水平低下的时期或地区，人需要的是温饱；在经济发展快、生活水平高的时期或地区，人需要的不仅有丰裕的物质生活，还有高雅的精神生活。具有不同阶级属性的人需要也不一样。资产阶级需要的是不劳而获、坐享其成；工人阶级需要的是自由、民主、温饱和消灭剥削。由此可见，人的需要又具有社会制约性。

4. 独特性

人与人之间的需要既有共同性，又有独特性。由于每个人的生理、遗传、环境、条件因素不同，以及在年龄、性别、性格、情感、信仰、兴趣、职业、价值观、生活方式等方面存在差异，每个人的需要都有独特性。年龄不同的人、身体条件不同的人、社会地位不同的人、经济条件不同的人，都会在物质和精神方面有不同的需要。

> **课堂互动 3-1**
>
> 请同学们以小组为单位，实地考察所在地的机场或其他交通运输场所，随机采访服务人员或旅客，记录并讨论某交通运输场所的旅客需要，根据需要的特征，尝试比较旅客需要的不同。

任务二　需要的理论与分类

需要理论是对旅客需要的购买、使用及再次消费的行动诠释。下面主要介绍马克思的需要理论、基本心理需要理论和马斯洛需要层次理论。

一、需要理论

（一）马克思的需要理论

马克思的需要理论是目前学界研究的热点问题。马克思主义认为，个体需要是个体行为积极性和动力的基础。人有了物质方面和精神方面的需要，才会产生行动的积极性；正是个体的这种和那种需要，才促使人们去从事这项或那项活动，去完成各类任务。

（二）基本心理需要理论

基本心理需要理论是人格心理学自我决定理论的核心分支，在国内外群体或个体态度、情感、行为的研究中被广泛应用。自我决定理论是由美国学者德西和瑞安于2000年首次提出的研究人类动机和发展的理论。基本心理需要理论阐释基本心理需要的具体内容，以及基本心理需要和主观积极性、幸福感的关系。基本心理需要理论认为，人类先天存在胜任需要、自主需要和关系需要这三种不同的基本心理需要。

（三）马斯洛需要层次理论

现代西方普遍接受马斯洛需要层次理论。马斯洛需要层次理论认为，需要分为五个层次，即生理、安全、社交、尊重、自我实现。与以上两种理论相比，马斯洛需要层次理论在服务领域应用性和指向性较强，尤其是旅客需要心理应用方面。

根据马斯洛需要层次理论，满足需要的基本方法有两种：直接满足和间接满足。前者是靠工作本身及工作中人与人之间的关系获得的，使工作者对工作有兴趣、有热情、有自豪感，以致产生高峰体验。后者是工作之外的满足，是在工作后获得的，如工资、奖励等。具体内容如表3-1所示。

表3-1 满足需要的基本方法

类　　别	直　接　满　足	间　接　满　足
生理需要	工作环境	工资、奖励、津贴、福利
安全需要	操作及心理安全	经济安全、保健待遇
社交需要	社交、归属	金钱、地位、头衔
尊重需要	成长欲、地位欲	社会尊敬与赞赏
自我实现需要	成就感	专家的荣誉

二、需要的分类

从需要对象的存在状态来看，需要可分为自然性需要和社会性需要；从需要的客体来看，需要可分为物质性需要和精神性需要；从需要的主体来看，需要可分为个体需要和群体需要；从需要的层次来看，需要可分为生存需要、享受需要和发展需要。

（一）自然性需要和社会性需要

自然性需要由机体内部某些不平衡状态引起，是对机体维持生命、繁衍后代起作用的需要，如进食的需要、睡眠的需要、繁衍的需要等。社会性需要是人类特有的，如探索的需要、求知的需要、审美的需要、尊重的需要、爱与被爱的需要等，对于维系社会、推动社会进步有重要作用。

自然性需要的特点是产生于人的生理机制，是与生俱来的；多通过从外部得到一定的物质获得满足；多见于外表，易被察觉；有限度，超过了反而有害；有周期性。社会性需要的特点是通过后天学习获得，是由社会的发展条件决定的；比较内敛，往往蕴藏在内心，不易被察觉；多通过人的内在精神获得满足；带有连续性。

（二）物质性需要和精神性需要

物质性需要主要指向社会的物质产品，如对车、房的需要，对工作的需要，对奢侈品的需要等，这种需要通过占有物质产品而获得满足。精神性需要主要指向社会的精神产品，如对看电影的需要、对看书的需要、对阅读杂志、报纸的需要等，这些需要通过占有精神产品而获得满足。

（三）个体需要和群体需要

个体需要是指人类个体维持生存和发展的需要，是人的需要的最普遍的形式。个体需要不可代替，因为人的需要总是从个体开始的，它的满足和发展也以个体的形式表现出来。群体需要是一定人群共同体中所有人或大多数人的需要，如家庭、阶级、民族及各种社会集团等的共同需要。总之，个体需要是个别的、特殊的需要，群体需要是一般的、普遍的需要。

（四）生存需要、享受需要和发展需要

生存需要是对生活资料的需要，即劳动者为了维持自身的生存和繁衍后代所产生的最基本的需要，这是人类最低层次的需要。享受需要是指劳动者在满足了生存需要之后衍生出的为了保持身体健康和心情愉悦而对物质资料与服务产生的需要，如医疗、艺术、休假、旅行等。发展需要是更高层次的需要，是人为了实现自身的自由、全面发展，提高自身的文明程度而产生的需要，如在科学文化和思想道德等精神领域产生的需要。在人的需要层次结构中，这三者是递进式发展的，其中生存需要是人最基本的需要，是享受需要和发展需要的基础。

任务三　马斯洛需要层次理论及应用

一、什么是马斯洛需要层次理论

马斯洛需要层次理论被行为科学吸收，成为行为科学的重要理论。它是管理心理学五大理论支柱之一（其他理论支柱是人际关系理论、群体动力理论、权威理论、社会测量理论）。马斯洛需要层次理论是关于需要结构的理论，传播较广的是五个层次的早期版本。

（一）马斯洛需要层次理论的基本内涵

马斯洛需要层次理论是心理学的激励理论，被称为人类需要的五级模型，通常被描绘成金字塔结构。从底部向上依次是生理需要、安全需要、社交需要、尊重需要和自我实现需要。

1. 生理需要

生理需要是指人们最基本的需要，如对食物、水、空气、睡眠的需要等，是最重要也最有力量的需要。这种需要得不到满足，人的生理机能就无法运转，生命会受到威胁。例如，落水的人在为得到空气而拼命挣扎时，就体会不到其他需要，如尊重与自我实现的需要。

2. 安全需要

安全需要是指人们希望有稳定、安全、受到保护、有秩序、免除恐惧的环境，保护自己免受身体和情感伤害的需要。安全需要在社会中有很多种，如生命安全、生活稳定、财产安全、劳动安全等。婴儿由于无法应对环境中的不安全因素，想受到保护的安全需要尤为强烈。例如，人们都希望自己能够有一份安全、稳定的职业，以及一个温暖、舒适的家。

3. 社交需要

人只有感受到爱与信任，才能更好地发展。社交需要分为两种，一是友爱的需要，即伙伴、同事之间的关系融洽或保持友谊和忠诚，希望得到爱情，希望爱别人，也渴望接受别人的爱。二是归属的需要，即希望归属于某个群体，成为群体中的一员，相互关心和照顾。这种感情上的需要比生理上的需要更细腻，和一个人的生理、性格、经历、教育、信仰有关系。

4. 尊重需要

尊重需要包括尊重自己（如尊严、成就、独立）和受到他人的尊重（如地位、威望）。尊重自己主要指自己的自尊心，相信自己能够完成某件事情，感受到自己的价值。此外，人也希望能够在家庭、社会、组织中受到他人的尊重。尊重需要如果得不到满足，人就很容易变得比较自卑，没有足够的自信去处理面对的事情。

5. 自我实现需要

自我实现需要是个人在成长和发展过程中发挥自身潜能、实现理想的需要。自我实现需要是人最高层次的需要，但自我实现的形式是不一样的，有人会因为照顾孩子而满足自我实现需要，有人会因为赚很多钱而满足自我实现需要，有人会因为有社会地位而满足自我实现需要，也有人会因为做饭好吃而满足自我实现需要。

（二）马斯洛需要层次理论的基本观点

1. 低层次需要和高层次需要的联系

人类的需要是一个由低级向高级发展的阶梯。当低层次需要得到基本满足后，人们会开始追求新的高一个层次的需要。而高层次的需要出现之后，低层次的需要并不消失，只是处于次要位置。随着需要层次的上升，需要的力量相应减弱。在从动物到人的进化中，高层次需要出现得比较晚，如婴儿有生理需要和安全需要，但自我实现需要在成年后才出现；所有生物都有生理需要，但是只有人类才有自我实现需要。

低层次需要直接关系到个体的生存，也称缺失需要，当这种需要得不到满足时，会直接危及生命；高层次需要不是维持个体生存所必需的，但是满足这种需要会使人健康、长寿、精力旺盛，也称生长需要。高层次需要比低层次需要复杂，满足高层次需要必须具备良好的外部条件，如社会条件、经济条件、政治条件等。

2. 低层次需要和高层次需要的区别

虽然说只有低层次需要得到满足，才能满足高层次需要，但是实际上，在人的高层次需要产生以前，低层次需要只要部分满足就可以了。马斯洛和其他行为科学家都认为，一个国家多数人的需求层次结构是同这个国家的经济发展水平、科技发展水平和人民受教育程度直接相关的。在不发达国家，生理需求和安全需求占主导的人口比例较高，而高层次需求占主导的人口比例较低。发达国家则刚好相反。

（三）马斯洛需要层次理论的评价

1. 积极方面

人的需要有一个从低级向高级发展的过程，这在某种程度上符合人类需要发展的规律。需要层次理论指出，人在每个时期都有一种需要占主导地位，而其他需要处于从属地位。

2. 消极方面

需要层次理论存在人本主义局限性；不同层次的需要有重叠倾向；需要层次理论有自我中心倾向；需要满足的标准和程度是模糊的。

二、马斯洛需要层次理论的场景应用

（一）管理激励的应用

马斯洛需要层次理论最早是指导激励的有效手段，因此在管理激励场景中应用广泛。

1. 生理需要应用

人需要工作的薪酬来生存，生理需要的激励措施有：增加工资、改善劳动条件、给予更多业余时间和工间休息时间、提高福利待遇。

2. 安全需要应用

人们不想居无定所，四处漂泊。安全需要的激励措施有：强调规章制度、职业保障、福利待遇，保护员工不致失业，提供医疗保险、失业保险和退休金，避免员工受到双重的指令而混乱。

3. 社交需要应用

人们期待积极社交、结交朋友、追求爱情。社交需要的激励措施有：提供同事之间的社交机会，支持并赞许员工寻找及建立和谐、温馨的人际关系，开展有组织的体育比赛和集体聚会。

4. 尊重需要应用

让人们通过工作出色来证明自己在社会上的存在价值。尊重需要的激励措施有：公开奖励和表扬，强调工作任务的艰巨性及成功所需的高超技能，颁发荣誉奖章，在公司刊物发表文章表扬，张贴优秀员工光荣榜。

5. 自我实现需要应用

在人生道路上，自我实现形式是不一样的，每个人都有机会完善自己的人生。自我实现需要的激励措施有：设计工作时运用复杂情况的适应策略，给有特长的人委派特别任务，在设计工作和执行计划时为下级留出余地。

（二）旅客服务的应用

1. 生理需要应用

乘坐飞机的旅客一般有一定的社会地位和较好的经济条件，比较注意个人着装和外在风度，追求品牌与时尚。他们希望食品可口、美味，机上环境雅致、整洁，服务人员服务热情，旅途舒适，身心愉快、放松。因此服务人员要尽可能地提供细致、舒适、周到的服务，满足旅客衣、食、住、行等各方面的生理需要。

2. 安全需要应用

旅客最大的愿望是安全、准时地到达目的地，天气变化、起飞时间变更、飞机机械故障等情况会使旅客的情绪有较大波动。由于飞机航行的特殊性，一旦发生危险事件，人的生命会受到很大威胁。同时，旅客对自身及财产的安全也存在强烈需要。服务人员要理解旅客的安全需要，尽量满足旅客选择大飞机或大航空公司的购票需要；做好各方面安全检查；向旅客宣传安全知识，介绍机上安全设备，确保飞行中、客舱中、餐饮中的旅客安全。

3. 社交需要应用

旅客来到一个相对陌生的地方，希望寻求他人的安慰和支持，愿意与周围的旅客和服务人员建立良好的关系，独行旅客或新旅客更是如此。服务人员应与旅客建立良好的关系，让旅客在友好的交往气氛中获得归属感。在这方面，服务人员面对的是更复杂、更细致、难度更高的工作，因为旅客因年龄、性格、经历、民族、宗教、信仰的不同而有自己独特的社交需要。

4. 尊重需要应用

乘坐飞机的旅客无论是社会地位还是经济条件都是比较好的，因此在乘机过程中，他们的尊重需要常常表现得比较明显，主要为希望服务人员尊重自己，自身的价值得到认可，自己的主体地位得到体现等。服务人员应理解旅客的尊重需要，为旅客提供周到、细致的服务和人性化的关怀。例如，服务人员耐心地听取旅客的意见和看法，即使他们有什么地方讲错或做错，也不能讥笑、指责他们，而应采取理解和服务的态度帮助他们。

【微课】3-2 马斯洛需要层次理论

5. 自我实现需要应用

旅客的自我实现需要在某种程度上可以理解为追求自身价值的体现，期望得到的服务与其意识到的自身价值相符，所以个性化的特色服务越来越受到旅客的追捧。航空公司应提供有针对性的服务，甚至量身定做的服务，"一刀切"大众化的服务模式是不能令所有旅客都满意的。

> **课堂互动 3-2**
>
> **"空姐"离职倾向与马斯洛需要层次理论**
>
> 很多人对"空姐"的印象都是漂亮的制服、精致的妆容、优雅的举止、亲切的笑容、贴心的服务，以及颇高的薪酬。这一切都让"空姐"这个职业成为很多年轻女孩向往的职业。但"空姐"的离职率却越来越高，很多"空姐"工作两三年就准备离开，这到底是为什么呢？请同学们以小组为单位，运用马斯洛需要层次理论讨论分析"空姐"离职倾向的具体原因。

项目二　识辨一般旅客需要心理

案例导引

服务首先要学会尊重

2013年8月到2014年5月，我有幸作为中国国际航空公司乘务员的代表去中国香港国泰航空公司飞行学习9个月。其间，我收获了太多的感动和感悟，它们将是我未来人生中最宝贵的财富。

第一天上机飞行，让我吃惊的不是乘务员娴熟的服务技能，而是乘务长和每个组员随时会对我说"谢谢"。这让我想起飞行前，乘务长重点强调有关团队合作的话题：分工不分家，"谢谢"无处不在。无论资历高低，所有人都会感谢你为她或整个团队所做的任何事情。我一开始不太习惯，"谢谢"太多了，有时候我感觉自己只是做了分内的事情，却依旧能得到别人的感谢。可是，我慢慢发现，这样做的效果是很明显的，毕竟很多组员都是第一次搭档，至少这是一种很好的"破冰"方式。而且，我觉得这既是一种个人修养的表现，也实实在在地推动了团队文化的形成，让人觉得很贴心，迅速增强了团队凝聚力。

有人说，修养就是设身处地为别人着想的善良。从事服务行业不就是这样吗？想旅客之所想，急旅客之所急，设身处地为旅客着想。在每次旅客抱怨之前，我们应该先为他们做些什么，以减少和化解旅客的不满。总之，这段飞行经历让我重新审视了自己的服务意识和职业形象，并且产生了一种责任感，把感悟到的这一切传授给每位热爱航空的人。

资料来源：民航资源网

一般旅客需要心理主要是普通旅客在购买和使用服务过程中的普遍心理状态。这里重点探讨饮食需要心理、安全需要心理、情感需要心理、尊重需要心理及其服务对策。

任务一　饮食需要心理

人在高空中味觉会变得迟钝。航空配餐是餐饮业中比较难做的，航空运输的根本责任是安全，餐食用料的安全限制使航空餐食的味道大打折扣。所以，让机上的旅客吃得安全又满意，不是一件容易的事。

一、饮食需要心理的内涵

饮食需要既是旅客满足自我基本需要的手段，也是旅客运输体验的重要部分。与其他需要类型相比，饮食需要本身会调动视觉、嗅觉和味觉等多重感官，且涉及人与物最直接和深入的接触，其需要本身具有一定的复杂性和特殊性。

旅客饮食需要既是能产生愉悦体验的消费实践，也是带有社会交往意义的文化实践，因此构成因素较为复杂。从饮食内容上看，食物的美味与造型、餐食用料与健康、食物多样性、地域饮食文化及旅客的食物偏好、新鲜感与好奇感等都构成饮食需要心理。研究表明，女性旅客对特色美食更感兴趣；受教育程度较高的旅客对食物的营养与健康比较关心，更希望通过品尝目的地的美食来理解和体验异域文化。

饮食需要心理还表现在旅客在饮食过程中与服务人员的交流和沟通带来的情绪体验。例如，国际航空运输评级组织 Skytrax 将乘务员送餐行为和时间列为评审要求之一，将原先 2 小时的头等舱旅客送餐程序改为至少 4 小时，多出来的时间用于与旅客沟通和展示餐食。服务人员会与旅客沟通，让其选择更适合自己口味的调味汁，询问菜品味道如何，以及为旅客介绍每道菜。

二、饮食需要心理的服务对策

航空餐食逐渐呈现多样化、健康化、营养化、个性化趋势，航空公司应提高重视，花心思研究旅客饮食需要心理，最大限度地满足旅客的需要。改进饮食服务的益处是立竿见影的，也是能够直接取悦旅客和争夺航空市场的最佳武器。

（一）人性化的饮食服务

保证航空餐食安全、卫生；餐食以家常化、大众化为目标；备有常规餐和特殊餐；根据个体所需，合理搭配餐食；在规范化、程序化服务基础上进行升华。

（二）细微化的饮食服务

转换服务观念，细化服务标准，设计服务细节；定期培训服务人员，让他们了解行业的最新发展动态；调动服务人员的主动性和积极性，在为旅客提供餐饮服务之前，将各项准备工作做到位，服务时每个环节都不能忽视。

（三）个性化的饮食服务

强调服务的灵活性和有的放矢，因人而异，因时而变。注重一线服务人员对菜点酒水知识、餐饮服务技能、食品卫生与安全知识、食品营养知识、旅客的饮食习惯与禁忌知识的学习和能力提升。

（四）渗透饮食文化的饮食服务

航空餐饮服务不仅仅是给旅客吃什么、喝什么，更重要的是创造一种饮食文化。通过营造文化氛围，使旅客对航空公司乃至对饮食文化产生认同，特别是满足旅客对目的地的美食文化的向往和期盼。例如，深圳航空公司飞往广东省的航班会推出粤系航空餐食，满足旅客的饮食需要。

任务二 安全需要心理

有数据表明，航空运输是所有运输方式中最安全的一种，但由于媒体渲染及飞机失事的危害性，人们对飞机安全性的认知有偏颇，旅客在乘坐飞机时多少会有紧张感和焦虑感，同时对服务人员产生极大的依赖心理。

一、安全需要心理的内涵

安全需要在民航服务中尤为重要，它涉及自身安全、财产安全等方面。安全需要分为三个层面：确定感、安全感、控制感。在不安全状态下，人的安全需要是对不确定因素的寻求，表现为不确定感和确定感。在安全状态下，人的安全需要是对确定因素的寻求，表现为安全感和控制感。人的安全需要需在三个层面上依次得到满足，才能使个体获得身心健康。

二、安全需要心理的服务对策

满足旅客的安全需要在航空服务中尤为重要。航空公司自身要加强管理，对于飞机设施的安检要严格把关；要提高飞行员、地面技术人员的业务能力与素质；对于乘务员，要加强各种安全知识及心理辅导的培训，使他们能够告诉旅客各种航空专业知识，同时能够有效地安抚旅客。

任务三　情感需要心理

相比生理需要、安全需要，情感需要是隐性的高级需要。由于航空消费观念的变化和消费水平的提高，人们购买服务不仅需要满足生活的基本需求，而且需要获得精神上的享受，从而产生了情感需要。

一、情感需要心理的内涵

情感需要是感情上的满足或心理上的认同，具体表现在服务人员对旅客各种情感表达的理解、认同与接纳，无论这种表达是否合理，服务人员对其情感都应当给予无条件支持、鼓励和欣赏。例如，旅客需要在飞行途中收获来自航班的群体归属感，并在与他人的接触中逐步形成熟悉、熟知、舒适的人际交往关系。

对乘务员或管理人员来说，标准化服务或个性化服务都不完全是提供情感需要的最好方法。普遍认为，旅客情感需要的满足取决于服务人员的人格特质、情感劳动的深度情绪加工及外在条件或环境的作用。例如，乘务员持续保持微笑状态的这种劳动，就来源于旅客的情感需要。

二、情感需要心理的服务对策

美国社会学家阿莉·霍赫希尔德在1983年出版了《被管理的心：人类情感的商品化》一书，通过对美国航空公司的乘务员的实证研究，发现"空姐"的脑力劳动体现在紧急降落或突发意外时的应对策略，体力劳动主要体现在推餐车等行为。与此同时，服务业劳动者还付出了"情感劳动"，即面对消费者时控制自己的面部表情以展示出微笑、殷勤与和善，从而成为劳动力的有效组成部分。

（一）服务人员的活动组织策划

面对旅客的情感需要，服务人员首先要了解旅客的这种需要，其次要对旅客的这种需要给予很好的关注与安抚，带给他们温暖的感觉，帮助旅客享受这段美好的旅程。例如，如何让单调乏味的长途旅行变成旅客热情交流的机会，让所有旅客都留下难忘的回忆，是服务人员应当思索的问题。近年来，各航班推行客舱娱乐活动，带动旅客共同参加，以进一步满足旅客的社交需要。

（二）服务人员的情绪表达

从浅层应对来看，培养服务人员基于服务标准的服务技能、服务意识及热情、活泼、外向的人格特质；从深层应对来看，使服务人员明确情绪感受与情绪表达的区别，及时调整自己的主观体验和内在表情，使自己的内心感受与组织的表现规则尽量贴合，通过积极思考、想象等内部心理过程，使真实情绪体验与需要表现的情绪相结合，建立合理情绪调节和加工机制。

> **课堂互动 3-3**
>
> **"空姐"的情绪劳动**
>
> 请同学们以小组为单位，查找资料，讨论分析旅客情绪需要心理与"空姐"付出情绪劳动的关系，并谈一谈对"相对于普通的服务人员，'空姐'面对的旅客较为特殊，因此付出的情绪劳动也更多"这句话的理解。

任务四　尊重需要心理

在日常生活中能够得到他人的尊重及尊重自己，人们会有一种被接纳的温暖感觉。旅客作为消费者，对民航服务有较高的期望，更希望能够得到他人的尊重。

一、尊重需要心理的内涵

旅客希望自身的价值得到认可和尊重，自己的主体地位得到体现，从而自我肯定，在消费过程中希望能够获得服务人员的理解和尊重、关心和帮助。服务人员要重视旅客的自主选择和消费权益，重视特殊旅客的特别需要，重视旅客体现身份和地位的需要等。随着社会的发展、社会文明程度的提高及人们自主意识的增强，旅客对尊重的需要是越来越强烈的。

二、尊重需要心理的服务对策

满足旅客的尊重需要，直接的表现方式是服务人员为其提供周到、细致的服务和人性关怀。当旅客得不到帮助时，服务人员不耐烦的表情和语言都可能伤害旅客的自尊心，使其感受不到尊重。因此，服务人员要给旅客留足面子。旅客自身也会做错事，服务人员不要当众批评指责，要以谅解的态度和宽广的胸怀帮助旅客解决问题。

（一）服务人员要学会换位思考

服务人员要设身处地为旅客着想，对旅客耐心、细致，切忌情绪化。针对不同身份、层次、年龄、旅行目的的旅客，采取不同的服务方式，满足旅客对个性化服务的要求。

（二）服务人员要灵活应对旅客

服务人员要根据不同旅客的特点灵活应对，哪种交流方式能使旅客感到亲切、舒适、习惯，就采取哪种交流方式，切忌千篇一律、生搬硬套。

（三）服务人员要真诚地对待每位旅客

服务人员要为旅客创造温馨、和谐的出行环境，为旅客提供更真诚的服务，进一步提高服务质量，树立良好的形象。

同步思考 3-1

航班延误时旅客的服务需要

航班延误两小时，有七八位旅客在怒吼。除了延误问题，这些旅客还将其他不满一并朝乘务员发泄。三名乘务员多次给正在为旅客服务的我（我是当班乘务长）打来电话，要求我过去看看。我走过去，发现三名乘务员都在解答旅客问题。可是航空管制不是我们可以控制的，在这时不停强调原因，很难使旅客满意。我将乘务员召集到一起开了个小会，要求大家沉住气，顶住压力，从现在开始由我一人出去回答旅客问题，其他乘务员都进行送水、发报纸的细微服务。我们重新回到候机厅，旅客的问题依然很多，我主要采取倾听的方法与旅客交流。其他乘务员忙着进行细微服务。虽然也很忙，但候机厅秩序明显转好。

问题：请问你从中获得了什么启示？

1）心理分析。乘务员在行动之前要对旅客延误心理进行分析。按照以往的服务标准和规范，首先向旅客解释延误原因，消除旅客信息盲区。旅客需要有很多种，遇到具体问题时需要具体分析，当信息不再是旅客主要的需要，就要及时调整方向。从这个案例可以判断出，旅客主要的需要是能够被倾听、缓解情绪等尊重需要。

2)问题点出。航班延误可能致使很多旅客耽误重要的事情,本身就是冲击性的事件,如果乘务员只是不断地对旅客强调是航空管制的原因,则不仅化解不了旅客的激动、愤怒情绪,还可能激化矛盾。在这个案例中,乘务长决定由自己一个人出去回答旅客问题,其他乘务员都进入候机厅送水、发报纸、打开通风窗等。乘务长采取倾听的方法与旅客交流,候机厅秩序明显转好。在航班延误的情况下,旅客也知道吵闹是没用的,旅客此刻需要的可能只是一个可以倾听自己烦恼或困难的对象。只要旅客觉得自己被关注、被尊重,情绪自然就会得到缓解。在航空服务的一些紧急状况下,如果一味强调客观原因,就难以安抚旅客激动的情绪。掌握与旅客交往的一些小技巧,摆正心态显得尤为重要。第一方案没有满足旅客的需要,乘务长及时调整方案,这是值得肯定的。

3)改进提示。针对不同需要进行独特服务,回答旅客问题时充分尊重旅客需要,多倾听,多关注旅客感受;提供送水、发报纸等细微服务,分散旅客注意力,协同"降压"。

此外,旅客还有便利需要心理、优越需要心理、惠顾需要心理等。无论是地面服务,还是空中服务,民航企业都应尽可能改进服务策略和手段,简化不必要的服务流程,最大限度地满足旅客需要。

【微课】3-3 尊重需要——航班延误

项目三 识用特殊旅客需要心理

案例导引

高端旅客服务:一场个性化服务的竞赛

近年来,随着民航市场进入服务竞争阶段,高端旅客日渐成为航空公司竞相争取的重要旅客群。对高端旅客来说,高职位、高收入、高消费的他们更需要方便、快捷、舒适、尊贵的高端服务,更看重的是航空公司提供给他们的全方位和个性化服务。针对这样的需求,中国国际航空公司、中国南方航空公司、中国东方航空公司这三大航空公司对高端旅客这一特殊群体的增值服务各具特色,以不同的服务理念,在赢得了旅客群的同时,也获得了旅客的认可。

1. 管家式服务方便旅客

中国南方航空公司为高端旅客专设了高端旅客经理,他们随时为高端旅客提供"全程引导服务"。当旅客踏上专用值机柜台前的红地毯时,导乘员主动迎接,根据旅客对座位的喜好办理值机手续,托运大件行李,并引领旅客通过安检绿色通道进入明珠贵宾休息室候机。体验过中国南方航空公司高端服务的旅客基本都有其高端旅客经理的联系方式,在乘机之前只要给经理打个电话,就会享受到"一对一"的管家式服务。

2. 美好的候机体验

对很多旅客来说,候机的那段时间是十分无聊的,如果遇上航班延误,无聊更甚。为了使高端旅客的候机体验更加舒适,各大航空公司不断提升贵宾休息室的服务品质,设立独具特色的品牌服务项目。"五星级酒店的服务,让我很满意……""中国东方航空公司的贵宾休息室让我宾至如归……"目前,中国东方航空公司在虹桥和浦东国际机场共有 10 间贵宾休息室,除提供多种美食外,休息室里种类繁多的报刊成为其一大特色。据了解,高端旅客在中国东方航空公司的贵宾休息室内可读到当日同步送达的各类报刊,包括新闻、财经、地产、时尚、美容、汽车等 9 个大类、50 余种知名中外报刊。此外,法语、日语、韩语等小语种报刊的数量也很多，深受旅客欢迎。

3. 信息化提升服务水平

王先生是中国国际航空公司的高端旅客，最近一次乘机让他感受到了中国国际航空公司的"特殊服务"。当乘务员推着餐车走到他面前时，没有像往常一样问他需要喝点什么，而是直接问道："王先生，您是不是还要一罐啤酒呢？"其实，特殊来自乘务员在登机前掌握的旅客个人信息。中国国际航空公司开发了高端旅客管理系统，建立了旅客旅行习惯档案，如今其地面服务部的计算机中储存着4700多名白金卡旅客的5000多条信息，详细记录了旅客的习惯、爱好等，有效帮助中国国际航空公司进一步提升高端旅客个性化服务水平。

资料来源：《中国民航报》

特殊旅客是指出于身份、行为、年龄、身体状况等原因，在旅途中需要特殊照料的旅客，包括老人、婴儿、儿童、孕产妇、病人、残疾人等。特殊旅客服务是机场航站楼旅客服务中心及客舱服务部门针对航站楼内老、幼、病、残、孕等特殊旅客设立的服务项目。

面对不同类型的特殊旅客，民航服务人员要做好三点：第一，要明确特殊旅客的需要心理；第二，要明确基于特殊旅客需要心理的服务需求与服务规范；第三，依据需要心理的特殊性，做好标准化、人性化、灵活化、差异化相结合的综合处理。

任务一　老年旅客的需要心理

一、老年旅客的概念

在民航运输领域中，并没有对老年旅客的明确定义。国内的不同航空公司对老年旅客运输范围的要求也各有异同。例如，中国国际航空公司将老年旅客纳入行走不便的旅客范畴，并根据不同的身体状况，将六十周岁以上的老年旅客分成三类：不需要特殊服务的老年旅客；需要一般服务的老年旅客；需要特殊服务的老年旅客。

二、老年旅客的心理特征

（一）适应性较差，安全需要较强

老人活动能力减弱，身体机能下降，对新环境的适应性较差，在登机和下机过程中容易发生磕碰。服务人员要对安全考虑得更多一些，在摆放或设置标识语时要尽量醒目、直观，防止老年人看不清楚而带来安全隐患。

（二）自尊心较强，便利需要较强

大多低龄老年旅客腿脚比较好，能自如地做些事情，而高龄老年旅客则需要在便利性方面做足文章。服务人员要注意观察和区分有独立行为能力、自尊心强的老年旅客，他们一般情况下不愿意接受特殊帮助。服务人员要掌握老年旅客的心理特点，在给予服务时照顾到老人的面子。

（三）容易寂寞孤独，交往需要较强

舟车劳顿，老人在喜欢安静的同时更期待着能够和人交流沟通。老人说话重复、唠叨，再三叮嘱，总怕别人和自己一样忘事。他们抽象概括能力差，思维散漫，说话抓不住重点。这就需要服务人员耐心、细致地提供服务。

（四）归属需要较强，想要得到家人般的温暖

如果乘坐交通工具就像乘坐私家车一样有归属感，老年旅客就更容易得到心灵上的慰藉，这样既迎合了老年旅客的心理预期，又实现了服务的高效率与高水平。

同步思考 3-2

不同类型老年旅客的心理需求

老人旅行,有的组团出行,有的结伴同行,有的单独出行。飞机是备受老年旅客喜爱的交通工具。提高服务质量能够为老年旅客出行营造温馨、关爱的良好氛围。

1. 组团出行的老年旅客

心理需求:这类旅客大多人员集中,多数身体较好,心情愉快,对服务的需要不多,一般不需要特殊干预。服务人员在营造良好乘机环境的同时,要优先照顾,避免他们在实名制验票、检票过程中长时间等候,影响候机心情。

服务方法:及时满足老年旅客的个体需求,认真执行提前安排的制度。老人走路慢,与多数旅客一起安检时,容易跌倒摔伤,因此,在安检前要认真做好提示。有些老年旅客年龄比较大,听力下降,因此宣传时要音量适中,既要让旅客听得见,也要让旅客感到亲切。要对进站的旅客提前做好宣传,避免拥挤时受伤。

2. 单独出行及结伴同行的老年旅客

心理需求:多数老人身体较弱,他们更希望在社会活动中得到照顾,得到区别于普通旅客的服务。老人在公共场合受到照顾的程度,体现了一个社会的文明程度,更体现了一个行业的工作作风。

服务方法:这类旅客需要重点掌握,对独自出行的老年旅客要主动询问,及时了解老年旅客的旅行目的地、座位号及身体健康情况,尤其要掌握是不是因情绪、病症而离家出走的老人。对这样的老年旅客要及时谈心,必要时寻求机场民警的帮助,及时联系到家属送回,在等候期间要安排好老年旅客的监护和饮食照顾。

单独出行的老年旅客若行动不便,就要使用轮椅、拐杖、搀扶等措施进行干预,要由服务人员亲自送上机,让老年旅客感受到舒适。遇到焦急的老年旅客,要耐心安慰,主动询问旅客的生理需求,如饮水、如厕等。

对于结伴同行或有亲属陪护的老人,要随时和亲属及同行人保持联系,第一时间掌握老年旅客的需求,积极争取亲属和同行人的支持,这样服务起来就事半功倍,更容易满足旅客的心理需求。

3. 刚刚离退休的老年旅客

心理需求:一些刚刚离退休的老人,因为生活节奏改变,心理容易出现落差,更需要得到他人的尊重。少数老年旅客会挑剔服务人员的服务行为或服务语言,和自己工作时进行比较。心理落差较大的旅客在情绪上容易失控,他们最渴望的是得到价值上的认同。

服务方法:对这样的老年旅客要给予充分理解,交谈中对旅客的倾诉要保持足够的耐心,适当地表达观点,语气要平缓。

4. 对安静有特殊需求的老年旅客

心理需求:有的老人喜欢安静,但是等候区是人员密集的场所,容易引发老年旅客的烦躁。

服务方法:尽量选择安静的角落安排老年旅客等候,并针对公共场所的环境先向旅客表达歉意,争取老年旅客的认同和支持。

三、面向老年旅客的服务

服务人员应对老年旅客的身体特征及心理需求了如指掌,通过温暖的谈话及行动帮助缓解老年旅客的心理压力。服务过程要仔细,要有耐心,语气要缓,动作要慢、要稳,特别是尊重老年旅客的意愿。

（一）登机服务

1）热情招呼，引导入座。在登机过程中，机组人员和老年旅客首次见面，要热情地与他们打招呼，营造放松、愉悦的氛围。登机前主动帮助老年旅客拿行李，并快速引导他们找到自己的座位就座，将行李安排妥当。将手杖放在座椅下面，并且紧贴机舱壁板放；放置行李前先让老年旅客确认好放置的地方和行李的数量；注意应尽量安排方便老年旅客上卫生间的座位。

2）建立信任，专人负责。如果乘务长指定相关乘务员负责照料老年旅客，乘务员就应该及时进行自我介绍，用最短的时间与老年旅客建立彼此信任的关系。

3）嘘寒问暖，告知设施。当老年旅客就座后，及时送上热饮及其他用品。老年旅客在航班中可能使用的比较柔软的东西，推荐放置在老年旅客身旁、脚边，取用方便自如。对于短程航线，乘务员应该及时提前为老年旅客准备好航班配备的枕头、毛毯。起飞前着重为老年旅客介绍机舱设备和需要注意的安全事项，最好帮他们系好安全带，教他们如何正确使用紧急情况呼唤铃，提前告知老年旅客可以通过按压呼唤铃寻求乘务员帮忙。

（二）飞行过程中服务

1）机舱负压，身体观测。短程航线时间短，老年旅客需求也相对少一些，如果是长程航线，就需要对他们付出更多关心和照料。在飞机飞行过程中，机舱不断变化的负压会对老年旅客产生影响，乘务员要实时观测老人的身体状况，并且做好监控工作。

2）熟悉环境，关注细节。卫生间的使用很重要，要告知老年旅客卫生间在机舱的位置，因为机型不同，卫生间的位置也不尽相同。乘务员还需要在恰当的时候问老年旅客需不需要使用卫生间。机舱中的卫生间与家庭的毕竟不相同，乘务员要为其详细介绍卫生间设备使用方法，如果老人行动不便，乘务员就需要搀扶。长程航线需要长时间坐在座位上，时间久了，老年旅客下肢静脉血液回流可能不畅，腿脚可能麻木，此时需要及时提醒老年旅客站立起来活动活动。如果是国际航班，存在倒时差问题，睡眠困难就会成为老年旅客面临的大问题。乘务员要关注这些细节，尽量让老年旅客舒适地度过飞行过程。

3）聊天放松，消除紧张。旅途中，乘务员可以陪老年旅客多聊聊天，消除老年旅客对陌生环境的恐惧心理，提高他们的适应能力，为老年旅客提供一个轻松愉悦的乘机环境。

4）声音语速，饮食禁忌。要善于用柔和且略大的声音、缓慢的语速和老年旅客交谈。为老年旅客送餐时，主动介绍食品的名称、类别，选择适当的热饮和软食，避免老年旅客因消化不好而出现其他问题。老年旅客想要调节座椅时，要尽可能地主动提供帮助，不让老年旅客自己费劲挪动，从而产生不必要的麻烦。

（三）下机服务

飞机下降前，了解老年旅客后续的转机、行李问题，以及是否需要轮椅等，解决他们的后顾之忧，保证老年旅客安全、顺利地下机。我国的航空公司都有关于特殊旅客乘机的申请书，其中有许多针对老年旅客的服务项目，并把航空运输的具体内容说得很清楚，可以让老年旅客根据自身需求进行选择。

> **课堂互动 3-4**
>
> **老年旅客服务**
>
> 请同学们以小组为单位，观看老年旅客地面服务或客舱服务视频，并记录服务人员的服务行为。

任务二 儿童旅客的需要心理

服务人员在工作中要从儿童的生活习惯与心理活动出发，为儿童旅客提供合适的服务，使他们在旅途中感受到舒适和安全，降低他们在飞行过程中的紧张与不适感。

一、儿童旅客的概念

航空公司的相关规定对儿童旅客进行界定，指出儿童旅客是年龄在 2～12 岁的小旅客。根据儿童旅客自理能力的差别，将其分为 2～4 岁的儿童旅客及 5～12 岁的儿童旅客。其中，2～4 岁的儿童乘机必须有家长在同舱位陪伴飞行，5～12 岁的儿童可在非换机的航行中独自乘机。12 岁以下无成人陪伴的儿童界定为无陪儿童。无陪儿童必须符合航空公司的运输条件方可乘机。

二、儿童旅客的心理特征

（一）儿童旅客的普遍心理特征

儿童旅客普遍具有活泼好动、天真幼稚、好奇心重、做事不计后果等特点。处于这一年龄阶段的小旅客倾向于形象思维，想象力丰富；注意力不稳定，持续时间短，适应能力差；善于模仿，对事物缺乏正确的判断力，容易受到成年人行为的误导，产生不当行为。乘坐飞机时，很多事情的后果是他们不曾考虑过的，他们会受到好奇心的驱使，这儿看看那儿摸摸，随意触碰飞机中的重要设备。这类旅客同其他的普通旅客相比具有难控性和活跃性，在整个飞行过程中需要服务人员予以更多的关注和照顾。

（二）无陪儿童旅客的心理特征

在飞行过程中，无陪儿童会经历一个阶段性变化的心理过程，主要有四个阶段，即单独乘坐飞机时的恐惧、对新鲜事物的探知渴求、希望获得关注、需要来自成年人的关爱和安抚等。无陪儿童的恐惧来源于离开父母、缺乏安全感，他们需要时间来适应陌生的环境。适应能力不太强的儿童起初会出现烦躁、坐立不安、不听解释、吵闹着要见父母的无理行为。当适应后，他们又对一些新鲜的事物产生了好奇，希望通过触摸、提问、观看、模仿等方式接触新鲜的事物。经过飞行旅程，无陪儿童经历了从害怕到适应，继而开始无聊，希望有人陪伴、关爱的过程。经常独自出行的无陪儿童旅客相对老成、自信、独立。

三、面向儿童旅客的服务

（一）儿童旅客的服务要点

1. 以欣赏、鼓励、赞美、引导为主

儿童旅客活泼好动，对很多事情都充满了好奇心。对于好奇、活泼、淘气的儿童旅客，不要对其训斥或恐吓，应事先告诉其一些规定与要求，对其进行安抚和教育，将乘坐飞机的秩序和要求以更加和缓的方式告诉他们，以鼓励的方式使他们能够安静、愉快地度过旅程。多赞美、少批评，给予他们行为或心理上的支持，以及充分的理解、尊重、喜爱。

2. 服务活动和环境营造要有丰富的趣味性和游戏性

服务人员应拿出玩具、儿童读物、糖果等给儿童旅客或与他们做简单游戏，减少他们的孤独感，营造轻松自在的氛围，让他们有一种亲切的感觉。部分机场设置了儿童游乐区，供候机儿童玩耍；飞机上专门准备与儿童沟通时使用的画笔、图画纸、玩具等。服务人员要善于使用这些"道具"。在与儿童沟通时，国内航空公司往往会视情况决定是否将这些小玩具送给儿童，国外航空公司则会给每位儿童一份他们专属的纪念品，以缓解儿童乘坐飞机时的无聊感。

3. 多用肢体语言和口头语言沟通，建立多感官联系

1）善用肢体语言。与儿童旅客说话时，服务人员的面部表情、说话声音、肢体动作都要让他们感到很亲切，这样儿童旅客就会慢慢接受服务人员。

2）注意距离和姿势。保持身体距离根据各年龄段儿童的特点而定，小一些的儿童喜欢保护式、略微亲近的方式；大一些的儿童需要保持一点儿距离，他们开始在乎个人空间了。服务人员的姿势也很重要，让儿童抬头仰望、高高在上的样子会让他们觉得没受到尊重，所以需要蹲下来和他们平视交谈。

3）建立多感官的联系。为确保儿童旅客能听进服务人员说的话，有必要和他建立多感官的联系。例如，在沟通前走近儿童，俯下身，温柔地将手放在儿童腿上、肩膀上或背上。这些动作表达的意思是：让儿童听你说话，让他感觉你，看着你，即便只是用余光看你。你传递的信息不仅是"听我说"，也是"我很在意你和这次沟通，我相信你能听进去"。这毫无疑问为接下来的沟通打好了基础。

4）用心倾听心声。任何沟通都至少有两方参与者，当一方表达观点时，另一方就是倾听者。服务人员在倾听儿童旅客说话时的态度会对双方的沟通产生巨大影响。每当儿童旅客跟服务人员说话时，服务人员都应该尽可能放下手头的事情，全神贯注地听他讲话，这能让他觉得服务人员很愿意听他讲话。儿童感受到尊重和鼓励，就会愿意说出自己心里的感受。

4. 询问并反复确认，善用监护人的信息渠道

对儿童旅客的服务沟通一定要仔细并反复确认。航班到达后，要确认儿童旅客的目的地和所有行李，并与地面服务人员做好交接工作，确保儿童旅客安全地回到亲人身边。提供餐食时要小心谨慎，要提前询问家长儿童旅客的生活习惯，如儿童是否对某些食物过敏及平时的饮食喜好。

【微课】3-4 儿童旅客需要心理与服务

5. 注意不安全因素

要保证儿童的安全，防止活泼好动的儿童旅客乱碰机舱内的设施；飞机起飞和降落时防止儿童旅客到处乱跑；提供热饮时，防止他们碰洒、烫伤；飞机起飞、下降前在儿童旅客腹部垫一条毛毯后系好安全带；飞机下降时叫醒正在睡觉的儿童旅客，并妥善照料，避免压耳；对于婴幼儿旅客，家长可能需要乘务员帮助泡奶粉、换尿布，服务人员要提高个人服务技能，应对特殊情况。

（二）无陪儿童旅客的服务要点

1. 针对性服务

服务人员要了解他们四个阶段的心理过程，妥善照顾他们，通过交流了解他们的真实需求。在为儿童旅客提供服务的时候，要注意询问他们是否有不适感，有没有什么需求。服务人员未必需要与他们长时间待在一起，但是应该经常出现在他们身边，带给他们安全感，从而更好地安抚他们的情绪。在照顾无陪儿童的时候，服务人员要注意保持乐观、开朗的情绪，以上扬的声调与他们进行交流，带给他们亲切、和蔼的感受，使他们更加信任服务人员，减少在飞行过程中的不适感。为调动儿童旅客的情绪，服务人员可以在旅行中安排互动小游戏、小魔术等内容，利用简短的互动时间拉近与儿童旅客的距离。

课堂互动 3-5

无陪儿童旅客服务

请同学们以小组为单位，观看无陪儿童旅客地面服务或客舱服务视频，并记录服务人员的服务行为。

2. 规范性服务

服务人员要遵守无陪儿童的服务规范。与机场地勤人员交接时，要了解儿童旅客的生活习惯和身体情况，对有特殊状况的儿童旅客进行更加细心的照顾，满足旅行过程中他们的心理需求，为儿童旅客提供舒适的乘机环境。在飞机降落以后，服务人员要与来迎接的人员做好交接，介绍儿童旅客在航行过程中的具体情况，完成交接工作，使整个服务过程更加整体，对儿童旅客和家长负责。

同步思考 3-3

无陪儿童旅客的服务需求

在飞往西安的航班上，乘务员小张接手了一位无人陪伴的小旅客。他上飞机后一直沉默不语。小张向他问好，他只是胆怯地摇头，偶尔露出一丝微笑。供餐的时候，小张问他想吃什么，可小旅客仍然胆怯不语。怎么让金口难开的小朋友开心呢？小张灵机一动，把餐食品种以动物形象画在纸上给他挑选。只见小旅客在牛的下方画了一个对号，这使小张立即茅塞顿开，惊喜万分。于是在照顾好小旅客用餐后，小张一路陪伴小旅客画了许多活泼可爱的图画，还共同玩了拼图玩具，吃了小零食等。小旅客的脸上终于绽放出笑容。分别时，小旅客的陌生感荡然无存，与小张难舍难分。

1）心理分析。乘务员在行动之前首先要对特殊旅客心理进行分析。不难发现，儿童旅客的生理需要主要是对饮食、睡眠、空气、舒适度等的需要；安全需要主要是对人身安全、心理安全的需要；社交需要主要是对他人陪伴、友好沟通、游戏娱乐的需要；尊重需要主要是对与成人平等、被重视等的需要；自我实现需要主要是对存在感、实现自我价值的需要。

2）问题要点。无陪儿童由于缺少家长陪伴，在遇见陌生人时难免胆怯。要打开孩子的心扉，沟通交流，赢取孩子的喜爱尤为关键。可以使用些小道具，设计些小游戏，之后再开展服务可能就得心应手了。

3）改进提示。对于无陪儿童，我们可以采用微笑服务、蹲式服务；多观察，积极关心，不呵斥、不命令儿童，用商量、协商方式共处；在细节处欣赏、赞美、配合儿童，让儿童获得愉快的情绪体验；照看和保护儿童，避免他们乱摸乱碰，四处乱跑；提醒小心热饮烫伤。

任务三 病残旅客的需要心理

一、病残旅客的概念

病残旅客是指有生理缺陷、有残疾的旅客及在旅途过程中突然发病的旅客。这些人自理能力差，迫切需要别人帮助。病残旅客包括身体和精神患病旅客、失明旅客、肢体伤残旅客、轮椅旅客、需使用机上氧气设备的旅客等。

二、病残旅客的心理特征

（一）自卑感

这是病残旅客普遍都有的情感体验。病残旅客在生理或心理上的缺陷使他们在学习、生活方面遇到诸多困难，如果他们从亲属及其他社会关系中得不到足够的支持和帮助，甚至遭受厌弃或歧视，就会产生自卑感。这种自卑感会在日常出行中不经意地流露出来。

（二）孤独感

病残旅客在生理或心理上有某种缺陷，如肢体伤残旅客和失明旅客有行动障碍，由于其活动的场所太少,交流的对象有限,久而久之就会产生孤独感。随着年龄的增长,孤独的体验会日益增强。

（三）敏感性

过于敏感的状态容易造成病残旅客过多地注意自己,对别人的态度和评论格外敏感,计较别人对自己带有贬义的、不恰当的称呼。例如,称他们为"残废"或不友善的称谓,会引起他们的反感。如果有人做出有损于他们自尊心的事情,他们往往难以忍受,会当即流露出愤怒情绪或采取手段加以报复。情绪反应强且不稳定在病残旅客身上相当突出。例如,有听力障碍的旅客情绪反应强烈,多表现于外,容易与别人发生冲突；失明旅客情绪反应多隐藏于内心,虽然情感体验很强烈,但情绪表现却不十分明显,爆发性情感较少。

（四）自尊心

病残旅客自尊心都极强,一般不会主动要求乘务员帮忙,总是要显示他们与正常人无多大区别,不愿意和别人说他们是残疾人,或让别人把他们看作残疾人。服务人员要了解这类旅客的心理,特别注意尊重他们,最好悄悄地帮助他们,让他们感到温暖。

> **课堂互动 3-6**
>
> **失明旅客服务**
>
> 请同学们以小组为单位,观看失明旅客地面服务或客舱服务视频,并记录服务人员的服务行为。

三、面向病残旅客的服务

（一）耐心多一点

病残旅客较为典型的是抱怨、怨恨心理。由于先天或后天原因造成的身体缺陷,他们会有自卑等情绪滋生,但是在内心深处,他们希望得到和健康人一样的人格尊重。服务人员要耐心地倾听病残旅客的抱怨,不要轻易打断旅客的叙述,不要批评旅客的不足,而是鼓励旅客倾诉下去,让他们尽情宣泄心中的不满。服务人员耐心地听完旅客的倾诉和抱怨之后,旅客自然就能够比较听得进服务人员的解释和道歉了。

（二）态度好一点

服务人员要和病残旅客建立和谐的关系,让病残旅客感受世间的温暖,领悟生命的意义,树立起生活的信心,珍惜人生。服务人员如果不友好,就会让病残旅客情绪很差。反之,若服务人员态度诚恳、礼貌热情,就会降低病残旅客的抵触情绪。态度谦和友好,能够促使病残旅客缓解情绪,理智地与服务人员协商处理问题。

（三）语言得体一点

服务人员在语言、行为方面要尊重他们,不要伤害其自尊心。病残旅客对服务不满,在发泄时有可能语言过激,如果服务人员与之针锋相对,则势必恶化彼此的关系。在解释问题的过程中,服务人员措辞要十分注意,应合情合理、得体大方,不要一开口就说"你怎么不会"等伤人自尊的话语。尽量用委婉的语言与病残旅客沟通,即使病残旅客存在不合情理的地方,也不要过于冲动,否则只会让病残旅客失望并很快离去。

（四）动作快一点

面对病残旅客提出的问题,服务人员应第一时间给予解答,不能以手里有事当借口来推脱旅客,为自己找各种理由。在工作中要手脚利落,不要丢三落四,争取在最短时间内取得最佳效果。

任务四　孕妇旅客的需要心理

一、孕妇旅客的概念

《中国民用航空旅客、行李国内运输规则》规定，孕期在 32 周以内的孕妇旅客乘机可以按一般旅客运输。怀孕超过 8 个月（32 周），不足 9 个月（36 周）的健康孕妇乘机应提供"诊断证明书"。只有符合运输规定的孕妇，航空公司方可接受其乘机。

二、孕妇旅客的心理特征

孕妇旅客的心理特征主要表现为羞怯、焦虑、安全要求高及感情丰富，如矛盾、恐惧、焦虑。尤其是初次妊娠者，可能出现情绪不稳定、好激动、易发怒或落泪，需要特别注意她们的焦虑和恐惧。

孕妇旅客的心理波动往往是随着妊娠反应出现的。起初她们可能只是凭想象感觉着腹内的小生命，此时的心境无疑是无比甜蜜的。不久后的恶心、呕吐、食欲不振，甚至整夜整夜地失眠会使孕妇旅客疲惫不堪，常常感到抑郁和烦恼，担心怀孕失败，恐惧分娩的痛苦，忧虑腹内胎儿健康，甚至产生莫名其妙的压抑和焦虑。

同步思考 3-4

孕妇旅客的心理需求及服务方法

1）心理需求。怀孕引起的身体外形及家庭角色的变化、内分泌激素水平的改变，均可引起孕妇心理变化，带来压力。孕妇对压力的承受能力取决于自身的情绪状况、社会文化背景及对妊娠的态度。

2）服务方法。由于初期妊娠阶段不易识别，没有较为明显的标识，而这个阶段又是胎儿极不稳定的阶段，这就要求服务人员特殊照顾。可采取"望"，即用眼睛看旅客有没有明显的"孕相"；"闻"，即用耳朵听旅客的情况，听旅客说其是否有孕；"问"，即看到特殊身材的旅客，可以询问对方是不是孕妇。

妊娠 6 个月以后，孕妇在体力、情感和心理状态方面较脆弱，害怕各方面的危险会给胎儿带来伤害，害怕身体变化使自己保护胎儿的能力减弱，处处显得小心翼翼，也会要求服务人员特殊照顾，个别高龄孕妇还会要求使用轮椅。当旅客有这种需求时不能拒绝，以确保安全的方式带旅客登机。

三、面向孕妇旅客的服务

登机前，服务人员需了解孕妇的妊娠期是否符合乘机规定。客舱乘务员应在孕妇登机后主动帮助孕妇提拿、安放随身携带物品，注意调整通风器；主动介绍客舱服务设备，飞机起飞和下降前给孕妇在小腹下部垫一条毛毯或枕头；如果遇到孕妇分娩的状况，乘务员应参照紧急处理方案有关内容采取措施，同时报告机长，采取相应措施。

遇见危险情况，孕妇旅客容易心理紧张、情绪激动，需要安抚。孕妇旅客对飞机上的气味或颠簸比较敏感，要多提供清洁袋、小毛巾、温开水给孕妇旅客。低气压、低氧、客舱内空间狭小等条件，容易使孕妇旅客不适，甚至早产。尽管怀孕 8 个月以内的健康孕妇乘机没有限制，但如有特殊情况，应在乘机前 72 小时内交验由医生签字、医疗单位盖章的"诊断证明书"。

> **课堂互动 3-7**
>
> 孕妇旅客服务
>
> 请同学们以小组为单位,观看孕妇旅客地面服务或客舱服务视频,并记录服务人员的服务行为。

任务五 重要旅客的需要心理

一、重要旅客的概念

重要旅客是指有较高身份、地位和知名度,在相关国家和地区或对航空公司本身有较大影响力的人物,或者是与航空公司关系密切的政府、企事业单位的决策人。重要旅客服务也称要客服务或贵宾服务。重要旅客一般分为三类:第一类为最重要(Very Very Important Person,VVIP)旅客,第二类为一般重要(Very Important Person,VIP)旅客,第三类为工商界重要(Commercially Important Person,CIP)旅客。

二、重要旅客的心理特征

(一)看重额外尊重,自我意识强烈

重要旅客更加注重环境的舒适度和接待服务的体验,他们自尊心、自我意识强烈,希望得到与身份相符的额外尊重。

(二)期待个性化服务和精细化服务

VVIP 旅客更加注重服务上的绝对尊重、休息环境的绝对安全,以及服务人员的周到、优雅;VIP 旅客更加注重被人尊重及环境舒适;CIP 旅客更加注重热情及认同感。

(三)看重服务人员的素质

服务人员要表现出得体的言谈举止、优雅的气度风范及灵活的变通能力,使重要旅客在整个航程中都心情愉悦。

三、面向重要旅客的服务

(一)提前了解旅客信息及喜好

在提前接到重要旅客信息后,带班乘务长可事先通过公司旅客信息库、互联网等相关媒介了解该旅客的各类信息及喜好。目前有些航空公司的乘务长配备 iPad,可以及时查到每位重要旅客的信息。在登机后,则尽早向其随行人员了解他们的饮食习惯、生活习惯,为服务工作提供参考,方便乘务组更好地为旅客提供个性化服务。

(二)突出旅客服务的比较优势

重要旅客有着一定的身份和地位,希望得到应有的尊重。由于重要旅客乘坐飞机的机会比较多,他们在乘机的过程中会对机上服务进行有意无意的比较。服务人员为他们服务时要注意态度热情、语言得体、落落大方,针对他们的需求更耐心、细致和用心。例如,重要旅客一上飞机,就能准确无误地叫出他们的姓氏、职务;当重要旅客递给服务人员名片时,应当面读出来,这样可使重要旅客有一定的心理满足感。

(三)服务凸显旅客的高品位

乘务员上机后要特别确认重要旅客的座椅及相关机上设施完好,检查重要旅客的毛毯、枕头是否干净整洁,确认座椅前的口袋是否清洁;客舱乘务员应当在重要旅客登机时准确称呼其姓氏及职务,主动引导入座并帮助存放行李;在不影响其

【微课】3-5 头等舱旅客需要心理与服务

他旅客的前提下，为重要旅客提供特殊服务，如优先选择餐食；国际航线为重要旅客优先提供免税品。应尊重重要旅客本人隐蔽的意愿，不宜在其他旅客面前暴露身份，可征求重要旅客意见后，准确称呼他们；通常用其姓氏加职务或军衔来称呼国内的重要旅客。在重要旅客乘坐的航班上，不得押送犯罪嫌疑人、运载精神病患者及装载危险品，一般也不安排担架旅客或其他危重病人乘坐该航班。

任务六　旅客需要判定与服务方案

本任务讨论在不同情境、不同对象同时出现时，服务人员应该如何综合判定旅客需要及设计服务方案。

一、旅客需要的判定

基本做法通常是通过人际观察与交往、互联网或大数据等渠道广泛搜集相关旅客信息数据，从需要的类别、需要的对象等角度了解、判断和分析旅客需要，合理设计服务方案，提供有效的运输服务，真正满足旅客需要。

第一，通过问询、观察旅客目光、表情、行动、语言等细节来判断旅客需要，如航班延误时焦急的眼神、身体不适的疼痛表情等。第二，查询数据。通过旅客数据平台了解旅客的基本信息、饮食习惯、报刊偏好等，如清楚记载航班上哪些旅客当天生日，哪些有特殊偏好，哪些需要特餐、需要中转等信息，方便服务人员准确对接服务。第三，智能显示。利用"交互性"人工智能帮助航空公司识别特殊旅客、贵宾旅客、行动不便的旅客，创建目标旅客列表，通过消费行为特征绘制用户画像。

服务人员应以终为始，持续推动旅客产生新的需要，或从一种需要转移到另一种需要，或从潜在需要演变成现实需要。从以往的需要中找出不同人群的需要，总结、归纳规律，以提升工作能力，快速习得"收集识别—精准判断—灵活应对"的需要处理方法与技巧。

二、权衡服务方案

权衡和比较需要价值、需要对象、需要情境和需要缺失，优化选择，配置资源，设计合理的服务方案。

1）需要价值。依据需要价值的重要性，在提供服务前有意识地对需要排序。航空公司会不定期对旅客需要开展问卷调查，帮助服务人员发现哪些需要是旅客最关注的，哪些是比较关注的。

2）需要对象。航班可能同时出现很多不同类型的旅客。商务旅客、休闲旅客需要呈现出明显的差异；特殊旅客如老人、儿童、孕妇、病残旅客等的需要也不尽相同。服务人员应能够根据业务知识，快速判断不同人群的基本需要，并以最快服务速度给予同时满足。

3）需要情境。服务会通过需要情境的流程和环节进行结构化表达，具体情境具体分析。例如，地面服务主要分为问询服务、值机服务、贵宾服务、行李服务；客舱服务主要分为航前、航中、航后服务。以头等舱旅客为例，又会按照服务环节分为登机迎客、订餐铺桌布、侍酒、摆盘送餐和下降致谢等服务。

4）需要缺失。当出现需要缺失时，即无法提供相匹配的需要，服务人员该怎么积极回应、合理替代、灵活应对就显得尤为重要。

在实际工作中，需要的呈现往往错综复杂，既有显性的，也有隐性的；既有共性的，又有个性的；既有物质的，又有精神的。这就要求服务人员学会综合应用处理需要问题的步骤、方法和要点，设计合理的旅客需要综合服务方案。

【微课】3-6 旅客服务需要的综合方案设计

课程思政小红星

关注旅客需要，彰显人文关怀

关注旅客需要是开展高质量服务的前提。各大机场和航空公司都在探究新时代旅客需要，创新基于旅客需要的服务举措，在细微之处显露真情，在奉献之中诠释大爱，在困难之前挺身而出，践行"一切从旅客的出行体验出发"。大兴机场坚持旅客需求与问题导向，形成"兴心相印""指廊管家""红马甲志愿服务""口罩上的微笑"及各类主题活动等品牌，贴近旅客，满足旅客不断变化的需要。

"兴心相印"是心与心的相遇

"我的姥姥年纪大，腿脚不方便。她去大兴机场乘机，服务人员看到之后主动提供了爱心服务，一直推着轮椅全程陪伴老人家，一路上还帮她背着行李。姥姥对这位服务人员赞不绝口，到家后还一直对她的贴心照顾念念不忘。真的很感谢大兴机场！"2019年，大兴机场正式推出"兴心相印"服务产品，针对特殊旅客群体出行难题提供多样化免费服务项目，得到旅客的广泛好评。

大兴机场精准定位特殊旅客群体，有效满足旅客个性化需求。大兴机场持续对服务产品进行优化完善和迭代升级。2020年4月，全面推广爱心手环；2020年8月，打通停车楼与航站楼服务链条，实现流程环节的无缝衔接；2021年3月，推出"指廊管家"子产品，零延时响应现场隐性服务需求；2021年5月，打造"长者优先"的全链条爱心休息区，全面落实长者关爱计划；同年11月，实现轮椅旅客在机场快轨区、巴士区、京雄高铁区域至航站楼的"全链条"贯通。

"指廊管家"将服务延伸至登机口

大兴机场始终关注旅客出行需求和服务痛点，创新思路、盘活资源，在"兴心相印"服务的基础上，推出"指廊管家"服务项目，将岗位设置在各指廊入口，并定期在指廊内各重点区域巡视，主动寻找需要帮助的旅客。服务旅客的过程，根本在于爱心，提升在于用心，关键在于热心，坚持用真心服务，细心地观察每个细节，贴心地了解并满足旅客的需求。自2021年3月上线以来，"指廊管家"因"隔离区贵物快速失物返还""手术后旅客贴心帮扶""老人儿童全程陪伴"等高效贴心服务，共获得旅客表扬403次。

乐在志愿服务中

志愿服务是现代社会文明进步的重要标志，从冬季奥林匹克运动会的"小雪花"，到疫情防控一线的"大白"，都用实际行动诠释了服务他人、服务社会的志愿精神的内涵。大兴机场的志愿者团队也是一道亮丽的风景线，在保障旅客出行的过程中释放暖心的正能量。

2022年3月，大兴机场志愿者团队已成立两周年。这两年里，大兴机场志愿者团队不断壮大，从最初的606人扩大到2402人。"红马甲"成为忙碌在旅客人群中的风景线，他们在旅客出行途中积极指引，帮扶特殊旅客，为有需要的人群及时提供帮助。他们耐心、细心地为旅客解决出行中遇到的问题，希望可以用服务为旅客的愉快旅途增添温暖。截至2022年6月，大兴机场志愿者团队共服务旅客70万人次。

开展系列主题活动，了解旅客出行需求

冰冻三尺，非一日之寒；为山九仞，岂一日之功。大兴机场始终秉持"真情服务"理念，面向旅客陆续开展有趣味、有新意、有内容的系列主题活动，通过增强与旅客的互动，拉近与旅客的距离，了解真实的出行服务需求；通过服务技能培训、优秀经验分享，树立真情服务标杆，培养更多服务"新星"；通过树立主动服务的志愿者意识，画出更多人人参与、人人奉献的"同心圆"……

服务没有终点，只有进行时。大兴机场始终推进更加生机盎然的真情服务生态建设，练就更加扎实的服务旅客"基本功"，在真情服务的路上不止步，勇向前。

知识巩固

一、知识题

（一）填空题

1. 对饮食、空气、配偶、休息、运动等人类最原始、最基本的需要指的是_____。
2. 马斯洛认为，人类最高层次的需要是_____。
3. 需要的特征有_____、_____、_____、_____。

（二）判断题

1. 对于不能用语言表达的病残旅客，服务人员要迅速反应，然后不动声色地提供细致、周到的服务。（   ）
2. 与老年旅客沟通时，讲话速度要快，音量不能太大，动作要快，体现工作效率。（   ）

二、简答题

1. 依据马斯洛需要层次理论，简述旅客在航班上的基本需要。
2. 简述老年旅客、儿童旅客、孕妇旅客、重要旅客的心理特征和服务要点。

技能训练

1. 试选择敬老院、幼儿园、妇产医院等特殊人群集聚的场所，参与特殊人群的团体活动，对特殊人群需要心理特征进行田野观察。有条件时可以利用空余时间参加机场旅客志愿服务，传承与践行劳模精神。
2. 试分析你熟悉的某种特殊旅客的需要心理，完成1~2个需要情境的服务方案设计，并进行实操展示。

模块四

旅客个性心理与民航服务

学习目标

知识目标
- 理解个性心理的主要内容；
- 掌握气质、性格、能力的基本概念、构成与分类。

能力目标
- 能够灵活掌握行为评定、测验评定、用户画像评定等旅客个性心理评定方法；
- 能够根据不同气质、不同国家、不同地域、不同职业的旅客个性心理，设计合适的服务方案，并实施服务。

素质目标
- 树立实事求是精神，培养和而不同、人人平等的大局意识；
- 培养个性化服务的专业品质与职业精神。

模块四 旅客个性心理与民航服务

思维导图

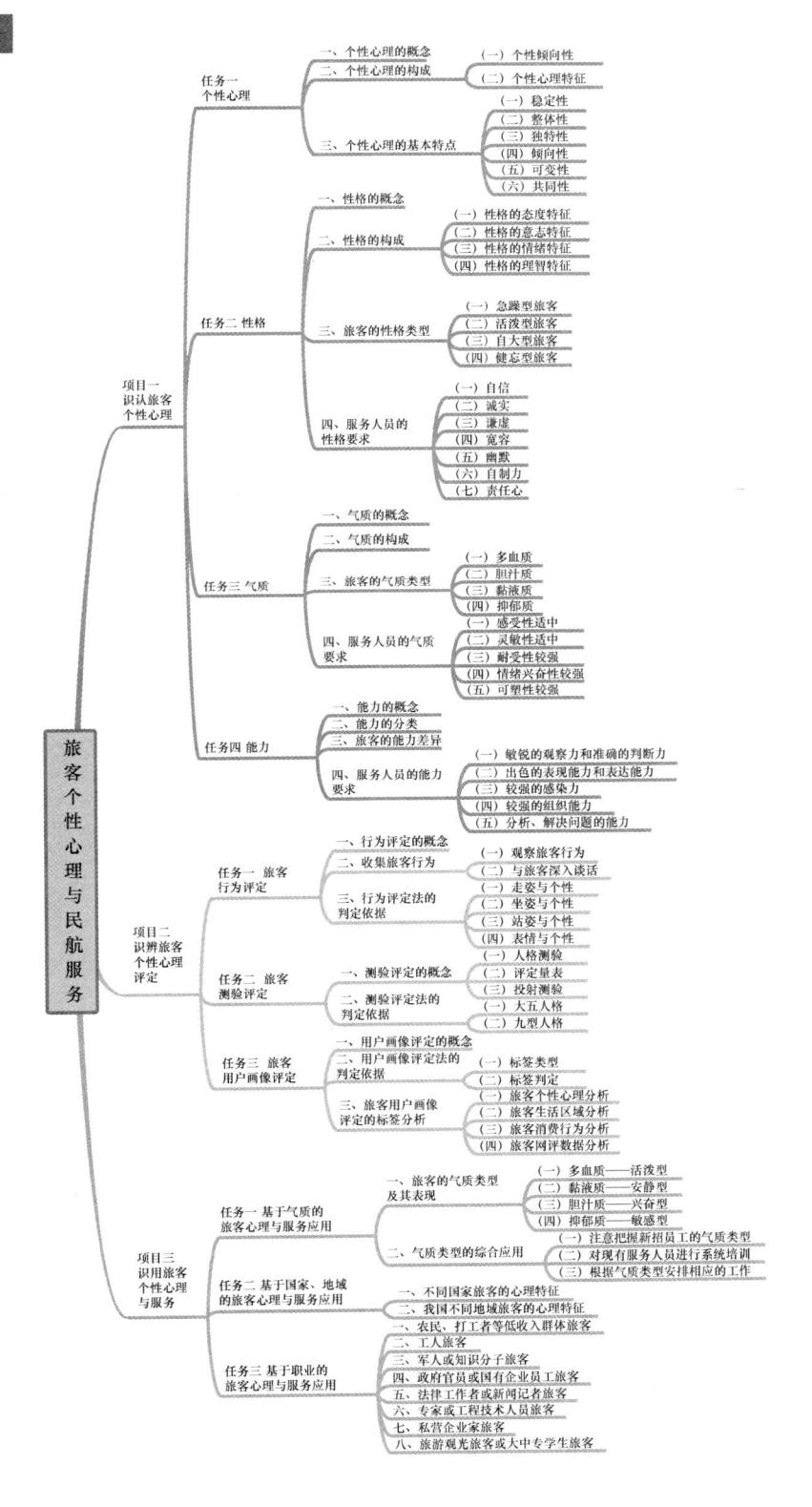

旅客个性心理与民航服务
- 项目一 识认旅客个性心理
  - 任务一 个性心理
    - 一、个性心理的概念
    - 二、个性心理的构成
      - （一）个性倾向性
      - （二）个性心理特征
    - 三、个性心理的基本特点
      - （一）稳定性
      - （二）整体性
      - （三）独特性
      - （四）倾向性
      - （五）可变性
      - （六）共同性
  - 任务二 性格
    - 一、性格的概念
    - 二、性格的构成
      - （一）性格的态度特征
      - （二）性格的意志特征
      - （三）性格的情绪特征
      - （四）性格的理智特征
    - 三、旅客的性格类型
      - （一）急躁型旅客
      - （二）活泼型旅客
      - （三）自大型旅客
      - （四）健忘型旅客
    - 四、服务人员的性格要求
      - （一）自信
      - （二）诚实
      - （三）谦虚
      - （四）宽容
      - （五）幽默
      - （六）自制力
      - （七）责任心
  - 任务三 气质
    - 一、气质的概念
    - 二、气质的构成
    - 三、旅客的气质类型
      - （一）多血质
      - （二）胆汁质
      - （三）黏液质
      - （四）抑郁质
    - 四、服务人员的气质要求
      - （一）感受性适中
      - （二）灵敏性适中
      - （三）耐受性较强
      - （四）情绪兴奋性较强
      - （五）可塑性较强
  - 任务四 能力
    - 一、能力的概念
    - 二、能力的分类
    - 三、旅客的能力差异
    - 四、服务人员的能力要求
      - （一）敏锐的观察力和准确的判断力
      - （二）出色的表现能力和表达能力
      - （三）较强的感染力
      - （四）较强的组织能力
      - （五）分析、解决问题的能力
- 项目二 识辨旅客个性心理评定
  - 任务一 旅客行为评定
    - 一、行为评定的概念
    - 二、收集旅客行为
    - 三、行为评定法的判定依据
      - （一）观察旅客行为
      - （二）与旅客深入谈话
      - （三）走姿与个性
      - （四）坐姿与个性
      - （五）站姿与个性
      - （六）表情与个性
  - 任务二 旅客测验评定
    - 一、测验评定的概念
    - 二、测验评定法的判定依据
      - （一）人格测验表
      - （二）评定量表
      - （三）投射测验
      - （四）大五人格
      - （五）九型人格
  - 任务三 旅客用户画像评定
    - 一、用户画像评定的概念
    - 二、用户画像评定法的判定依据
      - （一）标签类型
      - （二）标签判定
    - 三、旅客用户画像评定的标签分析
      - （一）旅客个性心理分析
      - （二）旅客生活区域分析
      - （三）旅客消费行为分析
      - （四）旅客网评数据分析
- 项目三 识用旅客个性心理与服务
  - 任务一 基于气质的旅客心理与服务应用
    - 一、旅客的气质类型及其表现
      - （一）多血质——活泼型
      - （二）黏液质——安静型
      - （三）胆汁质——兴奋型
      - （四）抑郁质——敏感型
    - 二、气质类型的综合应用
      - （一）注意把握新招员工的气质类型
      - （二）对现有服务人员进行系统培训
      - （三）根据气质类型安排相应的工作
  - 任务二 基于国家、地域的旅客心理与服务应用
    - 一、不同国家旅客的心理特征
    - 二、我国不同地域旅客的心理特征
  - 任务三 基于职业的旅客心理与服务应用
    - 一、农民、打工者等低收入群体旅客
    - 二、工人旅客
    - 三、军人或知识分子旅客
    - 四、政府官员或国有企业员工旅客
    - 五、法律工作者或新闻记者旅客
    - 六、专家或工程技术人员旅客
    - 七、私营企业家旅客
    - 八、旅游观光旅客或大中专学生旅客

项目一 识认旅客个性心理

案例导引

不同性格的表现特征

人们对性格的分类有很多种，如内、外向性格，A、B型性格，场独立、场依存性格，活泼型、完美型、力量型、和平型性格。下面主要围绕活泼型、完美型、力量型、和平型这种分类方法阐述四种性格类型。

活泼型的人为遇到麻烦的人带来微笑，为身心疲惫的人带来轻松。聪明的主意令人卸下重负，幽默的话语使人心情舒畅。希望之星驱散愁云，热情和精力无穷无尽，创意和魅力为平凡涂上色彩，童真帮别人摆脱困境。

完美型的人有洞悉人类心灵的敏锐目光，有欣赏世界之美与善的艺术品位，有创作惊世之作的才华，也有工作忙乱时对细微之处的观察。他们思维缜密，处事目标始终如一。只要事情值得做，就必定有做好的决心，任何事都做得有条不紊。

当别人失去控制时，力量型的人有坚定的控制力。当别人正在迷惘时，他们有清晰的决断力。在充满疑云的前景下，他们愿意把握每个机会。面对嘲笑，他们会满怀信心地坚持真理。面对批评，他们会坚守自己的立场。当别人走入迷途时，他们会指明生活的航向。面对困难，他们必定顽强对抗，不胜不休。

和平型的人稳定地保持原则，耐心地忍受惹事者，平静地聆听别人说话。他们有天生的协调能力，把相反的力量融合，为达到和平而不惜代价。他们有安慰受伤者的同情心，在周围所有人都惶恐不安时，仍保持头脑冷静。

资料来源：《人格心理学》

对民航服务人员而言，不同个性的旅客需要用不同的方法来接待。例如，遇到慢性子的旅客，要立即放慢自己的语气和节奏，尽可能和旅客保持同步；遇到风风火火的旅客，要调快自己的节奏；遇到内向的旅客，要学会启发对方，调动对方的情绪；遇到爱慕虚荣、注重面子的旅客，要站在对方喜好的角度多赞美，要让对方在不经意间有一种"飘起来"的感觉。

细分旅客的个性类型，有助于快速识别和判断旅客个性。民航企业可以组织服务人员进行现场模拟、现场训练，逐渐锻炼出"火眼金睛"，快速提高服务人员"因人而异"的服务水平。

任务一 个性心理

个性心理的内涵与外延都十分丰富，诸如"要强""固执""坦率"或"文雅""平和""柔弱"等不过是个性心理的具体表现形式，而不是个性心理的全部内容。

一、个性心理的概念

个性心理简称个性，也称人格，是指一个人在其生活、实践活动中经常表现出来的、比较稳定的、带有一定倾向性的个体心理特征的总和，也是区别于其他人的独特的精神面貌和心理特征。个性的基本特征有整体性、稳定性、独特性和社会性。

个性主要表现为能力、气质、性格、需要、动机、兴趣、理想、价值观和体质等方面的整合，通常具有动力的一致性和自我的连续性。个性会因人、时间、地点、环境的不同而排列组合，这样就会产生千差万别的个性，或者同一个人在不同的时间、地点、环境中个性特征也不同。

二、个性心理的构成

正所谓"人心不同，各如其面"。正因为每个人所处的社会环境、生活条件及受教育程度不同，所以人与人之间在心理风格和心理面貌上存在较大的差别，也就形成了个性心理的差异。在模块一中，我们提到个性心理主要包括个性倾向性和个性心理特征两个方面，而差异也源于这两个方面。

（一）个性倾向性

个性倾向性是指一个人具有的意识倾向和对客观事物的稳定态度。个性倾向性决定着人的行为方向，是人从事各项活动的基本动力，包括需要、动机、兴趣、理想、信念、世界观等。个性倾向性随着一个人成熟与发展的阶段不同而不同。在儿童期，支配其心理活动与行为的主要个性倾向性是兴趣；在青少年期，理想上升到了主导地位；在中年期，人生观和世界观支配着人的整个心理和行动，成为其主导的个性倾向性。

（二）个性心理特征

个性心理特征是指一个人身上经常表现出来的、本质的、稳定的心理特征，这种稳定的心理特征是个性倾向性稳定化和概括化的结果。个性心理特征主要包括性格、气质和能力。

1. 性格

人的态度和行为方式反映了其独特的性格。有的人胸怀宽广，有的人心胸狭隘；有的人谦虚谨慎，有的人骄傲自大；有的人热情友善，有的人冷酷无情；有的人自尊自强，有的人自暴自弃；有的人勇敢无畏，有的人怯懦怕死等。所有这些方面的差异都是人们性格特征的差异。

2. 气质

气质是人的性情或脾气。有的人活泼好动，有的人沉默寡言；有的人性子急，有的人性子慢；有的人脾气暴躁，有的人性情温和；有的人反应敏捷，做事雷厉风行，有的人动作迟缓，办事拖拖拉拉等。这些表现在人的情绪与行为活动中的动力方面的特征，就是气质。

3. 能力

能力是先天遗传素质和后天环境教育的产物。有的人记忆力强，对客观事物记得快、记得牢；有的人记忆力差，对事物记得慢、忘得快；有的人擅长绘画、雕刻，有的人擅长音乐、舞蹈，这些都是个体能力方面的差异。

三、个性心理的基本特点

（一）稳定性

个人的身上总会表现出各种各样的心理特征，经常出现的、较为稳定的心理特征就构成了人的个性，而偶然发生的、不太稳定的心理特征不能称为个性。正是由于个性具有稳定性的特点，我们才能区别不同的旅客，才能对旅客的心理和行为做出相应的判断和推测。

（二）整体性

个性是由多种特征组成的有机整体，这些特征并不是独立存在的，而是相互联系的。当一个人的个性结构在各方面和谐一致时，他的个性才是健康的；只有那些患精神分裂症的个体才会具有几种相互抵触的个性成分或特征。

（三）独特性

不同的遗传、生存及教育环境，使人形成了各自独特的心理特点。人在气质、性格、能力、兴趣、喜好、信念和意志等方面的表现千差万别，每个人都有属于自己的心理面貌。世界上不存在两个个性完全一致的人。

（四）倾向性

个体在形成个性的过程中，时时处处都表现出对外界事物的特有动机、愿望、定势和亲和力，从而发展为各自的态度和内心环境，形成了对人、对事的独特行为方式和个性倾向，其基本内容包括需要、动机、兴趣、理想、信念和世界观等。

（五）可变性

人的个性并非一成不变，个性的稳定性并没有否定其可变性。现实生活是复杂的，人们之间的交往也是多变的，而个性作为人的生活历程的反映，必然随着社会环境的变迁而发生相应变化。另外，重大事件及环境的突变都可能改变一个人的个性。

（六）共同性

个性的共同性是生活在同一社会群体中的人具有的共同的、典型的个性特征。例如，生活在同一个国家的人往往表现出共同的个性，如德国人办事严谨、法国人热情浪漫、美国人积极乐观、日本人勤勉有礼等。

> **课堂互动 4-1**
>
> 请同学们以小组为单位，运用所学知识，讨论并画出个体心理、气质、性格与能力各具体要素之间关系及其特征的思维导图。

任务二　性格

在个性心理特征的要素中，性格和气质是一对"同胞姐妹"：看上去有些像，却在人类活动中发挥着不同的作用，也成为辨识和判断人的不同类型的重要依据。

一、性格的概念

性格是一个人对现实的稳定态度，以及与这种态度相对应的、习惯化了的行为方式表现出来的人格特征。性格一旦形成便比较稳定，但是并不是一成不变的，而是可塑的。

性格是人格的具体表现，个体之间的人格差异的核心是性格的差异。性格不同于气质，更多体现了人格的社会属性，其特点是后天社会性；气质更强调遗传性，即先天的、稳定的一些特征。

二、性格的构成

（一）性格的态度特征

对于客观现实的影响，人总是以一定的态度给予反应的，即人对客观现实的态度特征也是多种多样的。性格的态度特征是在处理各种社会关系方面的性格特征，主要有对社会、集体和他人态度的特征，如公而忘私或假公济私、忠心耿耿或三心二意等；对工作和学习态度的特征，如勤劳或懒惰、认真或马虎等；对自己的态度的特征，如谦虚或骄傲、自尊或自卑等。

（二）性格的意志特征

性格的意志特征是人在对自己行为的自觉调节方式和水平方面的性格特征，主要有对行为目的明确程度的特征，如目的性或盲目性、独立性或易受暗示性等；对行为的自觉控制水平的特征，如主动性或被动性等；在长期工作中表现出来的特征，如恒心、坚韧性等；在紧急或困难情况下表现出来的特征，如勇敢或怯懦等。

（三）性格的情绪特征

性格的情绪特征是个体在情绪表现方面的心理特征。在情绪的强度方面，有的人情绪强烈，不易控制；有的人则情绪微弱，易于控制。在情绪的稳定性方面，有的人情绪波动大，情绪变化大；有的人情绪稳定，心平气和。在情绪的持久性方面，有的人情绪持续时间长，对工作、学习的影响大；有的人情绪持续时间短，对工作、学习的影响小。在主导心境方面，有的人经常情绪饱满，处于愉快的情绪状态；有的人经常郁郁寡欢，处于不愉快的情绪状态。

（四）性格的理智特征

性格的理智特征是个体在认知活动中表现出来的心理特征，表现在感知、想象、记忆和思维等认知活动方面。在感知方面，有的人能按照一定的目的任务主动观察，属于主动观察型，有的人则明显受环境影响，属于被动观察型；有的人倾向于观察对象的细节，属于分析型，有的人倾向于观察对象的整体和轮廓，属于综合型；有的人倾向于快速感知，属于快速感知型，有的人倾向于精确感知，属于精确感知型。在想象方面，有主动想象和被动想象之分；有广泛想象与狭隘想象之分。在记忆方面，有主动与被动之分；有善于形象记忆与善于抽象记忆之分等。在思维方面，也有主动与被动之分；有独立思考与依赖他人之分；有深刻与肤浅之分等。

三、旅客的性格类型

（一）急躁型旅客

这类旅客做事的风格就是"快"，常常以自己内心的时间尺度为标准，具体表现有讲话速度快，做事说干就干，任何问题都以最快的速度来解决，一旦感觉对方做事拖拉，就会产生急躁和不满的情绪，甚至伴有肢体语言。但是这类旅客一般不太记仇，比较大度，只要问题得以解决，就容易谅解。服务人员在为这类旅客服务时，说话做事不要拖泥带水，切忌推诿责任，要在短时间内帮其解决问题；一旦问题及时处理，他们的情绪就很容易安抚，对服务人员的态度也会随之改变。

（二）活泼型旅客

这类旅客具有很强的外倾性，待人热情、情绪外露，喜欢与人交往，常给人一种温和、亲切、开朗、健谈和好相处的感觉。服务人员在为这类旅客服务时，应主动表现出热情和礼貌，形成良好的第一印象。有了好的开始，接下来的服务就很容易被认可。解决问题时要把握这类旅客喜欢交流和情绪外露的特征，多与之沟通，观察其表情变化，问题会变得简单许多。

（三）自大型旅客

这类旅客的最大特点是认为自己是最了不起的人，认为自己做的事都是正确的，瞧不起别人，听不进建议。服务人员在为这类旅客服务时，应注意一定要顺从，在正常范围内尽量满足他的要求，不要和他理论，以免引发不必要的争论和冲突。

（四）健忘型旅客

这类旅客容易忘掉自己问过的事情，可能反复询问相同的问题，很容易让人感到不耐烦。服务人员在为这类旅客服务时，一定要展现出专业素养，认真、耐心地倾听、解答，有时甚至主动提醒。

旅客类型还有沉默型、冷静型和随意型等，此处不再赘述。

四、服务人员的性格要求

（一）自信

自信是指深信自己有能力去完成各种任务，在心理学中也称自我效能感。自我效能感较高的服务人员通常对工作表现出更强的积极性和主动性。在遇到困难时，他们也会产生战胜困难的勇气和心理韧性。

（二）诚实

服务人员诚实的性格应该体现在两方面：一是对人讲真话，忠诚老实，不弄虚作假，不阳奉阴违；二是诚实地对待自己，如实面对自己的优缺点，恰当地评价自己。

（三）谦虚

谦虚是一种公认的美德，是一种良好的个人品质。谦虚主要指虚心，不自满，不夸大自己的能力或价值；没有虚夸或自负，不鲁莽或一意孤行。服务人员是否具有谦虚的品质，对工作的开展有着重要影响。

（四）宽容

宽容是指能够容忍，有气量，不过分计较和追究，能够谅解他人。人格成熟的重要标志是宽容、忍让、和善。宽容既指宽容他人，也指宽容自己。不斤斤计较，以温柔、宽厚之心待人，让彼此都能愉快地生活。

（五）幽默

幽默是一个人智慧、机敏、学识、风趣的综合表现，是积极乐观的人生态度。幽默具有强大的感染力，能够创造出轻松、愉快的环境氛围，能够成为人际交往的润滑剂。因此，服务人员应该具备这种性格，给旅客带来愉悦的体验。

（六）自制力

自制力是指一个人自觉地调节和控制自己行动的品质。自制力强的人能够理智地对待周围发生的事件，有意识地控制自己的思想感情，约束自己的行为。

（七）责任心

服务人员的行为总是对旅客产生直接或间接的影响，因而服务人员必须对旅客负责，必须充满爱心和责任感。责任心使服务人员能主动、积极地尽职尽责，当他们圆满地尽到自己的责任时，就会产生满意、愉快的情感；反之，就会深感不安和内疚。

任务三　气质

气质是个人在心理活动过程中典型地表现出来的速度和稳定性（如知觉的速度、思维的灵活程度、注意力集中时间的长短）、强度（如情绪的强弱、意志力的强弱）及心理活动的指向性（如外倾或内倾）等动力方面的特点。它与日常生活中人们所说的"脾气""属性""性情"等含义相近。

一、气质的概念

根据心理学上对气质的定义，气质是指在人的认识、情感、语言、行动中，当心理活动发生时力量的强弱、变化的快慢和均衡程度等稳定的人格特征。

（一）气质是与生俱来的

气质是由人的生理素质或身体特点反映出的人格特征，是人格形成的原始材料。具体表现为情绪体验的快慢、强弱，意志力的强弱，注意力集中时间的长短，知觉或思维的快慢，以及动作的灵敏或迟钝等，使个体的全部心理活动呈现出独特的色彩。

（二）气质没有好坏之分

性格开朗、潇洒大方的人，多表现出聪慧的气质；性格开朗、温文尔雅的人，多表现出高洁的气质；性格爽直、风格豪放的人，多表现出粗犷的气质；性格温和、秀丽端庄的人，多表现出恬静的气质。各种气质没有好坏之分，都能产生一定的美感。

（三）气质看似无形，实则有形

气质外化在一个人的举手投足之间，它是通过一个人对待生活的态度、个性特征、言行举止等表现出来的。走路的步态，待人接物的风度，皆属气质。朋友初交，互相打量，立即产生好的印象。这种好感除了来自言谈，就是来自举止。热情而不轻浮，大方而不傲慢，就表露出一种高雅的气质。

二、气质的构成

早在公元前 5 世纪，古希腊著名医生希波克拉特就提出了四种体液的气质学说。他认为人体内有四种体液，根据哪种体液在人体内占优势，可以把气质分为四种基本类型，即多血质、胆汁质、黏液质和抑郁质。苏联心理学家巴甫洛夫关于高级神经活动的学说，为气质类型学说提供了自然科学的基础。巴甫洛夫据此将人的高级神经活动分为活泼型、兴奋型、安静型、敏感型，相对应的气质类型是多血质、胆汁质、黏液质、抑郁质。不同气质类型的旅客具有不同的心理行为表现。

三、旅客的气质类型

（一）多血质

这种旅客有很高的灵活性，容易适应变化的生活条件，善于交际，在新的环境里不感到拘束。他们精神愉快、朝气蓬勃，但是一旦事业不顺利或需要付出艰苦努力时，热情就会大大降低，情绪也容易波动。他们的优点是机智敏锐，能较快地把握新事物。典型代表人物是《红楼梦》里的王熙凤。由于他们机智敏感，在从事多样化和多变工作时，成绩卓越。

（二）胆汁质

这种旅客具有很高的兴奋性，在行为上表现出不均衡性。他们脾气暴躁、态度直率、精力旺盛，能够以极大的热情投身于事业，埋头苦干，能够克服在达到既定目标道路上的重重困难。但是一旦精力消耗殆尽，往往就对自己的能力失去信心，情绪低落下来，疲惫不堪。典型代表人物是《三国演义》里的张飞。

（三）黏液质

这种旅客表现出安静、平稳、坚定和顽强，能够较好地克制自己的冲动，能严格地遵守既定的生活规律和工作制度。他们态度持重，交际适度。他们的缺点是过于死板而显得灵活性不足。但这种惰性也有积极的一面，可以使人具有从容不迫和严肃认真的品格。典型代表人物是《西游记》里的唐僧、沙和尚。

（四）抑郁质

这种旅客具有高度敏感性，容易感受到挫折。他们比较孤僻，常常为微不足道的缘由而动感情。他们在困难面前优柔寡断，在面临危险情势时会感到极度恐惧。孤僻、行动迟缓、体验深刻、善于觉察别人不易觉察到的细小事物等是抑郁质的特征。典型代表人物是《红楼梦》里的林黛玉。

【微课】4-1 旅客个性心理之气质类型

在实际生活中，典型的某种气质类型的人并不多，多数人都是混合型气质，且以两种气质混合的（双质型）人居多，三种气质混合的人并不多。

> **课堂互动 4-2**
> 请同学们以小组为单位，填写气质测试量表，并在小组内分享和分析自己的气质类型。

四、服务人员的气质要求

（一）感受性适中

感受性是指当外界刺激达到多大程度时才能引起个体的反应。在服务过程中，如果服务人员的感受性太强，稍有刺激就引起心理反应，则势必造成精神分散、情绪不稳定，影响服务表现，甚至影响工作正常进行。如果感受性太弱，对周围事物视而不见、听而不闻，就会怠慢旅客，令旅客不满，导致矛盾产生。因此服务人员需要有适中的感受性。

（二）灵敏性适中

灵敏性是指个体心理反应的速度和动作的敏捷程度。服务人员如果灵敏性过强，在工作过程中就容易受外界刺激的影响，如旅客稍有不逊就与之对抗，稍有意外声响就吓得扔掉手中的东西等，不利于工作的开展。如果灵敏性过弱，旅客就容易觉得服务人员效率低、不耐烦或自己被忽视。因此服务人员应有适中的灵敏性。

（三）耐受性较强

耐受性是个体遇到各种刺激和压力时的心理承受力。在服务工作中，有的服务人员长时间工作仍能保持注意力的高度集中，而有的服务人员工作时间稍长就会感到力不从心和烦躁不安。显然，前者耐受性较强，后者耐受性较弱。服务工作是一种有序化的工作，常年工作内容都相同，如问询处服务人员每天需要不断地重复回答同样的问题，广播员需要每天重复广播航班信息等。因此服务人员要有较强的耐受性。

（四）情绪兴奋性较强

情绪兴奋性是指个体能够控制自己的情绪保持兴奋的程度。服务工作需要与各类旅客进行交流和沟通，如果服务人员的情绪兴奋性较弱，进入工作状态就会较慢，不能迅速发现和充分理解旅客的服务需求，对工作中的问题也无法快速反应并妥善处理。服务人员具有较强的情绪兴奋性，可以让不同的旅客感受到服务人员饱满的工作热情，感到被认可、被重视，产生满意感与愉悦感。

（五）可塑性较强

服务工作中的可塑性可理解为服务人员根据服务环境中的各种情况及其变化而改变自己的适应性行为的程度。可塑性强的人容易顺应环境，行动果断；可塑性弱的人在环境变化时情绪易出现波动，行动缓慢，态度犹豫。服务没有固定的模式可以照搬，要做到优质服务，让不同的旅客感到满意，服务人员就要具有较强的可塑性，善于思考、总结，灵活应变，有针对性地开展工作。

任务四　能力

旅客的个人能力各有不同，渴望得到服务人员不同程度的照顾。民航服务人员应具备的能力不但包括专业知识、基本外语等综合能力，还包括急救、化妆等专业技术，此外，服务语言、行为还要具有亲和力、感染力等。

一、能力的概念

能力是指能够顺利完成一定活动所必需的直接影响活动效果的本领，包括完成一定活动的具体方式及完成一定活动所必需的个性心理特征。

二、能力的分类

（一）一般能力与特殊能力

按能力的倾向性划分，可将其分为一般能力和特殊能力。一般能力又称智力，指大多数活动共同需要的能力，是各种活动共同具有的最基本能力。特殊能力又称专门能力，是指为完成某项专门活动所必需的能力，它是在特殊的专门领域内必需的能力。

（二）模仿能力与创造能力

模仿能力是指仿效他人言行举止，引起与之类似的行为活动的能力。创造能力是指在创造性活动中产生具有社会价值的、独特的、新颖的思想和事物的能力。模仿能力和创造能力二者相互联系。模仿能力中一般都含有创造性因素，而创造能力的发展又需要一定模仿能力作为基础。

（三）认知、操作、社交与情绪控制能力

按能力的功能不同，可将其划分为认知、操作、社交与情绪控制能力。认知能力是指接收、加工、存储和应用信息的能力。操作能力是指操作、制作和运用工具解决问题的能力。社交能力是指在社会交往活动中表现出来的能力。语言感染能力、沟通能力及交际能力等都是社交能力。情绪控制能力是指认识自身的情绪，妥善管理自己的情绪并进行自我激励，走出生命低潮的能力。

三、旅客的能力差异

举例来说，健忘旅客大多年龄较大，记忆力减退导致他们反复询问一些问题，显得啰唆。他们可能不会说普通话，在语言方面存在一些障碍。服务人员在服务这类旅客时，要多给予一些理解和包容；尽量使用方言与其沟通；如果确实有沟通障碍，则可以寻求其他旅客的帮助或请旅客写下需求。

年龄小的旅客的活动能力、认知能力、理解能力都比较差，但又活泼好动、情绪多变。无论小旅客是否有成人陪伴、照料，服务人员为其提供服务时都要细致、到位，如送餐时要为其打开餐盒，介绍食物；倒饮料时不要过满、过热；与其交谈时语言尽量简单、形象等。有些小旅客年龄太小，可能哭闹，服务人员要协助安抚。

四、服务人员的能力要求

（一）敏锐的观察力和准确的判断力

服务人员应具有敏锐的观察力，在与旅客短暂的交往中，通过旅客的着装、表情、言谈、举止等准确判断和精准把握旅客的心理活动和心理需求，从而有针对性地做好工作，使旅客满意。

（二）出色的表现能力和表达能力

服务人员与旅客的交往是短暂的，不可能指望"日久见人心"。想要在初次接触中给旅客留下好印象，服务人员必须具有较强的表现能力，把自己对旅客的关心、体贴通过自己的语言、行动、表情等完整、准确、恰当地表现出来。此外，服务人员的表达能力强，就能吸引旅客、打动旅客、说服旅客，给旅客以好感。

（三）较强的感染力

感染力是能够引起别人产生相同思想感情的能力。服务人员想要在服务的全过程中给旅客留下较好的第一印象，就必须在情绪上、精神上时刻保持乐观，用正面情绪感染旅客，用积极的身体语言，如声音、微笑、体态等给旅客营造轻松、愉快的氛围。

（四）较强的组织能力

组织能力是指服务人员有计划、有步骤地安排服务工作，掌握工作程序和应对旅客可能出现的问题，合理地组织和有效地协调各种力量，灵活运用各种方法，将各种要素转化为产品或服务的能力，目的是使生产效率更高或质量更好。

（五）分析、解决问题的能力

在碰到各种意想不到的问题时，服务人员应合理分析，并提出解决办法。分析和解决问题的过程需要我们运用创新思维，找到新的思路和方法来应对困难和挑战。这种能力不仅能够帮我们解决具体问题，还能推动整个社会向前发展。

项目二　识辨旅客个性心理评定

案例导引

打造特色服务，"我给旅客画个像"

某机场的安检服务推出"我给旅客画个像"系列活动，通过安检员勾勒旅客画像，迅速找到核心旅客。旅客画像是把典型旅客信息标签化，其实就是"分析一下咱们这个地方的旅客都是什么类型，有没有什么集中的或特别的需要"。例如，有些城市商务旅客居多，他们的需求就是快速、便捷；有些城市游客居多，他们对服务的要求很高；还有些城市是"候鸟"城市，老年旅客居多，他们的需求就是安心、受照顾。做好旅客画像，可以集中资源，提供更有针对性的服务，把好钢用在刀刃上，这样既能改善旅客的过检体验，又能减少不必要的资源浪费，开源节流，客我双赢。

做旅客画像，首先，分清楚主次，不要眉毛胡子一把抓，要找到本机场的核心旅客，挖掘他们的核心需求；其次，对旅客进行有针对性的服务，并且夯实服务质量；最后，通过沉淀把有效的服务串联起来，形成本机场的服务特色，打造本机场的服务品牌。

资料来源：民航安检心理微信公众号

针对不同旅客的个性心理，服务方式和方法不能千篇一律，要具有个性、针对性和契合性。学会识别和判定旅客个性心理是开展个性化服务工作的首要步骤，这样可以避免服务工作片面、盲目。同时，有效收集各种信息，全方位预测旅客行为，对于预判同类旅客和提前做好服务决策具有良好的推动作用，是民航企业提供高质量服务的前提。

任务一　旅客行为评定

由于个性心理这一心理现象的复杂性，个性心理评定往往需要多种方法相结合，如行为评定、测验评定用户画像评定。

一、行为评定的概念

行为评定是指在自然条件下通过观察和对话的方式了解一个人的行为、语言、表情、态度，从而分析其性格的方法。采用该方法必须使被观察者处于自然情境中，保持心理活动的自然性和客观性，这样获得的资料才会真实。

二、收集旅客行为

（一）观察旅客行为

1. 明确观察主题

观察主题一般包括场景、观察对象、环境、平时的生活习惯、观察问题，或者某个特定的情境条件等相关信息。从服务对象的生活、工作、习惯、爱好、环境等开始，发现问题，寻找服务开展与设计的切入点，产生创新。

2. 确定观察方式

观察分为结构化观察和非结构化观察。如果是以改良为目标的服务设计项目，结构化观察会提供更集中、更量化的数据分析。如果是以创新为目标的服务设计项目，非结构化观察如访谈等更加适合，容易引发访谈对象的思考。

3. 及时整理信息

及时整理信息PEPTFM，可参考框架。P（Person）代表观察对象，E（Enviroment）代表观察对象所在的环境，P（Product）代表观察对象使用的产品，T（Time）代表观察对象使用功能的时间/路径操作时间，F（Feedback）代表观察对象在事件中得到的反馈，M（Memory）代表观察对象在事件中难忘的是什么。及时整理和分析记录的信息，形成思维导图或信息结构图。

（二）与旅客深入谈话

根据不同需求，灵活调整与旅客谈话的内容和方式，既可以进行事实的调查，也可以进行意见的征询，还可以采集旅客对新服务或新产品功能的意见。与旅客深入谈话，要事先确定谈话目的，对谈话内容加以分析，采取多种多样的谈话方式，保持谈话气氛融洽、和谐、温馨。谈话法对了解旅客的性格、收集资料、确定解决问题的途径具有重要意义。例如，收集头等舱旅客的用餐反馈或机上娱乐设施的使用反馈等，能够简单而直接地收集多方面的资料。

三、行为评定法的判定依据

（一）走姿与个性

走姿能够体现人的性格特点。大踏步走路的人一般身体健康、心地善良，性格较为好胜且顽固。走路姿态柔弱的人，即使其体格健壮，精神意志方面也相对柔弱，当遇到重大创伤性事件或精神打击时容易崩溃，较难在短时间内恢复。拖着步子走路的人普遍缺乏积极性，不喜欢变化，也无特殊才能。小步快走的人通常性情较为急躁。

（二）坐姿与个性

坐姿能够体现人的性格特点。坐稳后两腿张开、姿态懒散的人，通常说得多而做得相对少。坐下时双肩上耸、膝部紧靠、双腿呈X形的人，一般比较谨慎，但决断力差，缺少胆识。坐下时手臂曲起、两脚向外伸的人，决断力相对较差，倾向于计划事情，但执行力不足。坐下时一只手撑着下巴，跷着"二郎腿"的人，大都不拘小节，面对失败亦能泰然自若。坐下时脚尖朝外，手臂与椅子紧密相贴的人，通常耿直干脆，直觉较强。

（三）站姿与个性

站姿能够体现人的性格特点。站立时习惯把双手插入裤袋的人，其特点是不轻易向人表露内心的情绪，凡事步步为营，警觉性极高，不肯轻信别人。站立时喜欢把双臂叠放于胸前的人，其特点是性格坚强、不屈不挠，不轻易向困难和压力低头，与人交往时经常摆出自我保护的防范姿态，拒人于千里之外。站立时双手相握置于背后的人，其特点是奉公守法、尊重权威、极富责任感，有时情绪不稳定，最大的优点是有耐心，能够接受新思想和新观点。站立时双手相握置于胸前的人，其特点是对自己的所作所为充满成就感。站立时双脚合并、双臂垂下置于身旁的人，其特点是诚实可靠、循规蹈矩，而且不会向任何困难屈服。站立时不断改变站姿的人，其特点是性格急躁、身心经常处于紧张的状态，容易不断改变自己的思想观念。

（四）表情与个性

表情能够反映一个人的心理状态及其变化，如人的微表情、小动作等。与人说话时，深吸一口气再说话，是压抑或调整自己激烈情绪的表现。两手指尖对合成尖塔形或两手相搭、肘部分开，是自信的表现。不停地走来走去或重复无意义的动作，将脚踝紧紧交叠或用手抓紧某件东西，是紧张或克制自己强烈情绪的表现。一边与人交谈，一边做自己的工作，是不欢迎对方的表现。不经意地摸摸鼻子，是持否定态度或信心不足的表现。说话的语速较快，是此人性格直爽的表现。说话结结巴巴或经常说错话，是紧张或另有隐情的表现。听人说话没有耐心或别人一开口就打断别人的话，是工作太忙或时间很紧的表现。答非所问是心不在焉、漠不关心的表现。

任务二　旅客测验评定

一、测验评定的概念

测验评定是利用标准化测验来评定个体的能力、态度、性格、成就和情绪状态等心理特征的方法，包括人格测验、评定量表、投射测验等。这里并不是说通过让旅客做测验评定其个性，而是让服务人员通过学习与练习自测或他测，深度了解个性心理测验指标背后的内容指向，从而提升自己快速判断和综合分析旅客个性心理的能力。

（一）人格测验

人格测验分为两种类型，一种是类型论，另一种是特质论。九型人格、PDP、DISC、MBTI等是基于类型论的测评，而大五人格、16PF等是基于特质论的测评。人格测验的问卷称为人格问卷或人格调查表。人格问卷是通过由一系列问题构成的调查表收集资料，以测量人的行为和态度的心理学研究方法，是重要的人格评估技术。因为问卷是被试报告的自身感受或体验，所以其结果属于客观性的人格调查，而不是评估者的主观判断。其优点是能在短时间内对某个或很多研究对象进行调查，取得大量的客观资料，对资料进行数据分析也比较容易。

（二）评定量表

评定量表也称自陈法，一般是让被试按一定标准化程序和要求一次回答量表中的大量问题，最后根据分数和常模来推知被试属于哪种性格类型。

评定量表从形式上看和人格问卷相似，都是列举许多有关的项目或问题，但评定量表是由评估者根据量表中的项目或问题，选择与被试日常行为最相符的项目，并做记号或进行等级评定（通常为3~7级，最常用的是5级）。严格来说，评定量表不是一种测验，而是表达评定结果的标准化方法。评定量表既非测验，也非客观测量，因此其信度较低。评估者必须对被试的情况十分熟悉，而且必须训练有素，这样才能确切了解所评定特质的含义和个别差异。

（三）投射测验

投射测验是应用非结构的或结构相当松散的测验题材（如墨迹和图片等）或词语联想，使被试做出尽可能多的反应，在这种自由反应中投射出其内在的欲望、风格、价值、情感动机及冲突等，借以探测被试的个人特质，或者人格的隐藏部分，以达到研究个人整体人格的目的。最常用的投射测验有主题统觉测验和罗夏墨迹测验。

二、测验评定法的判定依据

（一）大五人格

大五人格特质理论是目前对人的基本特质描述最理想的理论之一。1961年，心理学家托普斯与克里斯托提出大五人格，即宜人性、外倾性、开放性、敏感性和尽责性。

1. 宜人性

宜人性是高情商的体现。宜人性高的人大多同理心强、为他人考虑、懂得合作、比较谦虚、信任他人、比较真诚。宜人性的高低没有好坏之分。宜人性低的人虽然可能比较自我，容易让人不舒服，但很多中基层管理者都是如此，因为只有具备一些专断才能更好地管理；宜人性高的人容易没有自己的主见。宜人性很难改变，处处为他人考虑的人很难变成一个只为自己考虑的人，反之亦然。

2. 外倾性

外倾性表示人际互动的数量和密度、对刺激的需要及获得愉悦的能力，包括内向和外向。内向和外向只是一种倾向，在不同的场景有不同的表现。有的人在公开场合内向，却在熟人面前谈笑风生；有的人在公开场合外向，但私下更喜欢独处。内向和外向后天可以改变，其本身也无好坏之分。内向的人喜欢独处、注重自我、善于思考；外向的人喜欢交际、生活丰富、比较有趣和快乐。

3. 开放性

开放性表示一个人的认知特性。开放性高的人往往喜欢接受新的思想，喜欢不断更新自我认知，更容易进步。一般来说，开放性高的人往往进步更快，也会面对更多的不确定风险，但整体上是有利于发展的。开放性较低的人比较固执，不积极采纳别人的意见，喜欢坚持自己的观点。

4. 敏感性

敏感性反映的是个体体验消极情绪的倾向和情绪不稳定性。男女之间敏感性差异较大，女性大多比较敏感和感性，男性则较不敏感和理性。敏感性高的人往往想得很多，一点小事都会影响情绪，且钝感力很差，很容易焦虑和斤斤计较，但是洞察力强，文学素养很高，宜人性一般很强。相反，敏感性低的人往往情绪比较稳定，不太受环境影响。敏感性低最大的优势是控制情绪的能力强，很少产生精神内耗。

5. 尽责性

尽责性是有责任心及把事情做好的能力。做事认真负责的人，不仅自己可以过得很好，也会让人觉得值得信任。一个对自己不负责、对事情不负责的人很难让人相信。但责任心太强有时也是一种负担，自己会太累，也容易"较真"。一般来说，尽责性高的人都比较靠得住。

（二）九型人格

九型人格是了解自己与别人的内心动力的理论，其理论核心是发现自己。九型人格理论认为，人格的九种类型分别是：第一型人格，完美主义者。第二型人格，热心助人者。第三型人格，成就至上者。第四型人格，个人风格者、浪漫悲悯者、艺术家。第五型人格，博学多闻者、格物致知者。第六型人格，谨慎忠诚者。第七型人格，勇于创新者、享乐主义者。第八型人格，力量的强者。第九型人格，和平主义者。

任务三　旅客用户画像评定

用户画像的核心价值在于了解用户，精细化定位人群特征，挖掘潜在的用户群体。结合媒体网站、广告企业等挖掘的互联网数据，用户画像能够深度挖掘用户群体的特征，根据群体类型，提炼其差异化特征和共性特征。

一、用户画像评定的概念

用户画像评定是指根据用户社会属性、生活习惯和消费行为等信息抽象出标签化用户模型，刻画出用户个体或用户群体全方位的特征，为分析人员提供用户的偏好、行为等信息，以便进行有针对性的产品或服务设计。在服务类行业中，使用较多的是用户信息标签化。

二、用户画像评定法的判定依据

（一）标签类型

用户画像建模是对用户"打标签"。标签一般分为三种类型：统计类标签，如年龄、性别、城市、时长、次数；规则类标签，如消费频次；机器学习挖掘类标签，如用户价值、商品偏好、流失意向。

（二）标签判定

首先，收集用户多维度的信息数据（如人口统计学要素、年龄、性格分析、社会属性、行为偏好、消费习惯、生活作息等），对其进行统计、分析，抽象出用户信息全貌。其次，根据用户的目标、行为和观点的差异，将用户画像们区分为不同的类型，从每种类型中抽取典型特征，赋予名字、照片、人口统计学要素、场景等描述性指标；最后，整合提取，形成人物画像。用户画像示例如图 4-1 所示。

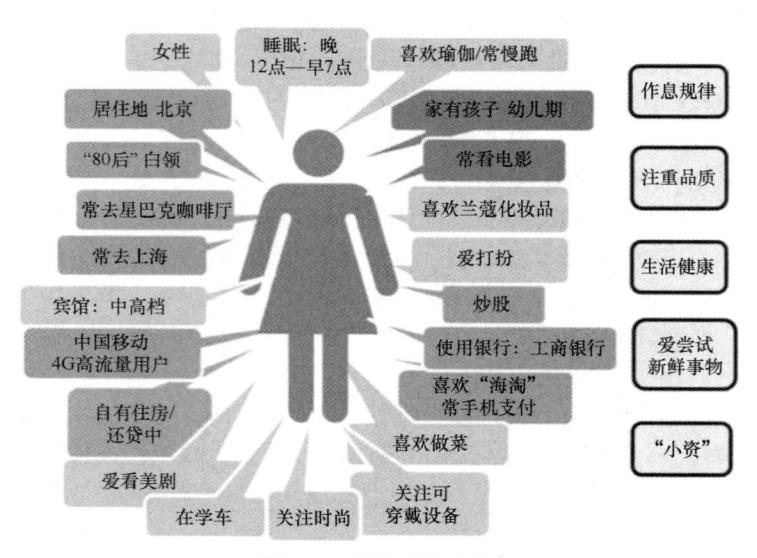

图 4-1　用户画像示例

三、旅客用户画像评定的标签分析

（一）旅客个性心理分析

从旅客的会员注册表中可以收集旅客的年龄、性别、职业、会员级别、累计公里数等标签

数据，这是判断旅客消费决策与选择的基础数据。我们能够从基础数据中推断出旅客的社会阶层、消费喜好、职业性格等方面。

（二）旅客生活区域分析

根据旅客的生活区域，可以推断出旅客所处环境的经济社会状况、地方文化、社会习俗等方面，从而分析旅客的经济条件、饮食习惯、风土人情，这些因素都潜在影响着旅客需要和社会心理属性。

（三）旅客消费行为分析

根据旅客对服务信息的选择，可以了解旅客在服务和促销方面的关注点，这有助于民航企业准确分析和掌握旅客消费需要。准确记录并分析旅客每次购买和使用服务的过程，包括旅客选择的旅行时间、旅行目的地、座位等级和位置、办理乘机手续的时间和方式等数据，对于分析旅客需要、准确掌握旅客需要，进而提供满足旅客需要的民航服务有更积极的作用。

（四）旅客网评数据分析

旅客在各种网络媒体发表的对服务的称许、抱怨和改进意见，都是分析旅客服务需要大数据的重要组成部分。采集并分析旅客对服务优点的称许、对服务缺点的抱怨，有助于民航企业不断改进和提升服务质量。旅客在称许或抱怨时使用的词语、表达方式及展现的价值观都有助于民航企业分析旅客的兴趣、情感、生活方式和经济条件等影响旅客需要的潜在因素。

【微课】4-2 旅客人格识别与标签理论

项目三　识用旅客个性心理与服务

案例导引

接待不同个性旅客的服务策略

民航服务人员面对的旅客往往具有很强的个性和鲜明的性格特征，该如何运用灵活的服务策略来接待这些旅客呢？

第一，健谈型旅客。表现特征：夸夸其谈。服务策略：要抓住一切机会将谈话引入正题。

第二，内向型旅客。表现特征：少言寡语。服务策略：不要失去耐心，应提出一切不能仅仅用"是"或"否"回答的问题，直至旅客开口。要亲切、有问必答，注意观察旅客动作。

第三，因循守旧型旅客。表现特征：似乎在认真倾听，但迟迟不做选择或决定。服务策略：如果不及时采取行动，就会失去这类旅客的信任。可以向他透露其他旅客的普遍选择。

第四，胆怯型旅客。表现特征：畏畏缩缩。服务策略：提供引导、保证和支持，帮助旅客克服恐惧心理，鼓励旅客，慢慢使其放松。

第五，自我中心型旅客。表现特征：具有优越感。服务策略：仔细倾听并且夸赞他，在合适的时候向他征询意见。

第六，果断型旅客。表现特征：很自信，有主见。服务策略：服务解释不要太长，只给出必要的细节，要严格忠于事实。热情、大方推荐、快速成交。

资料来源：民航资源网

面向旅客个性心理的服务，可以根据旅客和服务人员的气质类型，合理完成工作团队的气质搭配；可以根据旅客的地域，快速识别旅客某族群或某地域文化的个性心理特征；可以根据旅客的职业，有效分析旅客的心理特征和行为表现，从而提供高质量、有针对性的服务，提升民航服务整体质量和水平。

任务一　基于气质的旅客心理与服务应用

旅客的气质类型有多血质、黏液质、胆汁质和抑郁质，由此旅客可分为活泼型旅客、安静型旅客、兴奋型旅客、敏感型旅客。细致观察旅客的性情、语言、行为、思维方式，可以了解旅客的气质类型，从而提供有针对性的服务。

一、旅客的气质类型及其表现

（一）多血质——活泼型

1. 个性心理特征

1）温和快速，感染力强。多血质的人行动具有很强的反应性。这类人情感和行为动作发生得很快，变化得也快，但较为温和；易于产生情感，但体验不深刻；善于结交朋友，容易适应新的环境；语言具有感染力，姿态活泼，表情生动，有明显的外倾性特点。

2）机智灵敏，不稳定。多血质的人思维灵活，但常表现出对问题不求甚解；注意力与兴趣易转移，不稳定；在意志方面缺乏忍耐性，毅力不强。这类人说话很讲究"艺术"，既不主动出击，也不唯唯诺诺。往往采取先听后讲的方法，对接收到的各种信息非常敏感。这类人不喜欢太过主动、直接的表达，但如果有人能够提出话头，他们反而很乐意跟随，既不张扬，也不落后。

3）控制能力较差，易拖延。多血质的人还有一个行为特点是拖延。他们对于工作的整体控制能力较差，虽然在某具体任务上能够有较多的作为，但如果没有硬性的时间规定，则往往出现一拖再拖、难以控制的局面。

2. 消费行为特点

这类旅客一般表现为活泼好动、反应迅速、善于交际，但兴趣易变，具有外倾性。他们常主动与人攀谈，并很快与人熟悉而交上朋友，但这种友谊常常多变而不牢固。他们在选择服务项目时往往过于匆忙而不考虑后果，过后可能又想改变主意。他们喜欢尝新、尝鲜，但又很快厌倦。他们的想象力和联想力丰富，审美水平较高，餐食名称、造型、器皿及就餐环境对其影响较大，但有时注意力不稳定，行为易受情感左右。他们的一切情感均流露于外，服务人员马上就可以从其面部表情看出其对某服务的喜欢或反感。他们在多数情况下显得非常乐观，经常处于愉快的心境之中，在得到服务人员的热情服务后常常被感动。

3. 服务举措

在可能的情况下，服务人员要多同这类旅客交往，不能不理睬他们，要满足他们爱交际、爱说话的特点。但与他们谈话时不应过多重复，否则他们会不耐烦。服务人员还应主动向他们介绍客舱或机场的娱乐设施等，满足他们喜欢活动的需求，以示关心。例如，服务人员听到旅客想"放松一下"，即可随机介绍："我们这里有某款娱乐设施，如有兴趣，欢迎随时选用！"

在选择服务项目时，服务人员应提供各种信息，为他们当好参谋，取得他们的信任与好感，从而促进他们消费。例如，某些女性旅客是冲着航空公司的某款新餐食而来的。这时，服务人员可向她们介绍："我们这里餐食有××，既滋补又美容；还有××，既清心又滋润。"多说些女士爱听的话，令她们眉开眼笑，自然容易达到促销的目的。

此外，航空公司的餐食或服务项目经常发生变化。有新的服务推出时，服务人员应及时向这类旅客介绍。例如，旅客以信任的表情将"选择的任务"交给你时，便可随机向他们介绍："我们这里新出的××、××餐品都很有特色，旅客都喜欢吃，你们也要尝试吗？"以满足他们喜新求变的需要。若他们改变主意，则应尽可能满足他们的要求，或做出合理解释。

同步思考 4-1

多血质旅客多要餐食的需求处理

在某航空公司飞往西安的航班上，旅客黄先生看到乘务员给其他旅客提供了素食餐，表示很感兴趣，非常想要，询问乘务员是否可以加一份素食餐食用。乘务员最先表示没有可换的餐食，后来又拿来了一份餐食，并告知黄先生餐食是头等舱剩下的。黄先生非常生气，强烈要求乘务员喊机长来，表示自己每年都在该航空公司花费好几万元，为什么这一点小小的要求都不能满足？还说下了飞机就要投诉乘务员。

案例分析：

1）心理分析。乘务员行动之前首先要对旅客个性心理进行分析。旅客面部表情丰富、善于交际、好打听消息、对各种新闻感兴趣、受不了孤独和寂寞；情绪发生快而多变，思维、语言、动作敏捷，乐观、亲切、浮躁、轻率，基本可以判定是多血质旅客。乘务员应对他们诚恳以待、主动热情，不要不理不睬。多变花样，避免啰唆呆板。可以介绍、安排新颖有趣、富有刺激性的活动。

2）问题点出。案例中的乘务员有明显错误：未及时与厨房人员沟通餐食数量；缺乏沟通技巧，没有理解旅客的感受。

3）改进提示。当旅客提出想要更换或多要餐食时，乘务员不能立即拒绝，应询问厨房人员和其他乘务员，看是否有能够替代的食品，尽力满足。应该主动与旅客沟通，了解旅客的需求。使用专业的服务用语，以理解和真诚与旅客交流，尽量帮助旅客解决问题，得到旅客的理解。

（二）黏液质——安静型

1. 个性心理特征

1）反应性低，行为迟缓。黏液质的人反应性弱，情感和行为动作进行得迟缓、稳定，缺乏灵活性；这类人情绪不易发生，也不易外露，很少产生激情，遇到不愉快的事也不动声色，注意力稳定、持久、难以转移。

2）思维细致、爱思考、有耐心。黏液质的人思维灵活性较差，但比较细致，喜欢沉思；在意志方面具有耐性，对自己的行为有较强的自制力；态度持重、沉默寡言，办事谨慎细致、从不鲁莽，但对新的工作较难适应，行为和情绪都表现出内倾性，可塑性不强。

3）讲究逻辑，做事有分寸。黏液质的人喜欢用事实说话，讲究逻辑，做事有分寸，所以和他们沟通只要能够在一开始做到"以理服人"，就能彻底"捕获"他们的心。和这类人沟通不需要很花哨的说话技巧，但需要很实在的沟通内容，且逻辑严密。所以，和这类人沟通之前需做好充分准备，以应对黏液质人的步步为营、考虑大局的气质特征。

2. 消费行为特点

这类旅客一般表现为安静而又稳定、克制力较强、很少发脾气、沉默寡言、态度持重、交际适度。他们有惰性而不够灵活，不善于转移注意力，具有内倾性。他们喜欢清静、熟悉的就餐环境。他们不易受感动,也不易受媒介、广告和服务现场的干扰。他们对各类服务项目喜欢先细心比较,再决定具体选择。

3. 服务举措

服务人员在进行地面服务或贵宾室服务时,应尽量将他们安排到较为僻静的座位。如果旅客表示可以为其推介服务,那么服务人员应尽量提供他们熟悉的餐食,还要顺其心愿。不要过早阐述自己的建议,不可强人所难。应当允许他们做时间较长的比较、考虑,尊重他们处事谨慎、深思熟虑的特点,不宜过多催促。

在确定服务内容后可复述,服务语言要慢,在重要之处还要适当重复,以免他们反应不过来。在一般情况下,不要过多与他们交谈,因为他们不喜欢服务人员过分热情。所以,服务人员应掌握"度"与"火候"。

有事交代应该直截了当、简单明了。不要过多打扰,活动项目不可安排得太紧凑,内容不要太繁杂。当他们坚持某个要求时,要想办法满足他们的要求。

同步思考 4-2

黏液质旅客道歉的需求处理

一位白金卡旅客登机后,向乘务长提出想要一瓶水,但是乘务长忘记了此事。之后乘组进行正常服务流程,提供矿泉水,旅客这时才拿到矿泉水。乘务长来到旅客身边,解释自己刚才忘了拿水,但是旅客表示不想听;乘务长又让其他乘务员再去解释,旅客再次拒绝,表示不想听解释;飞机下降时,乘务长让乘务员放了一张道歉卡片在椅背的袋子里;下飞机后,乘务长仍试图与旅客交流。旅客对此十分不满,表示一个多小时的航班,乘务组打扰了他四次,导致他没有休息好。

案例分析:

1)心理分析。乘务员行动之前先要对旅客个性心理进行分析。旅客表示不想听解释及再次拒绝,以及认为乘务组四次道歉行为属于过多打扰,基本可以判定旅客是黏液质旅客。黏液质旅客温和稳重、做事慢、好清静、做事谨慎、关注结果,不想过多关注过程和解释。对待他们,应该尽量安排僻静座位,不要过多打扰,有事直接交代,简单明了,重点处重复。

2)问题点出。没有第一时间满足旅客的需求;对于服务中的失误,缺乏诚恳道歉;缺乏有效沟通,不应反复打扰旅客,影响旅客休息。

3)改进提示。不因事多而忘为,不因事杂而错为;出现问题时,乘务组应针对旅客的感受及时致歉,提供有效服务以消除旅客不满;理解旅客心理,关注旅客感受,避免影响旅客休息。

(三)胆汁质——兴奋型

1. 个性心理特征

1)反应快,主动性强。胆汁质的人反应速度快,具有较强的反应性与主动性。这类人情感和行为动作产生得迅速而强烈,有极明显的外部表现;性情开朗、热情、坦率,但脾气暴躁,好争论。

2)易于冲动,缺乏耐心。胆汁质的人情感易于冲动但不持久;精力旺盛,经常以极大的热情从事工作,但有时缺乏耐心。与这类人沟通应采取"表扬激将,批评冷处理"的方法。这类人激动、急躁,所以当面的表扬、激将能够给他们带来极大的动力,促使他们做出决定或采取行动;但在批评时应采取个别指出、"冷处理"的方法,因为这类人往往好面子,当众批评只会使他们产生逆反心理，甚至自暴自弃。

3）思维灵活，表达直接。胆汁质的人行动利落而又敏捷，说话速度快且声音洪亮；思维具有一定的灵活性，但对问题的理解具有粗枝大叶、不求甚解的倾向；意志坚强、果断勇敢，注意力稳定而集中，但难以转移；喜欢直接表达自己的想法，不喜欢拐弯抹角，所以他们与别人沟通时往往会令对方觉得过于直接，很"冲"，甚至出现让人"下不来台"的情况。和胆汁质的人沟通应尽量使用清晰的语言及表达方式，思路清楚，且能顺水推舟。他们因为自身的反应较快，所以不能忍受与反应较慢的人长时间沟通，否则往往很快失去耐心。

2. 消费行为特点

这类旅客一般表现为热情、开朗和直率。他们精力旺盛、容易冲动、性急暴躁、易发火、自制力差，一旦被激怒就不易平静下来，具有外倾性。他们选择服务项目时比较迅速，很少过多考虑，易被传播媒介"俘虏"；他们喜欢尝试新服务，但在等候时往往显得非常不耐烦；做事粗心，易遗失钱包、手机等随身物品。

3. 服务举措

当这类旅客神情愉悦地要求服务时，服务人员应尽量推荐新的服务，主动在现场促销。这样既可以让旅客感到受重视，也容易取得很好的促销效果。

当旅客面带愠色，催促服务人员抓紧提供服务时，服务人员应注意不要激怒他们，避免与他们发生争执。万一出现矛盾，应避其锋芒，也不要计较他们有时不顾后果的冲动语言。这时服务人员应仍然保持平和地说："对不起，您的××马上就到。"而不要计较他的语气。服务要尽可能迅速，结束后适时提醒他们不要遗忘物品。同时，照常热情送客，并面带笑容对他们表示感谢。

（四）抑郁质——敏感型

1. 个性心理特征

1）敏感度高，思维深刻。抑郁质的人有较强的感受性。这类人情感和行为动作都相当缓慢、柔弱；情感容易产生，而且体验相当深刻，隐晦而不外露，易多愁善感；往往富有想象力，聪明且观察力敏锐，善于观察他人观察不到的细微事物。

2）优柔寡断，不善于社交。抑郁质的人在意志方面常表现出胆小怕事、优柔寡断，受到挫折后常心神不安，但对力所能及的工作表现出坚忍的精神；不善于社交，较为孤僻，具有明显的内倾性。在沟通场合中，他们可能还没开口就脸红了，挑战更会令他们感到非常不安。因此和这类人沟通需要特别小心，因为他们敏感的心思往往令人意想不到。和他们沟通之前，应做好完全的准备，既包括对沟通内容的准备，也包括对沟通对象的了解。搞清楚他们的各种喜好，以便在沟通时有的放矢，而不要在得罪了他们后再去补救。

3）不喜欢出风头。抑郁质的人不喜欢出风头，如在大庭广众受到赞扬，这样会令他们感到不安。但含蓄的表达绝对不会影响表扬效果，这正印证了"响鼓不需重锤敲"的道理。同样，批评也要千万小心，稍稍点拨即可，否则可能对他们造成沉重的打击。对这类人的激励应该用温柔、婉转的方式进行。

2. 消费行为特点

这类旅客一般表现为情感深厚、沉默寡言、不善交际，对新环境、新事物较难适应；缺乏活力，情绪不够稳定；遇事敏感多疑，言行谨小慎微，内心复杂而少外露；感情脆弱，容易激动、消沉。

3. 服务举措

当看到某旅客面色深沉或默默无言地走进机场贵宾室时，服务人员在领位时应尽量把他安排到清静处，并礼貌地对旅客说："请您这边走。"把旅客带到较清静或临窗的地方，再对旅客说："请您选择自己喜欢的座位！"这时，旅客就会觉得服务人员特别尊重他，而安心地选择自己喜欢的位置。随时关照但不要打扰他，注意关心、照顾他。

对于这类既沉默又独自一人进贵宾室的旅客，服务人员要特别尊重，说话态度温和诚恳，有事和他们商量时要把话说清楚，如临时需调整座位，一定要讲清原因，说话应该慢些，以免引起他们的猜疑和不满。

服务时应注意十分尊重他们，处处照顾他们且不露声色。旅客吩咐事情时，要耐心地听完。服务语言要清楚明了，不引起误会；在听候他们吩咐事情时要耐心；应尽量在他们面前谈话，绝对不应与他们开玩笑，以免引起猜疑。当他们遗失物品、生病或出现其他意外时，应特别注意关心、帮助、想办法安慰他们，使他们感到温暖。

同步思考 4-3

抑郁质旅客睡眠干扰的需求处理

某商务舱旅客投诉，乘务员没有提前询问旅客餐食需求，在旅客已经睡着的情况下，将旅客叫醒询问"先生，您吃什么啊"，旅客感觉自己的休息受到严重影响，无法正常入睡，非常生气；同时抱怨乘务员在飞行过程中讨论私事声音较大，影响到自己的休息；以及机上卫生间脏乱，卫生条件差。以上问题导致旅客乘机体验非常不好。

案例分析：

1）心理分析。乘务员行动之前先要对旅客个性心理进行分析。旅客睡眠较浅，情感脆弱，由一件事引发了其他情绪体验，基本可以判定旅客是抑郁质旅客。对他们要特别尊重，处处照顾他们且不露声色；安排座位应清静而不冷僻，随时关照但不要打扰他们等。

2）问题点出。没有提前询问旅客餐饮需求；在旅客睡着时叫醒旅客，并且语言不礼貌、态度不温和；工作期间在工作场所大声谈论私事，影响旅客休息；未按规定打扫卫生间。

3）改进提示。应提前询问旅客餐饮需求；不应在旅客休息和睡觉时打扰、叫醒旅客，应贴好叫醒卡，填写服务交接单，待旅客醒来后及时进行服务；在客舱内避免大声交谈；严格落实卫生间清洁要求。

以上四种气质类型只是一般的划分。在民航服务活动中，纯属于某种气质类型的旅客极少，多数旅客是以某种气质为主，兼有其他气质的混合气质类型。例如，某旅客在选择服务时表现得沉着和不动声色，犹如安静型的人，但在就餐时又表现得像一个兴奋型的人。所以我们在分析气质类型对旅客行为的实际影响时，要具体问题具体分析，并把各种变量联系起来考察。

二、气质类型的综合应用

（一）注意把握新招员工的气质类型

我国传统的招聘方式较注意政治、文化素质及身体生理素质，而忽视心理素质。服务业尽管不像有些行业那样对员工有严格的要求，但员工的心理条件、气质类型会直接影响工作质量。因此，应通过各种手段考察员工的气质类型，并根据服务业的工作岗位需要择优录取，真正把那些气质上更适合航空服务工作需要的人员招进来。

（二）对现有服务人员进行系统培训

服务人员应具有活泼性、稳定性、适应性、主导性等心理品质。例如，对兴奋型的服务人员进行自控能力的训练，使他们在服务工作中能灵巧、适度地为旅客服务；对敏感型的服务人员进行激发潜能的训练，使他们在待人接物方面更善于表达及发挥积极性，使其适合服务工作的需要。

（三）根据气质类型安排相应的工作

经过培训仍无法胜任工作的服务人员，可进行优化组合，扬长避短。例如，活泼型、安静型服务人员宜安排在前台，直接面对旅客服务，而敏感型服务人员则可安排做后台工作，如清洗碗碟、打扫卫生等。只有因人制宜，安排适当的工作，才能人尽其才、各尽所能。

【微课】4-3 PDP 个性测评

任务二　基于国家、地域的旅客心理与服务应用

俗话说，一方水土养一方人。不同地域与民族都有各自的文化心理特征，服务人员要尽可能多地了解不同国家和地区的人文特点、风俗习惯，注意总结一些较普遍、较典型、有代表性的文化心理特征，这样就可以先将旅客按国家、地域、民族等进行简单划分，再根据对旅客行为举止、语言表情等的观察，确定旅客的个性心理特征。

一、不同国家旅客的心理特征

下面分别介绍几个有代表性的国家旅客的心理特征。

（一）西班牙旅客

西班牙人的性格特点是热情、奔放、喜欢享乐，喜欢一切拥有美丽外表的东西，与英国人的矜持、德国人的古板、美国人的好动、日本人的认真有较大差别。

他们第一个特点就是乐观向上，认为人活着不应成为生活的奴隶，而要成为生活的主人，要善于驾驭生活，把生活安排得丰富多彩。第二个特点就是热情大方。他们开朗坦诚，容易接近和交朋友。即使初次接触，他们也会像老朋友那样无拘无束地同你侃侃而谈。第三个特点就是自强自立。做什么事总喜欢自己亲自去做，不大愿意求人、依赖人。即使做不好，或力不从心，也决意要去尝试。尤其是对于那些富于挑战和刺激的事，更有一种冒险和勇往直前的勇气和压倒一切困难、自强不息的民族精神。西班牙人还有一个性格特点：照章办事。他们认为规定是大家定的，很愿意用规定来约束自己，管住自己。

（二）德国旅客

德国人沉默寡言、不苟言笑，显得呆板而沉重。接触时间长了，你会发现德国人虽然待人接物严肃拘谨，但态度诚恳坦率。你在街上向陌生的德国人问路，他会热情、耐心地为你指点迷津。如果他也不知道，就会替你去问别人，甚至会陪你走上一段，直到你明白为止。

在公共社交场合，他们显得非常拘泥于形式，不擅长幽默。一板一眼、正襟危坐，做事谨慎小心。其实他们十分喜欢热闹的场面，也会利用一切机会举行娱乐活动，但还是给人一种沉重的感觉，缺少普遍意义上的"放松"。他们办事认真仔细、责任心极强，对工作不能有一点敷衍了事。在德国有句话"公务是公务，烧酒归烧酒"，私下推杯换盏的朋友，办起公事却公私分明，不讲一点儿私情。他们的严谨贯彻到各个方面，就像过马路，就算空无一人，只要不是绿灯，他们就在那里等。

（三）法国旅客

法国人深谙享受生活之道，他们对生活的享受非常多元化。他们的日常生活与高度自动化紧密相连，一些法国人声称，我们不讲究豪华、气派，却十分注重生活的自如和方便。因此很多公共服务设施都是自助的，如自动加油站、自动洗车服务、地铁和火车的自动售票与上车、公共场所的24小时自动售货机、邮局自动出售邮票、超市里蔬菜过磅后自动打印标明价格的小条。各式各样的宗教节日和名目繁多的各种节日，让他们有非常多的时间享受生活。除了法定节假日和周末，每年每人还可享受35天的年假。

（四）英国旅客

英国人注意服装，穿着要因时而异。他们往往以貌取人，尤其注意仪容态度。由于过着舒适的生活，他们养成了传统的"绅士""淑女"风度。但他们守旧，一般热衷于墨守成规，矜持庄重。一般家庭喜爱前几代传下来的旧摆设、旧钟表。伦敦有许多"百年老店"，而且越是著名的商店，原有的式样或布置保持得越完整。

英国人总是让人觉得性格孤僻、生活刻板、办事认真、对外界事物不感兴趣，往往寡言少语，对新鲜事物持谨慎态度，具有独特的冷静的幽默。他们保守、冷漠，感情轻易不外露，即便有很伤心的事，也常常不表现出来。感觉上，他们很少发脾气，能忍耐，不愿意与别人无谓地争论，做事很有耐心。此外，英国人对于守时有很高的要求。在这点上，英国人远比德国人严谨得多。

二、我国不同地域旅客的心理特征

（一）东北地区旅客

东北地区主要指黑龙江、吉林、辽宁三省。东北人重感情、好交往、讲义气，他们的语言、行动都比较实在。东北人坦诚，喜欢直来直去，不喜欢绕弯子，有啥说啥。东北方言有着特殊魅力和表达方式，语言生动形象。

针对东北地区旅客的个性特点，要注意以下几方面：①接待东北旅客要热情大方，与他们协商时要充分听取其意见；要落落大方，不要斤斤计较。②服务东北旅客时，要"够哥们，够朋友"，善于感情投资。③服务东北旅客时，要态度诚恳、语言坦率、注重实际行动，即言行相符、表里一致。不要太在意，更不要计较他们的耿直及不经意流露出的不满语言和态度。④注意多使用幽默风趣的语言，使旅客在交流中充分感受到生动有趣。

（二）华北地区旅客

华北地区以北京市、天津市为中心，包括河北省、山西省和内蒙古自治区。该地区历史文化悠久，既有独特的燕赵文化韵味，又有粗犷、豪放、激越、慷慨的雄风侠骨。

针对华北地区旅客的个性特点，要注意以下几方面：①接待华北旅客要真诚，注重人情味。华北旅客崇尚真诚的人际关系，待人坦诚不欺。②华北旅客关心政治，可和他们聊聊国家大事。③可谈些有关文化的话题，并留给他们发挥的机会。④华北旅客喜欢名牌、优质产品和土特产。

（三）华东地区旅客

华东地区以上海市为中心，包括山东、江苏、安徽、江西、浙江等省。长江流域历史悠久，江浙一带自古为繁华之地，经济的繁荣促进文化艺术的发展，华东一带逐步形成了以灵毓秀雅、尚文崇慧为特色的吴越文化。

针对华东地区旅客的个性特点，要注意以下几方面：①在服务时多谈论些历史人文的东西，以满足他们的自豪感。②对于服务过程中添加的项目和所需费用要逐项向他们说清楚，讲解要尽量详细些，耐心地解答他们提出的问题。③饮食方面要尽量照顾他们的清淡饮食习惯，适当加入一些具有当地特色的菜肴。

（四）华南地区旅客

华南地区主要指广西壮族自治区、广东省、海南省等。华南一带具有异域色彩浓厚的岭南文化。华南旅客的金钱观念比较强烈，他们没有心思，也没有时间空谈哲理人生。经商传统使华南旅客性格开放，容易接受新事物，商品经济意识浓厚。

针对华南地区旅客的个性特点，要注意以下几方面：①他们时间观念强。一定注意守时，切勿迟到。②与广东商人打交道很有讲究，说话要注意多用6与8，处处图吉利。③服务时给足他们面子，注意档次、规格、级别等安排。④服务时可与他们多谈些生意经和饮食文化。

（五）西南地区旅客

西南地区主要指西藏自治区、重庆市，以及云南、贵州、四川等省。西南地区民俗风情各异，地域文化独特，是多民族聚居地。西南少数民族都淳朴憨厚、热情好客、讲礼貌，具有勤俭节约的传统美德。

针对西南地区旅客的个性特点，要注意以下几方面：①西南地区旅客不喜欢过于冒险的活动，热衷于自然风景，特别是辽阔的大海、广袤的草原，在行程制定中应安排自然风光类行程。②对待他们要热情友好，不能让他们有被歧视的感觉。③少数民族多才多艺，要注重互动，最好创造让他们表现的机会。

（六）西北地区旅客

西北地区主要指宁夏回族自治区、新疆维吾尔自治区，以及甘肃、陕西、青海等省。西北地区以游牧民族为主，由此形成了粗犷、豪放、热情的游牧民族个性。

针对西北地区旅客的个性特点，要注意以下几方面：①尊重他们的民族习惯和宗教信仰。②尊重他们的饮食禁忌。③接待西北地区旅客，要热情豪爽、仁义大气。④勤于沟通，了解旅客的需求和其他禁忌，对不能满足的需求要委婉解释。

（七）华中地区旅客

华中地区主要指河南、湖北、湖南等省。华中地区历史文化厚重，水陆交通便利，经济比较发达。秀丽的江南江北风光、传统的荆楚文化塑造出该地区旅客鲜活的个性特点。

针对华中地区旅客的个性特点，要注意以下几方面：①他们倔强不服输。②他们爱面子，要特别注意别伤害他们的面子。③他们"刀子嘴，豆腐心"，要充分理解他们说话的习惯，不要误认为是对自己的冒犯。④真诚、热情、友好。即使是短时间的接待，也要做他们的真心朋友。⑤他们重友情，肯帮忙。一旦有困难找他们帮忙，多半能得到有力的帮助。

任务三　基于职业的旅客心理与服务应用

旅客由于职业不同，所处的社会阶层和生活方式也不同，从而形成不同的心理特点和需要。

一、农民、打工者等低收入群体旅客

这些旅客的主要诉求是机票价格便宜。部分旅客很少坐飞机，对乘机环境不适应，对机供品及服务期望较高；他们心理承受能力较差，和其他旅客容易发生冲突，引起突发事件。他们希望得到尊重和重视，其心理特点是紧张，有问题不敢问，不知道该问谁，有时又听不懂广播

词；上飞机后可能聚在门口，不敢往里面走。服务人员需要非常热情主动地帮助他们，主动提示他们该买什么票，提醒他们在哪里转机或换乘。

二、工人旅客

工人主要是指在工厂、矿山和工地等场所从事生产、制造、建筑等的劳动者，特别是指工业生产过程中的制造业工人。

这些旅客能自觉遵守有关规定，对旅行条件要求不高，喜欢经济、实惠，能积极协助和支持服务人员的工作，所以对他们要给予充分的尊重和方便。

三、军人或知识分子旅客

这些旅客大多有一定的旅行经验，表现出想要方便的心理需求，注重乘机环境是否整洁卫生，以及服务人员的服务态度、服务水平。和这些旅客接触时，服务人员要谦恭、温和，对所提的意见或建议要虚心接受、真诚感谢。军人旅客较为宽容、礼貌，尤其是遇到歹徒作案时，他们大多见义勇为，能主动协助维护治安秩序，保障人民群众的生命财产安全。

四、政府官员或国有企业员工旅客

这些旅客社会责任感较强，往往从国家和社会的角度审视窗口单位的服务工作。他们把飞机上的所见所闻，特别是亲身感受作为评价航空服务质量的标准。如果碰到服务态度"生、冷、硬"的情况，就可能越级投诉。这些旅客生活工作节奏快，希望机上环境宽松舒适。如果服务人员服务不到位，就会受到他们的指责，严重的会损害航空公司声誉。

五、法律工作者或新闻记者旅客

这些旅客从事法律或新闻工作，由于职业的特殊性和对法律、道德的敏感性，乘机时常常对照承诺，要求高质量服务，并好打抱不平。如果对这些旅客接待不热情、服务不周到，就会引发投诉。从事新闻工作的旅客对窗口单位的服务质量比较敏感，他们注重细节，善于捕捉新闻点。无论是对服务的批评还是表扬，服务人员都要正确对待，以实事求是的态度不断改进服务。

六、专家或工程技术人员旅客

这些旅客希望机上环境舒适与安静，他们的时间十分宝贵，给他们创造良好的研究环境非常重要。他们对机供品要求简单。飞机到达目的地之前最好提前预告，让他们有时间收拾行包、书籍和资料，做好下机的准备。

七、私营企业家旅客

这些旅客社会交往比较广，讲究享受，追求舒适。他们对服务质量要求很高，对机供品很重视，认为享受这些服务是身份的象征。另外，他们的时间非常宝贵，如果飞机误点，会引起他们很大的不满。

八、旅游观光旅客或大中专学生旅客

这些旅客希望飞行平安、旅途愉快、玩得高兴。他们愿意多听、多看，如旅游地的人文地理、风光特色、风味小吃。他们愿意和服务人员交流，了解服务知识，了解旅游景点、风土人情等。家庭经济比较宽裕的大中专学生旅客会在寒、暑假乘机回家或在假期乘机旅行。他们是家中宠儿，喜欢被赞扬和夸奖，也娇气，受不了委屈。他们中的大多数品德比较好，只要重视他们，他们还可以为航空公司做宣传。

模块四　旅客个性心理与民航服务

> **课堂互动 4-3**
> 请同学们以小组为单位，运用所学知识，分类查找资料，找出世界其他国家、地域、民族的文化心理特征。

课程思政小红星

服务因人而异，培育职业精神

服务是以人为本、因人而异的。服务的重点不在于服务受众对事物的观点和判断是否正确和真实，而在于其观点和判断所产生的行为结果。服务是面向服务受众可能的行为而开展的。民航服务人员必须发扬职业精神，摆脱服务主体的主观意识，要从自我价值判断式的服务模式向服务受众情境价值获取式的服务模式转变，即服务的模式由主体价值取向转变为受众态度取向和受众行为取向，这样才能取得实际效果。

每个旅客的生活和知识背景不同，他们对于美好出行的要求也不同。不同旅客对服务有不同的评价标准，期待值和关注点无法统一，对同一航班或同一机场服务，旅客体验的感受也不同。从更多角度针对不同旅客的个性特点提供有针对性的服务可以改善旅客体验。要在短短数小时内逐个将旅客的脾气、秉性、爱好、需求了解清楚，绝不是一件容易的事。但是可以通过其他方式来弥补由于时间短而产生的服务上的缺憾。

树立全心全意为旅客服务的理念

旅客是我们最宝贵的资源，要把感动旅客看成民航企业永远的奋斗目标。服务人员一定要把旅客看成亲人，所有的工作都要以旅客为中心展开，以他们满意为目的；要把旅客看成朋友，用真诚和热情换来旅客的真挚感情；要把旅客看成自己，将心比心，真正设身处地为旅客着想。

加强学习，夯实理论基础

服务人员一定要加强理论知识的学习，不仅要学习掌握与民航企业有关的法律法规、规章制度、服务方法，还要学习各种自然科学、社会科学方面的知识，开阔眼界、扩大视野；更要学习心理学方面的基本原理、基本规律。把所学的理论与具体工作实际相结合，用理论来指导实践。这样既夯实了自己的理论基础，又有利于提高服务水平和工作能力。

提前做好充分的业务准备

服务人员要有扎实的业务知识，深入了解各类旅客的特点。将旅客按照地域划分，为其提供人性化服务不失为一个好办法。例如，国内航线东北地区的旅客性格较为豪爽，说话比较直接，好面子，因此在服务中对他付出百倍的热情，他必以千倍来回报；而南方某些地方的旅客恰恰相反，做事认真细腻，说话婉转，对服务要求较高。因此，我们在服务过程中应用不同的服务方式、说话方式来对待不同地域的旅客，以取得良好的服务效益。

对于地域特征较强的旅客，应在飞行前预先准备阶段就做详尽的了解，并做细致的准备，这样服务人员就可以有备而来，进行人性化服务及管理，更加完美地完成航班飞行任务。同时，民航企业可对各个国家旅客的特点、地域特征、生活习惯等细化归类（如日本旅客较喜欢生、冷食物，爱喝冷饮和啤酒，而俄罗斯及北欧地区旅客喜好吃肉等），整理成册，专门作为旅客个性化管理的准则，让服务人员熟悉、掌握。这样做能够有效提升客舱服务水平，是一种科学提高服务质量的方法。

结合实际细心观察、反复实践

民航企业制定的服务程序是统一的，而旅客的个性千差万别，即使同一地域的旅客也有其各自的个性特征，不可能每位旅客都对民航企业的服务程序和服务标准满意。这就要求服务人员除了提前认真学习业务知识，还要在飞行服务中细致、耐心，注意观察旅客的细微变化，根据自己所学的专业知识和积累的服务经验及时为旅客提供有针对性的服务。服务人员细心观察客舱及旅客，不仅可以提高客舱服务质量，还可以避免很多意外事件的发生，做到防患于未然，保障空防安全。

观察旅客的外表、服饰、携带品，可以看出旅客的职业、民族、目的地；观察旅客的外貌、动作，可以识别旅客的年龄、身体状况，是否患重病；观察旅客的表情、神态，可以分析其心理活动；还可以通过与旅客沟通交谈，了解旅客的性格、情绪，对民航企业有哪些意见和要求等。

知识巩固

一、知识题

（一）填空题

1. 气质分为四种基本类型：＿＿＿＿、＿＿＿＿、＿＿＿＿、＿＿＿＿。
2. 胆汁质的个性特点是＿＿＿＿、＿＿＿＿、＿＿＿＿。
3. 能力、气质、性格都属于＿＿＿＿。

（二）判断题

1. 表现安静，喜欢清静的环境，很少发脾气，自制能力很强，做事总是不慌不忙，力求稳妥，生活有固定的规律，很少打乱。这种旅客属于多血质旅客。（　　）
2. 不苟言笑，不爱凑热闹，说话慢，有想法和意见不爱言说。自尊心强，因小事而怄气；柔弱易倦，情绪发生慢而强，这种旅客属于黏液质旅客。（　　）

二、简答题

1. 请简述胆汁质、黏液质、多血质、抑郁质的旅客的服务心理特征与服务要点。
2. 请简述不同国家、不同地域、不同职业旅客的服务心理特征与服务要点。

技能训练

请以小组为单位，从民航影视作品中挑选部分典型旅客，观察他们的行为表现，基于气质理论及行为评定、测验评定和用户画像评定来判断他们的个性心理，分析民航服务人员对他们的服务方式是否合理；如不合理，如何修正；并通过情境模拟的方式进行角色扮演。

模块五

旅客情绪心理与民航服务

学习目标

知识目标
- 理解情绪的概念、分类与功能；
- 掌握旅客情绪心理的外部表现和产生原因。

能力目标
- 能够掌握使用语言、行为进行情绪安抚的基本方法；
- 能够运用合理情绪疗法、呼吸/肌肉/想象放松法、正念方法调适旅客情绪；
- 能够科学设计和实施旅客减压放松活动。

素质目标
- 关注旅客身心和谐，吸取中华民族康养文化，弘扬社会主义核心价值观；
- 树立全面、周到的服务意识，将"真善美"融入民航服务，践行劳模精神。

思维导图

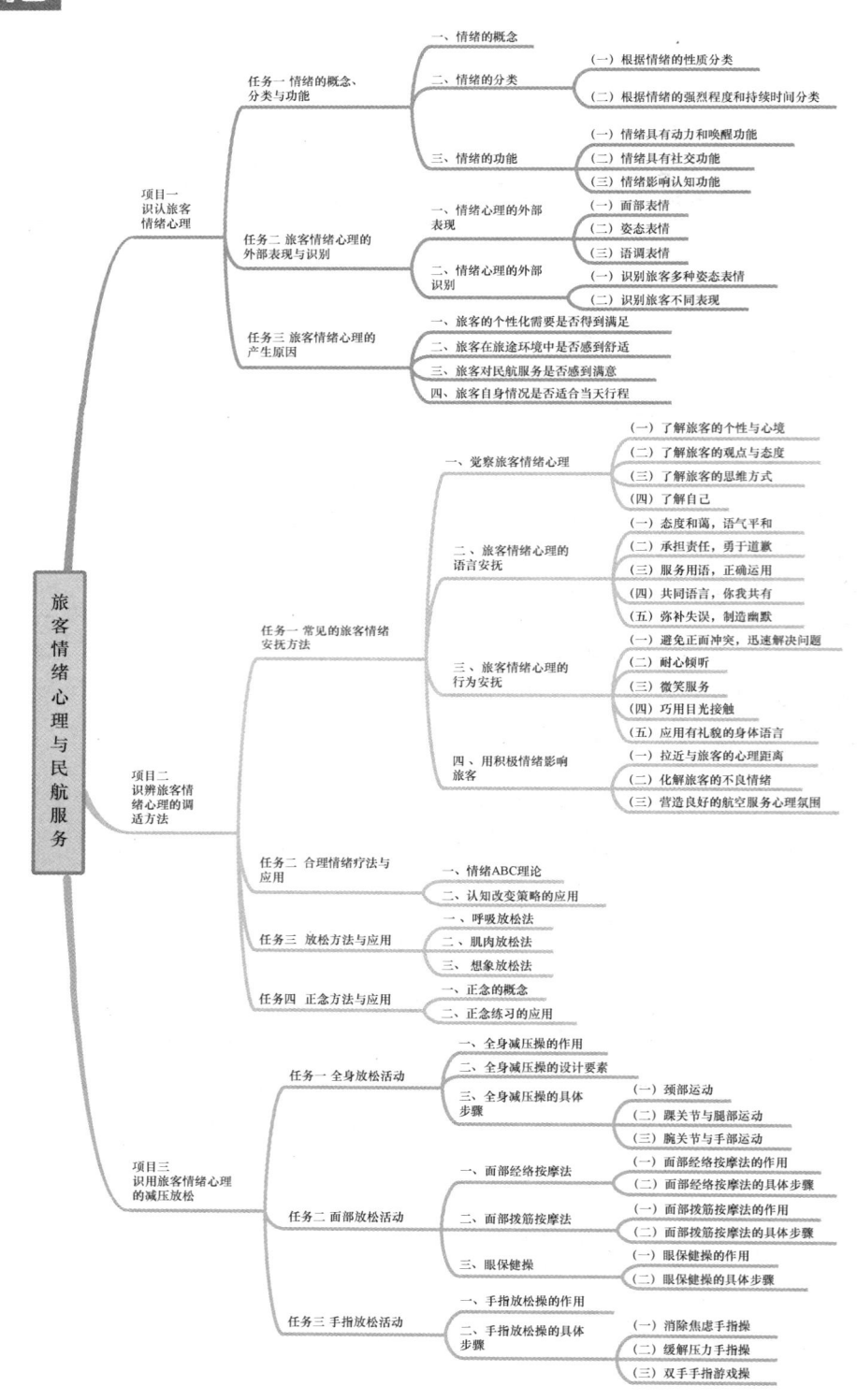

- 旅客情绪心理与民航服务
  - 项目一 识认旅客情绪心理
    - 任务一 情绪的概念、分类与功能
      - 一、情绪的概念
      - 二、情绪的分类
        - （一）根据情绪的性质分类
        - （二）根据情绪的强烈程度和持续时间分类
      - 三、情绪的功能
        - （一）情绪具有动力和唤醒功能
        - （二）情绪具有社交功能
        - （三）情绪影响认知功能
    - 任务二 旅客情绪心理的外部表现与识别
      - 一、情绪心理的外部表现
        - （一）面部表情
        - （二）姿态表情
        - （三）语调表情
      - 二、情绪心理的外部识别
        - （一）识别旅客多种姿态表情
        - （二）识别旅客不同表现
    - 任务三 旅客情绪心理的产生原因
      - 一、旅客的个性化需要是否得到满足
      - 二、旅客在旅途环境中是否感到舒适
      - 三、旅客对民航服务是否感到满意
      - 四、旅客自身情况是否适合当天行程
  - 项目二 识辨旅客情绪心理的调适方法
    - 任务一 常见的旅客情绪安抚方法
      - 一、觉察旅客情绪心理
        - （一）了解旅客的个性与心境
        - （二）了解旅客的观点与态度
        - （三）了解旅客的思维方式
        - （四）了解自己
      - 二、旅客情绪心理的语言安抚
        - （一）态度和蔼，语气平和
        - （二）承担责任，勇于道歉
        - （三）服务用语，正确运用
        - （四）共同语言，你我共有
        - （五）弥补失误，制造幽默
      - 三、旅客情绪心理的行为安抚
        - （一）避免正面冲突，迅速解决问题
        - （二）耐心倾听
        - （三）微笑服务
        - （四）巧用目光接触
        - （五）应用有礼貌的身体语言
      - 四、用积极情绪影响旅客
        - （一）拉近与旅客的心理距离
        - （二）化解旅客的不良情绪
        - （三）营造良好的航空服务心理氛围
    - 任务二 合理情绪疗法与应用
      - 一、情绪ABC理论
      - 二、认知改变策略的应用
    - 任务三 放松方法与应用
      - 一、呼吸放松法
      - 二、肌肉放松法
      - 三、想象放松法
    - 任务四 正念方法与应用
      - 一、正念的概念
      - 二、正念练习的应用
  - 项目三 识用旅客情绪心理的减压放松
    - 任务一 全身放松活动
      - 一、全身减压操的作用
      - 二、全身减压操的设计要素
      - 三、全身减压操的具体步骤
        - （一）颈部运动
        - （二）踝关节与腿部运动
        - （三）腕关节与手部运动
    - 任务二 面部放松活动
      - 一、面部经络按摩法
        - （一）面部经络按摩法的作用
        - （二）面部经络按摩法的具体步骤
      - 二、面部拨筋按摩法
        - （一）面部拨筋按摩法的作用
        - （二）面部拨筋按摩法的具体步骤
      - 三、眼保健操
        - （一）眼保健操的作用
        - （二）眼保健操的具体步骤
    - 任务三 手指放松活动
      - 一、手指放松操的作用
      - 二、手指放松操的具体步骤
        - （一）消除焦虑手指操
        - （二）缓解压力手指操
        - （三）双手手指游戏操

模块五　旅客情绪心理与民航服务

项目一　识认旅客情绪心理

案例导引

敬畏生命：用温暖守护旅客

"我想对乘务员刘苗苗、董晓涵致以最真诚的感谢，因为她们无意间拯救了一个年轻女孩的生命……"深圳航空公司乘务员董晓涵看到一位姑娘发来的感谢信，感到意外与温暖。几天前客舱中的那一幕，在她的脑海中再次浮现。

那一天，她一如往常地执飞南通至天津的航班。在起飞后不久，飞机因气流影响持续颠簸。5排E座呼唤铃连续两次亮起，安全带信号灯熄灭后，董晓涵即刻上前询问。

她看见座位上一位旅客正双手环抱自己、埋头哭泣，身体还不时颤抖。在旅客断断续续的表达中，董晓涵得知患有双向情感障碍。飞机颠簸使得独自出行的她异常慌乱，以至于病情复发，而原本随身携带的药物放在了托运的行李箱中。她一时无法控制自己的情绪，非常无助。

当得知这种症状可以通过进食甜品来缓解时，董晓涵将情况告诉了当班乘务长刘苗苗。刘苗苗立刻端上糖水和面包，并在一旁安抚宽慰，直至该旅客情绪平复。

在感谢信里，旅客还写道："她们在我最脆弱的时候给了我最需要的帮助，她们亲和的微笑、温馨的语言安抚了我，让我感恩、感动，给了我莫大的温暖。长久的病痛折磨快要让我放弃挣扎，是她们让我有了继续和病魔斗争下去的勇气，在我快要绝望的时候重新拾起生活的希望。"

因缘际会，在关键时刻，乘务员刘苗苗和董晓涵的善意和关爱帮助她渡过了难关，将她从深渊中拉了回来。

保障旅客生命安全，是每位航空从业者义不容辞的使命。这并非遥不可及，因为日常的一次善举、一个微笑，就有可能让那些备受痛苦煎熬的人们看到生命的美好，重拾生活的勇气。

资料来源：民航资源网

情绪疏导是服务人员的重要工作之一。通过微小的善举和关怀，我们可以为旅客创造一个安全、舒适、温馨的环境。当旅客遇到困难，感到焦虑、烦躁时，很容易出现与他人难以沟通的情况。舒缓情绪是处理问题的第一步，因此在向旅客提供服务的过程中，民航服务人员要能够及时、准确把握旅客的情绪变化，为旅客提供优质的服务。

任务一　情绪的概念、分类与功能

情绪与人们的生活、学习、人际交往、个人发展密切相关，是人们对外界的正常心理反应，最能表达人的内心状态。情绪不是简单的"喜怒哀乐"，而是极其复杂的心理活动过程。

一、情绪的概念

19世纪以来，心理学家对情绪提出了各种不同的观点。从情绪的功能方面定义，情绪是人对客观事物是否满足自身需要而产生的态度体验。当客观事物或情境符合主体的愿望和需要时，就会引起积极、肯定的情绪，如给感冒的旅客递上热毛巾和一杯温水，旅客感到被重视、被关心。反之，当客观事物或情境不符合主体愿望和需要时，就会引起消极、否定的情绪，如航班延误后乘务员没有进行后续服务，旅客被"冷漠"对待，此时，旅客会感到生气或愤怒。

很多人认为情绪只是一种感觉，"我感觉到快乐""我感觉到悲伤"，这是不全面的。情绪十分重要而又复杂。从情绪的构成方面来看，当代心理学将情绪界定为一种躯体和精神上的复杂的变化模式，包括生理唤醒、感觉、认知过程及行为反应。例如，让你设想一个感到特别快乐的场景。此时，你的生理唤醒可能是平缓的心跳，你的感觉是积极的，你的认知过程包括你对该场景的解释、记忆和预期，你的行为反应可能是表情上的微笑或动作上的拥抱爱人。在这个例子中，情绪将这些整合在一起，包括唤醒、感觉、思想和行动。

总之，众多情绪研究者大都从三个方面来考察情绪：在认知层面上的主观体验，在生理层面上的生理唤醒，在表达层面上的外部表现。这三个层面会共同活动，构成一个完整的情绪体验过程。

（一）主观体验

主观体验是个体对不同情绪状态的自我感受。情绪体验是一种主观感受，很难确定产生情绪体验的刺激是什么，不同的人对刺激的认知和感受也是不一样的。例如，服务人员热情地向旅客问好，旅客感受到他们的真情服务，就会产生愉快的体验。

（二）生理唤醒

人在产生情绪的时候会伴随一定的生理唤醒，如人在兴奋的时候会血压升高；愤怒的时候会浑身发抖；害羞时会满脸通红。例如，旅客发现重要行李丢失，会非常着急，此时心率加快；遇到突发事件时感到恐惧，浑身发抖，血压升高。

（三）外部表现

情绪的外部表现主要是指表情，这种表情包括面部表情、姿态表情和语调表情。面部表情主要是指面部肌肉变化形成的表情，如人们在高兴时，额眉平展、面颊上提、嘴角上扬等。姿态表情是指面部以外的其他部分的表情动作，如人在痛苦时会捶胸顿足，兴奋时会摩拳擦掌等。语调表情是指通过语言的声调、节奏和速度等变化来表达情绪，如高兴时语调高，语速也会加快。

同步思考 5-1

情绪和情感的区别

我们一直将情绪和情感作为一个统一的心理过程来讨论，但从产生的基础和特征表现上看，二者是有所区别的。

首先，情绪出现较早，多与人的生理性需要相关；情感出现较晚，多与人的社会性需要相关。婴儿一生下来，就有哭、笑等情绪表现，而且多与食物、水、温暖、困倦等生理性需要相关；情感是随着心智的成熟和社会认知的发展而产生的，多与求知、交往、艺术陶冶、人生追求等社会性需要有关。因此，情绪是人和动物共有的，但只有人才有情感。

其次，情绪具有情境性和暂时性，情感则具有深刻性和稳定性。情绪常由身旁的人或事物引起，常随着场合的改变和人、事的转换而变化。所以，有的人情绪表现喜怒无常，很难持久。情感可以说是在多次情绪体验的基础上形成的稳定的态度体验，如对一个人的爱和尊敬可能是一生不变的。正因如此，情感特征常被作为人的个性和道德品质评价的重要方面。

最后，情绪具有冲动性和明显的外部表现，情感则比较内隐。人在情绪左右下常常不能自控，高兴时手舞足蹈，郁闷时垂头丧气，愤怒时又暴跳如雷。情感更多的是内心的体验，深沉且久远，不轻易流露。

情绪和情感虽然不尽相同，却是不可分割的。因此，人们时常把情绪和情感通用。一般来说，情感是在多次情绪体验的基础上形成的，并通过情绪表现出来；反之，情绪的表现和变化又受已形成的情感的制约。当人们从事某种工作的时候，总是体验到轻松、愉快，时间长了，就会爱上这种工作；反之，在他们对工作建立起深厚的感情后，会因工作的出色完成而欣喜，也会因工作中的疏漏而伤心。由此可见，情绪是情感的基础和外部表现，情感是情绪的深化和本质内容。

资料来源：《普通心理学》

二、情绪的分类

（一）根据情绪的性质分类

人们普遍认为，有四种最基本的情绪：快乐、愤怒、悲哀和恐惧。这四种基本情绪是人和动物共有的，它们是先天的，不学而能的。

（二）根据情绪的强烈程度和持续时间分类

1. 心境

心境是一种强度较小、持续时间较长，且具有一定渲染性的常见情绪状态。它是人们内心世界的背景，每时每刻发生的心理事件都受这一情绪背景的影响。也就是说，当人处于某种心境时，会以同样的情绪体验看待周围的事物。心境具有弥散性的特点，如"忧者见之则忧，喜者见之则喜"。工作成败、生活条件、健康状况等，都会对心境产生不同程度的影响。心境的持续时间可能为几小时、几天甚至几个月。

积极乐观的心境使人热情自信、开朗主动，消极悲观的心境使人沮丧低落、焦虑不安甚至拒绝交往等。当旅客处于积极心境时，服务人员的工作将更容易顺利开展；反之，处于消极心境的旅客将给服务工作增加一定的难度。

2. 激情

激情是一种强烈的、暴发性的、短暂的情绪状态。激情通常由对个人有重大意义的事件引起，具有指向性，并有明显的外部行为表现。积极的激情与理智、坚强意志相联系，能激励个体克服艰难险阻，是个体行为的巨大动力；消极的激情则可能产生不良后果，个体在激情状态下，认识范围狭窄，理智分析能力受到抑制，自控能力减弱，不能正确评价自己的行为后果。例如，航班延误时，有的旅客因行程计划受阻，急怒攻心之下，破坏机场的物品、殴打服务人员等，就是消极激情带来的后果。

3. 应激

应激是人们对某种意外的环境刺激做出的适应性反应。应激通常由突发事件引起，最直接的表现是精神高度紧张。应激的积极作用在于使人们具有特殊防御排险机能，激发活力，使人们思维清晰、准确，动作机敏，帮助人们化险为夷，及时摆脱困境；消极作用在于会使人们注意和知觉的范围缩小，语言不规则、不连贯，行为动作紊乱。

三、情绪的功能

（一）情绪具有动力和唤醒功能

"因为飞机延误了，我很焦虑和生气，所以我跑过去质问乘务员飞机到底几点可以起飞。""乘务员服务周到，我很开心，给他们鼓励、点赞。"由此可以看出，情绪是行为的动力，引导个体维持行为，直到达到特定的目标。情绪具有动机功能。情绪反应也会引起生理上的唤醒。研究表明，适当的兴奋、焦虑、紧张可以促使个体有效地组织行为，但情绪过于激烈或过于平静都会损害个体的表现。

（二）情绪具有社交功能

情绪在社交活动中具有广泛的功能。当你给别人微笑、信任的信号时，别人更愿意靠近你；当你暴怒时，别人会远离你。情绪传达出你的正面或负面的状态，你也能从情绪中识别他人的状态。能识别他人状态，是个体完整社会能力中的重要因素。处于积极情绪时，社交行为更明显。处于负面情绪时，社交行为更为谨慎。强烈的情绪很可能促使个体产生不理智、破坏性的行为。

（三）情绪影响认知功能

认知是记忆、注意、语言、问题解决和推理等心智功能的加工过程。研究表明，当个体处于积极或消极情绪状态时，情绪会影响他的认知过程。情绪在知觉、注意、执行控制和决策中起着关键的作用。良好的情绪可以提高个体的感受性，倾向于用赞同的眼光去知觉和评价刺激，记忆信息范围更广，同时思维活跃、敏捷，条理清晰，推理严密，更有创造性；当个体情绪不佳时，他的感受性会降低，脑子似乎不听使唤，显得迟钝，严重时会出现语无伦次、颠三倒四的逻辑混乱状态。

> **课堂互动 5-1**
> 请同学们以小组为单位，讨论情绪的积极作用和消极作用，并用具体案例进行小组展示。

任务二　旅客情绪心理的外部表现与识别

情绪心理是一种主观的内部体验。情绪发生时，往往伴随某种外部表现，这些外部表现是我们可以观察到的特征。外部表现传达出很多信息，如眉开眼笑、满面红光表示高兴；面红耳赤、眼神胆怯代表羞怯；青筋暴露、目光逼人代表愤怒等。识别他人情绪对人际交往具有重要意义，特别是在服务领域。服务人员可以通过外部表现识别旅客情绪状态，从而提供优质服务。

一、情绪心理的外部表现

（一）面部表情

面部表情是人们心理活动的晴雨表，面部肌肉的综合运动形成了人们各种各样的表情。面部表情主要是通过眼睛与面部其他器官来表现的。

1. 眼睛

目光接触在沟通中是极为重要的手段。服务人员在与旅客沟通时应注意，双方目光接触连续累积应达到全部沟通时间的50%以上。从目光接触的部位来看，注视倒三角部位（两眼以下至嘴），自然而不失礼貌。最重要的是态度要真诚、热情，这些在目光接触中都能表露出来。

人的眼睛除了目光运动，还有其他一系列的动作，每个动作都反映当时一定的心理状态。例如，当人愤怒时，会不由自主地眉毛上扬，瞪大眼睛；谦逊时，低垂着眼；快乐时，闪烁着眼；疲倦时，涣散着眼；默契时，挤挤眼等。

2. 面部其他器官

面部其他器官虽不如眼睛那样重要，但也可表达思想情感。眉毛上耸，表示惊讶和欣喜；皱眉，表示困窘和不愉快；眉梢下拉，表示愤怒与气恼；眉宇上下波动，表示亲切与愉快。嘴的表情也很丰富，紧紧抿嘴表示坚定，撅起嘴表示不满，咬嘴唇表示自罚或内省，多见于失败时的情境。突出下巴往往表示孕育着攻击性行为，用下巴指使他人体现傲慢，用力收缩下巴则表示恐惧和驯服等。

> **课堂互动 5-2**
>
> 请同学们识别以下常见的面部表情表达的情绪。
> 1. 嘴角上翘、眼中带着笑意（　　）
> 2. 眉头紧皱、咬紧牙关（　　）
> 3. 眼睛睁大、上眼睑和眉毛上扬、嘴巴张大（　　）
> 4. 眼神朝下、头低垂（　　）
> 5. 面部肌肉紧绷、眼睛睁大、瞳孔缩小（　　）
> 6. 表情僵硬、舔嘴唇（　　）

（二）姿态表情

和面部表情一样，人的姿态表情不仅能传递许多信息，而且能传递人的丰富感情。古希腊哲学家苏格拉底曾说过："高贵与尊严、自卑与好强、精明与机敏、傲慢与粗俗都能从静止或运动的面部表情与身体姿势上反映出来。"

人的姿态表情由身体的示意动作与人体姿势组成。示意动作是指身体的部分位置移动，如手的抬高放下、左右摇动，脚的叠起等。在人际交往中，或在服务交往中，交往双方的每个示意动作都在一定程度上反映了当时的心理活动或想表达的意思。例如，交往中用手摸摸头表示一种歉意或过错；行人在马路边招手表示想搭车；手放在胸前轻轻地摇摆等表示为离别感到悲伤等。

人体姿势是指全身不断地协调、调整的动作。例如，双方坐着交谈，如果彼此都感到比较投机，或对谈话的话题比较感兴趣，双方都会调整自己原来的姿势，使身体倾向对方。当双方话不投机时，会不由自主地把身体向后倾，靠在沙发靠背上。当两人谈话时，其中一方打呵欠、伸懒腰、看手表、脸转向他方、大幅减少点头动作等，都意味着一定程度的厌烦情绪。在双方的接触中，略微倾向对方，表示热情与兴趣；微微欠身，表示谦恭有礼；身体后仰，显得若无其事，但若过于随便，对不熟之人就显得轻慢。人们在交往过程中有许多种姿势。据国外研究，人体姿势大概有 2500 多种，每个姿势在表达功能上相当于语言中的一个单词，把一个个姿势连接起来，就形成丰富的人体姿势语言。

（三）语调表情

语调表情主要由以下几个方面组成：①讲话时的速度；②讲话时的音量大小或声音的高低；③讲话的清晰度；④讲话的音质。语调表情在交往中常常能给人们一种暗示。所谓暗示是指在交往中无对抗性的情况下，通过语言、行动、表情或某种符号，对他人心理和行为产生影响，使他人接受某种观点、意见或进行一定的活动。交往中的语调表情的暗示是指双方交谈时可以各自从对方的语音大小变化、发音速度等方面得到一种暗示。

例如，在服务交往中，如果发现某位旅客说话速度很快，服务人员就可以得到一种暗示，可能有某事引起了他的紧张与慌忙；有的旅客讲话慢吞吞，可能他比较稳重老成；有的旅客大声嚷嚷，可能他十分着急，或者有某事损害了他的利益。另外，可以从语调的升降来判断旅客的意思。旅客对某事有疑问，一般语调总是升调。当某事使旅客失望时，语调总是降调。

二、情绪心理的外部识别

在服务过程中,服务人员要注意把旅客的多种身体语言与周围的环境结合起来,正确理解旅客的内在情绪表达。

(一)识别旅客多种姿态表情

在姿态表情方面,需要把某个姿势与周围的环境联系起来解释,不能孤立、片面地理解。举例来说,双臂于身前交叉这个姿势就不能单独解释,人们做出这种姿势的原因有很多种。另一个例子是挠头,这个动作也可以有多种解释:头痒、出汗、半信半疑、健忘、撒谎等。具体是哪种解释,要看其他伴随的姿势而定。所以,在对某种状态下任何结论之前,都必须看清楚同时出现的其他姿势。

旅客情绪心理的外部表现,可以分为积极的外部表现和消极的外部表现。积极的外部表现包括高兴和兴奋的表情,微笑、睁大眼睛、拍大腿等都属于这一类。惊奇的人嘴巴张开或眉毛上扬;放松的人则双肩松弛、跷起二郎腿、后背靠在座位上,而且一般都有一个快乐的表情。消极的外部表现包括表情严肃、攥着拳头、目光迷离及轻轻跺脚等。例如,有些旅客在旅行中不时表现出过分紧张的情绪。人们在这种情绪下的具体表现是目光接触很少、向四周看、不停地摆弄衣服或手包,而且有时会坐在椅子的边缘。让人们放松下来需要特殊的技巧,但大多数精神紧张的人能够接受善意的询问。服务人员应该觉察到这些,并有针对性地采取行动。

(二)识别旅客不同表现

识别他人情绪需要同理心,即能设身处地,站在别人的立场为别人设想。具有同理心的人更容易进入他人的内心世界,也更能觉察他人的情感状态。

1. 何时需要等待旅客

1)旅客之间正在交谈时。旅客在交谈时经常出现某些外部表现。例如,用挥手表示强调;指尖向上搭成尖塔形,表示正在发表一个观点;而指尖向下则表示在倾听,有时显得有点装模作样。如果两位旅客在深谈,手握在一起,保持目光接触,这时不要立即打断他们,最好和他们保持一定的距离,直到他们觉察到有服务人员在场为止。他们会很自然地停止交谈,接受这次礼貌的打断。

2)旅客全神贯注时。全神贯注的外部表现有很多种。通常,用手支住头、以手托腮或皱眉等都可以表示这种状态。遇到这样的旅客,服务人员要问问自己是不是必须打断他们。另外,快速地做出判断非常必要。

2. 何时需要帮助旅客

需要帮助的旅客常常四处张望,而且可能挥手示意。另外,看表可能表示焦急,摇头也许表示恼怒。人们在担心时,脸上往往会出现全神贯注的表情,也可能伴随出汗、双肩僵硬或摸脸等表现。在这种情况下,服务人员第一步要做的是想办法让他们安下心来,甚至不用去问他们到底怎么了。如果你看出某个人正在为某事而担心,就可以走过去说几句暖心的话,如"我能帮你做点什么?"但要控制住自己的好奇心,不去探听他们的隐私。他们也许会主动告诉你自己遇到的麻烦,我们再去具体帮助解决。

3. 明确旅客群体的差异

对旅客的外部表现的识别受到众多因素的影响,尤其受到地区、民族、习惯、文化程度等因素的影响。人们在交往时对同样的外部表现可能有不同的理解,甚至完全相反。例如,表示欢迎的动作，中国人见面时，双方握手以示问好；波利尼西亚人见面时，边拥抱边抚摸对方的后背；因纽特人则用拳头捶打熟人的头和肩。因此，服务人员在理解或使用某些动作时，要特别注意民族、习惯、文化差异等因素，尽量避免产生不必要的误解，使服务工作顺利进行。

任务三　旅客情绪心理的产生原因

情绪受到多种因素的影响。旅客在旅途中所接触到的一切，无论是机场设施、内部环境、物品、食品饮料，还是服务人员的服务，甚至天气等，都会引起他们情绪的变化。这些因素主要包括以下几方面。

一、旅客的个性化需要是否得到满足

需要是情绪产生的主观前提。旅客的需要能否得到满足，决定着情绪的性质。如果客观条件能够满足旅客的需要，旅客就会产生积极、肯定的情绪，反之则会产生消极、否定的情绪，如不满、失望甚至愤怒等。旅客在登机前都希望能够准时到达目的地，此时他们的情绪是比较平静、稳定的，但如果得知飞机航班取消或延误，就很容易产生负面情绪。

要保证旅客在服务中产生积极、肯定的情绪，就要突出细致、周到和人性化的服务，使旅客感到被服务的温暖，进而产生感动、高兴、肯定的情绪。服务人员要能够及时了解旅客的个性化需要，根据旅客的需要为他们提供服务。

二、旅客在旅途环境中是否感到舒适

人的情绪很容易受到环境的影响。旅途环境幽雅、舒适，会使旅客产生愉快、喜爱的积极情绪。拥挤的人群常会使人感到紧张、烦躁；灰蒙蒙的天空会使人感到压抑、郁闷。能够影响旅客情绪的环境因素主要是服务环境因素。服务环境是指在整个民航服务过程中，服务氛围给旅客带来的感觉上的美感和心理上的满足感，包括旅客可以看到、感受到的各种硬件环境和服务人员的服务等。如果机舱内的座位比较狭窄，空气不流通，前排旅客的椅背影响后排旅客，就很容易给人带来不舒适的感觉，让人产生一种负面情绪，感到心烦意乱。很多旅客认为，与其他交通工具相比，乘坐飞机舒适、便捷，可以享受更高端的服务，但如果没有良好的服务环境，舒适、便捷、高端都无从谈起。因此，从旅客购票开始，直至旅客安全到达目的地，服务环境都不容忽视。除了机场和客舱环境，其他环节（如电话或网络购票服务、机场大巴服务、登机服务等）的服务环境都必须做到整洁、美观、有序、安全。

三、旅客对民航服务是否感到满意

在民航企业同质化竞争日益激烈的今天，服务既是民航企业生存和发展的决定因素，也是影响旅客情绪最重要的因素。民航服务包括功能服务和心理服务，即交通运输服务和服务前后的心理满足。因此，要让旅客满意，整个服务流程，即从旅客购票开始，直到飞机落地后的后续服务，都应顺畅无阻，而且必须关注服务中的细节，做到细心、细致、细微地为旅客服务，让旅客同时获得功能服务和心理服务的满足。同时，相关文件鼓励具备条件的综合客运枢纽结合实际引入商贸、餐饮、购物、寄递服务等关联性消费产业。推进联运票务一站式服务，创新旅客联运产品，提升旅客联运水平。不断满足老年人、残疾人等群体的需求，提升无障碍便利出行服务水平。因此，打造优质民航服务需多方合力，如果整个民航业有一处链条不能良性运转，就会使旅客产生负面情绪，进而影响对整个服务流程的评价。

四、旅客自身情况是否适合当天行程

如果旅客在登机当天遇到一些不愉快的事件，就会出现烦躁、焦虑、郁闷等负面情绪，这时旅客就会带着这些情绪登机，而且这些负面情绪有很大可能会发泄到服务人员身上。还有一些旅客出于个人性格特点，容易对服务人员提出一些过分的要求，如果得不到满足，就很容易产生负面情绪。

除了自身性格、气质会对旅客情绪产生影响，同样重要的还有认知因素。相同的情境，如果认知评价不同，就会产生不同的情绪体验。例如，航班延误时间较长而航空公司或机场未能给出合理的解释和赔偿，耽误了旅客的行程。仅从旅客角度来讲，一部分旅客的情绪相对平静，选择听从安排或换乘其他航班，因为他们认为航班延误属于正常现象，继续纠缠只会更耽误时间，不如想办法早一点飞往目的地；而另一部分旅客的情绪较为激动，他们认为自己有知情权并应获得赔偿，在相关部门未能给出说法和合理的安排之前拒绝登机。旅客认知的不同导致出现了两种不同的表现，而两种不同的表现都是合理的，这就需要服务人员根据旅客的情绪细心地做好服务工作，尤其是解释和善后工作。

此外，旅客可能因身体状况不佳、自身情绪低落或情绪激动、饮酒过度等其他一些因素出现情绪问题，需要服务人员细心观察，区别对待。例如，对于身体不适的旅客，在服务过程中最好悄悄地帮助他们，让他们感到舒服和温暖。若旅客的身体不适是乘机造成的，如耳鸣、晕机等，服务人员就应该向旅客介绍缓解的方法，为旅客提供应对措施。对于本来就情绪低落的旅客，服务人员在做好常规服务的基础上，尽量不要打扰他们，或者根据自己的观察和判断，在适当的时候给予适当的安慰，使其感受到温暖。对于本来就情绪激动或饮酒过度的旅客，服务人员应根据自己的观察和判断掌握提供服务的节奏，或者根据情况及时请求其他服务人员协助。

项目二 识辨旅客情绪心理的调适方法

案例导引

某航班原本只有90多名旅客，由于临时有架大飞机机械故障，转了部分旅客上来，航班变为满客。出于职业敏感，乘务长陈茜马上告诉其他乘务员一定要更加热情、更加细致地把工作做到位，因为转过来的旅客由于飞机延误已经等了几小时，肯定会有抱怨情绪。转过来的旅客中有20多人在原来的飞机上坐的是头等舱和商务舱，但本次航班上头等舱已经满员，只好让他们坐在普通舱。乘务组也尽量把旅客安排到最理想的位置，一切安排妥当后，飞机终于起飞了。

当乘务员准备推出水车发水时，有一名普通舱的旅客径直走到服务间阻止发水，乘务员立即打电话给乘务长陈茜。陈茜马上赶到服务间询问情况，这位中年旅客见乘务长都来了，说话更大声了："你们是什么态度，我按了两次呼叫铃要毛毯，乘务员都没有给我。"一旁的乘务员很委屈地说："我们也不知道会有转机这样的情况发生，毛毯确实发完了，我也给您解释了，可您就是不理解。"旅客说："我不管那么多，不给我毛毯我就不走，看你们怎么办！"陈茜知道他是那趟延误航班转过来的旅客，情绪很不稳定，所以稍有点不满意就借题发挥，故意刁难。毛毯确实已经发完，而且这是意外的转机，乘务组完全可以按照非法干扰来处理这件事情。但陈茜考虑到航班延误，旅客心情不好也情有可原，于是试着寻找另外的解决方式。

陈茜想到了其他旅客，便向附近一排有毛毯的旅客说明情况，希望他们之中有人能够理

解并配合她们的工作，如有不需要毛毯的旅客，请把不要的毛毯让出来。没想到旅客们非常支持乘务组的工作，有好几位旅客都慷慨地将毛毯递了过来。乘务组用她们的方式化解了旅客的情绪冲突，赢得了其他旅客的认同与尊重。

乘务长提前察觉旅客情绪变化，能换位思考，体察旅客情绪，并做好准备。在旅客出现情绪问题后，能及时转变方式，顺利解决问题。

在乘机过程中，旅客因为需要得不到满足、客舱环境舒适程度不高、自身身体状态不佳等因素，产生消极情绪。服务人员可以通过多种方法调节旅客情绪，如为旅客提供个性化服务，满足旅客需要；或者转移旅客注意力，引导旅客把注意力转移到有趣的事情上等。本项目立足岗位实际，从不同角度提供了多种方法，供大家共同探讨。

任务一 常见的旅客情绪安抚方法

在旅途中，发生意料之外的事情，如飞机延误等，旅客可能出现焦虑、难过、愤怒等消极情绪。服务人员在识别旅客情绪的基础上，需要通过语言、行为等安抚旅客情绪，提升旅客满意度，提高服务质量。

一、觉察旅客情绪心理

（一）了解旅客的个性与心境

服务人员在与旅客沟通时，绝不可盲目出马、仓促上阵，而要在对旅客有相当程度的了解之后才行动。一般来说，要了解对方的个性和心境。只有了解了旅客的个性，才能确定沟通的方式和策略。例如，急者慢之、慢者急之的互补策略等，都是在了解个性的基础上才能确定的。同时，只有了解了旅客的当前心境，才能抓住最有利的沟通时机。我们都知道，心绪不宁时，根本无法集中精力考虑问题；心中烦躁时，进言者很可能自讨无趣；刚受挫折的人，往往将第一个出现在面前的人当作"替罪羊"。可见了解当前心境的重要性。

对绝大多数旅客来说，选择乘飞机出行，目的是安全、快捷和舒适。但若碰上航班延误或其他意外事件，这种愿望无疑会大打折扣，甚至让人感到沮丧和愤怒。此时，若延误的信息无从得知或起飞时间一推再推，各种不愉快事件不能有效解决，旅客当然会无法接受，情绪会大受影响，容易出现过激行为。

同步思考 5-2

航班延误时旅客的焦虑心理

由于天气原因，航班延误，飞机不能正常降落。当旅客得知这一消息时，情绪马上受到影响，开始出现小小的骚动，进而逐渐紧张、焦虑起来。旅客七嘴八舌，不断地质疑乘务员。"小姐，到底什么时间能到？""总得有个大概时间吧。""哎呀，怎么颠得这么厉害啊！""天气到底怎么不好？""怎么会呢，快起飞时，我还打了个电话，都好好的，没说下雨啊。""既然天气不好不能降落，你们为什么还要从上海起飞？""怎么回事啊，不是说盘旋的吗，怎么飞沈阳去了！""到了沈阳怎么办？我们怎么回长春？""你们怎么回事，拿我们旅客当猴耍啊。""你们负什么责任啊，我晚上这笔生意谈不成，损失有多少你们知道吗？""到底什么时候能到，你给我个说法。""这算什么说法，叫你们机长来。"这种情况很多，反映了旅客的焦虑心理。

资料来源：民航资源网

（二）了解旅客的观点与态度

只有了解了旅客的观点与态度，沟通中才能做到有的放矢，真正解决问题。否则，双方谈了半天，言不及义，不仅于事无补，还浪费了宝贵的时间。同时，只有从对方的意见出发，才能使沟通更加顺利地进行，否则，双方各唱各的调，不仅可能使双方不自觉地陷入矛盾之中，而且可能导致敌对情绪。

（三）了解旅客的思维方式

有的人沉着冷静，精于逻辑思维，我们就应该逐步展开自己的观点，注意条理清晰；有的人热情有余，沉稳不足，我们就应该将主题精练后抛出，尽量在最短的时间内阐明本意，免得对方听错、听偏或没有耐心听下去；有的人不习惯深思熟虑，我们就应该围绕某个对方喜欢的话题展开全部沟通内容，"强迫"对方"深明大义"；有的人喜欢发挥想象力，爱"跑题"，由此派生出许多歧义，我们就应该注意使每句话都有现实依据，并对沟通过程中容易引发联想和想象的语言进行预测，剔除那些容易引起歧义和不利于沟通的东西；有的人非常固执，很难听进别人的话，我们就应将沟通过程与其切身利益相联系，给予强刺激，迫使其走上正常的沟通轨道。

（四）了解自己

在沟通之前，梳理自己对事件的认知、态度、想法，了解自己可以采取哪些方法解决问题，并审查一下自己的沟通方式和目的，这样才会使双方在沟通过程中更加融洽，使沟通过程更加顺利。

二、旅客情绪心理的语言安抚

（一）态度和蔼，语气平和

和蔼的态度可以使人心情舒畅，缓解旅客的抵触心理。在和旅客说话时一定要语气平和，不要冲动，说话的语速不要太快，音调不要太高，音量适中，不要过大。一定要让旅客感觉到服务人员是来为他解决问题的，不要引起旅客的反感。服务人员在与旅客的沟通交流过程中，要熟练地掌握语言技巧。一方面，要注意言语措辞是否恰当。另一方面，要注意说话时的语音、语气和语调。因为同样的话语，如果用不同的语调或语气来表达，其意思就不同。通常来说，温柔的声音给人以温和感，表现的是爱与友善；强硬的语气给人以压迫感，表现的是憎恶和厌烦；声音洪亮、中气十足给人以跳跃感，表现的是喜欢和欣然；粗重的呼吸和声音给人以震动感，表现的是愤怒和威吓，等等。特别是在面对不配合的旅客时，服务人员要注意说话的语气和语调，不要伤及他们的自尊心，即便旅客强词夺理，也要用诚意去打动他们。只有熟练掌握了语言技巧，才能最大限度地避免很多沟通障碍，同时化解误会，消除隔阂。

同步思考 5-3

就像在家一样

某航班有位盲人旅客登机。乘务员一边帮忙提行李，一边让旅客搭着她的手，慢慢地将旅客引领到座位。在放行李时，乘务员先询问旅客是否有物品需要放在身边，放好行李后告诉旅客行李放置的位置。随后，乘务员向旅客进行了安全简介，并让旅客触摸了呼唤铃、座椅调节按钮、小桌板及通风口。乘务员还请旅客不用担心，自己会随时在她身边，飞机落地后先在座位上坐一会儿，自己会来到旅客身边带她下机。送餐时，乘务员细心地把饭盒的锡纸打开，在旅客的小桌板上顺时针摆好餐食和餐具，并凑近她轻声说："您好！您的餐食都准备好了。"说着，握着她的右手，按照顺时针方向，一边解释，一边触摸桌上的餐食。供餐结束和飞机落地前，乘务员都来询问她是否需要使用卫生间。无微不至的关怀使旅客备受感动，她动容地对乘务员表达谢意，并说真的就像在家一样，丝毫不会感到担忧。

资料来源：民航资源网

（二）承担责任，勇于道歉

很多服务人员面对旅客的投诉，第一反应是"我是不是真的错了""如果旅客向上投诉，我应该怎么解释"。一旦有了这种想法和解决问题的习惯，服务人员在接到旅客投诉时就会把自己放在旅客的对立面，往往第一句话就是："如果真是我的错，我一定改正并帮助您解决问题。"看似很有礼貌，但这却是一个十分糟糕的开头，因为这种说法将自己的角色定位在第三者，而不是当事人，同时不利于缓和旅客激动的情绪。服务人员必须清楚地认识到：旅客既然来投诉，就压根没有想到你是否真的错了，只是想从你那里得到心理安慰，让你重视他的投诉。

面对旅客的投诉和不满，服务人员应首先向旅客道歉并表示愿意承担责任，表明了这种态度，旅客的气就已经消了一半了。

（三）服务用语，正确运用

与旅客交流，服务人员的语气要温和，多采用商量式、询问式、建议式、选择式的方法表达，避免转达式、通知式、命令式、指责式的方法。让旅客始终拥有主角意识，得到被尊重、被重视的精神满足。

委婉语，也叫婉言，是指讲话时出于对旅客的尊重，不直接说明本意，而是用婉转的词语加以暗示，既达到使旅客意会的目的，又不至于让旅客尴尬，甚至伤害旅客的情感。得体的委婉语能表达善意和尊重，体现说话者良好的语言素养，进而显示出文明和高雅的风度。

（四）共同语言，你我共有

服务人员在与旅客沟通时，需要沟通的意见不一定符合旅客的观点，而毫无共同语言的沟通，结果可能是"开战"，这与沟通的本意不符。因此，需要尽力找出共同语言。在这方面有著名的"yes"原则。其中心内容就是沟通一开始，便让对方连连称"是"，尽量避免对方说"不"，这样后面的沟通就容易多了。心理学的研究支持了这一观点。心理实验证明：人们说"是"时，整个身心都趋向于肯定方面，呈开放状态；而人们说"不"时，全身的组织、神经与肌肉都聚集在一起，呈拒绝状态。并且，"不"字出口之后，人们的一切言行便与其"尊严"联系起来。因而，即便后来察觉了自己的错误，人格的尊严也可能驱使他们坚持到底。为此，我们可以从如下三方面入手。

1. 从旅客无法说"不"的客观事实入手

面对客观现实，除了无理取闹者，人们都会点头称是。有了确凿的事实和对方肯定性的态度，我们就可以逐步转入正题，使旅客由此增加对我们的信任感，从而使沟通变得更加顺利。

2. 从旅客的观点入手

完全天衣无缝的观点是极少的，因而，我们可以从支持对方观点切入，在逐步深入的过程中，找出对方观点的"缺陷"，引导对方改变观点和态度。如果做得好，有时可令对方觉得不是自己改变了观点，只是对其原有的观点进行了一些有益的补充。

3. 从双方都同意的其他问题入手

这里选择的"其他问题"，肯定是对方同意的，因而说"是"的概率极高，兴趣也浓。这时才自然地切入要沟通的问题，沟通过程便会更加顺利。

同步思考 5-4

沟通的艺术

某航班乘务组完成了起飞前的准备工作，但是飞机迟迟没有动。不久，乘务组得到机长通知：由于航路天气不好，机场实施流量控制，飞机什么时候起飞还不知道。乘务长立即安排广播员进行航班信息广播。旅客一听广播顿时炸开了锅，有的要退票，有的要投诉，乘务员只好对旅客耐心解释："在天气不好的情况下，推迟起飞是为了大家的安全！""您不要着急，如果天气好转，我们会尽快起飞的。""看您满头大汗，热吗？我给您倒杯水……"一名旅客表示要去参加重要的商务活动，航班延误就赶不上了。乘务员赶紧上前做解释工作。虽然这位旅客性格非常急躁，但面对始终微笑的乘务员，他也渐渐冷静下来。乘务员看他平静下来了，就笑着对他说："一般来说，重要人物总是最后出现的。"这位旅客也忍不住笑了，说："我刚才也是着急，天气不好也是没有办法的事情，我能理解，给你添麻烦了。"获得旅客理解的乘务员欣慰地说："谢谢您对我们的理解，您有什么需要请按呼唤铃，我们很愿意为您服务。"此时，坐在后舱的一名旅客情绪十分激动地走到头等舱，大声责骂航空公司，语言十分犀利，影响了头等舱旅客的用餐。乘务长见状引导该旅客到头等舱乘务员工作区进行交流。乘务长耐心倾听这位旅客的抱怨，然后柔和地向旅客解释航班延误的原因，让旅客了解是因为航路天气不好而延误，并代表公司为航班延误耽误了他宝贵的时间而致歉。经过心平气和的交谈，这位旅客的情绪慢慢缓和，乘务长也不失时机地关心旅客去航班目的地绵阳的原因和工作情况。乘务长了解到该旅客在绵阳开了连锁快餐厅，并在抗震救灾中为受灾居民免费提供餐食，感动地表示要向他学习这份赈灾助人的爱心。随后，两人交流了当年抗震救灾时各自付出的爱心。在乘务员耐心的解释和周到的服务下，多数旅客逐渐平静下来。

资料来源：民航资源网

安抚焦躁旅客的情绪真是一门学问。站在旅客的立场上，告诉他延迟起飞是为了他的安全，这是一种方法；温柔地宽慰，送上一条毛巾、一杯水，也是一种方法；以幽默的话语无形中抬高旅客的地位也不失为一种巧方法，因为人们都喜欢被赞扬；关心旅客的想法，寻找突破点，讨论共同话题也是一种高明的方法。办法总比困难多，一把钥匙开一把锁，没有绝对好的方法，只有更适合的方法。服务人员要学会观察不同的旅客，揣摩不同旅客的心理，找准解决的方法，化解旅客的不满。

（五）弥补失误，制造幽默

在客舱服务过程中，即使乘务员极为小心谨慎，也难保不会出现语言失误。如果说错了的话无伤大雅，则可以更正并道歉，一般的交际都能继续顺利进行；如果说错了的话比较重要，或者得罪了旅客，则应该保持镇定，尽量弥补过失。这时如果能在道歉的同时，利用语言技巧将错就错，把错误的话语通过借题发挥转向正确的方向，则会起到幽默的语用效果，从而巧妙化解误会。

举例来说，乘务员在客舱门口迎接旅客，上来一位年轻小伙子。乘务员说："欢迎您登机，请问您是什么座？"小伙子说："我是狮子座，您呢？"乘务员微笑着答道："我是双子座。我是问您坐哪个座位？"乘务员在询问中省略了"座位"的"位"字，使旅客产生了误解。乘务员运用语意逆推的暗转补偿策略，回答了旅客的提问，顺势又将话题转到正确的方向，使服务继续顺利进行。

模块五　旅客情绪心理与民航服务

同步思考 5-5

幽默的作用

乘务员小王刚给 43C 座位的旅客加好茶水，放在小桌板上，没想到就被 42C 座位的旅客重重放下的座椅靠背碰倒了，这杯水直接洒在 43C 旅客的大腿上，上半个裤腿都湿了，而 42C 旅客还不知道身后发生的事情，所以依旧安然地休息着。43C 旅客十分生气，伸手就准备去推椅背，要和前排的旅客理论。这一幕恰好被小王尽收眼底，她及时阻挡了一下 43C 旅客的手，并赶紧将手中的小毛巾递过去帮着擦拭，同时说道："这位先生，怎么称呼您？在这里，我可要沾沾您的福气了！中国古语称水为财，您看这可是空中飞来的财啊，真是一个好兆头，看来您今年一定会发大财的！"旅客听后不禁称赞道："你可真会说话啊！"小王接着说："俗话说百年修得同船渡，咱们这一飞机的旅客可都是有缘人啊，所以这杯水只是大水冲了龙王庙，您千万别往心里去。您还有备用裤子吗？我带您去卫生间更换一下吧。"这位旅客听后，一个劲地说："我没事，没事，麻烦你啦。"最后还在意见本上对小王的服务提出表扬。而前排的旅客也听到了这番对话，知道跟自己有关，十分不好意思地道了歉。

资料来源：民航资源网

课堂互动 5-3

请同学们思考，遇到这样的情况该如何处理？

一位头等舱的旅客在接受了一系列服务后，径直走向乘务员，严肃地表示要投诉："你们的餐食里没有辣椒酱！没有辣椒酱就算了，可你们的餐食是什么品质？鱼肉像鸡肉一样硬，胡萝卜像腌过的酸黄瓜！餐食品质差就算了，可你看看你们的娱乐节目，竟然还是去年的电影！"旅客在气头上，乘务员倒是镇定，因为她认为旅客投诉的内容与她的工作毫无关系，便回答："先生，这不是我们的责任，因为这些都是地面人员准备的。"这位旅客却不依不饶，最后升级为投诉乘务员的服务态度有问题。

其实对旅客来说，航空公司提供的服务是一体的，从购买机票、办理值机手续到走入客舱，以及到达目的地后提取行李，都是他对航空公司服务的体验。而乘务员却认为机上餐食、娱乐节目等都与她无关，导致在应对旅客的抱怨时撇清责任，这样只会起到相反的作用。案例中的乘务员表现很糟糕，可想而知这个航班的服务品质必然让人心生不满。旅客不在乎是哪个环节、哪个部门、哪个人出现了问题，他们在乎的是问题如何以最简单的方式得到解决。想想看，你是公司的一员，公司发展得好，作为员工的你就跟着有职业发展的空间，有良好的福利待遇；公司发展得不好，经营每况愈下，你还想有工作环境和生活品质的提升吗？毛之不存，皮将焉附？所以，航空公司的每位员工在旅客面前都是公司的代表，必须具备全局意识，主动承担首位责任！即不管是谁的错，旅客问到你了，你就要承担致歉、安抚、说明的责任，并寻找替代措施弥补，尽力化解旅客的不满。即使有些事情无法解决，但是你想解决问题的态度会获得旅客的谅解。

关于这个案例，乘务员可以对旅客说："对不起，让您感到不愉快，我们感到很过意不去，这是我们的责任。听了您刚才的一席话，我作为公司的一员，感到非常抱歉，我想我们需要改进的地方太多了，我们需要好好检讨。"这样得体谦逊的沟通与案例中的沟通可谓天壤之别。乘务员代表公司与旅客沟通，首先明确了"是我们的责任"。事实上，旅客对服务有不满，无论是不是我们的直接责任，都要向旅客道歉，那是为了旅客当时不愉快的心情而道歉，毕竟公司的服务没有让旅客满意。乘务员随后认真聆听旅客的意见和建议，表示会向相关部门转达旅客的意见，还可以诚恳地希望下次旅客再来时能看到公司服务的转变。也许，在这样诚恳地"告白"后，旅客可能决定放弃投诉，因为他想要投诉的目的已经达到了，乘务员不是都已经答复他了吗？旅客会为乘务员真诚的歉意和主动的担当而转变态度。

我们知道，服务质量的好坏是由旅客来评判的，旅客可以选择是继续购买这家航空公司的机票，还是选择其他公司。在这个案例中，旅客看到了我们自己也许看不到的问题，乘务员把旅客的意见及时传达至有关部门，有关部门迅速整改，这样就把旅客的不满化为改善服务的机会，在旅客的参与和督促下改进了服务质量，所以遇到旅客提出意见，乘务员应该主动承担错误，避免推卸责任，积极设法弥补，争取旅客谅解。

三、旅客情绪心理的行为安抚

（一）避免正面冲突，迅速解决问题

无论我们如何处理问题，都要牢记不能和旅客发生正面冲突。另外，倾听抱怨后不采取行动解决问题是一个"空礼盒"。只对旅客说"对不起，这是我们的过失"，不如说"我能理解给您带来的麻烦与不便，您看我能为您做些什么呢？"对于旅客提出的问题，服务人员必须行动起来，迅速给出解决方案。能够及时解决固然最好，但如果遇到的问题比较复杂或特殊，不确定该如何解决，服务人员就不应向旅客做出任何承诺。当旅客的要求我们做不到时，一定要及时和领导沟通，共同寻找解决问题的方法。同向旅客承诺而做不到相比，诚实更容易得到旅客的尊重。把准备采取的措施告诉旅客，征求旅客意见，了解旅客心理活动，以便采取合理的措施，既不让企业蒙受不该有的损失，又让旅客满意。

（二）耐心倾听

俗话说，人有两只耳朵，却只有一张嘴，意思就是人应该多听少说，才能彼此沟通。在与旅客交往时，"谈话"是一种特殊的沟通能力，但学会"听话"是服务人员在沟通中必备的重要品质。服务人员一旦成为善于倾听的人，就能在服务技巧方面胜人一筹。

有效处理旅客情绪问题的第一原则就是耐心倾听旅客的抱怨，避免与其争辩，待旅客情绪平复后再与之商谈。当旅客抱怨时，服务人员务必保持冷静，洗耳恭听，切不可贸然打断。假如此时服务人员没有冷静应对，而是"兵刃相见"，则势必导致双方矛盾激化。

倾听不仅是听到对方说的话，还要理解对方的感觉，感知对方是否对你敞开了心扉，并对对方说话的语气及伴随的身体语言做到心领神会。倾听就是连通对方的心灵，倾听也是最佳形式的说服。要想安抚旅客，让他们相信你，对你有信心，乃至听从你的意见，恐怕没有比真诚倾听并表现出真正的关心更加有效的方式了。在倾听的时候，你正在默默地向对方说："我想理解你，我想知道你的需求，我要帮你解决问题，因为你很重要。我知道，你如果觉得高兴和满意，就会再次光临，也会告诉其他人，那样的话，我就成功了。"

（三）微笑服务

微笑是人人皆会的礼貌表情，不仅为日常生活及社交活动增光添彩，而且在经济生活中也有无限的潜在价值。微笑的要求是发自内心，它体现的是内心的快乐，是内心情感的自然流露，饱含对他人的关心和热忱，给人以温暖的感觉。微笑要正确地与身体语言相结合，身体语言不能懒散、消极。只有做到口到、眼到、神色到，笑眼传神，微笑才能扣人心弦。微笑还要与仪表、举止相结合，以笑助姿、以笑促姿，形成完整、统一、和谐的美。当旅客向你走来时，应该抛开一切杂念，把精神集中在他们身上，并真诚地向他们微笑。微笑仅靠面部肌肉的运动是不够的，还要用眼睛传达这份真诚。微笑是你最宝贵的财富之一。

（四）巧用目光接触

既要方便服务工作，又不能引起旅客的误解，就需要有正确的注视角度。正视对方是交往中的一种基本礼貌，表示重视对方。在注视他人的时候，目光与对方处于相似的高度。在服务工作中，平视旅客可以表现出双方地位平等和不卑不亢的精神面貌。

（五）应用有礼貌的身体语言

有礼貌的身体语言能够表现出全身心投入。换句话说，尽量避免把你的身体转向除面向旅客外的其他方向，哪怕微小的转动都要避免，否则会暗示你对旅客缺乏兴趣。为了表明全身心投入，你的脚尖应始终指向旅客。同时，你的头部要抬起，肩部要放松。在听别人讲话时，头部倾向一侧可以表示你的专注。如果场合允许，你的双手应背在身体后面并握住，这样表示你随时准备行动。如果双手在身体前面握住，则有一点防备他人的意味。

四、用积极情绪影响旅客

无论是好情绪还是坏情绪，都很容易相互影响。好情绪促成良性循环，坏情绪导致恶性循环。为了最大限度地保持个人旅行或工作时的愉快心情，旅客和服务人员都应该本着"从我做起"和"人敬我一尺，我敬人一丈"的原则，主动展示良好情绪去感染对方，促成良性循环。而作为服务人员，面对情绪激动的旅客，务必掌握"先调整情绪，后解决问题"的窍门，自己不能受其坏情绪的影响，并用十分的服务平息旅客十分的怨气。

> **同步思考 5-6**
>
> **"踢猫效应"**
>
> 某公司的董事长为了提振公司员工的士气，自己以身作则提前上班并推迟下班。有一次，他在家看报纸入了迷，导致耽误了上班时间。随后，他因超速驾驶汽车被开了罚单，最终还是迟到了。这位董事长极其愤怒，在到达办公室后，他将销售部经理叫到办公室训斥了一番。
>
> 销售部经理挨训之后，气急败坏地走出了董事长办公室，将销售主管叫到了自己的办公室，并对他发了一顿火。销售主管无缘无故被上级找茬，自然一肚子气，就故意挑剔某位销售员工。销售员工垂头丧气地回到了家中，劈头盖脸地骂了他的妻子。妻子莫名其妙地被骂，转身对着儿子大发雷霆。儿子无缘无故地被母亲痛斥了一番，心中郁闷，回头狠狠地踢了家里的猫一脚……
>
> 由此可见，坏情绪会一个人接一个人地传下去！

（一）拉近与旅客的心理距离

一般来说，当旅客与航空公司建立服务关系时，由于陌生、不了解对方，会感到一定的紧张和不安，进而产生戒备心理。而服务人员的良好情绪，如轻松愉悦、乐观振奋，不仅使自己处于一种良好的工作状态，而且会感染服务对象——旅客。因拥有良好情绪而流露出来的真实而真诚的笑容，可以在不经意间化解旅客身体上和精神上的紧张和不安，使人感到信赖和安全，拉近彼此之间的心理距离，建立起和谐、信赖的服务关系。良好服务关系的建立是提高服务质量的首要条件。服务人员能否做到体贴服务——心理距离很近的服务，也是旅客选择航空公司的重要因素。

（二）化解旅客的不良情绪

服务人员的良好情绪状态，可以让带着不良情绪登机的旅客得到提醒：现在自己正在开始新的旅途，从而使旅客意识到要对自身情绪进行调整。在服务过程中，需要处理与旅客的纠纷时，服务人员的良好情绪带来的热情、温婉和真诚，可以有效化解旅客由此产生的不良情绪，从而赢得旅客的配合与理解。

（三）营造良好的航空服务心理氛围

良好的航空服务心理氛围，是指航空服务的情境符合旅客的需求和心理特点，服务人员之间、旅客之间及二者相互之间的关系和谐，旅客产生了满足、愉快、互帮、互谅等积极的态度和体验。积极饱满的情绪是营造良好航空服务心理氛围的重要因素。服务人员要懂得以积极乐观的情绪，如生机勃勃、主动兴奋，创造良好的航空服务心理氛围，激发自己的工作热情和兴趣，提供贴心、周到的服务，提高航空服务的效率和质量，使旅客和自己都获得精神上的满足。

> **课堂互动 5-4**
> 请同学们收集服务人员情绪劳动案例，并讨论如何保持良好的情绪。

任务二 合理情绪疗法与应用

提高服务质量、满足旅客需求、保持良好自身情绪等方法，是问题指向的应对，是直接面对问题，采取行动和适当的反应来缓解或消除可能影响旅客情绪的因素。但是，当出现的影响因素不可控，没有办法改变时，问题指向的应对并不奏效。这时就需要情绪指向的应对，即改变对事件的感觉和想法，从而改变认知，对事件进行新的解释和评价，从而减少负面情绪。

一、情绪 ABC 理论

美国心理学家埃利斯的主要观点是，情绪或不良行为并不是由外部诱发事件本身引起的，而是由个体对这些事件的评价和解释引起的。他常借用古希腊哲学家埃皮克迪特斯的一句名言来阐述自己的观点："人不是被事情本身所困扰，而是被其对事情的看法所困扰。"于是，他提出了情绪 ABC 理论，指出：A 代表诱发事件（Activating Event）；B 代表个体对这一事件的看法、解释及评价，即信念（Belief）；C 代表这一事件后，个体的情绪反应和行为结果（Consequence）。

实际上，人们往往认为外部诱发事件（A）直接引起了情绪反应和行为结果（C）。这种看法与行为主义描述的刺激与反应之间的关系是一致的。但情绪 ABC 理论认为，A 并不是引起 C 的直接原因，A 发生之后，个体会对 A 产生某种看法，做出某种解释和评价，从而产生对 A 的某些观念，即 B 才是问题的关键。虽然这一过程因自动化而经常不被人意识到，但正是从这个过程中产生的 B，才是引起情绪反应和行为结果的直接原因。换句话说，抑郁、焦虑、沮丧等情绪反应（C）并不是由诱发事件（A）直接引起的，而是由信念（B）引起的。所以，情绪 ABC 理论认为，个体的认知系统对事物产生的不合理、不现实的信念，才是导致情绪障碍和神经症的根本原因。

> **课堂互动 5-5**
> 请同学们思考，以下案例说明了什么？
> 古时候，有两个秀才一起去赶考，在路上遇到了一支出殡的队伍。看到那口黑乎乎的棺材，其中一个秀才心里立即咯噔一下，凉了半截。他心想："完了，真倒霉，赶考的日子居然遇到棺材！"情绪一落千丈。进考场后，那口黑乎乎的棺材一直在他心里挥之不去，他顿时文思枯竭，最终名落孙山。另一个秀才也同时看到了那口棺材，一开始心里也咯噔一下，但转念一想："棺材，棺材，不就是既有官，又有财吗？好兆头！看来我今天会交好运了。"他十分兴奋，进考场后，文思如泉涌，果然一举考中。回到家里后，两个秀才都对家里人说："那棺材真的好灵！"

心理学认为，对刺激情境的认知决定情绪和情感的性质。也就是说，一个人产生什么样的情绪，取决于他怎么理解或解释当前的事情。同样看到棺材，第一个秀才从棺材联想到死亡、不吉利，而第二个秀才从棺材联想到升官发财。毫无疑问，第一个秀才是消极心态，结果名落孙山；第二个秀才是积极心态，结果高中。可见，一个人的成功需要有积极的心态。

总之，诱发事件（A）只是引起情绪反应及行为结果的间接原因，而人们对诱发事件所持的信念（B）才是引起人们的情绪反应及行为结果（C）的最直接的原因。人们的情绪反应及行为结果与人们对事物的想法、看法有关。合理的信念会引起人们对事物恰当的、适度的情绪反应；而不合理的信念则相反，会引起不适当的情绪反应。当人们坚持某些不合理的信念，长期处于不良的情绪状态中时，最终的结果就是情绪障碍的产生。

【微课】5-1 认知情绪

二、认知改变策略的应用

受影视媒介、朋友交谈、书籍杂志、个人见闻等影响，旅客对航空公司运行情况或机场服务人员服务职责、机场服务各个环节等，可能存在非理性认知。例如，"空姐"就是端茶倒水的，飞机延误是航空公司服务问题，只要闹事就能获得相应的赔偿等。旅客的非理性认知往往导致旅客对乘机环境、机场服务、客舱服务等方面感到不满。服务人员应及时识别旅客的非理性认知，认真仔细地解释与沟通，避免因为沟通不到位使旅客产生消极情绪。

当旅客因不可控因素产生消极情绪时，服务人员也可以适时用认知改变策略进行疏导，帮助旅客看到事情的另一面，引导旅客正向、积极思考，缓解旅客不良情绪。

同步思考 5-7

在某航班的旅客登机环节，正在迎客的乘务员江一帆注意到一名女性旅客脸色不太好。于是在旅客登机结束后，江一帆特别前往这名旅客的座位查看她的状态。初步沟通后，江一帆得知这名旅客可能由于旅途疲惫没休息好，身体不适，头痛欲裂，于是为旅客送上了热水，并在综合评估载重平衡状况的前提下，将旅客的座位更换到更宽敞的区域，使旅客能更好地休息。之后江一帆在巡舱时，注意到这名旅客一个人在座位上流泪，便在与其他乘务员交接工作后，前去与旅客沟通，细心地安慰和开导旅客，直至旅客情绪好转才放心。飞机落地之前，旅客又向江一帆了解机场附近的住宿情况，得知旅客后续还有第二天的中转行程，江一帆暖心地介绍和推荐机场周边的酒店、餐馆等。"就是这么小的一件事，旅客本来在下飞机的时候就已经口头向我们乘务组和公司表达了感谢，结果没想到，一周之后，公司就收到了旅客给我们组的感谢锦旗。"

"我们只是做了每位乘务员都会去做的事情。与旅客沟通时，认真倾听，找到旅客自身值得肯定的地方，鼓励旅客看到积极的一面。"江一帆表示，"收到旅客的锦旗对我而言是惊喜，更是鼓励，这也将激励我在今后的工作中，在履行好守护客舱安全这一首要职责的前提下，不断提升自己的服务意识，一如既往地注重服务细节，为广大旅客提供安全、暖心的客舱服务。"

资料来源：民航资源网

任务三　放松方法与应用

旅客由于舟车劳顿等原因，很容易产生疲惫感、焦虑感，服务人员可以带领旅客进行放松。在放松状态下，人们往往有种平静的喜悦感，具体表现为心率降低、呼吸减缓、血压降低、骨骨骼肌紧张减少、新陈代谢降低、分析性思考减少。下面介绍几种行为调适的方法与技巧，包括呼吸放松法、肌肉放松法、想象放松法。

一、呼吸放松法

引导旅客清楚地觉察和意识到自己的呼吸状况。呼吸放松法分为自然呼吸放松法和腹式呼吸放松法。

自然呼吸放松法较简单。穿着舒适宽松的衣服，保持舒适的躺姿，两脚向两边自然张开，一条手臂放在上腹，另一条手臂自然放在身体一侧。缓慢地用鼻孔呼吸。在吸气和呼气的同时，感受腹部的起落运动。想象气流从哪些部位通过，带走了紧张，达到放松的状态。

腹式呼吸放松法分为顺呼吸和逆呼吸。顺呼吸即吸气时轻轻舒张腹肌，在感觉舒服的前提下，尽量吸得越深越好，呼气时再将肌肉收缩。逆呼吸即吸气时轻轻收缩腹肌，呼气时再放松。呼吸在这种方式下会变得轻缓，只占用肺容量的一半左右。在呼吸的过程中舌尖轻轻顶住上腭，这样可以使呼吸顺畅，有利于气息直达丹田。舌尖顶住上腭还可以避免吸气时空气直接从气管进入肺部，避免冷空气的直接伤害。

【微课】5-2 呼吸放松法

二、肌肉放松法

调查显示，一个人在保持长时间的固定姿势后，心情都会有点烦躁，容易受到忧郁、心不在焉等一些负面心理状态的影响。肌肉放松法对于紧张、焦虑、不安、气愤的情绪与情境非常有用，可以帮助人们振作精神、恢复体力、消除疲劳、稳定情绪。这与中国的气功、太极拳、站桩功、坐禅等很相似，有助于全身肌肉放松，促进血液循环，平稳呼吸，增强个体应对紧张事件的能力。而且在方法上，肌肉放松比气功等更为简便易行，不需要很长时间的学习。一般常用的是渐进性松弛法。

渐进性松弛法通过反复练习骨骼肌的收缩和松弛，使肌肉进入更深的松弛状态之中。这种方法从一个肌群向另一个肌群扩展，有意识地反复练习肌肉的收缩和松弛，使全身逐渐进入松弛状态。

三、想象放松法

想象放松法是通过一定的暗示语集中注意力，调节呼吸，使肌肉得到充分放松，从而调节中枢神经系统兴奋性的方法。它可以减弱中枢神经系统的兴奋性，减少因情绪紧张而产生的过多能量消耗，使身心得到适当休息，使人更快地从疲劳中恢复。

想象放松法引导旅客安静下来，靠在座椅上。闭上双眼，想象放松每部分紧张的肌肉。想象一个你熟悉的、令人高兴的、具有快乐联想的场景，也许是校园或公园。仔细看着它，寻找细节。尽量准确地观察它，进行充分想象，使你心旷神怡，内心充满宁静、祥和。

同步思考 5-8

想象放松法指导语

随着景象越来越清晰，你幻想自己越来越轻柔，飘飘忽忽离开躺着的地方，融入环境之中。阳光、微风轻抚着你。你已成为景象的一部分，没有事要做，没有压力，只有宁静和轻松。在这种状态下停留一会儿，然后想象自己慢慢地躺回海边，景象渐渐离你而去。再躺一会儿，周围是蓝天白云、碧涛沙滩。然后做好准备，睁开眼睛，回到现实。此时，你头脑平静，全身轻松，非常舒服。

请你闭上眼睛，用最舒适的方式坐着或躺着，让身体的重量都放到椅子或床上。轻松地吸气……缓缓地吐气……轻松地吸气……缓缓地吐气……

你可以感觉到呼吸越来越缓慢，越来越放松。你似乎可以看到，在你的眼前有一道温暖的阳光远远照射过来。你带着愉快、轻松的心情，慢慢往那道温暖的光走过去，走到尽头时，你发现眼前出现的是一大片平静、湛蓝的大海和洁净无人的沙滩，金黄的阳光洒在海面上。你脱下鞋子慢慢地走在沙滩上，脚底暖烘烘的，舒服极了。每踏一步，你都可以感受到你的脚陷进沙子里的感觉，脚底接触着混着贝壳的细沙，暖暖的，让你觉得很舒服、很放松。你环顾了一下沙滩，找了一处最舒服的位置坐了下来。你用手抓起一把沙子，看着沙子从指缝中慢慢地流下来，流下来。温暖的沙子让你的手也变得温暖起来，这样的温度、这样的平静，让你感觉很舒适、很放松。你抬头望向天空，蔚蓝的天空中飘着几朵淡淡的白云，感觉心情非常平静。你低下头看着远处的浪花，白白的浪花一阵一阵地涌上沙滩，你可以听见一阵一阵的海浪声，也可以听见当水退下来的时候沙子的摩擦声。你轻松地闭上眼睛，享受着只有你一个人在沙滩上这种完全放松的感觉。你可以感受到海风吹来，拂过你的脸颊、你的身体，凉凉的，很舒服。你可以闻到海风中咸咸的海水味。你深深地吸一口气，感受着海洋的气息，感到无比舒畅，整个人都沉浸在舒适放松的感觉中。在舒服放松的同时，请你跟着海浪一阵一阵涌上沙滩的声音，试着缓缓地呼吸。当海浪涌上来时，你就跟着吸气，让大海把轻松舒适的感觉随着海浪溅起的水花带进你的身体里。当海浪退下去时，你试着把身体里所有的紧张和焦虑都从嘴巴缓缓地呼出来，跟着海水一起回到大海中。

很好，继续跟着海浪轻松地呼吸……慢慢地呼吸……

轻松地呼吸、慢慢地呼吸，吸气……吐气……每吐一次气就让自己试着放松一点，再放松一点，让海浪带走你的紧张和焦虑。吸气……放松，感受到自己越来越放松，越来越放松，保持这种放松的状态，继续跟着海浪轻松地呼吸，慢慢地呼吸，轻松地呼吸，慢慢地呼吸……在这宁静放松的片刻，你可以感觉到自己神清气爽。你将双手的沙子拍掉，缓缓地起身，再轻轻地拍掉身上温暖的沙子，带着愉快放松的心情顺着原来的路往回走，慢慢地往回走，光源在你身后慢慢地变暗，慢慢地变暗。

现在，我会从5数到1，请你带着平静的心情，慢慢地回到清醒的状态，5……4……3……2……1……现在已经回到清醒的状态了。

任务四　正念方法与应用

正念已经被证实可以提高人们的免疫力，对于人们的心理问题具有很好的疏导作用，能帮助人们从惯性又无知无觉的状态中清醒过来，从而触及生活中自觉与不自觉的所有可能性。在客舱内，乘务员可以带领旅客进行正念练习，集中注意力于当下，从而缓解紧张情绪。

一、正念的概念

正念最初源于佛教禅修，从坐禅、冥想、参悟等发展而来，是一种自我调节的方法。美国心理学家乔恩·卡巴金将其定义为一种精神训练的方法。这种精神训练强调的是有意识地觉察，将注意力集中于当下，以及对当下的一切观念都不做评判。因此，正念就是有目的、有意识地关注、觉察当下的一切，而对当下的一切又都不做任何判断、任何分析、任何反应，只是单纯地觉察它、注意它。

在现代心理学中，正念被发展为一种系统的心理疗法，即正念疗法。所谓正念疗法，就是以正念为基础的心理疗法。正念疗法并不是一种心理疗法的特称，而是一系列心理疗法的合称，这一系列心理疗法都具有一个共同的特征，就是以正念为基础。在民航服务领域，服务人员可以引导旅客在乘机过程中进行正念练习，这不仅能够提升旅客对当下情绪的感知水平，觉察自身情绪，而且能够使旅客学习心理保健的方法，提高重视心理健康的意识。正念练习方法较多，可分为正念式呼吸——躺姿、正念式呼吸——坐姿、正念式呼吸——行走。

同步思考 5-9

注意聚焦于当下，沉浸在正在发生的事情中。练习者需要将注意力投注于当下的每个瞬间，观察时间是如何从这一刻流淌到下一刻的，并观察自己的内部和外部经验。随着正念练习的深入，练习者的注意时长、注意转移、注意专注度这三种注意能力都有所提升。

以一种不刻板的、不带有任何好坏评判的态度去接纳所注意的内容。这种态度是指聚焦当下时采取的一种态度。这种态度既不是冷酷的、批评的，也不是热情的、追求的。它是开放的、耐心的、仁慈的、无为的。既不苛求顺意的事情，也不排斥反感的事情，而是接纳、开放地让各种经验在自己的关注下流淌。当下，你身心中，有什么想法或感受正在发生？或许你忘记了，但不要紧。认识和接受目前这种状态，仅仅了解它，不要评判它，如其所是地轻轻接触它，你的正念或许正在开始。一种新的生命视角会渐渐为你打开。

二、正念练习的应用

1. 有意识地觉察

正念训练常常会让练习的人去觉察自己正在做的事情，如走路、吃饭等。有的人可能觉得，这有什么难的？难道我平时不知道自己在走路、吃饭？然而正念中的觉察并非平时那种模糊不清的"知道"，而是有意识地对正在做的事情进行深度关注。

以吃饭为例，平时你可能一边聊天一边吃饭，或者一边看电视一边吃饭，甚至一边聊天、一边看电视、一边吃饭。在吃饭的同时，你的脑海中可能还有其他好几件事情在转。这个时候你虽然在吃饭，你也"知道"自己在吃饭，可是如果叫你现在停下来，回答一下刚才入口的那一口饭菜是什么味道，或者回答一下刚才的那一口吃的是饭还是菜，你可能都不能马上回答出来，就更不用提让你说出你刚才吃饭时的内心感受了。这种仅仅模糊地"知道"自己在吃饭的状态并不能称作"有意识地觉察"，它和正念的状态是不同的。

当进行"有意识地觉察"时，我们会清晰地知道我们进食的过程，清楚地感觉到食物的味道，即使中途走了神，我们也会注意到并且能够把注意力拉回来。这一点是非常重要的，因为只有这样，我们才能够真的感受到平时注意不到的东西，才能有意识地锻炼我们的思维。

2. 专注于当下

当我们任由自己的头脑天马行空地运转时，我们会发现自己的思绪真的是五花八门、十分混杂的。有无意义的；有烦躁压抑的；有兴奋激动的；有伤心难过的；还有生气的、自责的、仇恨的、开心的，等等。这些思绪大都具有一个共同的特点——它们都是由过去的某件事，或者由未来的某种可能性引发的。如果我们任由自己被这些思想、情绪带走，那么随之而来的就可能是无法自拔的痛苦状态。

其实，过去的事情终究已经不在，未来的事情也充满未知，只有当下这一刻，才是我们可以切实感受和把握的。然而，我们大多数人往往最不愿面对当下这一刻的自己，总是想要逃往过去或未来。

在正念训练中，我们应尽可能地专注于当下这一刻。如果你习惯性地又开始去想过去和未来的事情，你应该觉察到"啊！我现在这一刻正在想着过去（未来）的事情！"然后慢慢地把自己的注意力拉回到当下这一刻，拉回到对现在状态的觉知上来。通过这样的练习，我们的专注力会有所提升，同时更能把握自己的思维，能够更快地从不良情绪的影响中走出来，使我们的生活更加富有正能量。

3. 不主观评判

很多时候，有些事刚刚出现，我们的第一反应就是迫不及待地给它下个评判。在正念练习中，我们不去下定义，不去评判事情的好坏，只是简单地觉察发生的事情，然后如实地接纳它正在发生的这个事实。在这个过程中，既不因为某些事情的发生而引起自己的不开心情绪，也不因为某些事情的发生而引起自己的开心情绪，对于"好"与"不好"的事情平等对待。即使产生了对某些事情做出评判的想法，我们也只需要觉察它，并任它自行消逝。通过这样的训练，我们就能够渐渐地减轻自己的心境被外物干扰的程度，逐渐使自己的内心更加平和、明亮。

项目三　识用旅客情绪心理的减压放松

案例导引

乘务员带领旅客进行客舱舒展操

"深呼吸，双手举过头顶，双肩放轻松……"客舱乘务员带领旅客愉快地放松着身体，整个客舱充满了欢声笑语。这是天津航空公司从三亚飞往西安的航班，乘务组与旅客一同在万米高空开展"Fit Time"时光，在旅途中享受健康运动时刻。随着欢快音乐响起，客舱乘务员面带微笑地站在客舱通道里，带头示范"Song of Youth"全身操。突如其来的活动让所有旅客都感到意外，但随着乘务员的动作示范，大家不由自主地加入了活动放松的行列。一位旅客表示非常喜欢这一活动，由于平时经常用平板电脑、手机，对肩颈的伤害很大，机上的这个活动让身体得到放松，让漫长的旅途变得有趣。天津航空公司希望通过客舱舒展操带领旅客回归健康、绿色生活，放下手机，不做"低头族"。

资料来源：民航资源网

机上减压放松活动成为航空公司服务的创新亮点。在密闭的空间中，长途旅客身心不能得到舒展，难免感到疲劳和烦躁。旅客减压放松活动能够缓解烦躁、焦虑的负面情绪，通过减压舒缓的音乐和简单的肢体动作，使旅客的紧张情绪松弛下来，转换消极情绪，转移旅客注意力。机上减压放松活动在实际应用中会结合航空公司特点、航线特色、当地文化等元素设计，其中全身放松、面部放松、手指放松活动形式多样，受到旅客喜爱。

任务一　全身放松活动

在客舱较窄的空间里，旅客长时间保持坐姿，会感到脖子、后背紧绷，甚至有的旅客会感觉胸闷气短、头昏脑涨等。越来越多的航班推出机上全身减压操，可以让身体放松下来。全身减压操运用多种要素进行设计,并且在客舱实践中取得了良好效果。

一、全身减压操的作用

全身减压操运用了呼吸放松法和肌肉放松法的原理。旅客在做操的过程中,有节律地缓慢调整自己的呼吸,达到放松的状态。做操可以放松肌肉,对于紧张、焦虑、不安、气愤的情绪与情境非常有用,可以帮助人们振作精神、恢复体力、消除疲劳、稳定情绪。这与中国的气功、太极拳、站桩功、坐禅等很相似,有助于全身肌肉放松,促进血液循环,平稳呼吸,增强个体应对紧张事件的能力。

二、全身减压操的设计要素

服务人员根据客舱空间、人体结构知识,有针对性地设计全身减压操,帮助旅客释放情绪压力,缓解乘机疲劳。

需要注意的是,客舱内的减压操是在封闭的空间中进行的,面对坐着的旅客,减压操的动作设计要兼顾功能性和美观性,既要能带动旅客全身放松、缓解情绪,易学、易掌握,符合乘机需要;又要流畅、优美,给予旅客身心愉悦的审美体验。

减压操的音乐须轻松愉快,切合服务人员的解说、切合情境主题、切合动作节奏、切合听觉系统的放松需要。

服务人员的解说要贴合工作实际、寓意积极向上、语言通俗易懂、符合旅客心理需要,起到放松身心、消除疲劳的效果。

【微课】5-3 肌肉放松法

三、全身减压操的具体步骤

（一）颈部运动

站立或端正坐好。将双臂举于头上,向斜上方尽可能往远处伸展,保持5～10秒,重复3～5次。将左腿搭在右腿上,右手扶住右腿膝关节,轻轻推向右侧。缓慢将双肩转向左侧,直至有种轻微拉伸感。保持姿势不变,坚持5～10秒,然后换方向继续运动。此动作重复3～5次。

（二）踝关节与腿部运动

身体保持直立。右手扶墙或椅背,左手握住左脚踝关节,左膝向下,拉动左踝近臀部,感觉到大腿前侧有轻微拉伸的感觉。保持动作5～10秒,重复运动3～5次,然后换方向。身体端正坐好。左腿上抬,伸直,脚趾做上下运动。坚持5～10秒,回到初始状态。每组动作重复3～5次,然后换另一条腿运动。

（三）腕关节与手部运动

两手五指张开,保持5～10秒,将四指第二关节弯曲,保持5～10秒,然后握拳,保持5～10秒,五指再次张开。重复动作3～5次。双臂位于体前,慢慢向内侧旋转,直至有轻微的拉伸感,保持5～10秒,重复3～5次;然后向外侧旋转,直至有轻微的拉伸感,保持5～10秒,重复3～5次。手腕最大限度前后缓慢弯曲。坚持5～10秒,重复动作3～5次。

任务二 面部放松活动

面部是"诸阳之会",是经络聚集的地方。进行面部经络按摩,不仅可以健美皮肤,而且可以调理脏腑、通经活络、濡养周身、益脑健身。

一、面部经络按摩法

（一）面部经络按摩法的作用

面部经络按摩法不仅可以促进面部血液循环及皮肤组织新陈代谢，还可以调节过度紧张的神经，消除眼部疲劳，使之得到休息，达到养心安神的目的。

（二）面部经络按摩法的具体步骤

1）双手拍头。取坐位，头身正直，然后用双手掌在头部施轻拍法，由前向后，均匀拍打，力量要轻柔、有弹性，双手轻拍约20次。按摩后脑。双手手指交叉，抱在后颈枕下部，左右来回横向搓摩约20次，力量要适中。

2）梳头浴面。双手五指分开如爪，自前额向后梳头10次，继而用手掌自上而下摩擦面颊10次。旋摩耳轮。先用掌心旋摩耳郭前面10次，然后水平方向摩擦耳郭前面和后面10次。

3）叩齿咬牙。双手手掌轻按双颊，先叩齿有声36次，后咬牙无声18次。然后下颌放松，用两拇指指腹向上托叩下颌36次。弹鸣天鼓。双掌掩耳，食指、中指、无名指在后枕轻轻摩擦，耳中闻擂鼓之声约1分钟，继用无名指弹滑36次。

4）搅海咽津。舌尖先左后右在口腔内颊慢慢搅动10次，古称"赤龙搅海"，至唾液满口，嗽津10次，分3小口用力引颈咽下，意想直至小腹丹田。运目弹睛。头部不动，眼珠向四周环视1周，正反方向各3次。然后用力紧闭双眼，同时呼气，待气吐尽后，迅速睁大双眼，同时吸气，共3次。

5）按摩颈项。手掌自后颈慢慢按摩至前颈，中指尖点天突穴。左右手交替各做10次。

二、面部拨筋按摩法

（一）面部拨筋按摩法的作用

面部拨筋主要以疏、拨、揉的方式进行穴位按摩、经络疏通。面部拨筋按摩可以加速面部新陈代谢、疏通经络、畅通气血、促进血液循环、提升面部轮廓，使皮肤从内到外紧实、红润、通透、有光泽。面部拨筋主要疏通面部的七大经络，针对气血不通畅、气滞血瘀引起的面部问题，促进垃圾、毒素代谢。

（二）面部拨筋按摩法的具体步骤

器材为拨筋板、拨筋棒、按摩油、精油。以精油涂抹双手，将双手手掌搓热，由下至上、由内向外顺面部肌肉纹理走向轻揉面部，使面部皮肤逐渐发热，进入拨筋按摩状态。然后按照面部经络走向进行拨筋。

1）额部。通过拨筋棒松解筋结，促进额部、眼部等处的血液循环，消除额部皱纹及紧张感，消除眶上神经、额神经的疲劳。

2）眉眼部。眉毛上方顺眉头至眉尾方向进行划拨或圆拨。眉毛下方顺眉头至眉尾方向进行划拨，稍往上方眉棱骨下缘缓慢拨动。

3）鼻部。顺上唇鼻翼走，由眉头向下划拨至鼻迎香穴。沿颧骨下缘划拨或圆拨至耳前部位。沿嘴角线圆拨至耳垂部位。沿颚骨下缘划拨至耳后部位。以上手法如能运用得当，可取得瘦脸效果。

4）唇部。沿口轮匝肌圆拨。嘴角地仓穴加强，可预防嘴角下垂，下颌中间承浆穴加强开穴。

5）颈部。颈前肌群建议只用手指在胃经人迎、水突二穴按揉刺激。颈后三角肌群可沿经络走向，依次划拨大肠经、小肠经、三焦经、胆经。颈部拨筋能疏通经络，促进颈部的血液循环，增强颈部肌肉的力量。

6）耳部。耳朵是五脏六腑全息反射区，故对耳部拨筋开穴可改善耳鸣、眩晕、听力减退等症状。沿耳朵周围划拨或圆拨3~4圈，耳上角孙穴、耳后瘈脉穴、耳下翳风穴、耳前耳门、听宫、听会三穴加强拨动。

7）头部。用拨筋棒顺眉心敲打至头顶正中百会穴，再沿眉头线、眉中线、眉尾线，由发际向后敲打5分钟。

以上拨筋按摩手法，可以加速头部血液循环，消除大脑及全身的疲劳，加速头、面、颈部淋巴液的循环，从而消除头面部的肿胀。头为神明之脑，可益智安神，同时预防脑萎缩，增强记忆力。

三、眼保健操

（一）眼保健操的作用

在飞机飞行过程中，很多旅客会选择闭目休息。做眼保健操可缓解睫状肌紧张，消除视力疲劳，使旅客更好地休息。

（二）眼保健操的具体步骤

1）闭目入静。坐姿或站姿。双脚分开与肩等宽，双臂自然下垂，身体保持正直，全身放松，两眼轻闭。

2）按压睛明穴。双手食指分别按压双侧睛明穴，其余手指呈握拳状，每拍按压1次。

3）按揉太阳、攒竹穴，抹刮眉弓。第一、二个八拍，双手拇指按揉太阳穴，食指按揉攒竹穴，每拍按揉1次。第三、四个八拍，双手食指弯曲，余指握拳，由眉毛内端向外抹刮，每2拍抹刮1次。

4）按压四白穴。先把左、右食指和中指并拢对齐，分别按压在鼻翼上缘的两侧，然后食指不动，中指和其他手指缩回呈握拳状，食指所在的位置便是四白穴。每拍按压四白穴1次。

5）捻压耳垂。双手拇指和食指分别夹住耳垂，每拍捻压1次。

6）转动眼球。第一、二个八拍眼球沿逆时针方向转动，转动顺序为上、左、下、右。第三、四个八拍眼球沿顺时针方向转动，转动顺序为上、右、下、左。每拍转动一个方向。

> **同步思考 5-10**
>
> **"高空"眼保健操**
>
> 为了促进青少年的视力健康，中国南方航空海南分公司客舱部全国青年文明号"含笑"乘务组决定在CZ6709航班上引导各位旅客一起做眼保健操。乘务长吴悠进行了广播介绍后，立刻有小朋友积极响应，表示自己已经会做了，愿意教其他旅客一起做。客舱内响起了熟悉的音乐，有了小朋友和乘务员的带领指导，很多成年旅客也加入了做眼保健操的队伍，并且做得有模有样。眼保健操结束后，仍然有旅客在坚持眼部按摩，并表示此项举措十分有意义，对乘务组做出了肯定，表示今后要多加关注青少年视力健康，从自身做起！
>
> 资料来源：民航资源网

任务三　手指放松活动

在客舱内，旅客久坐后会感觉疲乏、肌肉酸痛。练习手指放松操可以缓解长期保持同一姿态造成的肌肉酸痛、关节僵硬。动动手指，赶走疲劳、恢复活力、精神百倍。

一、手指放松操的作用

乘务员可以利用机上时间，用手指放松操帮助旅客放松身体，高效进入松弛状态，进而带走负面情绪与压力。运动能使更多的血液和氧气被运送到大脑，使大脑变得清醒。同样，规律的手指放松操也可以缓解旅客的焦虑情绪，从而更有效地放松休息，保持愉悦心情。

二、手指放松操的具体步骤

（一）消除焦虑手指操

选择一个舒适的姿势，坐姿或卧姿，双眼平视前方，双眼微闭，然后逐渐放松肌肉、眼睛、颈部、肩部、肘部，以身体有下沉感为宜。

捏虎口。用左手拇指、食指捏右手虎口，再用右手拇指、食指捏左手虎口，各10次。这个动作有强化手部功能，缓解焦虑、烦闷的作用。

用右手拇指与食指夹揉按摩左手的每根手指，要按照从指根到指尖的方向按揉。双手掌心相对，用力内推；再把双手手指交叉，用力下推。各保持10~20秒。左手掌心向上，右手拇指由掌根部向手指方向推压掌心，重复10次。

（二）缓解压力手指操

左手自然伸平，右手拇指从手掌方向放在左手中指上，右手的其他手指放在左手背上，与拇指一起轻轻挤压左手中指。然后，用同样的方法挤压右手。右手拇指从手掌方向放在左手无名指和小指上，右手其他手指放在左手背上，和拇指一起轻轻挤压左手的无名指和小指。然后，用同样的方法挤压右手。右手拇指从手掌方向放在左手食指和中指上，右手其他手指放在左手背上，和拇指一起轻轻挤压左手的食指和中指。然后，用同样的方法挤压右手。

（三）双手手指游戏操

双手做不同的动作，可以有效刺激大脑，而且效果更好。"枪打老虎"就是一款经典的双手手指游戏操。练习时，用直立的四指代表"老虎"，八字手形代表"枪"。左右手交替扮演"老虎"和"枪"。

刚开始练习时，动作尽量做得慢一些，熟练后再提高速度，还可以尝试编排动作更多的小游戏。扮演"老虎"的手，拇指一定要弯曲。

课程思政小红星

换位思考，传播社会正能量

服务人员除了保持自身良好情绪，还要能识别旅客情绪，为旅客提供暖心服务，提高旅客乘机满意度。服务人员在服务中要学会换位思考，体察旅客情绪，传播社会正能量，坚持真情服务理念。几十年如一日的服务更需要服务人员学习和发扬劳模精神，助力民航强国建设。

换位思考

在服务过程中，服务人员应提升服务敏感度。面对旅客时要尽量换位思考，想旅客之所想，急旅客之所急，争取大部分旅客的理解和支持。

如果无法满足旅客需求，则更应注意说话的语气及方式，站在旅客的角度思考问题，避免给旅客带来不好的乘机体验。同时要加强对客舱的巡视，及时、主动地发现旅客的需求，满足旅客的要求。细微服务要贯穿始终。例如，乘务员在巡视客舱时细心地发现旅客用完餐后无法收起小桌板而带来不便，立即帮旅客解决问题，并主动询问旅客是否还有其他需求，这样就会将服务隐患及时消除。

真情服务

只有努力用真情打造民航服务品牌，才能真正扛起中国交通运输业的服务标杆这面旗帜，才能真正让人民群众更加安心、放心、舒心地出行。"飞行安全、廉政安全、真情服务"是民航发展必须坚守的三条底线。真情服务是民航作为服务行业的本质要求，是全心全意为人民服务宗旨的根本体现，是坚持飞行安全、廉政安全的出发点和终极目标。这既是在民航发展新阶段落实"人民航空为人民"的需要，更是民航全行业各单位"全心全意为人民服务"的具体体现。要不遗余力补齐"服务品质"这块短板，实现社会满意、人民满意的民航行业发展目标。

劳模精神

劳模精神是爱岗敬业、争创一流、艰苦奋斗、勇于创新、淡泊名利、甘于奉献的劳动模范的精神。民航领域涌现出一批批劳模，他们为中国民航事业做出突出贡献，在民航发展中起到重要作用。"劳动模范"不仅仅是一项荣誉，更是一种责任、一种坚守。他们坚定信念、树立理想，在平凡的工作岗位上扎实工作、精益求精，为了梦想拼搏奋斗。他们身上耀眼的光芒，来自几十年如一日的默默坚守。作为一名未来的民航人，要不断学习劳模爱岗敬业、艰苦奋斗、淡泊名利、甘于奉献的精神，要用实际行动不断践行劳动者的无悔担当，为民航强国建设添砖加瓦。

知识巩固

一、知识题

（一）填空题

1. _____是指人对客观事物是否满足自身需要产生的态度体验。
2. 情绪 ABC 理论中的 ABC 分别指：A_____、B_____、C_____。
3. 情绪心理构成的一个重要层面就是情绪的外部表现，它主要指表情，这种表情包括_____表情、_____表情和_____表情。

（二）判断题

1. 空中减压操能够使旅客缓解疲劳、放松肌肉、心情愉悦。（　　）
2. 有效处理旅客情绪问题的第一原则就是向旅客解释目前的情况，先说完自己的处理原因。（　　）

二、简答题

1. 有哪些方法可以安抚旅客情绪？
2. 情绪放松方法包括哪几种？

技能训练

1. 旅客乘坐长途航班容易过度疲劳，头、腰、脖颈等部位容易僵硬，滋生烦躁情绪。请以小组为单位，根据客舱空间与人体结构知识，设计一套机上减压操。要求挑选合适的音乐，合理设计动作，配合必要的讲解词，并在课堂上分享。

2. 请以小组为单位，收集从订机票到航班落地离开机场的整个服务流程中可能导致旅客出现消极情绪的痛点，分组头脑风暴，提出可能的解决办法。去校外实践基地实地考察和实践，寻找有问题的服务环节，总结舒缓旅客情绪的办法，完成如表 5-1 所示的表格。各组交换答案，讨论互评。

表 5-1 服务流程中的痛点与解决办法示例

序号	服务环节	痛 点	引起的消极情绪	解 决 办 法
1	机场大巴	机场大巴到达乘车站点的时间不明确	焦虑、紧张、急躁	在各站点醒目位置张贴机场大巴乘车时刻表；在机场大巴的相关服务 App 上提供乘车时刻表查询服务
2	机场问询台	服务人员不能准确说出某航空公司值机柜台的具体位置	失望、急躁、厌恶	在机场问询台准备机场内各服务单位的导览图；服务人员加强业务培训；设置机场广播，循环播报各服务单位的位置信息

模块六

客我交往心理与民航服务

学习目标

知识目标
- 理解客我交往的概念与特征;
- 熟悉客我交往形式;
- 掌握建立客我关系的方法与技巧。

能力目标
- 能够结合客我交往心理特点,在客票服务、值机服务、候机服务、空勤服务、行李提取服务等不同服务场景进行有效交往与沟通。

素质目标
- 树立民航服务人员职业道德规范,培育真情服务、以人为本、周到服务的劳模理念和劳模精神。

模块六　客我交往心理与民航服务

思维导图

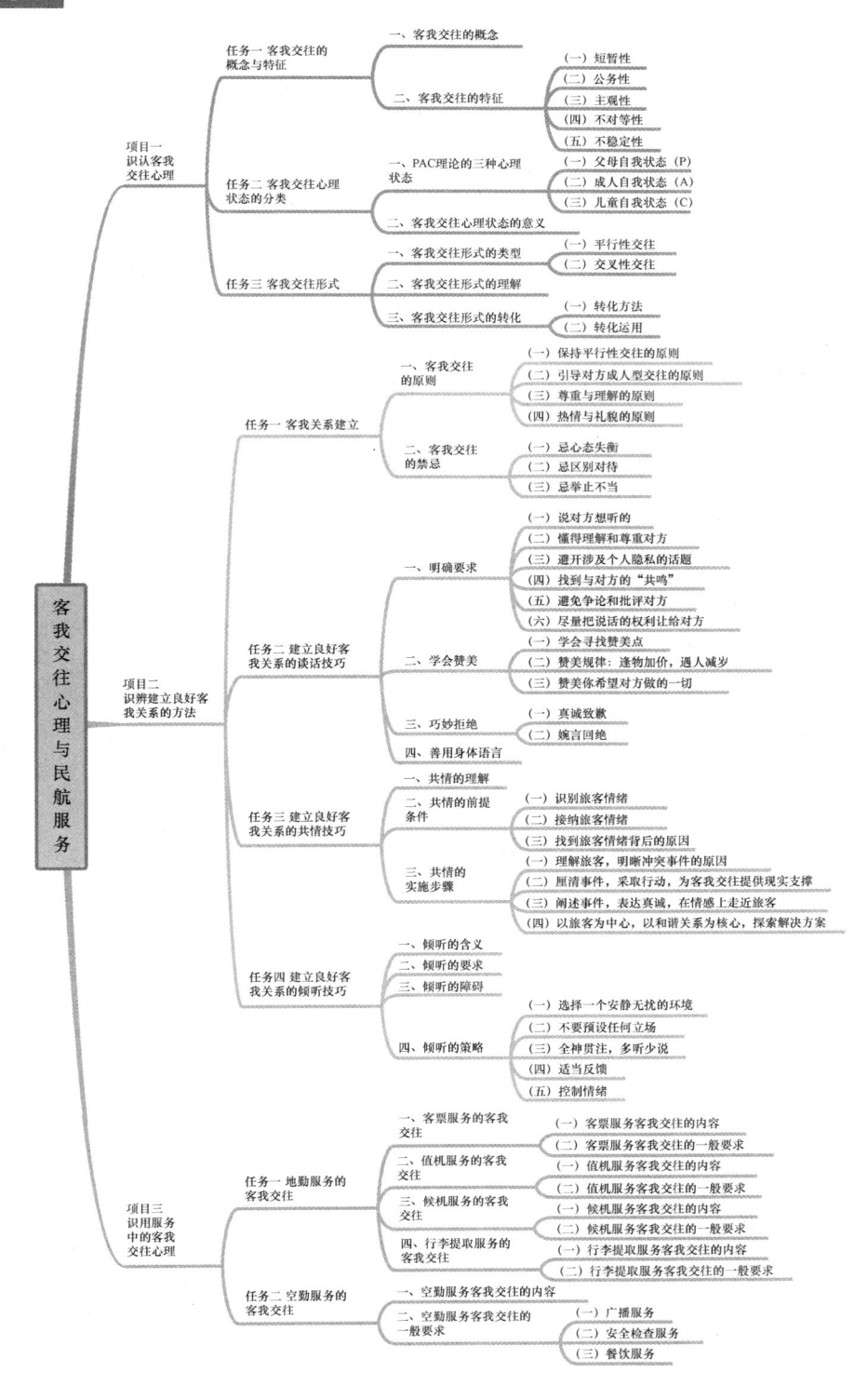

客我交往心理与民航服务
- 项目一　识认客我交往心理
  - 任务一　客我交往的概念与特征
    - 一、客我交往的概念
    - 二、客我交往的特征
      - （一）短暂性
      - （二）公务性
      - （三）主观性
      - （四）不对等性
      - （五）不稳定性
  - 任务二　客我交往心理状态的分类
    - 一、PAC理论的三种心理状态
      - （一）父母自我状态（P）
      - （二）成人自我状态（A）
      - （三）儿童自我状态（C）
    - 二、客我交往心理状态的意义
  - 任务三　客我交往形式
    - 一、客我交往形式的类型
      - （一）平行性交往
      - （二）交叉性交往
    - 二、客我交往形式的理解
    - 三、客我交往形式的转化
      - （一）转化方法
      - （二）转化运用
- 项目二　识辨建立良好客我关系的方法
  - 任务一　客我关系建立
    - 一、客我交往的原则
      - （一）保持平行性交往的原则
      - （二）引导对方成人型交往的原则
      - （三）尊重与理解的原则
      - （四）热情与礼貌的原则
    - 二、客我交往的禁忌
      - （一）忌心态失衡
      - （二）忌区别对待
      - （三）忌举止不当
  - 任务二　建立良好客我关系的谈话技巧
    - 一、明确要求
      - （一）说对方想听的
      - （二）懂得理解和尊重对方
      - （三）避开涉及个人隐私的话题
      - （四）找到与对方的"共鸣"
      - （五）避免争论和批评对方
      - （六）尽量把说话的权利让给对方
    - 二、学会赞美
      - （一）学会寻找赞美点
      - （二）赞美规律：逢物加价，遇人减岁
      - （三）赞美你希望对方做的一切
    - 三、巧妙拒绝
      - （一）真诚致歉
      - （二）婉言回绝
    - 四、善用身体语言
  - 任务三　建立良好客我关系的共情技巧
    - 一、共情的理解
    - 二、共情的前提条件
      - （一）识别旅客情绪
      - （二）接纳旅客情绪
      - （三）找到旅客情绪背后的原因
    - 三、共情的实施步骤
      - （一）理解旅客，明晰冲突事件的原因
      - （二）厘清事件，采取行动，为客我交往提供现实支撑
      - （三）阐述事件，表达真诚，在情感上走近旅客
      - （四）以旅客为中心，以和谐关系为核心，探索解决方案
  - 任务四　建立良好客我关系的倾听技巧
    - 一、倾听的含义
    - 二、倾听的要求
    - 三、倾听的障碍
    - 四、倾听的策略
      - （一）选择一个安静无扰的环境
      - （二）不要预设任何立场
      - （三）全神贯注，多听少说
      - （四）适当反馈
      - （五）控制情绪
- 项目三　识用服务中的客我交往心理
  - 任务一　地勤服务的客我交往
    - 一、客票服务的客我交往
      - （一）客票服务客我交往的内容
      - （二）客票服务客我交往的一般要求
    - 二、值机服务的客我交往
      - （一）值机服务客我交往的内容
      - （二）值机服务客我交往的一般要求
    - 三、候机服务的客我交往
      - （一）候机服务客我交往的内容
      - （二）候机服务客我交往的一般要求
    - 四、行李提取服务的客我交往
      - （一）行李提取服务客我交往的内容
      - （二）行李提取服务客我交往的一般要求
  - 任务二　空勤服务的客我交往
    - 一、空勤服务客我交往的内容
    - 二、空勤服务客我交往的一般要求
      - （一）广播服务
      - （二）安全检查服务
      - （三）餐饮服务

项目一　识认客我交往心理

案例导引

2018年8月16日，在某航班旅客登机过程中，乘务员发现一名旅客身上插着胃管，立即上前询问，得知该旅客是一名乳腺癌患者，一周前刚刚做完手术，术后恢复情况良好，并向乘务员出示了医生开具的"适宜乘机证明"。乘务长了解情况后，将情况报告机长，机长决定，同意该旅客乘坐飞机。

该旅客的座位号是25K，位于客舱的中后部，乘务长叮嘱该区域的乘务员全程既要多关注这位特殊的旅客，又要避免让她感觉不自在。同时，为了尽量减少该旅客在飞行过程中可能出现的不适，乘务员主动为该旅客送去了枕头、毛毯和温水，还耐心询问该旅客客舱温度是否适宜，有无其他身体不适，是否有需要乘务员协助的事情，等等。一路上，乘务员始终默默地关注着该旅客，总是恰到好处地为她提供帮助，令该旅客深受感动，连连道谢。

在抵达目的地之前，乘务组思量着如何做才能够让该旅客对未来的生活充满希望，最后决定在一张明信片上写下全体机组人员对该旅客的温暖寄语，并由乘务长亲自将这张饱含着全体机组人员深情的明信片送给了该旅客。该旅客看到后非常感动，眼里泪光闪烁，激动地再次对乘务组表示感谢。

资料来源：《2018年度国航湖北分公司客舱服务部案例集》

服务是人与人的交流，是一次心灵体验的过程。美好的服务能让人身心愉悦、如沐春风。也许是一个发自内心的微笑，也许是一句温暖贴心的话语，也许是一个毫不起眼的细节，也许是一次雪中送炭的帮助……都会给旅客留下深刻的印象。而服务成功的秘诀就在于洞察客我交往心理，满足旅客需求。在民航服务工作中如何看待客我交往心理，如何形成积极有效的客我交往形式，是本模块探讨的重点。

任务一　客我交往的概念与特征

客我交往心理是客我交往过程中的一种心理状态。民航服务效果主要取决于服务人员，他们是代表民航企业来接待旅客的。处理好客我关系，既是旅客满意的必要前提，也是民航企业蓬勃发展的有力保障。

一、客我交往的概念

在民航服务过程中，客我交往是人际关系的一种特殊形式，是指服务人员与旅客为了沟通思想、交流感情、表达意愿、解决旅途中共同关心的某些问题，而相互施加影响的过程。

二、客我交往的特征

在民航服务中，由于服务人员的特定角色和旅客的特殊性，民航服务中的人际关系具有一定的限制与约束。具体而言，客我交往的特征表现为以下五个方面。

（一）短暂性

由于民航服务本身的特点，旅客从购票、候机、登机、飞行直至到达目的地，一般时间不会太长，形成了民航服务交往频率高、时间短的活跃局面。尽管旅客在机场候机的时间比较长，但客我交往的时间比较少，相互沟通、了解的机会也极少。这一特征要求服务人员应注意给旅客留下良好的第一印象。

（二）公务性

在一般情况下，服务人员与旅客的接触应只限于旅客需要服务的时间和地点，否则就是一种打扰旅客的违规行为。客我之间的接触只限于具体的服务项目，而不应涉及个人关系。由于客我交往的短暂性，服务人员更不可能了解旅客的全部情况。因此民航服务中的客我交往，主要是公务上的需要，而不是个人感情、兴趣爱好等方面的需要。

（三）主观性

由于服务人员和旅客心理上的独立性，双方往往在一些问题上出现意见不一致的情况。对于如何处理这些问题，交往主体常常根据自己的经验和已掌握的信息进行主观判断和认定，这就容易违背客观实践性原则，影响交往的效果。

（四）不对等性

民航服务中的客我关系不同于日常生活中的人际交往关系。日常生活中的人际交往关系是对等和平等的，交往主体可以自愿选择交往客体，也可以自愿结束一种交往关系。而服务过程中客我之间的接触通常是一种不对等的过程。这种不对等的接触，指的是只有旅客对服务人员下达指令、提出要求，而不存在相反过程的可能，因此客我关系处于一种不对等的状态。一些传统观念较强的服务人员常常由于不能正确理解和处理这种不对等关系而陷入自卑或逆反心理，对民航企业管理和服务造成消极影响，不利于民航企业的发展。

（五）不稳定性

民航服务是一种面对面的交往活动，由于服务人员在个人素质、能力、性格上的差异及旅客社会地位、经济状况、文化背景和情绪变化的区别，同一服务人员在不同的时间、地点，向不同的旅客提供同一服务项目，往往产生截然不同的服务效果。同样，同一旅客在不同时间、地点，接受同一服务人员提供的服务项目，通常也有不同的感受和评价。这就导致客我交往的结果具有不稳定性。

任务二　客我交往心理状态的分类

人们在交往中，其心理状态是各不相同的。心理状态是指人在某时刻的心理活动水平。心理状态犹如心理活动的背景，心理状态不同，交往活动也表现出很大的差异性。在民航服务工作中，旅客主要有三种不同的心理状态，它们特色鲜明，在很大程度上影响着客我交往的效果。

一、PAC 理论的三种心理状态

根据心理学家埃里克·伯恩提出的"人际相互作用分析"的人格理论，在人际交往中，在不同的情境下，人们会表现出不同的心理状态，分别是父母自我状态（Parent，简称 P）、成人自我状态（Adult，简称 A）及儿童自我状态（Child，简称 C）。父母自我状态体现的是命令或慈爱，儿童自我状态体现的是任性或顺从，成人自我状态体现的是理智。在任何情境下，人们的行为都会受到这三种状态或其中之一的支配。

（一）父母自我状态（P）

父母自我状态以权威和优越感为标志，通常表现为统治、训斥、责骂等家长制作风。当一个人的人格结构中 P 成分占优势时，其行为表现为凭主观印象办事，独断专行，滥用权威。这种人讲起话来总是"你应该……""你不能……""你必须……"

（二）成人自我状态（A）

成人自我状态表现为注重事实根据，善于进行客观理智的分析。处于这种状态的人能从过去存储的经验中估计各种可能性，然后做出决策。当一个人的人格结构中 A 成分占优势时，其行为表现为待人接物冷静，慎思明断，尊重别人。这种人讲起话来总是"我个人的想法是……""依我看……"

（三）儿童自我状态（C）

儿童自我状态像婴幼儿的冲动，表现为服从和任人摆布，一会儿逗人可爱，一会儿乱发脾气。当一个人的人格结构中 C 成分占优势时，其行为表现为遇事畏缩，感情用事，喜怒无常，不加考虑。这种人讲起话来总是"我猜想……""我不知道……"

心理状态没有好坏之分，只是在某种场合下，一种心理状态可能比另一种心理状态更合适，更能被对方接受。

> **课堂互动 6-1**
>
> 请同学们以小组为单位，分析以下对话中售票员与旅客的心理状态，说说不同心理状态的表现形式及影响。
>
> 在一家航空公司的售票窗口，一位旅客对售票员迟迟不来为他服务大为不满，大声嚷道："怎么还不卖票？你磨蹭什么呢！"
>
> 售票员听了他的话很反感，不客气地回敬他一句："你嚷什么呀，没看见我正忙着吗？"两个人就为这件事争吵起来。
>
> 在争吵中，旅客说："你知道吗？我是你们的顾客，你这个售票员怎么能这样跟我说话？"
>
> 售票员说："怎么啦？你是人，我也是人，你能这么说，我就能这么说！"两个人的争吵愈演愈烈。
>
> 资料来源：《民航服务心理学》

二、客我交往心理状态的意义

民航服务在大多数情况下是服务人员为旅客提供的面对面服务，由于客我角色的不对等，服务时的客我交往是种特殊且复杂的人际交往。面对形形色色并有着各自喜怒哀乐的旅客，服务人员应当练就一双"火眼金睛"，在短时间内了解旅客的心理状态，并及时调整好自己的心理状态，用最佳的心理状态与旅客交往，运用合适的服务语言，采取正确的服务行动，从而取得较好的服务效果。

任务三　客我交往形式

根据 PAC 理论，在人际交往中，每个人的行为都会受到三种心理状态或其中某种心理状态的影响。在民航服务工作中，服务人员与旅客不同的心理状态会形成不同的客我交往形式，产生截然不同的影响。服务人员应通过心理状态的调整与把握转换客我交往形式，实现客我交往目的。

一、客我交往形式的类型

一般来说，客我交往形式分为平行性交往和交叉性交往。

（一）平行性交往

平行性交往是指双方都以对方期待的心理状态做出反应，交往双方的行为符合对方的心理需求，相互作用是呼应的，所以交往双方情绪愉快，关系融洽，交往能顺利进行。

在客我交往中，A对A、P对C、P对A、A对P、C对P、C对A均属于平行性交往。

1. A对A

这种交往类型具体表现为成人型的提议式对成人型的赞同式交往。双方都能以理智的态度对待对方。在这种交往形式中，旅客和服务人员都能心平气和地交流，很顺利地完成沟通，圆满完成服务过程。举例如下。

旅客："为了工作需要，能不能帮我把座位调换一下？最好帮我换到21A座。"

服务人员："好的，我和21A座的旅客沟通一下，尽快给您答复！"

2. P对C

这种交往类型具体表现为父母型的命令式对儿童型的服从式交往。双方表现出权威和服从的行为，即一方对待另一方时以长者自居，另一方也能服服帖帖。这种交往形式在民航服务过程中是经常出现的，不对等的客我关系要求服务人员表现出谦恭的态度和乐意为旅客服务的行为。举例如下。

旅客："这次的客舱服务如果没有改进，你就要挨批评，我也不来你们这里了。"

服务人员："如果做不到，我就甘愿接受批评，还请您多提宝贵意见！"

3. P对A

在这种交往类型中，一方以理智对待另一方，但另一方则以高压方式对待他，这在客我之间经常发生。服务是一种工作角色，所以服务人员一定要明确这种角色定位，冷静客观地看待旅客的行为，理智而心平气和地服务旅客。举例如下。

旅客："限你们在5分钟内办完行李托运手续，如果办不到，我们就走！"

服务人员："今天旅客比较多，行李也比较多，所以速度有点慢了，请您原谅，我们尽快办完！"

4. A对P

这种交往类型具体表现为成人型的提议式对父母型的命令式交往。一方表现为有理智，但又担心自己控制不住自己。为此，一方经常要求另一方担任P的角色，起到对一方的监督和防范作用。在这种交往形式中，服务人员要熟悉旅客的脾气秉性，能够察言观色地配合旅客。举例如下。

某熟客："我比较喜欢喝酒，就是怕又喝多了，你一定要管住我啊！"

服务人员："我一定管住您。"

5. C对P

这种交往类型具体表现为儿童型的自然式对父母型的慈爱式交往。一方表现为孩子脾气，任性或无助，而另一方则表现出父母慈爱的一面。在旅客面对困难或情绪激动时，服务人员要善于理解旅客，表现出包容、关切的态度缓和旅客情绪。举例如下。

旅客丢失了结婚戒指，说："就是在你们客舱卫生间丢失的，你们有责任，说不定被你们乘务员拿了，你们一定要交出来！"

服务人员："小姐，请不要着急，我们非常理解您的心情，我们会想办法帮助您的。"

6. C对A

在这种交往类型中，一方表现为孩子脾气，而另一方则表现为冷静理智。在这种交往形式中，服务人员要接纳旅客的情绪，表现出同情心和歉意，并客观、冷静地给予帮助。举例如下。

旅客："我就是要一条毛毯，别的我都不管，你无论如何都要给我安排好！"

服务人员："飞机上毛毯的数量有限，已经全部发完了。我们给您想想办法，帮您调高一些客舱的温度，把通风口调小一些，或者给您倒杯温水好吗？"

（二）交叉性交往

交叉性交往指双方做出的反应与对方期待的心理状态不符，即双方的行为不符合对方的心理需求，交往发生了困难，或彼此间发生了冲突，交往双方情绪不愉快，出现关系紧张。交叉性交往主要包括P对P、C对C、A对C三种。

1. P对P

这种交往类型具体表现为父母型的命令式对父母型的命令式交往。双方都表现出一种颐指气使的武断。在这种交往形式中，旅客命令和使唤服务人员的权威若遭到服务人员的抵制，则很容易引起不满情绪。举例如下。

旅客："乘务员，帮我倒杯水来。"

服务人员："你没看见我正忙着吗？找别人干去吧！"

2. C对C

这种交往类型具体表现为儿童型的自然式对儿童型的自然式交往。在这种交往形式中，双方都易诉之于感情，表现为感性和冲动。在这种交往形式中，旅客和服务人员都处在儿童型的情感的自然宣泄中，只会使火药味更加浓重，情绪更加激动。举例如下。

旅客："我以后再也不坐你们公司的航班了，我要投诉你，到乘务长那里投诉你，到消协投诉你！"

服务人员："投诉，你去投诉啊，谁怕谁啊！"

3. A对C

在这种交往类型中，一方讲理智，而另一方却感情用事。在这种交往形式中，旅客以成人型心理状态控制和调节自己，会使服务人员逐步进入成人型心理状态；服务人员如果不改变心理状态，继续感情用事，则很有可能刺激旅客心理状态由理智的成人型模式向父母型或儿童型模式转变，将激化矛盾。举例如下。

旅客："能不能快一点啊，以前登机速度都很快，今天怎么这么慢，怎么回事呢？"

乘务员："又不是您一个人等着，我还不是想快点，但我能有什么办法？"

二、客我交往形式的理解

第一，客我交往中双方的心理状态存在多种交互作用。有时是平行的，如A对A、P对C、P对A、A对P等；有时是交叉的，如P对P、C对C、A对C等。第二，客我心理状态的不匹配导致交往不畅。在交往中，较为和谐的交往形式是对等的平行性交往（如A对A的成人理智型交流）和相匹配的互补型交往（如P对C，父母的权威对儿童的顺从）。而另一些则是不和谐的交往（如C对C，双方都是儿童的任性状态），当出现不协调的心理状态时，双方容易发生误解和矛盾，可能导致交流的中断和冲突的产生。第三，客我心理状态是相互影响且可以转换的，服务人员的不良心理状态会对旅客施加影响，并改变对方的心理状态。例如，服务人员以命令的口气、生硬的态度、欠妥的方式与旅客交流，旅客的心理状态多会转化为P状态，继而对服务人员进行指责，甚至谩骂，双方可能就会发生争吵。此时，客我双方又从P对P转入了C对C心理状态。

如果双方的态度都温和一点，表达的方式都理智一点，则完全可以避免不良行为发生。在民航服务工作中，当服务人员发现旅客的不良心理状态时，正确的做法是调整自己的心理状态，运用好人际沟通技巧，使双方的心理状态能够匹配，使交往顺畅进行。

三、客我交往形式的转化

客我交往形式有平行性的，也有交叉性的。平行性的交往形式有助于交往双方达成目的，而交叉性的交往形式则会使沟通双方陷入僵局。因此，在实际的民航服务工作中，服务人员要识别旅客的心理状态，调整自身心理状态，实现客我交往形式的转化，达成交往目的。

（一）转化方法

首先，服务人员要调整自身心理状态。服务人员不能要求旅客用哪种心理状态交流，但是可以用自己的心理状态去影响和引导旅客。如果要旅客表现出"顺从型"行为，服务人员就要用"慈爱型"行为去引导。如果用训导的"权威型"行为去"压"旅客，换来的只会是旅客用反叛的"任性型"行为去"顶撞"。要引导出旅客的"理智型"行为，必须化解其盛气凌人的"父母自我"和蛮不讲理的"儿童自我"；面对"父母自我"的"压"，不能简单地"屈从"或"顶撞"；面对"儿童自我"的"闹"，不能简单地"迁就"或"压制"。遇到以上情况，应采用两步反应法，即"先接受再说"。如果旅客自以为是、盛气凌人，为了让旅客的"父母自我"得到满足，服务人员应先扮演"乖孩子"表现出顺从，同意旅客的意见，接纳旅客的情绪，让旅客的情绪得到缓和。如果旅客感情冲动，不讲道理，为了让其任性的"儿童自我"得到满足，服务人员应先扮演好"慈爱父母"的角色，理解和接受旅客。做好第一步"接受"，避免客我冲突，从而为"再说"赢得时间和机会。

其次，服务人员在服务中要学会观察和分析旅客的心理状态。要和旅客"讲理"，只能和旅客的"成人自我"去"讲理"，当观察到旅客并未处于通情达理的"成人自我"状态时，不要急于解释。要准确地认清旅客的心理状态，敏锐冷静地思考，适时采取灵活的应对模式，以圆满完成对客服务，提高旅客的满意度。

（二）转化运用

下面以一组民航服务客我交往冲突为例进行转化适用。

1. 转化前：交叉性交往——必定引发冲突的对话

旅客："我都按了半天呼唤铃了，你怎么才过来？你们这是什么服务啊？"（P对C）

乘务员1："不好意思，请问您有什么需要？"（A对A）

旅客："现在才过来，难道我们坐在经济舱的旅客就要这么被忽视吗？"（P对C）

乘务员1："我有说过忽略经济舱的旅客吗？"（P对C）

旅客："那为什么现在才过来？"（P对C）

乘务员1："这么多旅客都按了呼唤铃，我不是一直都忙着吗？"（P对C）

旅客："你这什么态度？谁敢用这个口气跟我说话？"（C对C）

乘务员1："我就这个态度。我也第一次见到你这样的人。"（C对C）

2. 转化后：平行性交往——寻求合作的对话

在上述对话中，将P对C转换为C对P，再切换到A对A，即采用C对P应对旅客的P对C缓解矛盾，再用自身的A激发对方的A。看看效果如何？

旅客："我都按了半天呼唤铃了，你怎么才过来？你们这是什么服务啊？"（P对C）

乘务员2："不好意思，请问您有什么需要？"（A对A）

旅客："现在才过来，难道我们坐在经济舱的旅客就要这么被忽视吗？"（P对C）

乘务员2："先生，虽然今天满客而导致对您的服务需求不能及时响应，但您的批评我诚恳接受，希望您别生气，我代表机组人员向您赔个不是。"（C 对 P）"您这么急着找我们，肯定有什么急事对吗？"（A 对 A）

旅客："没什么，太冷了，想要条毛毯。"（A 对 A）

乘务员 2："好的，我马上去找，马上为您提供好吗？"（A 对 A）

旅客："好！"（A 对 A）

> **课堂互动 6-2**
>
> 请同学们两两一组，分别扮演乘务员和旅客，模拟演练上述不同的对话场景，讨论在实际的服务场景中如何实现不良交往形式的转化。

P 对 C 或 C 对 C 都是不良交往形式，其结果是将不良心理状态转化为不良行为，造成严重后果。PAC 理论就是一种沟通技巧，特别适合在民航服务客我交往过程中帮助改善人际关系。

项目二　识辨客我关系的方法

案例导引

> 从重庆到广州的某航班，旅客还在登机，一名旅客一上机就提出要见当班乘务长。乘务长凭着多年的经验，立即意识到旅客可能在地面遇到了不顺心的事情，于是面带微笑地来到旅客身边，耐心询问旅客。原来，这名旅客因为在候机楼购物，没听到地服登机广播，所以没赶上原定的航班，于是怀着满腹怨气登上了本次航班，并表示要在相关媒体上投诉。虽然旅客并不是对自己的航班提出不满，乘务组也没有任何责任，但乘务长想的却是：如果我是旅客，漏乘了航班，我也会生气的。站在旅客的角度想问题、看问题，是她多年来养成的服务习惯。她认为，只有把自己当作旅客，才更愿意去满足旅客的服务需求。于是她真诚地对旅客说："今天让您旅途心情不好，我们真的很抱歉。"然后面带笑容将旅客带到座位上，亲自端来一杯热茶。在随后的整个客舱服务过程中，乘务长一直重点关注这名旅客，每次巡舱时都要主动来到这名旅客身边，询问他是否有服务需要，同时先后致歉了三次。旅客下机时主动找到乘务长说："我原本想下机就去投诉，但你的服务让我怒气全消。我今天亲身感受到了你们的服务精神，真的很佩服。"
>
> 资料来源：《民航服务沟通技巧》

真情服务无处不在，需要付出真心，以心换心。践行真情服务需要关注旅客的心理需求，需要在把握旅客心理状态的基础上建立良好的客我关系。建立良好的客我关系必须遵循客我交往的原则，讲究方法，包括谈话技巧、共情技巧和倾听技巧。

任务一　客我关系建立

民航服务工作要顺利开展，既需要旅客的积极配合，也需要建立良好的客我关系。而良好客我关系的建立要遵循客我交往的原则，避免触犯客我交往的禁忌。

一、客我交往的原则

为了客我交往的顺利进行，为旅客提供满意的服务，服务人员在服务工作中，无论遇到什么类型的旅客，都应调整好自己的工作状态，冷静理智地与其交往。在交往中主要遵循以下原则。

（一）保持平行性交往的原则

服务人员要努力使自己的心理状态与旅客的心理状态相呼应，保持良好的平行性交往。在日常工作中，需要细心观察旅客的言谈举止，通过各种途径来分析判断旅客的心理状态及心理需求。根据旅客的个性特征和心理状态，通过敏锐的观察，主动提供准确的服务，及时为旅客提供超前的个性化服务，提高旅客的满意度。

（二）引导对方成人型交往的原则

在服务过程中，要善于引导旅客的心理状态向成人型心理状态转变。在客我交往中，服务人员常会遇到父母型命令式行为，在这种心理状态下，旅客可能表现出责骂、支配、独断专行的权威式行为，这时服务人员会觉得自尊心受到伤害。此时，服务人员要抛开旅客的不良影响，通过灵活的语言沟通技巧引导对方进入成人型道歉式或提议式的交往形式。

如果旅客正处于儿童型的心理状态，表现出情绪激动、任意宣泄的自然式行为，服务人员就应采取父母型的慈爱式行为与其保持平行性交往，缓和旅客的情绪，满足其心理需求，然后引导旅客进入成人型交往。

（三）尊重与理解的原则

进入民航企业的旅客，只有受到应有的尊重与理解，才会对民航企业及服务人员产生好感。民航企业服务的特殊性决定了客我角色的不对等关系，服务人员在客我交往中必须以旅客需求为中心、尊重旅客、关心旅客，充分满足旅客的合理要求，这样才能形成和谐、友好的人际关系。

（四）热情与礼貌的原则

"礼貌待人是交往的明信片"，热情又有礼貌的服务人员会让旅客发自内心地感到温暖、愉快、满意。旅客对民航企业和服务人员有了积极的态度体验，就会产生信任，这是双方交往顺利进行的重要手段。

二、客我交往的禁忌

（一）忌心态失衡

作为民航服务人员，在服务过程中不要患得患失，心态失衡。既不要感觉低人一等，也不要显得傲慢无礼，要保持平和的心态。

现代社会生活是丰富多彩的，在不同的时间和空间里，人们扮演的角色在不断转变，服务与被服务的角色也会因时间和空间的不同而变化。因此，服务人员必须有正确、平和的心态，不要心态失衡。

（二）忌区别对待

尽管旅客的身份、地位、年龄、健康状况不一样，服务人员都应当一视同仁，不能区别对待。有的服务人员以貌取人，对盛装打扮的人格外殷勤，而对着装朴实的人低眼相看，不闻不问。有的服务人员看见熟人来乘坐飞机，就很客气，甚至勾肩搭背，长时间地大声交谈，而对普通旅客不尊重、不热情，这会使其他旅客产生不好的印象，认为服务人员唯亲是尊。还有的服务人员轻视残疾病弱的旅客，把他们当作负担，这是非常不好的，很有可能激怒旅客，影响客我交往的进一步进行，严重时还会影响民航企业的声誉。

（三）忌举止不当

服务人员在为旅客提供服务时，一定要注意自己的行为举止，切忌过于随意，严禁做出一些有可能干扰旅客或让旅客反感的行为。下列举止都是不当的。

1. 不卫生的举止

当着旅客的面挖鼻孔、擤鼻涕、掏耳朵，或者随意用自己的手或其他不洁之物接触旅客所用之物，都属于不卫生的举止。

2. 不文明的举止

服务人员的某些不文明的举止，如当众脱鞋、更衣、提裤子、穿袜子等，难免会给旅客留下不太好的印象。

3. 不敬的举止

对旅客指指点点，甚至拍打、触摸、拉扯、追逐、堵截对方，不仅有可能失敬于旅客，而且会对旅客形成一定程度的干扰，甚至令旅客心怀不满，影响良好客我关系的建立。

任务二　建立良好客我关系的谈话技巧

良好客我关系的建立过程就是一个沟通过程，在这个过程中，服务人员的说话方式、说话技巧直接影响客我关系的状态。服务人员应该如何去说，如何借助说与旅客建立良好的客我关系呢？明确要求、学会赞美、巧妙拒绝、善用身体语言就是应该掌握的谈话技巧。

一、明确要求

（一）说对方想听的

首先弄清楚对方想听什么，其次以对方感兴趣的方式表达，用对方乐意接受的方式倾听，控制情绪，积极、适时回应与反馈，确认理解，听完复述或澄清。

同步思考 6-1

说话的艺术

在供餐期间，由于飞机上只有两种热食可供旅客选择，当供应到某位旅客时，他所要的餐食品种刚好没有了。乘务员去找了一份头等舱的餐食拿给旅客，说："刚好头等舱多了一份餐食，我就给您送来了。"旅客一听，很不高兴，说："什么意思，头等舱吃不了的给我吃？我也不吃。"乘务员的好心得到的反而是旅客的不理解，可究其原因，还是我们没有掌握说话的技巧，即使要别人接受，也要让其高兴地接受。可以换个方式说："真对不起，您要的餐食刚好没有了，我将头等舱的餐食提供给您，希望您能喜欢。在下一段航程，我会首先请您选择餐食，我将非常愿意为您服务。"如何才能让对方乐意接受，如何才能让对方理解你的拒绝，都体现在说话的艺术中。

资料来源：民航资源网

（二）懂得理解和尊重对方

理解是交际的基础，只有在相互充分理解的基础上，彼此才能够心心相印，情投意合。尊重对方就要尊重对方的意见，在和对方沟通的过程中要善于听取对方的意见。理解和尊重对方，就要站在对方的角度和立场看问题或体会对方的感受和想法。

（三）避开涉及个人隐私的话题

每个人都有隐私，都有自己不愿公开的秘密。如果在公众场合谈论他人的隐私，不但会让人失去面子，还会阻碍彼此交际活动的进行。

（四）找到与对方的"共鸣"

每个人的性情和志趣都有很大不同，但也有共同之处。共同的兴趣和爱好、共同的目标和志向都能够使人走到一起。能否跟对方很好地沟通，很大程度上取决于能否找到与对方的"共鸣"。

（五）避免争论和批评对方

很多人喜欢争论，对一个问题或观点争得面红耳赤，大有针尖对麦芒之势。在跟对方沟通时，此举最不宜出现，否则可能直接导致沟通失败。善意的批评，一般人都能够接受，但绝大多数人还是比较喜欢听好听的话。因此，在没有完全了解对方的性格特点之前，最好不要对对方进行批评，以免沟通不欢而散。

（六）尽量把说话的权利让给对方

俗话说："沉默是金。"一个人的语言实际上就是他行为的影子，我们常因言多而伤人，"恶语伤人恨不消"。一个冷静的倾听者处处受人欢迎，且会不断了解许多事情；喋喋不休者则言多必失。在社会交际中，不说话也不行，但需说自己有把握的话，说温暖的话，说衷心的话，说能替人排忧解难的话。总之，一定要说恰当的话。

二、学会赞美

人们总是希望听到别人对自己的赞美，而不喜欢听到别人对自己的批评，这是人之常情。尤其在缺乏自信的时候，一句赞美就像一束阳光，可以让人感到温暖。在客我交往中，服务人员应很好地运用赞美这一工具，建立良好的客我关系。赞美要做到如下几点。

（一）学会寻找赞美点

只有找到贴切、闪光的赞美点，才能使赞美显得真诚而不虚伪。寻找赞美点的方法如下。

1）外在的、具体的，如穿着打扮（领带、手表、眼镜、鞋子等）、头发、身材、皮肤、眼睛、眉毛等。外在的、具体的可以称为"硬件"。例如，面对孕妇，服务人员可以这样说："您的身材保持得真好，一点都看不出已经怀孕六个多月了！"

2）内在的、抽象的，如品格、作风、气质、学历、经验、气量、心胸、兴趣爱好、特长、处理问题的能力等。内在的、抽象的可以称为"软件"。例如，面对旅客对服务项目的异议，服务人员可以说："一看就知道您经验丰富，非常感谢您给我们提供的宝贵意见。"

3）间接的、关联的，如籍贯、工作单位、邻居、朋友、职业、用的物品、养的宠物、下级员工、亲属等。间接的、关联的可以称为"附件"。"附件"具有间接赞美的作用。例如，服务人员与来自杭州的旅客寒暄，可以说："上有天堂，下有苏杭，杭州真是个好地方。"

（二）赞美规律：逢物加价，遇人减岁

服务人员在赞美旅客的物品时，适当提高价格，表示物超所值，旅客会觉得自己有眼光，没有吃亏。而如果贬低物品，旅客就会觉得你不尊重他。另外，大部分成人都很在意自己的年龄，希望自己显得年轻一些。因此，服务人员在与旅客交往时，适当地把对方讲得年轻一些，会让对方感觉特别舒服。这就是赞美规律逢物加价、遇人减岁的具体运用。

（三）赞美你希望对方做的一切

这是赞美的超级"必杀"技巧。建立对方的"自我心像"，你赞美对方是什么样的人，对方就会变成那样的人。例如，在对客服务中，面对旅客对餐食的质疑，适当解释说明，最后对旅客的建议表示感谢，这就是一种赞美。例如，服务人员可以说："王女士，非常感谢您对我们机上餐食工作的意见。我们会在第一时间将您刚才所提的意见和建议汇报给我们公司及航食公司，相信在您的督促与鼓励下，我们的餐食品质会有更大提升！衷心感谢您！"通过赞美表达我们愿意改进的诚恳态度，就能很好地消除旅客的质疑。

三、巧妙拒绝

在民航服务过程中，服务人员应尽量满足旅客合理而可能的需求，但不可能满足旅客的所有需求。在特定情况下，学会说"不"，掌握拒绝的沟通技巧就非常有必要。对于旅客提出的无理要求，服务人员要采用一定的拒绝技巧，做到措辞得当、态度诚恳且掌握一定的分寸，既回绝旅客的要求，又不让旅客尴尬。

（一）真诚致歉

被人拒绝是一件令人尴尬的事，所以拒绝旅客某些不合理要求时一定要真诚，即使要求不合理，也要委婉地说："真的很抱歉，没能帮上您的忙，还请您原谅。"这样旅客会比较容易接受。例如，个别旅客很喜欢飞机上的小毛毯或小碗，但民航企业规定这些东西是必须清点回收的，这时运用语言技巧进行拒绝必不可少。注意要耐心解释民航企业规章，不能因为旅客不知情而流露出对旅客的责备。

（二）婉言回绝

用委婉的方式从侧面拒绝或用模糊语言回避对方的锋芒。例如，乘务员手中正拿着饮料，某旅客要求撤走空杯子，乘务员说："请您帮忙递过来好吗？"该旅客十分不满，脱口而出："让我递杯子，还用你干吗？"乘务员装作未听清，面带微笑问道："先生，您需要我做什么？"该旅客的同伴连忙把杯子递过来，一场矛盾就化解于无形。

四、善用身体语言

真正将身体语言有效地运用到为旅客服务中去不是一件很容易的事，这需要做到两点：一是理解旅客的身体语言；二是恰当使用自己的身体语言。理解旅客的身体语言必须注意：同样的身体语言在不同性格的人身上意义可能不同；同样的身体语言在不同情境中意义也可能不同。恰当使用自己的身体语言应做到以下几点：经常自省自己的身体语言；有意识地运用身体语言；注意身体语言的使用情境；注意自己的角色与身体语言相称；注意言行一致；改掉不良的身体语言习惯。

【微课】6-1 身体语言的运用

同步思考 6-2

用眼神"暖"化你！

"这眼神太暖了，要是注视的是我该多幸福！""好有爱，我想知道这个'空哥'哪天还飞？"

2017年2月7日，一张飞机上的"暖男照"在贵阳许多网友的微信朋友圈被转发、评论。照片上，一位帅气的男性乘务员正托抱着一位行动不便的老奶奶上飞机。让人暖心的是，这位乘务员的神情非常柔和，略带微笑的嘴角更透露出他对老人的呵护与温情。而正是这样的"暖"，为这张看似平凡的照片增添了无尽的温馨。

据了解，该照片拍摄于2月6日由贵阳飞往上海的CZ3657航班。当天，73岁的韦奶奶与老伴儿前往上海。由于韦奶奶腿脚不便，其家人在购票时申请了轮椅服务。当韦奶奶被推至客舱门口时，由于其轮椅无法推入舱内，执飞该航班的乘务员王超然与张绍雄立即主动上前，小心地从轮椅上抱起了韦奶奶。由于老年人身体虚弱，容易受伤，为避免老人在抱扶过程中出现不适，他们用尽全身的力气尽量平稳地托住老人。

"当时我们得知老人全身基本无法用力，双脚也不能着地。所以虽然我们可以按手册规定用从旅客背后往前的姿势将奶奶抱过去，但考虑到机上过道比较狭窄，为了尽可能让老人舒适，我就让奶奶用手环抱住我的颈部，然后和同事一前一后这样抱到座位上。"照片中的"暖男"王超然有些不好意思地笑着说,这样抱起来虽然相对耗时且麻烦一点,但奶奶会更有安全感。

虽然辛苦,但王超然仍然面露微笑,眼神温柔。在飞行过程中,乘务长陈佳妮更为老人启动"细微服务",全程对老人嘘寒问暖,关怀备至。由于航班座位全满,无法将老人座位前调,陈佳妮与组员们便协调其他旅客,将老人由过道座位改为靠窗座位,避免了同排座位旅客通过时给老人带来不便。

"飞机到上海后,韦奶奶和老伴儿对我们道谢,但我们觉得这是应该做的。自己家也有老人,所以我们小辈能做的就是尽量减少他们的担忧和不便。"两个"90后"的贵阳小伙子一同露出了朴实和帅气的笑容。

资料来源:民航资源网

任务三 建立良好客我关系的共情技巧

共情是一种进入并了解他人的内心世界并将这种了解传达给他人的一种技巧与能力,是建立良好客我关系的重要因素。在客我关系中,共情技巧的运用需要具备一定的前提条件,以及遵循一定的步骤。

一、共情的理解

共情是客我交往中一种重要的沟通方法,即同理心沟通或情绪同步沟通,又称"换位思考""神入""移情"等,即通过自己对自己的认识来认识他人。

二、共情的前提条件

在民航服务的客我交往中,共情得以实现的重要前提就是对旅客情绪的识别与认同。当代心理学家把情绪界定为一种躯体上和精神上的复杂的变化模式,包括生理唤醒、感觉、认知过程及行为反应,这些是对个人知觉到的独特处境的反应。例如,一个快乐轻松的场景,生理唤醒可能是平缓的心跳,个人的感觉是积极愉快,行为反应可能是表情上的(微笑)或动作上的(拥抱爱人或朋友)。

(一)识别旅客情绪

1. 通过表情识别旅客情绪

有相当多的研究表明,人类有七种共同的表情,用来表达愤怒、轻蔑、厌恶、惊奇、悲伤、高兴、害怕。在客我交往中,服务人员要养成良好的职业习惯,注意观察旅客的表情,感受他们的情绪变化。

2. 通过身体语言识别旅客情绪

除了通过面部表情识别旅客情绪,服务人员还可以根据旅客在沟通中的身体姿势、动作行为去推测他们在沟通中的情绪或心理状态。

(二)接纳旅客情绪

无论哪种情绪的表达,背后都有内在的价值认同。在沟通中,服务人员要学会暂时放空自己的价值观,放开自己原有的认知,去听听旅客的表达,想想旅客的感受,多问一点,再多追问一点,尽可能多地了解旅客。语言既是思维的物质外壳,又是情绪支配的产物;既能够表达内在的想法,又很不全面。只有先接纳旅客情绪,才可以更好地工作。

要接纳情绪,首先要感受情绪。面对航班延误、旅客抱怨,我们首先可以这样说:"这位先生,我非常理解您的心情,我也有过排队等候的经历,那种滋味确实不好受。"其次支持情绪:

"我跟您的心情一样,也不希望航班延误,希望能准时出发。"最后升华情绪:"刚才您也听到延误的原因是雷雨天气。这样的天气是不能飞行的。飞机推迟起飞,正是为了确保旅客们的乘机安全,我想这也是您的愿望,您说是吗?"服务人员肯定性与支持性的语言,会逐步带着旅客走出消极情绪。

（三）找到旅客情绪背后的原因

生气与抱怨,表达的不仅是情绪,更多的是无助。当"你们这是什么服务呀""这个飞机餐怎么这么难吃呀""我按呼唤铃半天了为什么没人理会"等不满诉求产生的时候,也向外发送了负面的信息。我们只有找到旅客情绪背后的原因,才能对症下药,更好地解决问题。

同步思考 6-3

变换的水果拼盘表情

某航班上,头等舱满客,还有几名 VIP 旅客。乘务组自然不敢掉以轻心。2 排 D 座是一名外籍旅客,入座后对乘务员很友善,还和乘务员做个鬼脸开开玩笑。起飞后,这名旅客一直在睡觉,乘务员忙着为 VIP 旅客和其他旅客提供餐饮服务。然而两小时后,这名旅客忽然怒气冲冲地走到服务台,大发雷霆,用英语对乘务员说:"两小时的空中旅行,你们竟然不为我提供任何服务,甚至连一杯水都没有!"说完就返回座位了。旅客突如其来的愤怒使乘务员们很吃惊。头等舱乘务员很委屈地说:"乘务长,他一直在睡觉,我不便打扰他呀!"说完立即端了杯水送过去,被这位旅客拒绝;接着她又送去一盘点心,旅客仍然不予理睬。飞机即将进入下降阶段,不能让旅客带着怒气下飞机。于是乘务长灵机一动,和头等舱乘务员制作了一个难过表情的水果拼盘端到旅客的面前,慢慢蹲下来轻声说:"先生,我非常难过!"旅客看到水果拼盘很吃惊:"真的?为什么难过呀?""其实在航班中我们一直都在关注您,起飞后,您就睡觉了,我们为您盖上了毛毯,关闭了通风口,后来我发现您把毛毯拿开了,继续闭目休息。"旅客情绪开始缓和,并微笑着说:"是的!你们如此真诚,我误解你们了,或许你们也很难辨别我到底是睡着了还是闭目休息。我为我的粗鲁向你们道歉,请原谅!"说完,他把表示难过的水果拼盘重新摆放了一遍,展现出一个开心的笑脸。

资料来源：根据百度文库资料整理

三、共情的实施步骤

在客我交往中,有效运用共情,可以遵循以下步骤。

（一）理解旅客,明晰冲突事件的原因

无论旅客遇到什么情形,发生了什么冲突,如果服务人员首先从思想上理解旅客、接纳旅客,从行动上走近旅客、帮助旅客,就可能缓解服务人员自身遇到不良事件的负面情绪,减轻内在焦虑和挫败感,为接下来的客我交往提供积极良好的心理前提,从而激发有助于解决问题的正能量。

（二）厘清事件,采取行动,为客我交往提供现实支撑

沟通中,客我双方对于信息的了解程度直接影响沟通的进展。服务人员要充分了解事件的起因、经过、结果,并及时对事件的进一步发展做出比较明确的思考与准备。

（三）阐述事件,表达真诚,在情感上走近旅客

服务人员就突发事件与旅客沟通的时候,往往是客我交往最真实的时候,也是较为困难的时候。此时,旅客的态度、服务人员的态度、旅客的心理、服务人员的心理都会在这个很小的

时空中表现出来，并对沟通效果直接产生影响。在这么短的时间内，服务人员应该怎么做？要通过旅客的语言与行为来识别他们的情绪，尝试接纳情绪；走近旅客，尝试了解旅客情绪背后的原因及现实的期待，这样才可能与旅客在相同或相近的层面沟通，沟通才可能有交汇点、切入点、着力点，并逐步形成沟通合力，促进解决问题。

（四）以旅客为中心，以和谐关系为核心，探索解决方案

客我交往沟通的目的，不仅是明晰问题，更重要的是形成合力，解决问题，为旅客提供良好的乘机体验。服务人员与旅客的沟通，不是把责任推给一方，而是双方承担，一起解决。

课堂互动 6-3

请同学们以小组为单位探讨以下案例，运用共情技巧，扮演乘务长，与旅客进行有效沟通。

某旅客乘坐某日由北京飞往武汉的某航班，乘机当日航班延误，该航班于 17:57 已推出机位，但一直在跑道上等待起飞。旅客询问乘务长什么时候可以起飞，乘务长回答不知道。旅客再次要求乘务长联系机长，询问什么时候可以起飞，乘务长告知旅客无法联系上机长。旅客感觉乘务长根本不愿意为他服务，服务体验很差。

共情的本质是"体谅和尊重"，并不代表被同化。因为事情发生在"我"身上跟发生在别人身上，区别可能非常大。同一件事情，如果发生在"我"身上，那么主观感受往往大于客观事实；发生在别人身上，那么"我"的感受接近客观事实。反之，同一件事情，如果发生在"我"身上，那么别人的感受接近客观事实；发生在别人身上，那么别人的主观感受往往大于客观事实。

【微课】6-2 客我交往的共情技术

任务四　建立良好客我关系的倾听技巧

倾听，是对旅客尊重的表现，是沟通成功的要诀。重视和善于倾听的人就会善于沟通、深得人心。

一、倾听的含义

倾听属于有效沟通的必要组成部分。狭义的倾听是指凭借听觉器官接受语言信息，进而通过思维活动达到认知、理解的全过程；广义的倾听包括文字交流等方式。倾听的主体是听者，而倾诉的主体是说者。

倾听是一门艺术，也是一种技巧。倾听不仅要用耳朵来听，还要全身心地感受谈话过程中的语言信息和非语言信息。

二、倾听的要求

首先，要耐心听旅客说话，态度谦虚，目光应直视旅客。

其次，要善于通过身体语言及语言的其他方式给予必要的反馈，做一个"积极的"倾听者。

再次，不要随便打断旅客说话。在旅客说话的时候，可以适当提出一些问题，以表达你在仔细听他说话。

最后，要能听出旅客的言外之意。一个聪明的倾听者，不能满足于表层的倾听，而要从说话者的语言中听出话中之话，把握说话者的真实意图。

三、倾听的障碍

倾听过程中存在的障碍有以下几点。

1）高估说话的作用。高估说话的作用可能做出错误的判断。有效的沟通不是说服，而是先倾听，倾听应该是说的两倍。

2）没有重点。倾听没有重点就很难理解对方的意图。如果想要成为成功的倾听者，你就要集中注意力于说话者。

3）精神疲惫。精神疲惫会影响倾听效果。当倾听持续一段时间后，你可能觉得自己精神疲惫，从而影响倾听能力。

4）先入为主。先入为主容易做出主观判断，导致理解偏差。先入为主是倾听的最大障碍，只听到自己期待的话，而不是对方真正想表达的话。

四、倾听的策略

为了保证倾听的有效性，我们应该有意识地克服倾听的障碍。因此，掌握必要的倾听策略格外重要。

（一）选择一个安静无扰的环境

选择一个安静无扰的环境，如会议室、会客室、幽静的茶室，避免嘈杂的声音、人员出入、电话铃声等。尤其是在处理旅客投诉与抱怨或解决矛盾与冲突时，安静无扰的环境尤为重要。

（二）不要预设任何立场

在听清事实原委、明白对方意图之前，要保持"空杯心态"，即没有先入之见，不先做定论，没有任何预设的立场，这样才能避免主观偏见。

（三）全神贯注，多听少说

在客我交往中，要善于倾听，多听少说。全神贯注意味着"忍住"和"不打断"，让说话的人把话说完，然后停下来仔细思考。插嘴或接话只会使说话者分心。适度保持沉默，不猜测、不插嘴、不打断，聚精会神地静静听人把话说完，有助于全面理解说话者的意图。

（四）适当反馈

优秀的服务人员总是能有效地讲述并发问。在赞同和附和旅客说话的内容时，要恰当地轻声说"是""嗯"，或点头表示同意。在开口之前先停顿一下，可以鼓励旅客继续说下去，也让自己拥有更多的倾听机会，更容易明白旅客话中的含义，还能让自己在对方眼里显得更体贴，获得对方的信任。

（五）控制情绪

耐心倾听旅客叙说，然后迅速分析出事情的前因后果，有针对性地提出好的建议和解决方法。在工作中，由于航班延误等情形的发生，有些旅客很难控制情绪，将怨气发泄到服务人员身上，这时服务人员一定要冷静，切忌冲动。另外，服务工作单调，容易使人产生厌烦情绪，所以服务人员在服务过程中要避免把不良情绪发泄在旅客身上。

项目三　识用服务中的客我交往心理

案例导引

春运瞬间：细微之处显真情

春节期间，天津航空公司售票处作为面向旅客的一线服务窗口，本着真情服务的民航精神，坚守岗位、用心服务，解决旅客出行的"燃眉之急"，为旅客春运阶段顺利出行保驾护航。

模块六　客我交往心理与民航服务

　　一天，旅客周女士带着两个孩子到售票处寻求帮助：她不知如何办理无陪儿童乘机手续。售票员李玲玲在了解相关情况后，快速响应旅客需求，全程协助周女士填写无陪儿童申请单，协助引导周女士办理无陪手续。待机场服务人员护送无陪儿童顺利登机后，周女士专程返回售票柜台，表达了对售票员李玲玲热情服务的认可：“感谢你们这么热情、周到地解决我的难题，两个孩子都已经顺利登机了，感谢天津航空！"

　　为了第一时间解决春运期间特殊旅客的问题，天津航空公司直属售票处开通"特殊旅客通道"，为老年、残障等特殊需求旅客提供便利服务。另外，春运期间，天津机场售票柜台还设置了"便民服务箱"，准备了花镜、针线盒、酒精湿巾、碘伏棉签、剪刀、透明胶带等物品，及时响应旅客的紧急需求。天津航空公司售票处在"细"上下功夫，为旅客提供个性化、优质、贴心的服务，秉持真情服务的理念拉近与旅客的距离，保障旅客暖心出行。

　　天津航空公司直属售票处作为春运服务保障一线窗口单位，每位售票员都坚守岗位、无私奉献，践行"四个有利"企业价值观和民航真情服务理念，急旅客之所急、想旅客之所想，切实响应旅客出行需求，为旅客提供更暖心、贴心的真情服务。

　　资料来源：民航资源网

　　细微之处显真情，真情服务能拉近与旅客的距离，保障旅客暖心出行。真情服务的实施离不开良好的客我交往关系。民航企业由众多部门组成，服务工作项目杂、责任重。不同场所服务的内容不同、要求不同，客我交往心理的应用与技巧也不相同。

任务一　地勤服务的客我交往

　　民航地勤是一个庞杂的组织机构，主要包括客票、值机、候机、行李提取等服务内容。在服务过程中，民航服务人员要与旅客建立良好的客我关系，就必须结合不同处所的服务内容、服务要求，有的放矢，取得事半功倍的效果。

一、客票服务的客我交往

　　客票服务的客我交往是指服务人员与旅客就客票事宜的沟通与交流。在交往过程中要明确内容、把握要求、熟悉流程。

　　（一）客票服务客我交往的内容

　　民航售票处是旅客和航空公司第一次面对面沟通的地方，也是航空服务质量的窗口。客票服务的客我交往主要围绕客票活动展开，包括填开客票、收取票款、办理退票、办理客票遗失，以及客票换开、客票变更、客票转签等。

　　（二）客票服务客我交往的一般要求

　　1. 耐心细致，确保无误

　　客票工作要从一点一滴的细节做起，细节不注意或失误，往往造成一定的经济损失。耐心细致体现在业务办理的每个环节。

　　查验证件需要耐心。最容易出现的失误是旅客的姓名和证件号码出错。发现证件问题需要提醒，如旅客的证件即将到期或失效、证件不符合要求等，都要善意提醒、耐心解释、给出建议。

　　查询、输入、核实信息需要耐心。客票工作主要与数字打交道，必须耐心细致，不能有一丝马虎。特别是旅客的个人信息、航班信息千万不能出错，一旦出错，就会带来麻烦，甚至影响旅客登机。

> **课堂互动 6-4**
>
> 请同学们以小组为单位，分析以下对话中售票员存在的问题，通过角色扮演将争吵变为合作。
>
> 在一家航空公司的售票窗口，一位旅客对售票员迟迟不来为他服务大为不满，大声嚷道："怎么还不卖票？你磨蹭什么呢！"
>
> 售票员听了他的话很反感，不客气地回敬他一句："你嚷什么呀，没看见我正忙着吗？"两个人就为这件事争吵起来。
>
> 在争吵中，旅客说："你知道吗？我是你们的顾客，你这个售票员怎么能这样跟我说话？"
>
> 售票员说："怎么啦？你是人，我也是人，你能这么说，我就能这么说！"两个人的争吵愈演愈烈。
>
> 资料来源：《民航服务心理学》

2. 遵循流程，温馨提示

目前，我国航空公司普遍使用电子客票，它是普通纸质机票的替代品。旅客通过现场、互联网或电话订购机票之后，仅凭有效身份证件直接到机场办理乘机手续即可成行。服务人员只有严格执行出票流程，才能避免工作中的差错、遗漏与失误。

为了避免失误，需要针对售票工作中常出现的问题开展"温馨提示"服务。通过现场的温馨提示，借助售票员和旅客面对面的双向沟通交流，把差错扼杀在出票之前。温馨提示的内容主要包括两部分：一是出票前关于旅客信息、航班信息和票价信息的提示。二是出票后与乘机有关的规定提示。出票后，应提醒旅客提前90分钟到达机场办理登机手续，并告知退票的规定及折扣票的限制使用条件，使旅客心中有数。

同步思考 6-4

创新之便捷服务：航班动态及票务信息指示牌

为提升旅客的出行效率，深圳航空公司地面服务部制作了"航班动态及票务信息指示牌"置于票务柜台，旅客只需用手机扫一扫指示牌上对应的二维码即可获取需要的信息。该指示牌不仅方便旅客查阅规则及获取机票电子发票，还可以在航班延误时快速分流，避免旅客因人员集聚而不能得到及时回复，及时解决旅客的问题，帮助旅客顺畅出行。

资料来源：民航资源网

3. 超售机票，明确告知

所谓超售，就是航空公司的每个航班实际订座数大于飞机客舱内可利用座位数。这一做法在国际上非常普遍，是航空公司降低座位虚耗、提高收益率的重要销售策略。在经济利益驱动下，超售已经成为国内外航空公司的普遍行为，但旅客对此的态度却大相径庭。因此售票员在销售超售机票时，一定要充分告知旅客超售情况及处理规则，否则其行为就侵犯了旅客的知情权，属于以欺诈方式超售机票。

二、值机服务的客我交往

（一）值机服务客我交往的内容

值机是为旅客办理乘机手续、托运行李等服务工作的总称，是民航旅客运输地面服务的一个重要组成部分，也是民航运输生产的一个关键环节。值机服务客我交往的内容包括查验客票和身份、安排座位、收运行李、换发登机牌、回答问询、特殊旅客保障等。

（二）值机服务客我交往的一般要求

值机工作是直接面向旅客的服务过程，具有"窗口"性。因此，热情周到地为旅客服务，快速高效地为旅客办理值机手续，尽最大可能满足旅客各方面的需要是值机工作的内在要求。值机服务人员只有具备强烈的沟通意识，把握值机沟通的一般要求，才能高质量完成值机工作。

1. 充分把握旅客的心理需求

值得注意的是，在办理值机手续的不同阶段，旅客的心理需求是有区别的，呈现阶段性差异。旅客办理值机手续一般会经历两个阶段：一是等候办理值机手续阶段，二是正在办理值机手续阶段。在不同的阶段，旅客的心理需求是完全不同的。

1）旅客在等候办理值机手续时的心理需求。旅客在排队等候办理值机手续时，主导需求主要是求快。有的旅客带着行李，怕排队，担心时间紧张，登机手续出现问题，希望早点办完手续，进入候机厅候机。所以旅客在等候办理值机手续时希望越快越好，缩短排队等候的时间对他们来说很重要。特别是办理高峰期，看到长长的队伍，旅客的焦躁情绪就会增加，插队的现象也时有出现。这时值机处的引导人员就要适时安慰旅客，安抚他们的情绪，并提醒他们按要求排队，同时增开值机柜台，缩短旅客的等候时间。如果遇到登机时间紧迫的旅客，则建议其到紧急柜台办理手续。

2）旅客在办理值机手续时的心理需求。旅客在办理值机手续时，心理需求又发生了变化，不仅不求快，反而希望办得慢一些，顺利地更换登机牌和托运行李，这时的主导需求就是求顺，主要体现在希望行李能够顺利托运，能够顺利登机，而且有自己满意的座位。在座位选择方面，旅客有多种需求，有的旅客喜欢靠窗的座位，有的旅客则喜欢靠过道的座位，有的旅客要求坐飞机的前面，有的旅客则希望坐后面等。这就要求值机人员在服务过程中有充分的耐心，做好解释说明工作，在合理而可能的范围内尽量满足旅客的心理需求，如确实满足不了，一定要做好解释工作，避免旅客误解。

2. 熟悉业务，具有高度责任感

值机是保障飞行安全的重要环节，由于工作环境和性质的特殊性，值机处服务人员必须熟悉业务，具有高度责任感，在每个环节都不能有任何差错，否则，小则影响航班正常运行，大则危及旅客生命财产安全。

值机处服务人员在为旅客办理登机手续时，时间紧、任务重、工作压力大、环境嘈杂，除了给旅客更换登机牌、检查行李，还扮演着问询处的角色。对于旅客提出的诸多问题，需要体谅理解并尽量回答。在这些问题中，有的是旅客不懂民航有关规定而产生疑问，有的是旅客碰到困难或遇到问题需要服务人员帮助解决等，有的问题与值机处有关，但可能大多数问题与值机处无关，如"这个航班是大飞机还是小飞机？""飞机上发什么纪念品？"作为服务人员，无论什么问题都应该尽可能耐心、仔细地听，并给予满意的回答。如果服务人员不为旅客解答问题，或者对旅客的态度不好，就会给旅客留下不好的印象，从而影响公司的形象。甚至有的旅客会把这种负面情绪带到候机厅、客舱，给后续的服务工作带来麻烦。这就要求服务人员具有高度责任感，在办理值机手续的过程中耐心解答各种问题。

3. 换位思考，主动热情

不少旅客在办理值机手续时会有一些需求，但由于缺乏经验没有及时提出，这就给后续服务工作带来一定的麻烦。这就要求服务人员具有前瞻性，学会站在旅客的角度思考问题。一般来说，旅客办理值机，对于座位问题、行李托运问题是比较关心的，但有时又没有明确提出，这就需要服务人员主动询问。例如，提出"您想要靠窗坐吗？""您有需要托运的行李吗？""您的托运行李需要转机吗？"等问题，尽可能地为旅客着想。当遇到旅客行李超重的情况时，不是一味地催促旅客支付费用，而是站在旅客的角度，帮旅客想办法解决，如让同伴分担其行李，或者随身携带以减轻行李的重量等，这样会让旅客感到服务人员的热情周到。

4. 管理情绪，提高工作效率

旅客有时并不了解值机工作的特点，加上旅客从自己的心理需要出发，有时在值机服务人员忙得不可开交时，还向值机服务人员提出各种问题；也有的旅客看见别人排队，自己也跟着排队，也不看清是哪个航空公司，排到自己时就把机票往柜台里一塞，要办理登机手续，办不了还要责怪服务人员不早说。这时服务人员一定要耐心，切不可因为这些事情打断自己的工作进程而产生烦恼、急躁的情绪，降低工作效率，甚至对旅客出言不逊或指责旅客。服务人员应更多地换位思考，学会管理情绪的方法，有效提高工作效率。

5. 规范语言，使用礼貌服务用语

在值机处，也需要注意语言使用的规范性。服务语言是旅客评价服务质量的重要标志之一。在服务过程中，语言得体、清晰，声音纯正、悦耳，就会使旅客有愉快、亲切之感，对服务工作产生良好的感觉。反之，语言不中听、生硬、唐突、刺耳，旅客就会难以接受。强烈粗暴的语言刺激会引起旅客的不满与投诉，严重影响民航企业的声誉。

三、候机服务的客我交往

（一）候机服务客我交往的内容

机场候机厅是旅客登机前的集合、休息场所。考虑到飞机容量的变化，有些机场的航站楼候机厅可用玻璃墙等做灵活隔断。候机厅一般设在二层，以便旅客通过登机桥登机。候机厅提供的服务主要包括商业服务和行业服务两大类。其中，商业服务包括餐饮、商店、旅游、邮政、银行、通信等方面的服务；行业服务包括问询服务、广播服务、候机服务等。

（二）候机服务客我交往的一般要求

1. 态度真诚

真诚指的是真实、诚恳、不欺骗，以诚待人，思想和言行保持一致，从心底感动他人，从而最终获得他人的信任。真诚表现了人的善良、诚实的美好品行。真诚的态度体现在声音上，声音柔和，具有亲和力；真诚的态度体现在表情上，面带微笑，大方自然；真诚的态度体现在行为上，关注细节，及时落实。

2. 语言规范

语言是服务的工具，是沟通最基本的手段。沟通具有意义表达迅速、准确，能即刻得到信息接收者反馈的优点，能有效地帮助形成旅客对民航企业的信任。但是不当的语言沟通可能导致分歧、误解和破坏信任等不利影响。语言规范主要体现在以下几个方面。

1）语音规范，能讲一口流利的普通话或英语。候机厅服务人员接待的是来自全国各地乃至世界各地的旅客。因此，发音吐字成为沟通中至关重要的问题。在讲话时语音要准确，音量要适度，以对方听清楚为准。还应该注意克服发音吐字方面的不良习惯，如鼻音（从鼻中发出的堵塞的声音，听起来像感冒声，音色暗淡、枯涩）、喉音（声音闷在喉咙里，生硬、沉重、弹性差）、捏挤音（挤压声带、口腔开度小而发出的声音，音色单薄、发扁）、虚声（气多声少的声音，有时在换气时带有一种明显的呼气声）等。只有克服这些不良习惯，才能做到发音圆润动听，吐字清晰悦耳。

2）用词规范，能使用文明服务用语。正确恰当的语言使用，能使听者心情愉快，感到亲切、温暖，并且拉近双方的距离。语调要柔和，切忌使用伤害性语言，不能讲有损旅客自尊心的话，也不能讲讽刺挖苦旅客的话，要处处体现出对旅客的尊重；语意要明确，表达的意思要准确，使用文明用语，禁止使用"不知道""不清楚""这不是我们部门负责的"等忌语；与旅客交谈时，一定要在语言上表现出热情、亲切、和蔼和耐心，要尽力克服急躁、生硬等不良情绪。

3）手势引导规范，非语言运用恰当。非语言是通过表情、举止、神态、姿势等象征性体态来表达意义的一种沟通手段。在服务过程中，服务人员要注意微笑、目光交流、手势、姿势等细节。温和的表情、适当的目光交流、得体的举止和姿态会增加对方的信任感和亲切感，而微笑和认真倾听的神态则会让对方感受到重视和关怀。

3. 观察细致

在候机服务过程中，细致的观察也能为服务沟通带来意想不到的帮助。通过观察，服务人员能更好地发现旅客的需求，提供必要的帮助。要善于发现哪些旅客正在寻求帮助，哪些属于特殊旅客，他们有什么特殊的服务需要。这对服务人员的观察力和注意力提出了挑战。要想为旅客提供优质服务，就必须研究旅客的真正需求。通过细致的观察、经验的积累和思维方面的培养，候机厅服务人员可以更好地发现服务的契机，最大限度地满足旅客的服务需求。例如，看到拿着水杯的旅客，就提示他打开水的地方；看到怀孕或带孩子的女士，就提示她走快速通道；看到超大、超重的行李，就提示旅客办理行李托运；甚至有时根据离港系统给出的旅客信息，找出那些正在打瞌睡或听音乐的旅客，避免他们误机。用心观察，总能在熙熙攘攘的旅客中迅速发现最需要帮助的人，通过观察旅客的举止、言行来判断旅客需要什么帮助。

四、行李提取服务的客我交往

（一）行李提取服务客我交往的内容

行李提取处是旅客到达目的地、提取行李的地方。旅客旅行是否成功，往往取决于旅客携带的行李物品运输的完好性和准时性。这是因为行李本身不仅有价值，而且关系到旅客旅行的顺利结束和生活的需要。

一般来说，到了行李提取这个阶段，旅客对行程的需求已经基本满足，随之而来的是对行李安全的需求。随着客运量逐年上升，加强行李运输管理、预防行李运输差错事故，已成为提高航空客运质量的重要环节。

（二）行李提取服务客我交往的一般要求

行李提取处的对客服务沟通主要集中在行李异常问题的处理方面。面对行李异常，旅客的情绪往往十分激动，容易出现过激言行，这也使沟通变得困难重重。因此，在沟通交流中要遵循以下要求。

1. 保持良好心态，调整良好情绪

在行李提取处，服务人员与旅客就行李问题进行沟通，经常面对旅客的指责、质问，承受极大的精神压力，容易被负面情绪包围，形成消极心态。这种心态不利于问题的处理。对此，服务人员应通过积极的自我沟通，保持良好心态，调整良好情绪，帮助旅客解决行李异常的问题。

2. 规范语言，谨慎表达

面对行李异常情况，旅客的情绪往往比较激动，也比较敏感。所以在对客服务中，服务人员要特别注意服务语言的选择。稍有不慎，就可能遭到旅客的投诉。在与旅客沟通时，要想获得旅客的认同，就要进入对方的内心世界，从对方的感受和角度出发，让对方觉得被关心、被理解。

3. 反应迅速，落实行动

围绕旅客的行李问题进行沟通，说得再多、再好，没有落实到行动上也是徒劳的。面对行李晚到、漏装、运错地方的旅客，只能用积极的态度与热情的服务来弥补。对于旅客，最好、最满意的服务就是马上帮他们联系、寻找。因此，行李提取处服务人员应该针对旅客这一心理，马上与始发站联系，查找行李的下落，适当时可以把邮件、传真给旅客看，以表示正在积极为旅客寻找行李，一旦有消息马上与旅客沟通。这样可以安抚旅客的情绪。

4. 赔偿问题，妥善处理

适当的赔偿是行李问题的难点。从理论上说，适当的赔偿似乎很容易，但在实际工作中很难掌握好。这一问题的难点在于，一方面，对于给予旅客的赔偿，民航企业一般有明文规定，服务人员没有权利突破规定；另一方面，民航企业的赔偿数额往往又无法满足旅客的心理预期，令旅客感到不满意。所以在服务过程中，行李赔偿问题常常成为矛盾的激化点。

任务二　空勤服务的客我交往

空勤服务在整个民航服务过程中处于非常重要的地位，是非常关键的一个环节。空勤服务的好与坏，乘务员的一言一行、一举一动，都直接关系到航空公司甚至国家的形象。

一、空勤服务客我交往的内容

飞机航行在万米以上的高空，是一个封闭、狭小的空间，无论是活动空间还是服务设施都受到一定的限制。乘务员在客舱里除了要完成客舱安全演示及安全检查、迎送客、餐饮娱乐等正常的服务程序，还要负责机上广播、回答询问、介绍航线知识等。乘务员提供的各项服务，都是在与旅客的互动沟通中完成的。

二、空勤服务客我交往的一般要求

乘务员为旅客服务的过程就是沟通的过程。沟通有利于创造服务机会，提升服务品质。有效沟通不但提高了乘务员的综合服务能力和服务水平，也提高了旅客的满意度。由于空中服务涉及的内容较多，各项内容的具体要求也不一样，因此，不同服务内容的客我交往要求也不一样。

（一）广播服务

1. 符合规范

乘务员进行广播时，应当按照航空公司广播手册内容落实各项广播。在特殊情况下，可临时组织广播词。长航线、夜航或大多数旅客休息时，应酌情减少广播次数或缩短广播内容。夜航或头等舱、商务舱旅客休息时，在条件允许的情况下，根据机型分舱广播，避免打扰旅客休息。

2. 控制语速

客舱广播应采用标准语速，若广播语速过快，会让旅客听不清楚，无法理解广播内容；若广播语速过慢，会给旅客一种拖沓、生疏之感。对于不同性质的广播内容，还要掌握语气，做到声情并茂。让旅客切实感受到广播内容的价值，起到事半功倍的效果。

3. 表达流利

流利是指广播时吐字清晰、发音标准、内容表达连贯顺畅。广播时，乘务员与旅客并不是面对面的交流，不能借助手势、表情等辅助手段，只有发准每个字、词的读音，才能使旅客准确地接收广播传递的信息。如果广播时发音不准、吐字不清、语言表达不连贯，旅客就不能正确理解广播内容，从而影响广播效果。

4. 及时准确

广播是快速传递信息的一种有效途径，是从点到面的单向传播。为了达到广播目的，必须确保广播的及时性和准确性。例如，在飞行中，如果遇到强气流，飞机就会产生较大的空中颠簸。此时，乘务员应立即进行广播，准确传递颠簸信息，这样才能在最短的时间内通知所有旅客，提醒旅客注意安全，并根据要求做好安全防范措施。又如，在飞机起飞爬升阶段和落地滑行阶段，如果有旅客离座，就应及时提醒。

5. 赋予情感

广播质量不仅局限于语速、语调，充满情感、富有人情味的广播更易被听众接受。广播时若缺乏感情、语调平淡，会使人感觉不亲切，让人失去兴趣，使旅客产生一定的排斥心理；相反，如果把握好广播时的情感，就能引起旅客注意，使广播达到预期效果。

（二）安全检查服务

1. 明确要求

乘务员应清楚安全检查的具体要求，明确告知旅客。还要特别针对容易出现问题的地方进行提示，例如，在起飞下降阶段，空座位上不能放除衣物外的其他物品；旅客空余座位不能放眼镜、手机等小件物品等。要明确告诉旅客，飞机起飞、下降时属于飞行的关键阶段，旅客的随身行李应放置在行李架上或前排座位下方的挡杆内，不可以随意放置，否则一旦发生紧急情况，行李就会成为障碍物，影响本人或其他旅客顺利撤离。

2. 把握心理

在进行安全检查时，并不是所有旅客都会认真配合，有的甚至态度不好，牢骚满腹。对此，乘务员应充分把握旅客的心理，进行换位思考。一般来说，旅客不愿意按要求放置行李，主要有几种情况：一是有些女士因为飞行中要取用物品，包放在身上比较方便；二是包内有贵重物品或大量现金，害怕遗失或被盗；三是包比较名贵，放在行李架上怕挤压，放在地上怕脏；四是惯性心理，乘坐其他航空公司的航班时从来没有过这样的要求等。针对旅客的不同心理，要给出不同的解决办法。例如，针对前两种情况，可以把包放在前排座位下方的挡杆内，取用方便，便于照看。针对第三种情况，可以拿一个毛毯袋垫在包的下方。

3. 委婉解释

面对不配合的旅客，委婉解释非常有必要。要跟旅客耐心解释安全的重要性，告知原因。注意语气委婉，切忌机械地让旅客执行安全规定，无解释，语言态度生硬。

（三）餐饮服务

餐饮服务也是空勤服务的重要组成部分，不仅影响旅客对航空公司服务的满意度，也反映了航空公司的服务能力。

1. 规范操作

客舱的餐饮服务是一种标准化的服务，要求乘务员的操作技能精准、娴熟，体态语规范。

这里的体态语主要指的是"端、拿、倒、送"的动作操作。如果乘务员"端、拿、倒、送"动作操作不熟练，在递送热饮时不慎将热饮洒在旅客身上，不但会烫伤旅客，还会给旅客带来不愉快的乘机体验。过硬的服务技能会使服务差错的发生率大大降低；相反，则容易造成旅客不满，从而影响旅客对客舱服务的整体印象。

2. 主动介绍

餐饮服务过程有一个突出的特点，就是尊重旅客的知情权、选择权，对提供的餐食进行详细介绍，帮助旅客了解与选择。这个特点在"两舱"（头等舱和商务舱）餐饮服务中尤为突出。例如，国际远程航线头等舱的正餐供餐就有非常具体的介绍，包括介绍餐食内容及饮料酒水等；介绍面包品种；介绍汤的种类；介绍水果和奶酪等。通过详细的介绍，旅客的知情权、选择权得到很好的满足，同时获得了极佳的旅行体验。在经济舱的服务中，主动介绍也是不可缺少的，主动介绍餐食和饮料能够帮助旅客更好地做出选择。如果在餐饮服务中缺乏主动介绍，就会影响旅客的选择，从而影响旅客的旅行体验。

3. 小心提醒

由于受气流的影响，飞机经常发生颠簸，为了避免旅客在进食过程中出现意外，乘务员必须做好提醒工作。例如，为年幼旅客提供热饮时，应先征求监护人的意见，并放于监护人处；为确保服务安全，与旅客交接热食时必须加强语言提醒，不要将热食直接摆放在餐盒上送出，以免热食滑落。递送时将热食放在托盘上，以免旅客烫手。

4. 及时反馈

在餐饮服务中，经常遇到一些突发状况或旅客对某问题提出异议等。对此，乘务员要非常重视，及时回应，进行解释，如果不能现场处理，也应认真记录，以便后续跟踪处理。

课程思政小红星

用心、用情服务好每位旅客

民航服务人员需要掌握建立良好客我关系的方法与技巧，在不同服务场景与旅客进行有效交往，体现真情服务、以人为本、周到服务的劳模精神。

2022年"全国五一劳动奖章"和"全国工人先锋号"获得者，厦门航空公司空中乘务部客舱经理范虹就是一位践行真情服务，倡导以人为本、周到服务劳模精神的典范。

她从一线乘务员淬炼为"全国五一劳动奖章"获得者，飞行29年，无论是在客舱中服务万千旅客，还是在幕后为服务发展和客舱人才培养奉献心血，范虹始终兢兢业业、锐意创新，用不凡业绩诠释新时代工匠精神，也用真心、匠心和恒心，在客舱服务一线发挥党员先锋模范作用，竖起民航优质服务的旗帜。

一次飞行途中，范虹注意到一位老人带着年幼的孙儿单独出行，孩子吵闹，甚至在过道上撒尿，她不嫌脏累，全程帮忙照顾、清理，老人感动不已。不知道范虹的姓名，老人在回程时专程购买厦门航空公司机票，拿着一束鲜花，到处寻找曾经悉心帮助自己的"168号乘务员"，只为了说一声谢谢。虽然未能在老人回程航班相见，但收到同事转达的感谢和鲜花，仍让范虹久久不能平静。"原来我们给旅客的每份真情，都能被对方接收到并珍视着。"用真心交换真心，"服务好每位旅客"，就这样成为范虹服务的初心。

近三十年的飞行生涯，范虹始终坚守着这份初心。她积极发挥党员先锋模范作用，在一次又一次急、难、重的飞行任务中,用真情服务获得旅客的肯定与赞许。疫情发生以来,她先后保障医疗团队、海外撤侨、客舱载货及复工、复产、复学等重要航班 42 班次,护送旅客 5453 人次,受到社会广泛肯定。北京冬季奥林匹克运动会期间,范虹带领机组连夜制订航班方案,圆满完成多位外国元首来华专机任务,高水平服务和高标准防疫得到外宾的高度赞赏。任务完成后,中华人民共和国外交部特别发来感谢信,高度肯定厦门航空公司讲政治、有担当的责任心和专业高效的职业素质。

范虹用实际行动展示了真情服务的魅力和劳模精神的伟大。

知识巩固

一、知识题

（一）填空题

1. 客我交往的特征包括短暂性、公务性、_____、_____、_____。
2. PAC 理论的三种心理状态分别是_____、_____、_____。
3. 客我交往形式分为_____和_____。

（二）判断题

1. 航班超售不需要提前告知旅客。　　　　　　　　　　　　　　　　　　（　　）
2. 在服务过程中,要善于引导旅客的心理状态向父母型心理状态转变。　（　　）

二、简答题

1. 简述共情的前提条件。
2. 简述行李提取服务客我交往的一般要求。

技能训练

1. 以小组为单位,结合 PAC 理论,指出下列三组对话中不同人员的心理状态,分析客我交往形式并进行调整与转化。要求讨论、分析、形成记录,并进行情境演练。

对话 1　A：你把这杯水送到 50A 座的旅客那里。
　　　　B：你没看我正忙着吗？自己送去！

对话 2　A：连这点事都处理不明白,干脆别飞了！
　　　　B：不飞就不飞！

对话 3　A：没看到我在睡觉吗？这么晚进来能不能小点声啊？把灯关了！
　　　　B：我已经够轻了好吗？再说关灯我怎么整理呀？

2. 选取电影《中国机长》的典型片段,进行角色扮演,并分析不同场景中的客我交往心理状态及如何调整与转化。

模块七 民航突发事件旅客心理与民航服务

学习目标

知识目标
- 理解民航突发事件的特征和分类；
- 了解民航突发事件的原因和影响；
- 掌握民航突发事件旅客心理。

能力目标
- 能够快速洞察旅客心理，掌握有效处理民航突发事件的方法；
- 能够进行民航突发事件旅客心理的模拟演练和应急处理。

素质目标
- 增强大局意识和安全责任意识，以行动自觉强化责任担当，树立敬业、热爱岗位的精神，培养高度责任感。

模块七 民航突发事件旅客心理与民航服务

思维导图

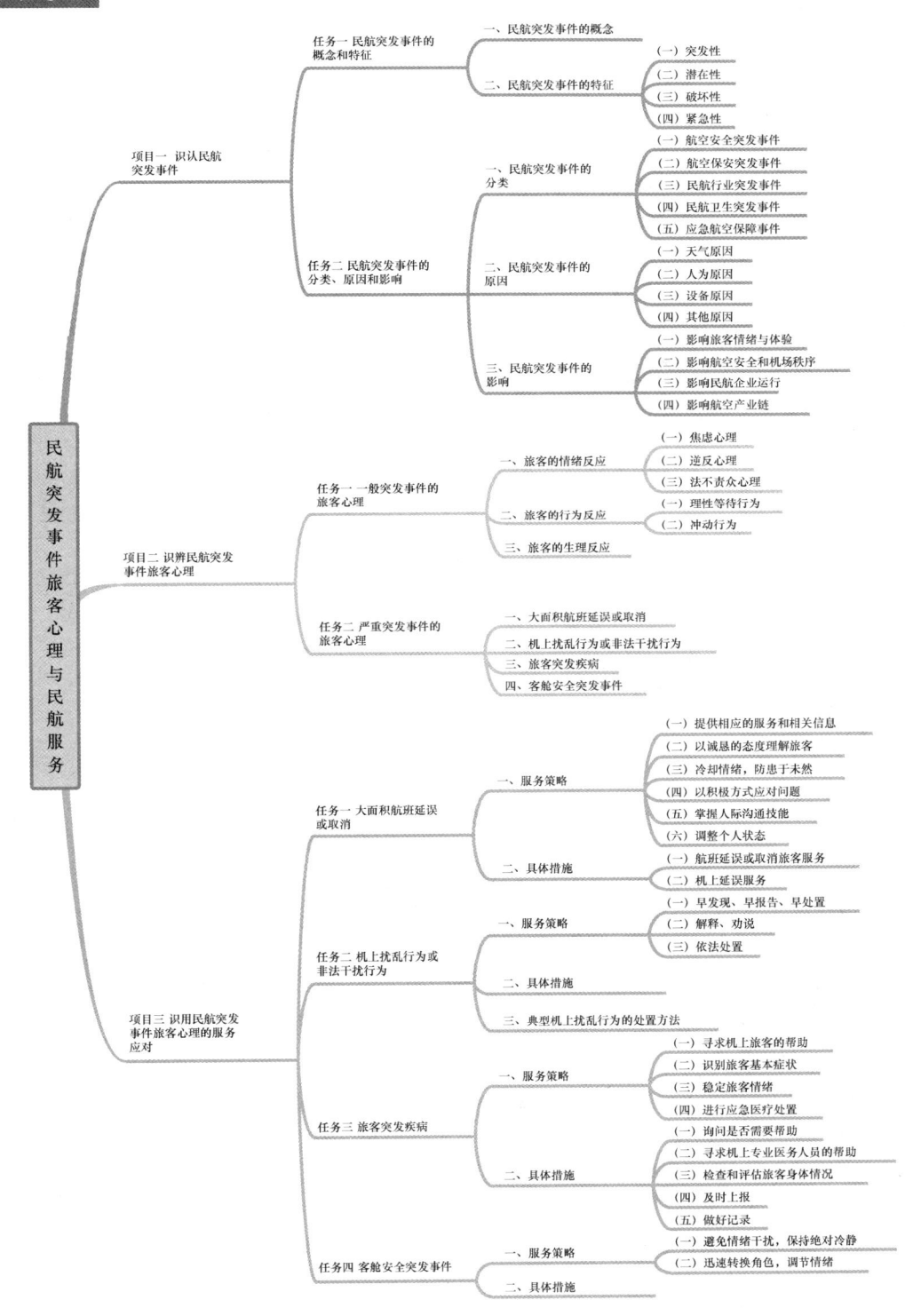

民航突发事件旅客心理与民航服务
- 项目一 识认民航突发事件
  - 任务一 民航突发事件的概念和特征
    - 一、民航突发事件的概念
    - 二、民航突发事件的特征
      - （一）突发性
      - （二）潜在性
      - （三）破坏性
      - （四）紧急性
  - 任务二 民航突发事件的分类、原因和影响
    - 一、民航突发事件的分类
      - （一）航空安全突发事件
      - （二）航空保安突发事件
      - （三）民航行业突发事件
      - （四）民航卫生突发事件
      - （五）应急航空保障事件
    - 二、民航突发事件的原因
      - （一）天气原因
      - （二）人为原因
      - （三）设备原因
      - （四）其他原因
    - 三、民航突发事件的影响
      - （一）影响旅客情绪与体验
      - （二）影响航空安全和机场秩序
      - （三）影响民航企业运行
      - （四）影响航空产业链
- 项目二 识辨民航突发事件旅客心理
  - 任务一 一般突发事件的旅客心理
    - 一、旅客的情绪反应
      - （一）焦虑心理
      - （二）逆反心理
      - （三）法不责众心理
    - 二、旅客的行为反应
      - （一）理性等待行为
      - （二）冲动行为
    - 三、旅客的生理反应
  - 任务二 严重突发事件的旅客心理
    - 一、大面积航班延误或取消
    - 二、机上扰乱行为或非法干扰行为
    - 三、旅客突发疾病
    - 四、客舱安全突发事件
- 项目三 识用民航突发事件旅客心理的服务应对
  - 任务一 大面积航班延误或取消
    - 一、服务策略
      - （一）提供相应的服务和相关信息
      - （二）以诚恳的态度理解旅客
      - （三）冷却情绪，防患于未然
      - （四）以积极方式应对问题
      - （五）掌握人际沟通技能
      - （六）调整个人状态
    - 二、具体措施
      - （一）航班延误或取消旅客服务
      - （二）机上延误服务
  - 任务二 机上扰乱行为或非法干扰行为
    - 一、服务策略
      - （一）早发现、早报告、早处置
      - （二）解释、劝说
      - （三）依法处置
    - 二、具体措施
    - 三、典型机上扰乱行为的处置方法
  - 任务三 旅客突发疾病
    - 一、服务策略
      - （一）寻求机上旅客的帮助
      - （二）识别旅客基本症状
      - （三）稳定旅客情绪
      - （四）进行应急医疗处置
    - 二、具体措施
      - （一）询问是否需要帮助
      - （二）寻求机上专业医务人员的帮助
      - （三）检查和评估旅客身体情况
      - （四）及时上报
      - （五）做好记录
  - 任务四 客舱安全突发事件
    - 一、服务策略
      - （一）避免情绪干扰，保持绝对冷静
      - （二）迅速转换角色，调节情绪
    - 二、具体措施

项目一　识认民航突发事件

案例导引

2022 年 1 月 11 日下午，首都航空公司某福州至沈阳航班上，一名小旅客突发疾病，机组立即按程序开展救护，小旅客状态好转，同时飞机紧急返航，将小旅客紧急送医。由于救治及时、处置妥当，小旅客平安脱险，家长也向首都航空公司表示真挚的感谢。

该航班起飞后不久，一名旅客向乘务员寻求帮助，说明自己的孩子在乘机前食用了汉堡，起飞后就发生身体不适。乘务长与两名乘务员迅速组成急救小组开展急救，乘务长广播找医生，同时报告机长，乘务员将孩子转移到前服务间。幸好机上有一名医生，在了解小旅客情况后立即进行急救。小旅客呕吐后症状缓解，生命体征正常，意识恢复，但仍有一些不适，乘务组继续悉心照顾小旅客。

为保证小旅客的生命安全，机长决定尽快降落以进一步救治。经与地面运行保障部门协同评估，考虑小旅客就医便利，当班机组决定紧急返航。经过空中盘旋耗油，14:47，该航班平安降落在福州机场，落地后乘务长与地面急救医生仔细交接，地面急救医生随即将小旅客送往急救中心进行详细检查与治疗。

返航救治延误了同机旅客的行程，首都航空公司为保障同机旅客权益，机组紧密配合，以最快速度完成各项航班过站准备，在返航半小时后，航班再次顺利起飞前往目的地。全体机组成员向旅客的理解和支持表示衷心感谢，但机上旅客纷纷对返航决定表示理解，更对首都航空公司尊重生命、应对专业、成功救助的义举表示赞扬。由于救治及时、处置妥当，小旅客情况稳定，平安脱险。家长向该航班机组表达了真挚的感谢。

资料来源：民航资源网

在民航运输中，无论是机场还是客舱，都可能发生突发事件，包括航班延迟、行李遗失、机上犯罪事件、飞机失事等。民航服务人员是处理突发事件的重要一环。服务人员要觉察突发事件旅客心理，把握旅客遭遇突发事件的心理特点，善用方法，妥善处理突发或危机事件，以避免事件继续扩大，最大限度地保障旅客生命健康和安全。

任务一　民航突发事件的概念和特征

一、民航突发事件的概念

广义的突发事件是指突然发生的事件，事件发生、发展的速度很快，出乎意料，同时难以应对，必须采取非常规方法来处置，并在较大程度上和较大范围内威胁人们生命和财产安全，引起社会恐慌和社会正常秩序与运转机制瓦解。狭义的突发事件是指突然发生的意料之外的重大或敏感事件。这里讨论的是狭义的突发事件。

民航突发事件是在机场和客舱等民航领域突然发生的，造成或可能造成社会危害，影响旅客和服务人员的人身安全和正常工作的事件。航班取消或延误、行李或售票出现问题、机上扰乱行为或非法干扰行为、公共卫生事件等都属于民航突发事件。

二、民航突发事件的特征

（一）突发性

绝大多数突发事件是在人们缺乏充分准备的情况下发生的，人们的正常生活受到影响，社会的有序发展受到干扰。由于事发突然，首先，人们在心理上没有做好充分的思想准备，会产生烦躁、不安、恐惧等情绪；其次，社会在资源上没有做好充分的保障准备，需要临时调集各类应急资源；最后，管理者在措施上没有做好充分的设计准备，必须针对具体情况制定处置措施。虽然有些突发事件可能有发生征兆或预警，但由于真实发生的时间和地点难以准确预见，同样具有突发性。

（二）潜在性

民航企业要针对突发事件制定完善和严格的管理预案，进行突发事件演练，最大限度地避免突发事件发生。但在飞行过程中或机场内，突发事件随时都有可能发生。机场相关人员需要随时提高警惕，保证机场正常秩序。

（三）破坏性

民航突发事件一旦发生，就会带来不同程度的影响。轻度突发事件，如航班延迟，会对旅客的正常出行及民航企业的声誉、财产造成影响；严重突发事件，如空难，会对旅客的生命造成巨大威胁，产生财产损失，还会影响经济、政治、军事、文化、社会安定等，后果严重，事态严峻。

（四）紧急性

突发事件发生突然，发展迅速，要求相关部门迅速做出应急反应。错过处理时机，或者由于某件事耽误，都可能导致事态扩大，因此必须在短时间内做出应对，犹豫不得。

任务二　民航突发事件的分类、原因和影响

一、民航突发事件的分类

按照事件发生的性质、过程和机理，民航突发事件主要包括航空安全突发事件、航空保安突发事件、民航行业突发事件、民航卫生突发事件、应急航空保障事件五种类型。

（一）航空安全突发事件

航空安全突发事件是国内外民航企业历来非常重视的突发事件。航空安全突发事件主要包括航空器事故、航空器空中或地面遇险事件等，如飞行中的飞机故障事件、机上火灾、飞鸟撞击等。

1. 飞行中的飞机故障事件

在飞行中，飞机自身的机械故障导致飞机活动受阻，此时发生的任何故障或失效不仅会造成重大的经济损失，甚至可能导致人员伤亡。

2. 机上火灾

机上火灾会对飞机的飞行安全造成很大影响。火灾隐患包括旅客携带易燃物品、洗手间及客舱内有人吸烟、机上烤箱内存有异物或加热时间过长、货舱内装有易燃货物等。机上火灾会导致旅客恐慌、飞机硬件被烧毁、破坏机舱内气压稳定等不利后果，对飞机的飞行安全产生影响。

3. 飞鸟撞击

飞鸟撞击也称鸟击，是危害航空器安全的主要原因之一。鸟击是指飞机飞行过程中与飞行中的鸟类相撞，导致飞机机械损伤、动力装置受损、失去动力。鸟击对飞机动力系统的破坏常常是致命的，如果飞鸟撞进发动机，可能导致发动机扇叶变形或卡住发动机，直接导致飞机失速乃至坠毁。鸟击对飞机的破坏与撞击的位置有密切关系，导致严重破坏的撞击大多集中在导

航系统和动力系统两方面。鸟击也会损坏飞机的风挡，影响飞行员驾驶飞机。出于导航的需要，这些设备的防护装置（包括风挡玻璃）强度较其他部位差，更易受鸟击的损坏，导致飞机失去导航系统指引。

（二）航空保安突发事件

航空保安突发事件主要包括非法劫持民用航空器，机上扰乱行为或非法干扰行为，在民用航空器上或民用机场扣留人质，强行闯入民用航空器、民用机场或民用航空设施场所，将武器或危险装置、材料非法带入民用航空器或民用机场，散播危害民用航空器、民用机场或民用航空设施场所内的人员安全的虚假信息等。下面详细介绍两类航空保安突发事件。

1. 非法劫持民用航空器

非法劫持民用航空器也称劫机、空中劫持，是国际公认的一种严重犯罪行为。劫机者一般以暴力劫持航空器后迫使其偏离航线，飞往劫机者决定的国家或地点，以满足劫机者个人的非法目的，如反社会目的、政治要求目的、经济要求目的、破坏国家安全目的等。

2. 机上扰乱行为或非法干扰行为

机上扰乱行为或非法干扰行为是指在飞机上不遵守行为规范或不听从机组人员指示，扰乱客舱秩序的行为，主要包括以下几类：强占座位、行李架；打架斗殴、寻衅滋事；违规使用手机或其他禁止使用的电子设备；盗窃、故意损坏或擅自移动救生物品等航空设施或强行打开应急舱门；吸烟（含电子香烟）、使用火种；猥亵客舱内人员或性骚扰；传播淫秽物品及其他非法印刷品；妨碍机组成员履行职责；扰乱机上秩序的其他行为。

（三）民航行业突发事件

民航行业突发事件主要指民航内部民用航空服务保障工作出错，或者受到突发公共事件影响，导致民用航空活动严重受阻的事件。主要包括空中交通管理突发事件、运输服务突发事件、机务维修突发事件等，如航班大面积延误或取消、超售、行李丢失等。

（四）民航卫生突发事件

民航卫生突发事件主要包括在航空器与旅客聚集场所内发生的严重威胁或危害公众健康、生命安全及民用航空活动秩序的卫生事件。

（五）应急航空保障事件

应急航空保障事件主要包括为协助中华人民共和国国务院各部门、各地方人民政府应对各类突发公共事件而紧急组织的航空运输与通用航空活动。

民航突发事件按照性质、严重程度、可控性和影响范围等因素，分为特别重大、重大、较大和一般四级。民航突发事件的分级标准由中华人民共和国国务院民用航空主管部门制定。

二、民航突发事件的原因

民航突发事件的原因可分为天气原因、人为原因、设备原因和其他原因四类。

（一）天气原因

天气原因导致的突发事件最多，影响航班正常起飞、飞行和落地。飞机未起飞时，一旦遇到恶劣天气，机场都会延迟或取消航班；飞机在飞行过程中遇到极端天气，很可能导致迫降、中断航班，甚至造成空难。

（二）人为原因

仅次于天气原因，人为原因也是导致突发事件的一大因素，包括机场、机组等服务人员原因和旅客自身原因。机场、机组等服务人员原因，常见的有地面指挥失误、机组人员配合不协调、维修检测不严格、驾驶员没有做好本职工作等。旅客自身原因，包括旅客在登机将结束时才赶到机场、没有仔细核对从而拿错行李、突发疾病等。

（三）设备原因

从目前民航企业的发展运行情况来看，机械故障、金属疲劳等都是导致突发事件的主要设备原因。

（四）其他原因

其他原因包括空中交通管制、通信错误、油料不足、空域冲突等。

三、民航突发事件的影响

如果突发事件危害程度不大，那么影响也不大。但如果突发事件解决不及时、不果断，危害程度就越大，损失就越多，造成的社会影响就越恶劣。这种负面影响如果未能及时挽回和消除，那么其不良后果甚至会持续很长时间。较严重的突发事件会不同程度地造成破坏，带来混乱和恐慌，而且由于决策的时间及信息有限，往往导致决策失误，从而带来无法估量的损失。

（一）影响旅客情绪与体验

突发事件对旅客情绪产生直接影响。长时间的延误、航班取消或机上等待会引发旅客的情绪波动，给旅客的出行带来很大不便，进而导致旅客的不满、焦虑和恐慌，影响旅行体验。

（二）影响航空安全和机场秩序

当旅客不听从服务人员指示，闯入机场跑道或停机坪，阻碍飞机正常起飞或降落，破坏机场设施时，会对安全构成威胁，可能造成旅客和工作人员人身伤害，后果严重。

（三）影响民航企业运行

突发事件对民航企业的影响不仅涉及经济层面，还涉及声誉和形象。突发事件可能导致额外费用，如退款、赔偿和额外服务，进而影响民航企业的财务状况。同时，严重突发事件可能被媒体报道，损害民航企业的声誉，影响其市场地位和长期发展。

（四）影响航空产业链

突发事件不仅会影响民航企业自身，还会对整个航空产业链产生影响。机场的运营可能受到混乱的影响，供应商和服务提供商需要重新分配资源来适应情况，同时合作伙伴关系也可能面临挑战。这种连锁反应可能影响航空产业链的正常运转，对整个航空生态系统造成影响。

> **课堂互动 7-1**
> 请同学们收集民航突发事件的信息，分析事件造成的影响。

项目二　识辨民航突发事件旅客心理

案例导引

2019年夏天，某航班受暴雨天气影响，在飞行途中突然失控，机体快速下降，给旅客带来了很强的失重感。多亏机长反应迅速，稳住了飞机，最终安全着陆。机上旅客回忆，飞机急速下降时，大家都被吓得不敢说话。片刻后，出现了惨叫声，很多人都被吓哭了，所有人都很惊恐。下面是一位当事人的回忆。

飞机开始下降时，我发现窗外漫天黑云，完全看不到地面，就像正在穿越原子弹爆炸后

> 的蘑菇云。忽然，我整个人失重，同时觉得安全带一紧，把我牢牢扣住，而我的大耳机则直接脱离了我的头，往上飘去。随后，我听到整个机舱都是撕心裂肺的惨叫；窗外一片漆黑，分不清是乌云还是飞机的烟；往前平视，我先看到一束头发垂直上飘，接着头发的主人也在往上飘，好像整个人都要从座位上飞出去……一瞬间，"嘭"的一声，我的身体又回到座位上了。飞机急速上升，我们又回到了这片乌云之上。我听到有人在哭，而我的头则被耳机砸了一下。接下来的一段时间里，飞机不断地在乌云中穿梭，而我的大脑似乎完全"宕机"了。我完全不知道这段时间有多长，但是直到看到似乎离我们已经很近的地面之前，我好像都没怎么呼吸过。
>
> 资料来源：民航资源网

面对一般突发事件，旅客的心理和情绪反应多为抱怨、愤怒、恐慌、焦虑。例如，旅客不能按照原定计划上下飞机，面对航空公司条件有限的安置场所、一再推迟的起飞时间、各种信息的频繁变换、对未知的迷茫、突然增加的其他成本等压力，旅客出现焦虑、担心、愤怒、逆反心理。但是等航班恢复起飞，到达目的地后，旅客可以调整好状态，不影响工作和生活。

面对严重的突发事件，如遇到飞机失控、劫机，旅客会产生绝望、无助、混乱的情绪，事件结束后，也可能产生睡眠障碍、易怒、冷漠、抑郁、歇斯底里等反应。

突发事件除了引起个体的反应，也会引起群体的反应。群体反应的非理性成分较多，会加剧事件的不可控性，产生群体冲突，甚至出现极端现象，造成恶劣影响。

任务一　一般突发事件的旅客心理

面对突发事件，旅客心理主要表现在情绪反应、行为反应和生理反应。

一、旅客的情绪反应

一般突发事件使旅客出现情绪上的反应，包括焦虑、担心、愤怒、逆反、恐慌、抗拒心理，还可能出现从众心理和法不责众心理、危机心理。以下介绍三种主要心理。

（一）焦虑心理

旅客的出行都有其目的，选择飞机作为出行交通工具的主要原因是快捷、舒适，但是一旦航班延误、行李丢失、服务态度较差，导致既不快捷也不舒适，旅客就会出现焦虑心理。

（二）逆反心理

突发事件没有得到妥善处理，部分旅客会产生逆反心理。有时服务人员对待旅客的态度、语气不好，或对旅客没有明确回答，甚至对问题的解释前后不一，令旅客无法真正了解事件，就会激起旅客的逆反情绪。

（三）法不责众心理

旅客成分的复杂性在一定程度上增加了突发事件的发生风险。在某些人的带领鼓动下，本着法不责众的心理，很多旅客会不由自主地参与到群体突发事件中。一般来说，群体成员的行为通常具有跟从群体的倾向，当发现自己的行为和意见与群体不一致，或与群体中大多数人有分歧时，群体成员会感受到一种压力，促使他趋向与群体一致。旅客个人的责任感消失了，群体的非理性增加了。群体行动中个体的去身份化现象是这种法不责众心理产生的主要根源。

二、旅客的行为反应

为了减轻突发事件引起的心理焦虑和内心烦躁，部分旅客会采取不理智的行为进行应对。

按照心理学的理论,当人们面对周围焦虑、恐惧的环境时,一般情况下会采取两种行为反应,一种是与环境直接对抗,另一种是从不利的环境中逃脱。正确的行为取向能化解压力或解决问题,而不当的行为取向难以帮助当事人从根本上解决问题,甚至带来更大的问题。在一般突发事件中,绝大部分旅客行为反应正常,会配合和服从航空公司的安排,彼此相互帮助,积极寻找解决问题的各种办法,但也有少数旅客行为反应异常。旅客普遍的行为反应如下。

(一)理性等待行为

在一般突发事件中,大部分旅客都能理性对待。一部分旅客,他们较少乘坐飞机,对航班服务质量、餐饮、航班准点率等都没有太高的要求。所以突发事件发生后,这部分旅客能够体谅服务人员的辛苦,比较通情达理,一般情况下,不会出现大吵大闹的行为,而是在一旁等待问题解决。

(二)冲动行为

突发事件中的个体旅客可能没有意识到事件发展的严重性,只是单纯地具有一种从众心理。这种从众心理可能使一件小事在某导火索的引导下,演变为影响恶劣的群体性突发事件。例如,当服务人员前后矛盾、解释不清、转移旅客注意力、态度不友好时,都会引起旅客愤怒的情绪,在此情况下,如果有牵头的旅客闹事,提出要求,冲动而又从众的旅客就可能采取一些围堵安检口、冲上飞机跑道,甚至拦机、霸机的极端方式进行维权,甚至演变成严重影响机场正常秩序和民航空防安全的群体冲突事件。

三、旅客的生理反应

从某种角度看,心理应激反应是人的身体对各种紧张刺激产生的适应性反应。尤其在心理焦虑期间,免疫系统的启动反应既可以表现为功能减退,也可以表现为功能增强。强烈的情绪活动,特别是消极的情绪,通常会抑制免疫系统的功能,负面生理反应也会随之而来,包括肠胃不适、腹泻、食欲下降、头痛、疲乏、失眠、做噩梦、容易惊吓、感觉呼吸困难或窒息、咽塞感、肌肉紧张等。

任务二 严重突发事件的旅客心理

对旅客情绪影响较大的民航突发事件有大面积航班延误或取消、机上扰乱行为或非法干扰行为、旅客突发疾病、客舱安全突发事件等。在严重突发事件的发生过程中,处理方式、周围环境、旅客特点等各异,旅客心理状态也不同,需要进行辨识。

一、大面积航班延误或取消

(一)大面积航班延误或取消时的旅客心理

航班延误或取消对于旅客心理的影响是较大的,部分旅客的计划会被打乱,因此一旦出现航班延误或取消的情况,旅客就会产生一定的抵触心理。根据多数旅客的实际情况,旅客心理可分为以下几种。

1. 负面心理

首先是焦虑主导型心理。随着航班延误、取消等不正常情况出现,旅客会出现焦虑情绪,坐立不安,频频查询延误原因、起飞时间。这是最常见的心理,主要由于航班延误导致旅客无法按照原定计划到达目的地,并扰乱其旅行计划。若机场服务人员无法在短时间内处理这类问题,旅客的焦虑情绪就会一直持续。

其次是怀疑主导型心理。因为旅客的行程被航班延误打乱，所以其后期行程不确定性较高。若是天气原因造成的航班延误，旅客会给予一定的理解，但是大多数情况下旅客会怀疑航空公司并没有将真正的延误理由告诉他们。

再次是抱怨主导型心理。遇到不正常航班，旅客本来就有一定的怨气，加上长时间等待、服务不周、信息发布不及时、对原因解释不满等，旅客的愤怒和抱怨会加剧，甚至部分旅客会有过激行为，如破坏机场、聚众滋事、扰乱机场正常秩序等。

最后是愤怒主导型心理。长时间的航班延误会直接影响旅客的心理，尤其在航空公司没有告知正确的延误原因的情况下，旅客的愤怒情绪会不断累积。针对这种情况，服务人员需要及时安抚旅客情绪。

2. 正面心理

首先是冷静主导型心理。这类旅客能够以成熟的心态面对并接受航班延误的情况，但是并不能因为这类旅客较为冷静就忽视了对他们的服务。若长期对这类旅客采用冷处理的服务方式，就会在一定程度上影响旅客的心情，虽然他们不会在当下发表自己的观点，但可能在事后进行投诉。

其次是思考主导型心理。这也是航班延误期间常见的一种心理，这类旅客会根据航班延误的原因和延误时长来考虑对自己的行程是否产生影响，通过思考的方式来正确看待航班延误这一情况。这类旅客的情绪控制能力较强。

3. 中性心理

航班延误与取消发生后，为了使自己的损失降到最低，旅客往往会索求补偿，如经济损失、精神损失等。有些旅客无论有没有达到补偿的条件，都要求对其进行补偿或赔偿，并且对补偿的要求比较高。关于航班延误和取消时对旅客的补偿，2004年出台的《航班延误经济补偿指导意见》对航班延误的认定、补偿原则、补偿方式等做出了原则性的规定，但由于没有对航班延误责任的认定和经济补偿的仲裁做出详细规定，所以缺乏实际操作性，反而加剧了冲突和矛盾。因此，对旅客的补偿，一定要有明确的责任认定和详细的补偿标准，这样才能避免不满足补偿要求的旅客闹事，以及"闹得大、赔偿多"情况的出现。

> **课堂互动7-2**
>
> 请同学们思考，大面积航班延误或取消事件如何从突发事件演变为群体事件？

（二）旅客心理的产生原因

1. 归因错位

服务人员向旅客解释航班延误的不可抗因素，旅客不接受服务人员的解释。因为人们拥有的信息不同，所以对事件的看法也不同，由此产生冲突。例如，地面服务人员将延误归因于天气，而旅客将延误归因于航空公司服务意识差，双方就在归因上出现了分歧与错位，进而引发冲突。当航空公司只将延误归因于外部原因，而不反省自身原因时，就会给旅客一种推卸责任的感觉。

2. 情绪感染

情绪感染是人际间情绪的同化反应形式，表现为个体对他人和特定情境中的情绪状态的自觉共鸣或产生出相似的情绪。具有同样延误体验的旅客很容易产生情绪共鸣。媒体报道中，误机的旅客也容易被大众视为弱者，引发人们的同情。航班延误很容易引起旅客的不满情绪，如果解释不及时或服务不到位，就会导致不满情绪升级为愤怒情绪。愤怒具有引发冲突或激化矛盾的特性。

愤怒的主要特征表现在三个方面：①暴烈性。愤怒的暴烈性很强，容易使人失去理智，思考问题极端化，不听劝。②失控性。愤怒易产生失控行为。③传染性。愤怒情绪具有传染性，当一人情绪爆发时，就像导火索一样，会引起其他旅客的共鸣，产生冲突的群体效应，使局面不易控制。

3. 对抗行为

当解释与劝说失效而产生冲突后，一些冲动型的旅客容易产生对抗行为，如不听劝说，拒绝航空公司的其他安排，甚至出现辱骂、打人等侵犯行为。当延误发生时，旅客感到自己的利益受损，需求无法满足，攻击行为就会爆发。旅客一旦产生对抗心理，就会变得非理性，把头脑封闭成一个"刀枪不入"的"独立王国"，使思维具有封闭性和排斥性，导致劝说信息的"枪弹"射不进去。

4. 群体助长

在航班延误的劝说过程中，服务人员面对的不是某个旅客，而是旅客群体。旅客属于非正式群体，具有如下特点：临时自发组织、反常规、不安定与不稳定。不可轻视这种看似松散的临时性群体，它会产生群体助长效应。群体助长效应是指在群体活动中，个人的活动效率往往因群体的影响而出现增量或增质现象。群体助长效应产生的原因是高刺激性、高情绪感染性的情境，当服务人员出现略带刺激性的语言或高傲的体态时，都会引发群情激愤，甚至局面失控。

5. 防卫机制

航班延误后，机场一线服务人员常常要应对各种相关突发事件，特别是冲突发生时，他们更是"严阵以待"，以一种防范的方式对待周围环境与旅客。个别旅客会将对航空公司的不满直接发泄到服务人员身上，服务人员也最易受到冲动型旅客的言语与身体攻击。被攻击过的服务人员再次经历冲突事件时，就会不由自主地启动防卫机制，表现为拒旅客于千里之外，呈现出敌意表情，对旅客询问冷漠回应，停止服务工作等。

6. 职业倦怠

职业倦怠是现代职业领域中常见的一种心理职业病，特别在服务性职业领域中更容易出现。当服务人员感到工作压力大、疲惫不堪、得不到尊重与理解时，会出现职业倦怠的特征，引发职业危机，表现为工作业绩差，职业道德缺乏。当服务人员处于职业倦怠的状态时，会将这些负面特征转嫁到工作中或旅客身上。他们会对延误状态下的各种事态有一种习惯化的麻木、冷漠、厌倦反应，对旅客的询问给予机械化回应，对突发事件采取被动防守的策略。情绪枯竭会使他们对旅客不热情，回避旅客需求，不采取施助行为；价值枯竭会使他们消极怠工，服务质量下降；去人性化会使他们对旅客冷淡、多疑，防卫心理强，易引发言语和身体上的冲突。这些表现都会影响工作质量，甚至成为引发冲突的导火索。

二、机上扰乱行为或非法干扰行为

当这些行为发生时，旅客会感到惊惧与恐慌，旅客的脸上大多是紧张、焦虑甚至恐惧的表情。在这类情绪作用下，人的认知加工范围会变窄，反应速度会变慢，身体会出现排汗、心跳加快等一系列反应。

这种时候，普通的对话和沟通是不太奏效的。在处理问题时，乘务员除了要提高音量获取旅客注意，还要不断重复指令，尤其是那些重点操作和提示，同时保持对旅客注意力的吸引，如适当的眼神沟通。对于情绪反应较大的旅客，这些做法显得尤为重要。

同步思考 7-1

从"小冲突"到"大矛盾"

某日晚，首都机场公安局东航站区派出所接到报警，称国际到达行李提取厅内有人打架，民警立即赶到现场开展工作，将参与打架的当事人传唤至派出所接受调查。参与打架的当事人均为老人，年龄最大的 67 岁，最小的也有 62 岁。是什么让这些老人不顾高龄大打出手呢？

经民警调查，参与打架的当事人为同一个旅行团的旅客，"五一"假期出国游玩。在乘机返回北京的途中，一名男性旅客的座椅靠背放置过低，影响到后面女性旅客上厕所，双方因此发生争吵。本来是一件很小的事情，但双方都不能正确面对，而是从言语冲突升级到互相辱骂，直至最后在提取行李时发生肢体冲突。打架共造成一男三女四名老人受伤，后经法医鉴定，其中一人多处骨折，构成轻伤一级，另外三人构成轻微伤。

最终，参与打架的男性旅客因涉嫌故意伤害罪，被首都机场公安局刑事拘留，目前已被检察院批准逮捕；另外三名女性旅客因涉嫌殴打他人，均被首都机场公安局处以治安拘留处罚。

资料来源：民航资源网

三、旅客突发疾病

由于种种原因，在候机厅里或航班上有时会出现旅客突然发病的情况，往往使服务人员措手不及，给服务工作带来很大困难。

旅客突发疾病可能有两方面原因：一是旅客自身原因，此时患病的旅客痛苦、着急、忧虑，急盼服务人员帮助，这时应为之寻医送药，妥善处置，有条件时送医院治疗。二是民航部门的原因，如发生空中事故，影响正常旅行，甚至威胁到旅行安全。这时，旅客焦虑不安，心情烦躁，希望尽快排除险情，恢复正常飞行。

飞行中旅客突发疾病一般只会影响个人的生命安全和健康，对其他旅客不会带来较大困扰，如果能够对其进行有效的紧急处理，那么对飞机的飞行安全也不会造成很大影响，但是会带来全组旅客航班延误的问题。

课堂互动 7-3

请同学们分析电影《平凡英雄》中小男孩及陪同家属、客舱旅客的情绪状态。

同步思考 7-2

服务温暖人心

旅客王女士给南方航空公司写了一封感谢信。她说，12 月 4 日，她、表妹、两个孩子和阿姨一行五人乘坐南方航空公司某航班从奥克兰飞往广州。飞机起飞后不久，阿姨突然晕倒，体温下降。航班乘务员在接到消息后，立刻广播了三次寻找医生，及时给阿姨提供氧气和保暖措施。

她提到，当时的主任乘务长非常沉着冷静，处置果断有效，"给我们慌乱的心带来很多安慰"。后舱乘务长耐心又体贴，每五分钟给阿姨测一次体温，时不时与她交谈，让她保持清醒，还蹲在座位旁接她的呕吐物。乘务员尧尧详细记录阿姨的体温，并按指示及时提供所需。其他乘务员也配合得井井有条。随着阿姨体温一点点回升，每个人的脸上都露出了由衷的笑容。

"这次突发事件，让我们深深感受到了南方航空公司乘务员的专业素养和旅客生命至上的服务理念,航班上的每位乘务员都那么可爱,那么温暖。再次感谢航班所有乘务员,祝你们好人一生平安!"王女士真诚地表示。

资料来源:《广州日报》

四、客舱安全突发事件

在遇到劫机、飞行中的飞机发生故障、机上火灾等重大突发事件时,旅客会产生应激反应。应激反应有三个阶段:警觉阶段、阻抗阶段及衰竭阶段。当旅客知道飞机出了问题时,会依次进入这三个阶段。

第一阶段即警觉阶段。交感神经支配肾上腺分泌肾上腺素等激素,旅客会出现发抖、呼吸急促、瞳孔放大、肌肉紧张等变化,接着会进入阻抗阶段。

第二阶段即阻抗阶段。旅客会产生阻抗心理,开始逃避,不想面对现实。在危机事件下,人们对危机事件的认识不足,没有心理准备,不具备足够的安全知识,从心理上极易产生震惊、慌乱、焦虑、沮丧等情绪。

第三阶段即衰竭阶段。旅客发现事情已经完全没有挽回余地,被迫承认灾难的发生,痛苦、绝望与悲伤的感受袭来,浑身感到无力,甚至会因为恐惧而眼前一片昏暗,承受再也无法逃脱的强大压力,产生危机心理。

项目三　识用民航突发事件旅客心理的服务应对

案例导引

用真情服务缓解航班延误负面情绪

接到航班延误的通知后,当班的季小雯一直坚守在柜台,为旅客办理退票、改签业务,安抚情绪激动的旅客。由于当晚北京持续雷雨,航班最终取消。本来长时间的延误已经使旅客抱怨和不满,得知航班取消后,旅客情绪更加激动,将柜台团团围住,一边发泄不满情绪,一边纷纷要求退票、改签。季小雯不断向旅客道歉、解释,还要维持现场秩序,引导旅客有序办理业务,避免出现更严重的群体事件。整整一夜,季小雯始终站在旅客身边,为他们服务和忙碌着。直到第二天上午,一夜未眠的她看到全部旅客都得到妥善安置后,才放心离开。

随着航班延误知识的普及,越来越多的旅客逐渐认识到,航班正常与否受制于很多因素。这些因素包括民航机队规模快速扩大与机场运行保障能力、民航空域开放程度形成突出矛盾的客观现实;包括天气原因、飞机故障等不可控客观因素;还包括旅客人为原因造成的延误。但理性认知并不代表就能坦然接受,旅客对航班延误的无奈经常转化为对后续服务的更多期待。因此,航班延误后,民航企业的服务工作要更加细致周全;服务人员要立足于旅客角度换位思考,本着为旅客积极协调解决现实问题的目的做好服务工作。如果航班延误后的服务不到位,就很容易成为旅客压抑的不满和愤怒的出口。

诚然,服务工作并不能从本质上解决航班延误这道难题,却能改善甚至改变旅客的感受。尤其在导致航班延误的众多客观因素无法避免的情况下,民航企业更加需要高度重视航班延误后的服务工作。这也能解释为何有些航班延误了七八个小时,却不仅没有旅客抱怨,反而出现了旅客在下机时发自内心地向乘务员表示感谢的现象。这是因为旅客感受到了乘务员的用心和努力，乘务员用真情服务消除了旅客烦躁和不满的情绪。同时，民航也曾经出现过航班延误后，回答问询的服务人员不耐心、不真诚，导致旅客更加不满的事件。可以说，不到位的服务激化了旅客与民航企业的矛盾和冲突。

航班延误后，旅客最需要什么服务？换位思考，其实无非是第一时间告知延误原因，频繁告知航班动态，能提供食品、休息场所，主动提供后续航班衔接服务等。如果民航企业能先行一步，主动作为，在服务内容和方式方法上更加契合旅客心理和生理需求，或许就能有效缓解旅客因延误而产生的负面情绪。当然，前提是民航企业要能站在旅客角度，真正读懂旅客的需求，如增加航班延误信息的播报频度，既让旅客更快速地获知信息，又让旅客感受到他们的需求得到了民航企业的密切关注。这个改变的过程也是民航企业眼睛向外，真正关注旅客需要什么的过程。

当前，航班延误或取消问题是旅客和民航企业之间最显著、最尖锐的问题。但在上面的案例中，通过服务人员的真情服务、细心服务，在航班延误的情况下，不仅没有发生矛盾，反而得到了旅客发自内心的理解和认可。因此，在突发事件发生时，服务人员要掌握旅客心理状态和需要，及时提供周到服务，掌握突发事件处理流程和方法，提高自己的业务能力。

任务一　大面积航班延误或取消

面向旅客的"航班延误后您最希望得到哪些服务"的调查显示，位居第一的是航班确切的预计起飞时间，占50.7%；第二是及时通报延误情况，占42.5%；第三是提供餐饮、茶点、休息等服务，占36.3%。从数据中不难看出，在航班延误的焦急时刻，什么时候能走是旅客最关心的问题。

一、服务策略

（一）提供相应的服务和相关信息

当的确无法成行时，民航企业必须要向每位旅客提供及时的延误情况通报，缓解旅客焦虑情绪。及时提供餐饮和休息的地方也同样是旅客需要的必要服务。另外，需要通过变通的方法——更换航班或交通工具确保旅客及时成行。民航企业在延误时要做的事情，优先顺序应该是：①提供餐饮、茶点、休息等服务。②及时通报延误情况。③更换航班或其他交通工具，确保旅客及时成行。④告知延误真实原因。可见，除了服务，信息的及时、透明非常重要。

服务人员应及时通报信息，满足旅客的知情权，同时及时安排食宿、改签航班、满足旅客需求等。只有服务及时、到位，服务在旅客开口之前，才能缓解旅客的不良情绪，避免一些不必要的矛盾和冲突。此外，服务人员也可以做好相应预防工作，如在候机厅、飞机上准备航空旅行手册供旅客翻阅；在广播中播放航班延误等不正常航班的知识和相关规定，弥补旅客航空知识的空缺和不足，加强信息沟通，促进旅客理解。

（二）以诚恳的态度理解旅客

面对航班延误或取消时的旅客，服务更需要技巧和艺术。例如，通过换位思考，及时了解旅客需求，让旅客感受到自己被重视；找共同语言，拉近与旅客之间的距离，便于进一步沟通和交流；微笑服务，化解旅客的不良情绪，解决冲突和矛盾；用心服务，端正态度，及时满足旅客需求。

1. 主动解释

旅客对民航企业的运行情况并不清楚,服务人员要站在旅客角度解释机场航班延误的具体情况。平时可以通过机场的候机厅广播,以及在飞机座椅的口袋中放置航空旅行手册,宣传航班延误知识与条规,让旅客了解基本知识。

2. 增强共情能力

友好的情感是人际沟通的润滑剂,敌对的情感是人际冲突的导火索。情感是交流的基础,旅客与服务人员的情感是需要沟通与建立的,素不相识的人缺少情感支撑,冲突就容易发生。特别是服务人员如果无意识地启动了防卫机制,就会将旅客焦躁不安的情绪表现错译为敌意,并用敌意回应,这样就会引发或加剧冲突。要以良好的态度安抚旅客,增加施助行为,提高服务质量。在平时的工作中,要提高辨别他人情绪的能力、体验他人情绪的能力、控制自我与他人情绪的能力,等等。

(三)冷却情绪,防患于未然

航班大面积延误,很有可能出现旅客情绪极不稳定的情况。服务人员要做到"防患于未然"。

1. 隔离情绪"隐患"

航班延误,旅客会心存不快,这时旅客的情绪具有易感性、冲动性和传染性,表现为"一点就着",而群体的情绪多是被个别人点燃的,呈星火燎原之势。因此,随时观察情绪不稳定的"特殊人物",主动出击,与他友好沟通,平稳其情绪,能起到隔离情绪"隐患"的作用。

2. 遵循情绪的"减法"原则

情绪会产生共振现象,这是相同情绪的叠加效应,你怒我更怒。在冲突处理过程中,要遵循情绪的"减法"原则,以柔克刚。在这一点上,多数服务人员能够做到耐心解释。"柔"的情绪表达的是理解、友善、通达。

3. 实施"预防接种"

不良情绪和不合理观念一旦遇到合适的环境,就会像"瘟疫"一样蔓延,对于这种情况要提高人们的"免疫力",即提高旅客对某种不合理观念和情绪的抵抗力。这种"预防接种"的工作需要服务人员预判旅客可能出现的行为、要求、情绪反应等,在未爆发前,就通过一些形式告知旅客哪些是合理要求,哪些是不合理要求;哪些情绪表达有助于问题的解决,哪些情绪会使问题变得更糟;哪些行为是合法的,哪些行为是违法的;等等。"预防接种"工作的目的是将旅客的言行往服务人员希望的方向引导,使工作更加积极、主动、有效。

(四)以积极方式应对问题

1. 采用专注于问题的应对方式

解决实际问题是一种积极的应对方式。在冲突过程中,旅客常常抱怨的是航空公司和地面服务人员未能采取专注于问题的应对方式,多采用逃避式或情感式应对方式。

2. 做好冲突管理

冲突管理是指人们采取一定的行动来应对、处理冲突。不同的人在处理冲突时存在个体差异。双方应共同处理问题,通力合作,努力寻求双赢的结果。

(五)掌握人际沟通技能

当旅客情绪没有得到及时安抚,演变成冲突时,需要对事件进行处理,对旅客进行劝说。劝说也是一种人际沟通技能。劝说是服务人员有意识地发出相关信息,使旅客理解和接受这些信息的过程。在劝说中,服务人员要掌握一定的劝说技能。

1）分散旅客的注意力。先将旅客的注意力从敏感的问题上引开，避免出现僵局，再慢慢过渡到正题。

2）使用与旅客的共同语言。关心旅客，如考虑旅客安全，就容易达成共识。有时也可以找一些与延误无关的话题作为沟通的切入点，如足球，使旅客感到彼此之间有共同语言，再转入主题。

3）抓住问题的主要方面。抓住旅客关心的切身问题。

4）打破"思维定式"。旅客有一套完整的思维模式，只接受与其相同的观点。所以，服务人员要找到切入点打破其思维定式，适时又委婉地找出旅客自相矛盾之处，这样才能使旅客接受新的不同的信息。

5）运用"登门槛"效应。在劝说中，不要形成观点上的明显反差，使劝说有较大的可接受性。"登门槛"就是先让对方接受一个很小的要求，随后较大的要求就会有较大的可接受性。这种逐步接近、层层递进的劝说方法较易成功。

6）善用以退为进策略。适当地退让和认可对方观点的合理性，继而从对方的角度来分析问题，有时会让对方认为你通情达理，从而减轻敌对情绪，最终接受你的观点。

（六）调整个人状态

旅客选择了航空公司，也就是选择了航空公司的服务承诺。如果航空公司没有达到旅客的期望，就会引起旅客的不满，这就是为什么很多冲突焦点最后集中在服务态度上。服务态度好坏取决于服务人员是否积极主动地施助。如果服务人员处于职业倦怠状态，就容易引起服务态度问题。因此服务人员要调整心态，不能因个人情绪而影响工作质量。同时，航空公司的管理层要更关注下属员工的心理健康，减少职业倦怠。

同步思考 7-3

李文丽——临危不乱，安定人心

在飞往塞班的某航班上，一位旅客喝多了酒，在客舱中大声喧哗。乘务员及时劝阻，该旅客非但不听，反而在周围同伴的怂恿下，借着酒劲袭击乘务员。事情发生得非常突然，李文丽得知后飞步前往，用自己的身体挡在乘务员前面，并及时控制了客舱秩序，安排人员照顾伤员，利用有限的时间寻找目击证人，把客舱情况及时报告机长。飞机安全着陆，当地警方把醉酒旅客带下了飞机。在回程的航班上，在有同事受伤无法正常工作导致减员的情况下，李文丽又带领全组密切配合，充分发挥团队合作精神，安全优质地完成了任务。

某年年初，由于北京天气不好，以北京为目的地的航班连续三天延误，耽搁了三天的旅客都压在了李文丽组执飞的航班上。许多旅客都躁动不安，满腹怨气。尽管所有乘务员都顶着巨大的压力耐心解释，但收效甚微。当机长通知乘务组做好起飞准备时，部分旅客仍然情绪激动。李文丽当机立断，立即进行客舱广播，严正要求旅客执行各项安全措施。她的冷静和干练感染了组员，于是平时温柔的"空姐"们严肃地控制了客舱，赶在飞机起飞前两分钟做好了所有的准备工作。可谁也没有想到，就在落地前半小时，机长通知北京大雾，还是无法降落，飞机只能返航。刹那间，客舱又沸腾起来！作为一名客舱经理，李文丽深感自己肩上担子的分量，她在服务舱里调节好自己的情绪，然后到客舱中不厌其烦地解释，努力帮助解决旅客的后续问题。在她的带领下，乘务组全体员工都奋力坚守，哪怕嗓子说到沙哑，哪怕衬衫都已湿透。最终，大家还是用真诚的交流和沟通得到了旅客的理解。

资料来源：民航资源网

二、具体措施

（一）航班延误或取消旅客服务

在掌握航班延误或取消信息后，应当在 30 分钟内通过公共信息平台、官方网站、呼叫中心、短信、电话、广播等方式，及时、准确地向旅客发布航班延误或取消信息，包括航班延误或取消原因及航班动态。

【微课】7-1 航班大面积延误的旅客心理疏导

航班延误或取消时，为旅客妥善办理退票或改签手续。按照运输总条件，做好旅客服务工作。

航班延误或取消时，应按照相应要求为旅客提供食宿。无论何种原因，均应向经停旅客提供餐食或住宿服务。

航班延误或取消时，优先为残疾人、老人、孕妇、无陪儿童等需特别照料的旅客提供服务。应在航站楼内为旅客提供医疗服务。应优先安排旅客乘坐后续航班或转签其他航班。

（二）机上延误服务

发生机上延误后，应当每 30 分钟向旅客通告延误原因、预计延误时间等航班动态信息。因流量控制、军事活动等造成机上延误的，空管部门应每 30 分钟向承运人通告航班动态信息。

机上延误期间，在不影响航空安全的前提下，应当保证盥洗设备的正常使用。机上延误超过 2 小时（含）的，应当为机上旅客提供饮用水和食品。

机上延误超过 3 小时（含）且无明确起飞时间的，应当在不违反航空安全、安全保卫规定的情况下，安排旅客下机等待，做好机上延误的各项服务工作。

同步思考 7-4

暴雨致航班延误，他们却收到了 15 封表扬信

2016 年 6 月 19 日，武汉迎来入梅以来首场大暴雨，局部降雨量 30 年一遇，武汉市发布暴雨红色预警。受此影响，武汉进出港航班大面积延误，武汉天河国际机场启动航班大面积延误橙色预警，中国国际航空公司湖北分公司启动不正常航班应急响应程序。

某青岛至武汉航班预计 12:35 在武汉落地，由于武汉雷雨，13:23 航班备降南昌。此时，机场接受备降航班较多，保障资源一度饱和，飞机停靠远机位后，摆渡车迟迟未来，旅客只能在机上等待。考虑到武汉天气持续恶劣，乘务组认真、细致做好终止行程旅客的确认和统计工作。14:40，97 名终止行程的旅客安全下机。机长授权，对客舱进行了局部清舱。旅客在机上等待期间，客舱乘务员始终坚守岗位，一直未放松服务标准，加强客舱来回巡视，时刻关注旅客需求，播放机上电影，并及时为旅客提供餐饮服务。通过细心观察，乘务员为着凉的旅客送去温水和纸巾，为哭闹的小旅客送去儿童贴画等小玩具，与无陪儿童家长保持电话联系，并安排专人陪伴。客舱温馨的真情服务让备降在外的旅客看在眼里，记在心里。由于机场保障资源有限，加配的餐食无法增配，在头等舱的饮料调至后舱以后，乘务组又将机组的饮料留给老人和小孩。乘务组努力沟通加配餐食的举动得到了现场旅客的理解。乘务员坚守岗位、不辞辛劳的忙碌身影，促使部分旅客发自内心地在事后送来了表扬信。18:18，飞机载着 42 名旅客从南昌飞往武汉。由于空中时常颠簸，乘务员及时通过广播提示旅客全程扣紧安全带，安检时乘务组也再次确认每名旅客系好安全带，并持续加强客舱安全监控，确保轻度颠簸发生时没有旅客离开座位。19:12，飞机在武汉安全降落。

资料来源：民航资源网

任务二　机上扰乱行为或非法干扰行为

一、服务策略

（一）早发现、早报告、早处置

当飞机上出现扰乱行为时，机组人员要早发现、早报告、早处置。迅速判断扰乱行为的性质、危害和后果，并适时介入，妥善处置，维护客舱的安全和秩序。

（二）解释、劝说

根据扰乱行为严重程度，处置顺序为：先由乘务员进行解释、劝说；不听劝阻者，在机长授权下，由航空安全员或其他旅客对行为人进行强制管束，直至移交公安机关。

（三）依法处置

扰乱行为升级为非法干扰行为的，应按照非法干扰行为处置程序依法果断处置。

二、具体措施

（一）起飞前处置

客舱乘务员或航空安全员应对上述行为及时制止，制止无效报请机长同意，立即通知机场公安机关将行为人带离飞机。

（二）起飞后处置

飞行中发现酗酒滋事、打架斗殴等，有同行者，客舱乘务员应责成其同行者予以控制。如无同行者或同行者控制不了的，航空安全员可报请机长同意，对其采取临时管束措施，落地后移交机场公安机关处理，处理期间应完成必要的人证、物证收集及相关单据的填写。

飞行中发现旅客破坏飞机或机上物品，航空安全员负责对其行为进行制止。必要时可使用执勤器械并对其进行临时性管束，客舱经理（乘务长）将相关情况报告机长，落地后移交机场公安机关处理，处理期间应完成必要的人证、物证收集及相关单据的填写。

飞行中发现性骚扰、争抢座位（行李架）等行为，客舱乘务员应视情况调整当事人的座位，避免发生冲突或冲突升级。

在飞行中发生上述行为，直接威胁到机组、旅客人身安全、飞行安全或无法制止事态发展时，航空安全员应报请机长同意，对行为人采取临时管束措施。

飞机上发生此类事件时，机组应通过空管部门及时通知降落地机场公安机关做好处置准备。

三、典型机上扰乱行为的处置方法

（一）机上吸烟

飞行时，如果怀疑某位旅客在卫生间吸烟，乘务员应大声敲门要求里面的旅客开门。旅客开门后，乘务员需解释有理由怀疑他/她吸烟（烟雾探测器报警、闻到烟味等），并要求其在乘务员寻找吸烟证据期间不要离开。

如果没有找到吸烟的证据，乘务员就应向旅客道歉，并解释在此种情况下乘务员行为的重要性和必要性。在有其他人员在场的情况下，明确告知旅客：根据中华人民共和国的法律，在飞机上吸烟属违法行为。在飞机上的任何地方都不应吸烟。在航班运行环境中，旅客应服从机组成员的指示并与机组成员合作。立即向机长和乘务长汇报发生的情况。

如果在飞行期间同一名旅客被发现或被怀疑再次吸烟，乘务员就应直接通知机上航空安全员，按照《中华人民共和国治安管理处罚条例》或航空公司相关规章制度采取必要的处置措施，保障航班运行安全。如果该旅客不懂汉语，乘务员就应设法用英语或其能听懂的语言告知其有关内容。

（二）机上违规使用便携式电子设备

客舱乘务员进行安全检查时要求旅客将便携式电子设备置于关闭状态或开启飞行模式，如发现旅客违规使用电子设备，要及时制止。若旅客不听劝告，应向违规旅客宣读有关规定，并按照机上扰乱行为的处置原则进行处置。

（三）醉酒

机舱不允许处于醉酒状态的人员进入。如果旅客登机时显出醉态，干扰了机组工作，危及旅客、机组人员的安全，乘务员就应通知机长和地面服务人员，协作采用任何必要措施，包括劝其下机。如果在飞机推出之后，醉酒人员干扰了机组工作，危及旅客、机组人员的安全，乘务员就应立即将实际情况通报机长，并由机长决定是否滑回、劝其离机。

总之，发现显出醉态的旅客，乘务员应立即通知机长，在机长的指示下采取措施。记录事件全过程，采集证据并将信息报告机长。飞机到达目的地后，乘务员应向公安人员讲明该旅客的情况，提供相关证据材料，由医务人员判断旅客是否处于醉酒或精神不正常状态。

任务三　旅客突发疾病

旅客突发疾病时，民航服务人员应沉着、冷静，稳定旅客情绪，积极妥善处理，如通知相关部门和人员，启用紧急救护预案；不要随意判断，影响后续处理。对航班中突发疾病或受伤的旅客进行救护，维持旅客生命，防止病情恶化，必要时对旅客进行及时护理。

一、服务策略

（一）寻求机上旅客的帮助

及时广播寻求机上旅客的帮助。如果有旅客自称为医生，必须查看可以确认其身份的证件，并确定是哪科医生。

（二）识别旅客基本症状

观察旅客基本症状，识别威胁生命的和不会威胁生命的事件或疾病，根据不同情况进行相应处置。

（三）稳定旅客情绪

使用恰当的语言表达乘务员愿意并有能力解决出现的问题。如有可能，及时询问旅客相关情况及病史，不要忽视旅客对症状的相关描述，同时给予心理安慰，稳定旅客情绪。

（四）进行应急医疗处置

除非绝对必要，否则不要移动旅客。只有在告诉旅客并得到旅客同意或默认后，才能给其服用口服药。乘务员不得为旅客进行皮下注射。

> **课堂互动 7-4**
> 请同学们分析电影《平凡英雄》中，机组人员如何对受伤的小男孩进行心理引导。

二、具体措施

（一）询问是否需要帮助

当事旅客无法回答时，乘务员可询问当事旅客的同行者或周边旅客，了解与其症状相关的所有信息（如病情、病史、相关医疗警戒标记或其他突发情况）。

（二）寻求机上专业医务人员的帮助

进行机上广播，寻求机上专业医务人员的帮助，第一时间提供机上应急医疗箱、急救箱、氧气瓶等设备。

（三）检查和评估旅客身体情况

在无专业医务人员时，按照手册文件指导，对旅客身体情况进行初步检查和评估，并进行相应处置。

（四）及时上报

及时向机长报告情况（旅客发病情况及处理进展）和旅客相关信息（姓名、国籍、年龄、性别、身份证号、家庭住址、联系电话等），并立即通知地面医疗部门落地后所需的医疗帮助。

（五）做好记录

记录事件详细经过、处置措施，并留下当事旅客附近两到三位旅客的姓名、地址和联络电话，要求其作为见证人并在事件记录上签名。

同步思考 7-5

优质服务一路同行

在从乌鲁木齐直飞三亚的某航班上，一名65岁的老人突感心脏不适、呼吸困难。在乘务组全力救助下，旅客最终转危为安，乘务组专业的职业素养获得旅客赞许。

乌鲁木齐至三亚飞行时间约5小时50分，是目前南方航空公司海南分公司国内航班直飞航程最长的一条航线。航程中，大部分旅客正在座位上悄然入睡，忽然一阵急促的呼唤铃声打破了客舱的宁静。乘务员张晴循声快速来到54排旅客身边，发现座位上的老人面色苍白、呼吸急促，此时已经说不出话来了。她的女儿焦急万分地对乘务员说："我母亲突然心脏不适、胸闷、呼吸不畅，你们一定要救救她。"

乘务员立即将情况报告机长和乘务长，乘务长孟蕾带领乘务组立即对旅客展开一系列救助。先广播寻找医生，但机上没有医生；在最短时间内取来氧气瓶，经过家属同意，为旅客安排吸氧；送上温水为老人服用随身携带的药品；为老人盖上毛毯进行保暖，调整舒适的坐姿。其间，乘务长孟蕾全程陪伴在老人身边。吸氧后，老人的症状有了明显缓解，呼吸也逐渐平稳，大家悬着的心才稍稍放下。航程中，乘务组密切关注老人情况，全程悉心照料。最终飞机平稳降落在三亚凤凰国际机场，老人安全抵达目的地。孟蕾提醒家属带老人到医院做进一步检查，嘱咐旅客必注意身体健康。下机时，老人颤抖着紧紧握住孟蕾的手，向乘务组道谢。周围的旅客也对乘务组的专业处置纷纷竖起大拇指。

乘务组尽管已飞行十多个小时，但这一刻，大家早已忘却身体的疲惫，心中暖意融融。

第二天，乘务长孟蕾依然牵挂老人的身体状况，致电老人的女儿向其询问情况，老人女儿表示，老人已到医院做了相关身体检查，没有大碍。听到这里，孟蕾高兴地把这个消息分享给乘务组，大家一起在电话中向老人及其家人送上新春的美好祝愿。

资料来源：中国民用航空网

任务四　客舱安全突发事件

无论什么程度的突发事件，都需要妥善处理。哪怕是影响极大、后果严重的灾难性事件，也要根据危害程度制定出相应的处理措施。关键是我们对危机情况的认识和判断是否准确，制定的措施是否有效。如果措施不得力、方法不正确，产生偏差，就会加重危机程度，结果适得其反。

在客舱安全突发事件发生时，乘务员要在危急时刻果断做出反应，最大限度保障旅客安全。

一、服务策略

（一）避免情绪干扰，保持绝对冷静

立刻接受事实，剥离所有消极情绪；信任自己与同事的职业素养，调动所有认知资源和经验，快速判断机组人员和自己的状态，找到自己能尽力挽回的地方；集中所有认知资源，全部投入解决问题中。

（二）迅速转换角色，调节情绪

乘务员不能表现出丝毫恐慌，应随时准备维持逃生秩序，并与旅客快速形成一个"临时集体"，共渡难关。

能快速建立信任的因素有三种：旅客的信任倾向、乘务员的角色、积极沟通和组织规则。乘务员通过动作和语言展现自己的专业程度和可靠性，进行包含必要信息和情感信息的沟通，表现出强大的纪律性和组织性，让最敏感的旅客也愿意相信自己。

对危机的恐慌让所有旅客不由自主地关注乘务员所有的行为，并进行分析判断。哪怕只有一名乘务员表现出一点恐慌，双方的信任都会毁于一旦，混乱就难以平息。就像电影《中国机长》中的乘务长毕男，一边吸氧，一边保持极其平稳镇静的声音广播："请相信我们，我们有能力、有信心保证大家的安全。"

乘务员是最贴近旅客的人。作为客舱的管理者，乘务员既要具备处理紧急事件的能力，也要在紧急时刻向机上所有旅客传递我们能够成功解决问题的信念。

二、具体措施

（一）静默三十秒

静默三十秒是指乘务员在起飞和下降关键阶段，坐在指定的座位上，用三十秒的时间回顾自己在紧急情况下的职责和程序。

【微课】7-2 客舱突发安全事件时旅客心理疏导

（二）采取防冲击姿势

防冲击姿势指乘务员和旅客在各自的座位上采取的防冲击姿势。乘务员需要冷静，指导旅客采取防冲击姿势。

（三）情绪控制

观察自身情况变化，保持镇定，有效实施机组人员的情绪控制和旅客的情绪控制。

（四）判断情况

判断飞机是否处于导致撤离的严重情况，如起火或烟雾、机体严重破损、发动机周围漏油、机体浸水；判断舱门外部是否受到火、烟雾、障碍物、水位等影响；判断舱门是否失效不能开启。

（五）组织撤离

回顾撤离的每步程序，回顾各种特殊环境下的撤离方法，回顾撤离时要使用的口令，然后迅速组织撤离。

（六）信息报告

飞机遇到突发硬件问题导致的紧急状况，如无法扑灭的火势或发动机故障、飞行器老化等问题，机组人员需要组织旅客紧急迫降和应急撤离。在危急情况下，机长和乘务员应该通过广播通知旅客飞机的情况，乘务员组织旅客冷静下来，并听从机长指挥。乘务员是客舱内接受过专业训练的机组成员，他们了解飞机的结构，知道最佳脱离路线，掌控着客舱的状况，能够快速打开紧急出口，迅速指挥旅客撤离。其工作职责及职业素质会让他们最大限度地保证旅客在飞机遇险时的安全。

紧急撤离时，乘务员指挥旅客撤离后要仔细清舱检查，确保所有旅客都撤离后才能撤离飞机，乘务长、机长最后撤离。

课程思政小红星

处理突发事件，坚持国家安全观

民航人需要具备突发事件处理能力。除了要熟练掌握突发事件应急流程和方法，还要不断提升应急意识，同时严守"三个敬畏"，坚持总体国家安全观，在危急关头承担起责任，保障旅客的安全。

应急意识

思想意识决定行动能力。民航突发事件很难预测，需要民航人时刻保持高度敏感的思想、清晰认知的意识、充足完善的准备，将消极应对突发事件转变为主动识别突发事件，及时预警、积极防范，将损失和影响降至最低。突发事件给应急管理工作带来了极大的挑战。民航人需要提升安全意识，加强思想建设，提高应急能力。

民航精神

民航精神是中国民航业在长期发展实践中形成的优良传统和精神文化的升华，即"忠诚担当的政治品格、严谨科学的专业精神、团结协作的工作作风、敬业奉献的职业操守"。

1．忠诚担当的政治品格

民航人要在铸就忠诚担当的政治品格上下功夫。要对党绝对忠诚，树立"四个意识"，特别是核心意识和看齐意识，自觉与党中央保持高度一致，主动站在国家战略和国家安全的高度，以对党极端负责的态度，抓好各项工作；要对人民绝对忠诚，牢固树立发展为了人民的理念，坚定树立人民立场，回应人民期待，切实提高决策水平和治理能力，不断增强人民群众对民航发展的获得感和认同感；要对事业绝对忠诚，牢牢守住"三条底线"，认真贯彻落实。

2．严谨科学的专业精神

民航人要围绕各自的岗位职责，一丝不苟、严谨细致、精益求精地工作，以职业的精神和专业的精神对待工作。

模块七　民航突发事件旅客心理与民航服务

3．团结协作的工作作风

在突发事件发生时，民航人更要突出团结协作的工作作风，要有大局意识，牢固树立"一盘棋"思想。

4．敬业奉献的职业操守

无论是平日工作的兢兢业业，还是突发事件发生后的责任担当，都是民航人坚守岗位、敬业奉献的体现。在突发事件面前，最大限度地保障旅客的生命和财产安全。

国家安全观

国家安全是指国家政权、主权统一和领土完整、人民福祉、经济社会可持续发展和国家其他重大利益相对处于没有危险和不受内外威胁的状态，以及保障处于持续安全状态的能力。"民航安全无小事"，安全是民航业永恒的主题，民航安全事关人民群众的生命财产安全、社会稳定、国家安全、全国经济建设的大局。

民航人要树立国家安全观，立足本职工作，提高对国家安全问题的敏感性，坚决做到维护国家安全、荣誉和利益，特别是发生威胁国土安全、社会安全、资源安全等突发事件时，更要严守红线思维与底线意识，充分落实旅客安全的各项工作要求，用实际行动反映安全管理的重要性，为国家安全建设奉献自己的力量！

知识巩固

一、知识题

（一）填空题

1. 民航突发事件有_____、_____、_____、_____、_____五种类型。
2. 应激状态有三个阶段：_____、_____、_____。
3. 发生机上延误后，承运人应当每_____分钟向旅客通告延误原因、预计延误时间等航班动态信息。因流量控制、军事活动等造成机上延误的，空管部门应当每_____分钟向承运人通告航班动态信息。

（二）判断题

1. 遭遇突发事件以后，个体会产生不同程度的情绪反应，如愤怒、恐慌、焦虑、急躁，还可能产生比较严重的心理创伤和应激障碍。（　　）
2. 在服务过程中，服务人员不能机械执行服务流程，而要带着感情，视旅客为自己的亲人，用行动去实施、用心去体会，细致入微地服务。这样才能缓解旅客情绪，得到旅客的认可。（　　）

二、简答题

1. 简述一般突发事件发生后的旅客心理。
2. 简述航班大面积延误时应如何稳定旅客情绪。

技能训练

请以小组为单位，选择某种突发事件，如大面积航班延误、旅客行李或财物丢失、旅客突然生病、飞机发生故障等。小组成员共同商讨情境"剧本"，分配角色，扮演旅客和服务人员。

可以参考相关案例或民航影视作品。具体步骤如下。

第一，设计方案。设计处理突发事件的方案，尤其关注旅客突发事件心理及如何利用团队力量进行风险防控，维持客舱秩序。

第二，情境模拟。要将突发事件情境中的旅客心理、服务人员心理及语言、动作等表达出来。

第三，总结反思。记录该情境下旅客的心理、服务人员的反应等，汇成文本，并讨论反思以下问题：①哪个小组的情境更容易出现？该组"服务人员"的处理是否妥当？你觉得如何处理更好？②如果你扮演旅客，请描述你表演出的旅客心理及期望服务人员做出的反应。如果你扮演服务人员，请说明你是如何精准判断旅客心理的。

模块八

旅客群体冲突、投诉心理与民航服务

学习目标

知识目标
- 理解群体冲突心理的概念、旅客群体冲突心理特征和类型;
- 掌握群体冲突过程中旅客的心理变化和行为特点;
- 掌握旅客投诉的含义、类型和表现心理。

能力目标
- 能够理解群体冲突心理的形成原因,灵活掌握群体冲突心理的应对方法;
- 能够分析旅客投诉的原因,灵活应用旅客投诉的处理步骤与技巧。

素质目标
- 树立正确的服务价值观,养成良好的职业心态,学习现代民航服务中的劳模精神。

思维导图

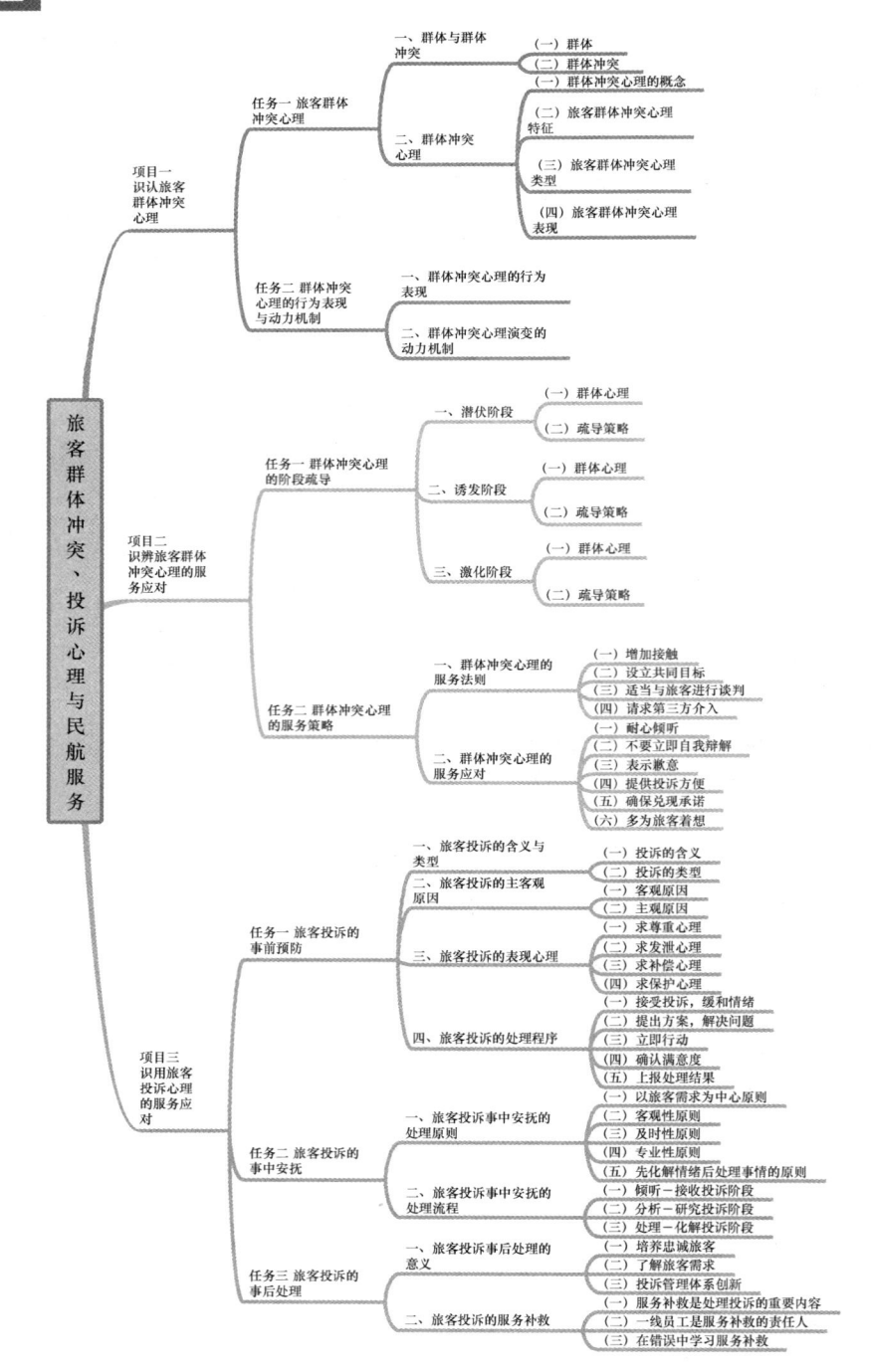

- 旅客群体冲突、投诉心理与民航服务
  - 项目一 识认旅客群体冲突心理
    - 任务一 旅客群体冲突心理
      - 一、群体与群体冲突
        - （一）群体
        - （二）群体冲突
      - 二、群体冲突心理
        - （一）群体冲突心理的概念
        - （二）旅客群体冲突心理特征
        - （三）旅客群体冲突心理类型
        - （四）旅客群体冲突心理表现
    - 任务二 群体冲突心理的行为表现与动力机制
      - 一、群体冲突心理的行为表现
      - 二、群体冲突心理演变的动力机制
  - 项目二 识辨旅客群体冲突心理的服务应对
    - 任务一 群体冲突心理的阶段疏导
      - 一、潜伏阶段
        - （一）群体心理
        - （二）疏导策略
      - 二、诱发阶段
        - （一）群体心理
        - （二）疏导策略
      - 三、激化阶段
        - （一）群体心理
        - （二）疏导策略
    - 任务二 群体冲突心理的服务策略
      - 一、群体冲突心理的服务法则
        - （一）增加接触
        - （二）设立共同目标
        - （三）适当与旅客进行谈判
        - （四）请求第三方介入
      - 二、群体冲突心理的服务应对
        - （一）耐心倾听
        - （二）不要立即自我辩解
        - （三）表示歉意
        - （四）提供投诉方便
        - （五）确保兑现承诺
        - （六）多为旅客着想
  - 项目三 识用旅客投诉心理的服务应对
    - 任务一 旅客投诉的事前预防
      - 一、旅客投诉的含义与类型
        - （一）投诉的含义
        - （二）投诉的类型
      - 二、旅客投诉的主客观原因
        - （一）客观原因
        - （二）主观原因
      - 三、旅客投诉的表现心理
        - （一）求尊重心理
        - （二）求发泄心理
        - （三）求补偿心理
        - （四）求保护心理
      - 四、旅客投诉的处理程序
        - （一）接受投诉，缓和情绪
        - （二）提出方案，解决问题
        - （三）立即行动
        - （四）确认满意度
        - （五）上报处理结果
    - 任务二 旅客投诉的事中安抚
      - 一、旅客投诉事中安抚的处理原则
        - （一）以旅客需求为中心原则
        - （二）客观性原则
        - （三）及时性原则
        - （四）专业性原则
        - （五）先化解情绪后处理事情的原则
      - 二、旅客投诉事中安抚的处理流程
        - （一）倾听—接收投诉阶段
        - （二）分析—研究投诉阶段
        - （三）处理—化解投诉阶段
    - 任务三 旅客投诉的事后处理
      - 一、旅客投诉事后处理的意义
        - （一）培养忠诚旅客
        - （二）了解旅客需求
        - （三）投诉管理体系创新
      - 二、旅客投诉的服务补救
        - （一）服务补救是处理投诉的重要内容
        - （二）一线员工是服务补救的责任人
        - （三）在错误中学习服务补救

项目一　识认旅客群体冲突心理

案例导引

民航服务中的群体冲突事件

某航班的机票显示当晚22：45起飞。22：30，旅客甲起身询问负责检票的服务人员为何还不检票，一位服务人员随手指指窗外，没有表情地说："下雨飞不了！"接着在柜台前放了一张"航班延误，请耐心等待"的纸条。多位旅客围上来询问，几位服务人员一律回答："不清楚！"此时，有服务人员吃起了饭，甲不高兴地说："我们等了一夜，你们就知道自己吃饭，怎么不给我们提供啊？"服务人员这才打了个电话，20多分钟后，盒饭和瓶装水堆在了旅客面前，由旅客自取。一位旅客问是否有热水，服务人员不耐烦地说："开水间在那儿。"另一位旅客问能否将空调关一下或提供毛毯，得到的回答是："这是机场的事情。"第二天零时左右，旅客们开始骚动，甲向正要离开的服务人员询问起飞时间，回答："不清楚。"最后甲在地面人员的安排下终于登上了去宾馆的大巴，到宾馆后才发现，这里竟没有一位航空公司的服务人员。争吵、叫骂、推搡，几位旅客因房间安排和宾馆人员撕扯起来。甲立刻打电话到该航空公司客服部质问，客服部人员回答说马上回电，可再拨打时，却再也没有拨通。飞机终于要起飞了，旅客为了索赔先是拒绝登机，飞机降落后又发生了拒绝下机的事件，有关方面出动了公安人员，双方僵持不下。

资料来源：民航资源网

以上案例最初只是一次普通的航班延误，但是最后发展成群体冲突事件，原因何在？可以看出，航空公司服务人员表现出不耐烦和敷衍成为双方互相不信任和不理解的诱因，事态就是因为一件小事得不到满意解决而逐渐升级，最后导致旅客群体冲突事件发生。民航群体冲突事件不能以简单的谁是谁非的态度看待，更不能"照葫芦画瓢"，生搬硬套以往的经验。处理群体冲突事件不是单独某个部门或某个人的事，少了哪个部门或哪个部门做得不到位都会使问题难以解决。因此，机场和航空公司相关部门应沟通情况，协调配合，形成合力，预防群体冲突事件发生，一旦发生要及时积极妥善处理。

任务一　旅客群体冲突心理

民航业进入高速发展时期，航空公司不断完善旅客乘机各个环节的流程；旅客的权益保护意识也越来越强，对民航服务品质的要求越来越高。但是在客舱环境恶劣、航班延误频繁等情况下，旅客安全观念落后于民航业的快速发展，往往通过群体冲突的形式维护自身权益，表达群体价值观。

一、群体与群体冲突

（一）群体

群体是两人或两人以上组成的，为了达到一个共同目标而相互作用、相互依赖的整体。群体具有一定的结构，其成员有共同的目的和利益。群体的带头人能带领大家实现群体的共同目的与利益，满足成员的共同需要。根据群体是否有明确的组织目标及规范的组织结构，可以将群体分为正式群体与非正式群体。

正式群体有一定的规章制度、既定的目标及固定的编制和群体规范。在正式群体中，成员占据特定的地位并扮演特定的角色。学校中的班级、企业中的新产品开发小组等均属于正式群体。

非正式群体是人们在交往过程中，出于共同的兴趣、爱好和看法而自发形成的群体。非正式群体可以在正式群体之内，也可以在正式群体之外，或者跨几个群体，其成员的联系和交往比较松散自由。非正式群体也有一定结构和规范，但是往往没有明文规定；群体成员中会自然出现带头人，成员的行为受群体中自然形成的规范调节。

同步思考 8-1

女足包机旅客群体

2022年2月7日，中国东方航空公司某包机航班从印度孟买起飞，接刚刚夺得亚洲杯冠军的中国国家女子足球队载誉归国。回国的时候正值春节，乘务组特意为女足运动员补过春节。乘务组在客舱里贴上家人看球时写的福字和春联，告诉女足姑娘："踏入东航客舱，就像提前回到了祖国的怀抱。"考虑到女足姑娘大部分是江苏籍，乘务组特意准备了江苏的美食和姑娘们爱吃的零食。

民航服务人员充分考虑到了包机旅客的群体特点和在春节期间返乡的思乡情结，不仅提前布置了客舱，还准备了画有中国女足卡通形象的蛋糕，精心准备了家乡风味菜肴，让女足英雄在飞机上过了一个难忘的春节。

资料来源：环球网

（二）群体冲突

1. 旅客群体冲突的概念

旅客群体冲突主要指在机场民用航空运输环境中，因航班不正常或服务疏忽等原因，三个以上乘机旅客聚众共同实施违反国家法律、危害公共安全、扰乱公共秩序的行为。旅客群体冲突主要表现为非法强行占据航空器，阻碍正常航班运行，阻碍其他航班旅客登机，封堵机场道路，以及打、砸、破坏机场公共设施，冲击安全控制区，辱骂、殴打航空运输企业服务人员，妨碍公务，暴力袭警等违法行为。这些行为影响恶劣，使民航服务工作受到严重影响，需要高度重视、合理应对、正确处理。

2. 旅客群体冲突的特点

1）诉求的合理性。旅客群体冲突大多是由旅客自身利益受到侵害引起的，旅客的利益诉求与航空运输利益发生冲突，产生严重的利益对立，因此以闹事的形式宣泄不满。多数事件中，旅客的诉求和目的是合理的。

2）行为的违法性。旅客群体冲突往往对民航日常生产运作秩序、治安秩序、交通秩序产生冲击和破坏，其行为具有违法性。如果旅客的正常诉求通过声大音高，甚至偏激的语言等表达出来，而并未实施违法行为，则不构成群体冲突。

3）发展的多变性。旅客群体冲突事件的参与者在发泄不满时，常常难以控制情绪，同时由于群体成员责任分散、暗示与模仿、感染、匿名等心理机制的影响，人群不满情绪极易扩散和升级，使事态迅速失去控制。

3. 旅客群体冲突的分类

目前的旅客群体冲突，从发生冲突的主体来看，主要分为旅客之间、旅客与服务人员及服务人员之间发生的冲突。

表 8-1 展示了部分客舱群体冲突事件的原因。

表 8-1 客舱群体冲突事件的原因（部分）

序 号	事 件	冲突主体	冲突指向	冲突原因
1	东航旅客斗殴事件	旅客与旅客	利益导向	行李问题
2	调座椅事件	旅客与旅客	利益导向	调座椅
3	行李托运事件	旅客与机组	利益导向	行李托运
4	殴打乘务员事件	旅客与机组	利益导向	行李放置
5	升舱事件	旅客与机组	利益导向	升舱问题
6	90 名旅客占机事件	旅客与机组	利益导向	航班延误
7	海航旅客占机事件	旅客与机组	利益导向	航班延误
8	川航旅客斗殴事件	旅客与旅客	利益导向	旅客争饮料
9	西航旅客斗殴事件	旅客与旅客	利益导向	旅客争用行李架
10	旅客醉酒事件	旅客与旅客	价值导向	醉酒旅客闹事
11	开舱门事件	旅客与机组	价值导向	一名旅客身体不适
12	辱骂乘务员事件	旅客与机组	价值导向	小女孩辱骂乘务员
13	旅客吸烟事件	旅客与机组	价值导向	多名旅客两次吸烟

1）旅客之间的冲突。旅客之间的冲突一般发生在机场或民用航空器上。旅客之间的冲突主要是机舱内换座位、争行李架等引发的语言或身体冲突，或者在机场值机、安检、登机时由于插队等引发的冲突。现场服务人员如果置身事外，就可能加速冲突事件的发酵，最终成为影响恶劣的群体冲突事件。即使是旅客之间的冲突，服务人员也要迅速介入，了解情况，避免采取可能激怒旅客并使情况进一步恶化的措施。分开发生冲突的旅客，分别听取抱怨，善意劝解，尽可能帮助解决问题，遵循"可散不可聚、可非不可结、可顺不可激"的原则进行处理。

同步思考 8-2

"国航监督员"事件

某日，一位博主"李亚玲"在微博发文称，当她乘坐中国国际航空公司某航班从成都飞往北京时，有一位自称"国航监督员"的女士在头等舱和旅客发生激烈争执，指责旅客危害航空安全。随后，相关旅客被首都机场警方带走调查 7 小时。当日，该航班在起飞滑行阶段，一名旅客使用手机，另一名旅客上前制止，随即产生纠纷。飞机降落后有旅客报警，随后 3 名旅客和 4 名机组人员前往机场公安局配合警方调查和调解处理。经核实，纠纷一方旅客为中国国际航空公司一名因身体原因休养的员工，此次是个人因私出行，并非"国航监督员"。

请思考，这是发生在什么群体之间的冲突事件？作为承运人的中国国际航空公司应该怎么处理这起冲突？

资料来源：《新京报》

2）旅客与服务人员的冲突。在这类冲突中，由航班延误导致的冲突事件占首位，其次是行李不正常运输和座位调换等导致的冲突事件。

在航班延误冲突中，尽快登机和起飞是航班延误后多数旅客的首要诉求，只有在这种诉求未被满足的情况下，旅客才会开始寻求经济补偿。旅客对航班延误后的餐食和住宿保障也十分在意。通常情况下，冲突爆发的诱因是旅客诉求落空，服务人员冷漠和敷衍的态度又触及旅客敏感的神经，进而引起旅客负面情绪爆发。

3）服务人员之间的冲突。民航服务人员之间的冲突在实际工作中并不常见，因为以安全第一为准则的民航业对员工之间的团结协作有明确的规定。在任何情况下，民航服务人员都应以旅客安全为第一准则，因此并不会发生明显的群体冲突。但是服务人员私下关于晋级和薪资待遇等问题产生矛盾，最后爆发成为群体冲突，也是有可能的。

同步思考 8-3

机上冲突有代价

在丽江飞往合肥的某航班上，两位旅客因为座位问题发生了争执，当时飞机正在万米高空飞行，两人不仅相互拉扯撕扯，而且打架斗殴。乘务员和航空安全员第一时间进行制止，并给他们调换了座位。虽然问题已经化解，但是航空公司保留了追究其危害公共安全的责任的权利。《中华人民共和国刑法》第一百二十三条暴力危及飞行安全罪规定，对飞行中的航空器上的人员使用暴力，危及飞行安全，尚未造成严重后果的，处五年以下有期徒刑或拘役；造成严重后果的，处五年以上有期徒刑。

资料来源：民航资源网

二、群体冲突心理

（一）群体冲突心理的概念

群体心理是群体成员在相互作用、相互影响下形成的心理活动。当个体成为群体中的一员时，他的行为肯定会受到群体心理的影响。群体冲突心理就是指当发生群体冲突事件时，个体的从众、模仿、暗示、舆论、气氛、感染、牢骚等心理，发展成群体成员的共同心理现象。民航服务人员学习群体冲突心理的有关知识，能够更好地分析、研究旅客的意图和需求，更有针对性地提供服务。

（二）旅客群体冲突心理特征

1. 复杂性

当孤立的旅客个体由于航班延误等情况聚集在一起，他们就立刻获得了群体特有的属性。当群体冲突事件发生后，旅客群体的心理是较为复杂的，有激动、紧张、忧虑、敏感、悲伤、恐惧等不同的感受。大部分旅客处于对航空公司、现场服务人员及机场等宣泄不满的状态。

2. 矛盾性

在群体冲突事件中，旅客群体的心理较为矛盾，这种矛盾心理是在对一个目标的追求过程中产生的混杂感情，在群体性事件中表现得较为突出。例如，当行李破损或丢失时，机场围观群众往往对群体冲突事件参与者表示理解，因为当自身的权益长期受到侵犯并累积了大量的消极和不满情绪时，会在特定的情况下宣泄。但是同时，无论是参与群体冲突事件的旅客还是目睹群体冲突事件的旅客，都表示无论出于何种理由，在机场的群体冲突事件都应受到道德的谴责，并且要承担相应的法律责任。这就充分体现了群体冲突心理的矛盾性。

3. 非理性

群体冲突的目击者对冲突事件的参与者持理解但不支持的态度，也就是说，当目击者置身于冲突事件之外时，能够理性地看待事件并表明自己的立场；一旦他们处于冲突事件中，便很快失去了理智，这充分说明了群体冲突心理的非理性。

4. 传染性

受群体情绪的传染，原本犹豫不定甚至不愿意参与群体冲突事件的旅客也会参与其中，在相互传染的过程中，群体会立刻明确目标，达成一致的协议。例如，当机场发生群体冲突事件之后，本来在候机厅焦急等待的旅客，看见大家都一窝蜂地涌上去，受到了强烈的影响，然后不由自主地参与其中。旅客参与集体行动时，同伴的选择会对其产生很大的影响。有时即使参与人数不到三人，但只要身边的同伴有这种选择，自己就会参与其中。这充分反映了群体间的传染作用对个体参与群体冲突事件的巨大影响。

（三）旅客群体冲突心理类型

1. 盲目从众心理

从众是指当个人受到外界人群行为的影响时在自己的知觉、判断、认识上表现出符合公众舆论或多数人的行为方式。当航班延误或取消时，旅客的利益受到损害，在这样的特定条件下，就产生了群体心理。群体中个人的个性受到不同程度的压抑，即使在没有任何外力强制的情况下，他也情愿让群体精神代替自己的精神，而这种精神常常披着道德的面纱，表现出来的特征就是明显的盲目从众。

2. 包容理解心理

恶性的群体冲突事件会造成极坏的社会影响。但是没有参与到群体冲突事件中的旅客往往会由这一事件联想到与自己相关的其他事情，由他人联想到自身，并设身处地地联想自己的境地。在参与群体冲突事件的过程中，一些人认为帮助别人就是帮助自己，另一些人则认为群体冲突事件能促进民航相关法律政策的完善，并能为自己谋取一些利益。所以当机场发生航班延误或取消的群体冲突事件之后，大部分围观者都持有包容和理解的态度。

3. 借机宣泄心理

群体冲突事件的发生，往往是旅客们利用合法手段表达意愿和寻求解决问题的途径被堵死，而不得不采用非和平的手段来宣泄不满情绪，这是一种没有办法的办法。某些能够通过协商以和平方式解决的问题，在那些需要宣泄的人参与进来后开始恶化，变得不受控制，问题相关者的行为也不断激化。由此，利益诉求的行为变成泄愤行为，冲突扩大。

同步思考 8-4

航班延误与机场群体冲突事件

7月28日，某航空公司由昆明分别飞至长沙和贵阳的航班延误，造成170多名旅客滞留昆明机场，延误原因和时限无人向旅客详细说明，也没有服务人员照料旅客的餐饮和住宿，所有旅客只能在飞机上或候机厅过夜。第二天，大批滞留旅客与机场维持秩序的警察发生肢体冲突，打砸机场，现场一片混乱，致使航班一延再延。

资料来源：航空旅游网

---

4. 造势心理

旅客中的群体冲突事件参与者为了扩大事件的影响，往往拉拢、聚集许多人员来壮大声势，利益诉求的方式也愈发激烈。他们认为行为越激烈、破坏性越大，引起的社会关注就越大。这也印证了社会大众中普遍存在的一种"小闹小解决，大闹大解决，不闹不解决"的造势心理。旅客们普遍认为，将事情闹大，除了航空公司，也会引起社会的关注和重视，便于解决问题和获得赔偿。因此故意扩大事态，制造不良的社会影响。

5. 认同心理

从近年发生的群体冲突事件来看，底层民众一般为弱势一方，他们的利益诉求无法实现和来自强势一方的压力激化了两者的矛盾，导致了冲突爆发。冲突爆发是弱势一方最后的选择，是所有合法、和平的解决途径均告失败后只能采取的行动。弱势群体的利益诉求得不到回应，一旦选择用激烈的方式来获取，便会得到广大民众的认同和支持，进而参与者越来越多，演变成激烈的社会冲突。

（四）旅客群体冲突心理表现

在民航服务过程中比较常见的群体冲突心理表现有从众、众从和服从。

1. 从众

从众是指在群体影响下放弃个人意见而与大家保持一致的社会心理。社会心理学家阿希等人的研究与实验证实，群体成员的行为通常有迎合群体的倾向。当成员发现自己的意见和行为与群体不一致时，就会产生紧张感，促使他与群体趋向一致。例如，遇到航班延误时，出于从众心理，人们会为了与大家保持一致意见，放弃自己愿意继续等待的想法和意见，做出和大家一起投诉航空公司的行为，甚至发生冲突，从而获得同伴的认可。

2. 众从

众从是指多数人受到少数人意见的影响而改变原来的态度、立场和信念，转而采取与少数人一致的行为的心理。旅客群体和航空公司发生冲突时，有时候大多数人的意见航空公司未必能全部采纳，真理也可能掌握在少数人手里。在少数人意见保持一致，并坚持自己观点的情况下，多数人可能怀疑自己的立场是否正确，在思想上动摇不定，甚至一部分人会首先转变态度，倾向于少数人的意见，导致多数派最终听从了少数派的意见。这样，少数派或个人在整个群体中就起到了举足轻重的作用。

3. 服从

服从是指按照社会要求、群体规范或他人意志行事而放弃自己意见的社会心理现象。在航空实践中，有"机长综合征"的说法。当机长犯明显错误时，机组成员出于服从心理，不敢指出或纠正机长的错误，从而导致严重的后果。在实际的民航工作过程中，当意见发生分歧的时候，要坚持中国共产党员的"四个服从"，因为这是相互联系的有机整体，既不是对机长的完全服从，也不是盲目地从众。"四个服从"既反映了民主，又体现了集中，体现了现代民航人忠诚担当的政治品格。

任务二　群体冲突心理的行为表现与动力机制

从人类行为发生的动力机制来看，群体冲突事件是参与民众在社会变迁过程中，由于对现实不满，产生心理失衡后，在群体心理作用下转化为群体行为的结果。群体冲突事件发生后，民众中弥漫着的剥夺感、社会不公感、信任缺失感、弱势认同感、社会焦虑等相互叠加，这是群体性事件发生的社会心理动因；而特定或不特定群体中的情绪感染、个性化、群体极化、冒险转移、心理暗示等交互作用，则是群体性事件发生的动力机制。

一、群体冲突心理的行为表现

群体冲突事件可以根据事件的性质和影响的严重程度由低到高分为四个级别：一级为拒绝登机、与服务人员发生语言冲突和肢体冲突等影响较为轻微的群体性事件；二级为霸占值机柜台、安检通道、登机通道等公共区域,妨碍机场正常工作等影响一般的群体性事件;三级为打砸抢等破坏公共设施的影响较为恶劣的群体性事件;四级为影响非常恶劣的群体性事件,如殴打服务人员、其他旅客,以及冲击停机坪、拦飞机、冲击驾驶舱、开舱门等威胁空防安全的事件。

(一)语言、肢体冲突

发生突发事件后,如航班延迟,旅客不能清楚掌握航班信息,航空公司服务人员在交流时又没有注意语言和行为,则很可能旅客情绪会更加激动,甚至发生语言或肢体冲突。

同步思考 8-5

航班延误为何导致冲突?

某航班的飞行路径是从孟加拉国达卡起飞,经停昆明,最终飞抵北京。按照飞行计划,该航班原定于1月9日20:45在昆明起飞,10日0:05抵京。根据航班动态信息,该航班当晚实际抵达昆明的时间为21:12。由于9日昆明普降雨雪,导致包括该航班在内的多趟航班延误,无法按时起飞。由于当时昆明机场持续降雪,夜间温度不断下降,为了确保飞行安全,机组按正常操作流程,在飞机起飞前进行除冰雪处理。而在等待过程中,少数旅客对除冰雪等待时间表示无法理解,言辞激烈,机组与旅客发生语言冲突。

资料来源:新华网

(二)霸占行为

霸占行为包括霸占值机柜台、安检通道、登机通道等,是指在隔离区外,比较焦虑的旅客一拥而上,采用不恰当的方式强行进入值机柜台,强行拥堵、强闯安检通道和登机通道,企图扩大事态,影响机场的正常秩序,阻止其他旅客继续乘坐航班离开,从而引起关注,给航空部门施加压力,通过这样的方式发泄情绪或解决自己的问题。

同步思考 8-6

霸机行为

3月30日深夜22:15,100多名旅客登上了从成都到合肥的某航班。但在31日0:20,机组接到合肥骆岗机场跑道维修临时关闭的消息后,决定改变航线,备降南京禄口国际机场。降落后,有部分旅客称机组既没有解释,也不把他们妥善安排,而是让他们尽快下飞机再谈。一部分旅客急于赶路,便下了飞机,乘坐合肥骆岗机场和南京禄口国际机场安排的大巴回合肥。而机上另外40多名旅客则感觉机组没有给予合理的解释,无论机组怎么劝说,就是不肯下飞机。就这样,40多名旅客一直在飞机上坐到天明。直到31日上午8时许,合肥骆岗机场跑道完成维修已经开放,事件才有了新的进展。得知机组愿意用原航班将他们送往合肥后,旅客才开始妥协。8:50,原航班载着这些旅客飞到了合肥。

资料来源:民航资源网

(三)打砸抢等行为

部分旅客情绪波动比较剧烈、不能用理智解决问题时,会进行打砸抢这种破坏公共设施的违法行为。

同步思考 8-7

航班延误，孰对孰错？

因为天气原因，某航空公司的三个航班从 28 日晚上开始延误，导致旅客滞留机场。现场的旅客包括 2 岁的孩子和 60 多岁的老人，延误后没有得到应有的照顾。29 日凌晨 2 时，服务人员通知部分旅客可以到当地的某酒店住下，但是没有提供交通工具。等到大批旅客自行乘坐出租车到达酒店时，酒店服务人员说并没有收到航空公司的通知，使大批旅客被迫返回机场。29 日 8 时左右，大批滞留旅客与机场的警察发生冲突，打砸机场，现场秩序混乱。

资料来源：民航资源网

（四）冲击停机坪、拦飞机、冲击驾驶舱、开舱门等行为

冲击停机坪是指大量旅客在个别极端分子的煽动下，强行从航站楼进入飞机停机坪，并且截围攻击坪上的其他飞机或在飞机跑道上静坐、游行的冲击性行为。此外，还可能出现旅客拦飞机、开舱门、冲击驾驶舱的行为。

二、群体冲突心理演变的动力机制

动力泛指引起事物变化的各种原因和力量。民航群体冲突心理演变的动力机制，指的是推动事态不断升级直至带来严重社会危害的动力产生机理，以及维持和协调这种机理并使之持续发挥作用的综合系统。对群体冲突心理演变动力机制的关注，首先必须聚焦于事件中聚合起来的群体。

（一）群体冲突心理演变的外部动力

1. 民航服务不到位

绝大多数民航旅客群体冲突事件是由航班不正常、服务观念错位等服务问题导致的。例如，航班不正常的原因不透明，不及时向旅客通报信息，使旅客产生受蒙蔽、受骗的感觉，出现不满情绪；部分民航企业人员，特别是领导干部不尽责，怕围攻、怕挨打，遇到问题就避而不见或敷衍塞责，使旅客的合理诉求得不到及时处理。

2. 民航企业缺乏管理措施

民航企业对民航旅客群体冲突事件重视程度不够，没有不正常航班处理机制或管理制度，导致遇事程序混乱，现场服务人员手忙脚乱，甚至推卸责任，有时甚至导致警方介入，激化矛盾。此外，行业内没有对群体冲突事件较为完善的具体处理办法。我国执法机关对于群体性事件的处理有着严格的政策要求和限制，在警力出动、调查取证、适用法律及裁决处理中通过使相关方背负法律责任，客观上改变旅客"法不责众，不闹事解决不了问题"的想法。

（二）群体冲突心理演变的内在动力

1. 群体规模

群体规模不仅是群体冲突事件演变的重要特征，而且不断为群体成员创造行动的愿望和动机。航班延误等导火索事件发生后，许多旅客有不满的情绪，随着时间推移，群体规模不断扩大。群体规模越大，集体力量就越大，群体就越具有强大的动力和行动的可能性；群体成员之间的互动越多，彼此之间越有可能共享情感，形成明确的集体意识和强烈的集体效能感，群体冲突就可能爆发。

2. 集体意识

导火索事件发生后，旅客之间相互询问、交流以探究事件的真相，纷纷各抒己见。这种交流互动及对事件的认知构建，会使群体成员形成强烈的集体意识，迅速形成明确的心理界限，有了共同的目标。当大家相信群体具有能力和力量去解决这件事时，就会互相鼓励，付诸行动，选择不同行为方式，并最终酿成群体性事件。如果没有对群体身份的认同和对群体行动的积极期待，群体行动就不可能发生。

3. 群体情绪激化

个体即使在平时生活中比较理性和平和，在群体中也会变得冲动和非理性。群体之中的社会助长效应、匿名效应、责任分散效应和感染效应等提升了冲突行为的风险水平。彼此的互动导致原本互不相同的个体在思维、行动倾向和行为方式上高度趋于一致。这种情绪激化是人们逐渐丧失理性的过程，也是法律、法规、规则对人们的约束作用逐渐削弱的过程，它是群体性事件中冲突升级的关键环节。任何成员的过激行为都将成为群体中共同的"行为规范"，导致事态急剧升级，最终带来对社会秩序和社会稳定的极大破坏。

同步思考 8-8

民航公安处置旅客群体性事件要防范矛盾扩大

随着雷雨等极端天气的频繁出现，因航班延误而引发的旅客群体性事件也呈现出居高不下的态势。民航公安应该坚持"一个必须"，即有警必出。有警必出是公安机关的基本要求，在处置群体性事件时更应该做到这一点。民航公安在接到报警后，应该立即出警，不能拖延。因为在事情发生后，民警的及时到场有利于控制局面，将事态控制在初始状态。这也符合群体性事件"发现在早、处置在小"的原则。但在出警问题上，民航公安也要注意把握好尺度，不能过早和过多。有时，现场服务人员对民航公安的依赖性很强，旅客稍微有点情绪就立即报警。此时，如果民航公安盲目出警或到场警力过多，就会引起旅客的反感，最终事与愿违。所以出警必须在分析确认警情信息的基础上正确实施。

资料来源：民航资源网

项目二 识辨旅客群体冲突心理的服务应对

案例导引

航班延误导致的群体性事件

某航空公司由昆明分别飞至长沙和贵阳的航班延误，造成 170 多名旅客滞留昆明机场，延误原因和时限无人向旅客详细说明，也没有服务人员照料旅客的餐饮和住宿，所有旅客只能在飞机上或候机厅过夜。第二天，大批滞留旅客与机场维持秩序的警察发生肢体冲突，打砸机场，现场一片混乱。

群体的聚集和心理效应会导致多种结果，群体的力量不容忽视。在民航服务工作中，我们一方面要研究旅客的群体心理，避免恶性群体性事件的发生；另一方面要懂得团队协作，共同发展，用集体的力量为旅客提供服务。

资料来源：民航资源网

任务一　群体冲突心理的阶段疏导

群体性事件与人类活动密不可分，不仅会造成物质损失和人员伤亡，也会给参与者带来巨大的心理创伤。因此，对群体冲突心理的阶段疏导已成为社会全面发展的必然要求，有利于促进社会和谐与可持续发展。

一、潜伏阶段

群体冲突事件是在某种特定情境刺激下，众多旅客大规模宣泄怨恨情绪的过程。"冰冻三尺，非一日之寒"，在怨恨情绪宣泄之前，一定有一个较长时期的酝酿累积过程，形成了潜伏阶段的群体心理。

（一）群体心理

1. 消极失落心理

群体心理学创始人、法国社会心理学家古斯塔夫·勒庞指出，群体情绪的爆发及付诸行动，其背后必然有一种延续良久的能量。处于弱势的旅客被航空公司和机场忽视，很多情况下处于无人管理的状态。旅客找不到具体负责人员，只能聚集在登机口或值机柜台附近。这时，航空公司和机场在旅客心中势必形成消极的形象，旅客产生消极失落心理。

2. 固执逆反心理

冲突的一方是弱势的民航旅客，另一方是大型机场或航空公司。强弱的对立，充分显示了机场和航空公司的公信力在下降，降低了民航企业的竞争力。例如，某旅客在迟到的情况下"暗箱操作"，在飞机舱门已关闭后仍成功登机，造成航班延误，增加同行旅客的时间成本。在飞机飞行的过程中，旅客们固执逆反的心理慢慢累积，在呈现泛化态势的背景下，一旦出现相应的机会，众多积怨就会汇流成河，形成强烈的情绪共振。冲突一旦发生，一些人伺机宣泄，大量与原纠纷没有任何利益关系的旅客就会冒险加入，从而形成群体冲突事件。

（二）疏导策略

在潜伏阶段，应重视民航业公平建设，构建通畅表达渠道，逐渐化解旅客消极失落、固执逆反的心理。

1. 重视民航业公平建设

旅客服务要向规则化、标准化发展，而不是对权力的异化。这种异化导致了优质服务不断延伸，逾越了可被民众接受的范围，不公平的属性也因此加剧。最典型的是本无规定等候重要旅客，却成为各航空公司默认的规则，而对外解释则以航空管制、流量控制一笔带过。由此导致的航班延误现象势必引起旅客的不满，只要一个导火索就会发展成群体冲突事件。

2. 构建通畅表达渠道

航班延误之后，旅客心中不免有怨气。机场和航空公司应及时沟通，充分了解旅客的需要和真实想法，进行平等、公平、公开的协商对话，特别是为处于弱势的旅客提供公平表达利益的制度性平台，引导他们以合法、理性的形式表达合理要求。利用现代信息通信技术，健全、完善旅客的利益表达机制，对于消除民航业的各种纠纷，缓和与解决各种社会矛盾，化解旅客不满情绪，有效避免民航群体冲突事件的发生有极其重要的意义。

当发生航班延误的时候，服务人员应从旅客角度多思考航班延误之后旅客的需求和心理，了解旅客群体的心理特点，为旅客提供真正需要的服务，化危机为先机。这样不仅减少了投诉，而且赢得了旅客的赞许，提升了航空公司的形象。民航服务虽然琐碎，但是只要真心付出，就会换来旅客的信任。

二、诱发阶段

（一）群体心理

1. 旁观者效应

旁观者效应是一种社会心理学现象，是指在紧急情况时由于有他人在场，而没有对受害者提供帮助的情况，即他人在场对救助行为产生了抑制作用。旁观者人数越多，抑制程度越高。例如，"小悦悦"事件，"跌倒老人无人扶"事件等都体现了旁观者效应。

2. 社会助长效应

社会助长效应又称社会促进现象，是指群体对成员有促进、提高的作用。群体中成员的行为是在一定的群体氛围中进行的，个体一旦意识到这种行为涉及群体的监督和鼓励等因素，在竞争意识和成就需要的激发下，就会调动自身的热情和聪明才智，尽力完成任务，以期得到群体的肯定、赞扬和尊重。

3. 社会阻抑效应

社会阻抑效应又称社会懈怠，与社会助长效应相反，是指一个人和别人一起做一项工作时做得又慢又差，比自己单独做时效率低。例如，"三个和尚没水吃"就是这一效应的反映。

4. 责任分散效应

责任分散效应是指群体成员做一件事时，责任由众人分担，这样自己的责任就轻了。群体性事件的参与者敢于做出平时不敢表现的行为，就是因为感到反社会行为是整体出现的，责任会分散在每个个体身上，个人不会承担群体犯罪行为招致的惩罚，即使惩罚也不会对每个人都加以处理，从而抹除了个人对行为的责任感，放纵言行，恣意妄为。

5. 暗示与模仿效应

暗示是指人或环境以含蓄、间接的方式向他人发出某种信息，以此对他人的心理和行为产生影响。受暗示就是人们对于社会刺激产生的从众反应。模仿是指个人自觉或不自觉地模拟他人的行为。一些群体性事件的规模就是在人群之间暗示、受暗示及模仿心理机制作用下迅速扩大的。

6. 感染效应

在群体中，当个体想要以某种方式行动，但仍心存疑虑时，若看到群体中有人以自己想要的方式行动，便不再犹豫，跟着行动。这种跟随带头者解除内心约束的行为就是感染效应。群体性事件的参与者常常在别人的感染下解除内心的约束，尽情释放内心的欲望。

7. 匿名效应

匿名使人的自我意识减弱，群体意识增强。在群体中，个体如果看到别人和自己做出同样的行为，就会对自己的冲动型举动产生一种自我强化的愉悦感。在群体性事件中，随着情绪感染与行为的增强，个体逐渐失去了独立性，以集群行为为中心，融入人群的狂热情绪之中。

（二）疏导策略

1. 提高服务质量

航空公司应提高对群体性事件的认识，重视其影响，树立以人为本、旅客至上的理念，不断提高航班服务质量。提高航班正点率，建立不正常航班应急措施，与机场互相配合，及时疏散较长时间不能登机的旅客。尊重旅客的知情权，及时、如实向旅客通报航班信息。全力保障旅客休息、餐饮、安检、交通和住宿等，服务周到，减少旅客的不满，避免群体冲突事件发生。

2. 提高处置能力

群体性事件发现得越早，处置成本越小。民航旅客群体性事件通常发生在服务现场，如果一线服务人员能够快速处置，就能控制事件的不良影响。同时，民航公安机关广大民警、民航业服务人员也应加强对民航安全法律法规和服务操作规程的学习，不断提高自身的处置能力。

3. 做好法治宣传

提升旅客在航空旅程中的法治观念是积极预防旅客群体性事件的根本。加强法治宣传，提升旅客在航空旅程中的法治观念、社会公德和公共安全意识，不做损害国家、社会和其他公民合法权益的事，共同维护民用航空秩序。建立正常的旅客维权机制，畅通旅客维权诉求渠道。当旅客权益受到侵害时，引导其运用法律手段维护自己的权益。

4. 建立联动机制

由机场、航空公司和机场公安机关等组成群体冲突事件应急处理机构，建立多方协调联动机制，实施属地管理、分级负责，对发生的旅客群体冲突事件实行统一领导、统一指挥，各单位协调一致、分工负责，对旅客及时教育，疏导解决利益矛盾，防止矛盾激化、事态扩大，严格按照工作原则和处置程序妥善进行人性化处理。做好旅客的安抚工作，不仅不会发生群体冲突事件，反而会得到旅客的支持。

三、激化阶段

（一）群体心理

1. 宣泄心理

潜伏阶段不满、消极情绪的累积，经由诱发阶段的情绪唤醒和情绪传染，即将引发一场大规模的以宣泄为目的的群体冲突。随着事态不断升级，人群逐渐聚集，在集体无意识和盲目从众心理促使下，现场的怨气瞬间被点燃。这里已经不再是探讨原始事件的场所，而变成了一个怨气交流的平台。各种不满、愤恨情绪都会借着这个机会肆无忌惮地宣泄出来，心理因素成为群体冲突事件发生的主要驱动力。在机场临时聚集的人群完全抛弃了陌生感和理性，个体与个体相互感染，愤怒在人群中涌动，冲突的能量也随之增加。宣泄成为唯一的选择，宣泄心理一旦激发，冲突就具有了猝不及防的突然性。没有明确的行动目的和行动策划，找不到领导者和组织者，情绪的宣泄最终指向暴力行为，因此暴力行为既是冲突的目的，也是手段。在众多机场群体冲突事件中，砸向服务人员的矿泉水瓶成了事件的引爆点。

2. 法不责众心理

法不责众心理在激化阶段起到了推波助澜的作用。群体行动中个体的去身份化削弱了人们的责任意识，是法不责众心理最主要的根源。参与者普遍认为机场不可能对付成百上千人，即使出了事，由于参与者众多，分摊到每个人身上的责任便小得多，因此在行动中无所顾忌、任意妄为。群体成员共同分担责任，就不像单独时那样有强烈的责任感了，这称为责任的扩散或无个性化，因为人们做出反应或接受反应不是作为单独的个人，而是作为群体的一部分。

（二）疏导策略

在群体冲突激化阶段，民航服务人员要采取果断的处理方法，尽快控制、平息冲突，做好心理安抚工作和善后工作。无直接利益冲突事件处置是否及时、方法是否得当，直接影响事件结果。从以往的无直接利益冲突事件来看，从酝酿、发生到事态升级，从轻微摩擦、挑起矛盾到最终激化，机场和航空公司有关部门始终不敢直面矛盾、直面旅客，甚至出现指挥失当、贻误时机等状况，从而导致局势失控，群体冲突事件爆发。群体冲突事件对人民群众生命财产和社会公共财产造成巨大损失，对社会稳定造成极大负面影响，教训极为深刻。

1. 民航企业要勇于担负起处置群体冲突的职责

民航企业党政领导和有关部门负责人必须迅速到达现场，了解事件原委，相机处置。在群体冲突激化阶段，人们的情绪往往容易失控，极易出现暴力行为，因此必须坚持慎重原则，避免使用强制手段。相关负责人要敢于走进群众中，做好答疑解惑工作，以严谨、慎重的原则定性冲突事件，以防激化矛盾，陷入僵持困境。

2. 坚决走出"法不责众"的怪圈

首先，要仔细甄别区分违法犯罪分子、积极骨干分子和一般参与者，坚持打击少数、团结多数的原则，厘清责任、区别对待，做到重罪重判、轻罪轻判、宽严有度、量刑有据。其次，疏散群众，平息事态。群体冲突事件发生现场有上千甚至上万名群众聚集。这些人包括事件的主导者、附和者和围观者等。主导、鼓动闹事的是极少数，附和者和围观者占绝大多数。因此，现场处置要及时分化、疏散现场旅客，这样做可以有效地阻断人们的情绪感染，平息现场态势，防止事件升级。

3. 做好心理安抚工作和善后工作

事态平息后的安抚和善后工作与事态平息工作同等重要。旅客的对立情绪一时难以消除，冲突虽然平息，但隐患仍然存在，机场和航空公司有关方面必须及时解决旅客反映的诉求和问题，兑现做出的承诺，努力减少或避免类似事件再次发生。

任务二　群体冲突心理的服务策略

民航旅客群体冲突事件，破坏性极强，对抗程度也会逐渐加剧。在旅客情绪激烈之时，如果相关人员未能意识到情绪失控的危险性，缺乏有效进行群体冲突心理服务的方法和技巧，则最终会导致暴力对抗和悲剧结局。如果能及时对群体心理进行有效疏导和干预，就有可能根本扭转事件的走向和结局，稳定局势，改善客我关系，促进和谐发展。

一、群体冲突心理的服务法则

民航旅客群体冲突事件频发已经成为民航运输工作的一个顽疾，不仅严重扰乱航空运输环境，破坏机场秩序，而且损害民航企业的利益，破坏我国民航形象，危及空防安全，应当引起高度重视。具体来说，应从以下几个方面入手，妥善处置。

同步思考 8-9

"压力山大"的安检员

深圳是典型的"移民城市"，春节前返乡客流多是突出特点。在外打拼了一年甚至多年，总想给家人带点新奇的玩意，因此类似于"皮带刀""手机式电击器"等不常见的好玩东西便出现在了很多人的行李中。殊不知，这些新奇的"礼品"都是乘坐飞机禁止携带的违禁品。除了新奇物品可能成为违禁品，很多日常用品也会成为违禁品。

"安检工作既要保证安全，又要保证服务。"一位安检员坦言自己"压力山大"的根本原因。一方面，作为保证空防安全的重要部门，安检员要保证旅客的安全。另一方面，安检部门作为机场的一个重要组成部分，是机场展示服务的重要窗口，要让旅客感受到好的服务。实现安全与服务的平衡，"这不好把握"，这位安检员说。不是执法者，却要执法，安检员的身份"很尴尬"，旅客也容易感到不满意。

资料来源：民航资讯网

（一）增加接触

研究表明，接触可以促使人们进行交流，减轻敌意，进而降低冲突发生率。

良好的接触和自我表现是旅客和服务人员沟通的桥梁。如果服务人员能够有意识地按照一个模式表现自己，给旅客留下期望的好印象，就能在很大程度上减少群体冲突。成功的印象管理的确会帮助服务人员在许多情况下获得优势。

（二）设立共同目标

研究表明，促使双方群体摒弃歧见，从冲突走向合作的动因，是双方共同拥有一个超越自身的超级目标。共同目标的存在引发更高的同一性，群体成员感到他们已经同自己的群体一起从属于一个范围更广的新的整体。例如，旅客感到他们连同整个机组成员都是一次飞行的整体，应相互配合协作。

同步思考 8-10

小措施，作用大

咸阳机场发现，旅客在排队等待安检时，最想得到的信息是还有多长时间可以通过安检。基于旅客的这种心理需求，咸阳机场安检站在安检待检区画出了不同颜色的等待标示线，如 5 分钟的黄色线、8 分钟的橙色线和 12 分钟的红色线，提示旅客等待时间，让旅客根据乘机时间自行决定是排队等待还是到晚到旅客通道快速通过安检。

资料来源：民航资讯网

（三）适当与旅客进行谈判

旅客的感受和航空公司的成本在原则上是同等重要的。例如，"先生，我请示了乘务长，餐盒我们不能送给您，但我们为您儿子准备了一点其他的东西。"这时递上早已准备好的搅拌棒、水杯等一次性物品，旅客的感受会大不一样。服务是前提，充分利用谈判的心理技巧，事情的解决效果大不相同。

（四）请求第三方介入

群体冲突可以由双方采用直接的交往和沟通方式来解决。当接触没有发生作用、合作失败或谈判陷入僵局的时候，冲突双方可以请求第三方介入，或与双方有关联的第三方主动介入，充当调停人、和解人或仲裁人，以帮助冲突双方找到解决办法。

同步思考 8-11

谁来为延误"买单"

每年的雷雨季节，航班延误导致的旅客与航空公司员工的摩擦都是屡见不鲜的。

若引入第三方，当出现航班延误时，第三方就可以按照提前制定的标准执行，从而避免很多不必要的摩擦，提高民航的整体工作效率。航空公司一线员工不必担心航班延误自己如何应对，从而可以更好地完成自己的本职工作。同时，旅客可以得到应该得到的，而不用绞尽脑汁、想尽方法和航空公司周旋。这样一来，航空公司赢得了旅客的信任，有利于自身整体效益的提高。

资料来源：《中国民航报》

二、群体冲突心理的服务应对

（一）耐心倾听

耐心倾听旅客叙述事情发生的经过，不要打断旅客。也许旅客的陈述并不合理，甚至十分荒唐，但是必须让他把怨气全部发泄出来。一旦旅客讲完了所有郁积在心里的话，事情也就平息了一半。

（二）不要立即自我辩解

在与旅客发生冲突时，服务人员一定不要立即自我辩解。任何辩解都会进一步刺激旅客，争吵更要不得。一旦发生冲突，服务人员就要微笑并认真倾听旅客的抱怨，这其实是给旅客一个心理宣泄的时间，同时分析旅客抱怨的核心问题，为下一步工作做准备。

（三）表示歉意

服务人员要主动表示歉意，即使是旅客错了。如果是民航企业本身错了，更要表示歉意。歉意不能仅仅停留在语言上，而要体现在行动上。如有可能，由具体的服务人员签字负责赔偿。

（四）提供投诉方便

服务人员应向旅客介绍投诉人员的姓名、职务及投诉的方法等，避免事态扩大，确保旅客投诉渠道畅通。一旦旅客投诉，就要第一时间做出回应，并给予旅客相应的答复。

（五）确保兑现承诺

确实保证兑现对旅客的承诺，沉默只能扩大与旅客的冲突。服务人员要注意不要轻易对旅客许诺，一旦有所承诺，就要兑现。

（六）多为旅客着想

在处理冲突的过程中，服务人员应设身处地替旅客着想，切不可站在自己的立场用自己的价值观念、处世态度看待问题。服务人员要洞察旅客心理，从旅客的动机、情绪、需求等方面考虑如何为旅客提供更好的服务。

项目三 识用旅客投诉心理的服务应对

案例导引

古董托运遭损毁，只按每公斤百元赔偿

沈阳的董先生兴冲冲地带着家里的30件古董去合肥参加鉴宝活动，结果在飞机落地时发现，托运的古董有8件已被严重损毁，成了碎片。董先生找到航空公司要说法，回答却是"只能按每公斤百元的标准赔偿"。

航空公司的一位负责人表示，公司对董先生托运的东西破损表示遗憾，但最终还是得按每公斤百元的标准赔偿。之后，董先生一直滞留合肥，多次讨要说法，却一直没有满意答复。"航空公司野蛮分装，任何东西损毁都不问价值，统一按每公斤百元计算合理吗？"航空公司沈阳营业部一位服务人员表示，董先生的事他并不清楚，但按照公司的规定，损毁的物品只能按每公斤百元的标准来赔偿。

资料来源：民航资源网

在民航运输服务过程中，由于航空公司、机场服务人员的疏忽和失误，没有及时提醒旅客贵重物品的运输规定，造成了易碎品的破损，事后也只是按照公司规定机械处理。按照这种不近人情的处理方式，小事也会变大事，造成旅客投诉等一系列不良后果。一旦投诉发生，服务人员就要认真对待投诉，把投诉的不良影响降到最低，最大限度地挽回旅客对航空公司的信任，让航空公司的良好口碑得到更好的维护与巩固。

任务一　旅客投诉的事前预防

越来越多的旅客开始注重保护自己的权益，旅客投诉随之变得越来越多。民航服务人员要了解旅客投诉的含义与类型、发生原因及处理步骤，尽量防患于未然，防止投诉发生。

一、旅客投诉的含义与类型

（一）投诉的含义

旅客投诉是旅客对民航服务产品或投诉处理过程本身不满意的表示，明确或隐含地期望得到回应或解决问题，通常有书面或口头上的异议、抗议、索赔和要求解决问题等。投诉主要包括空中服务、客票销售、地面服务、航班取消、航班延误、航班超售、转签延误、行李破损或晚到、行李内少物等问题，以及问询态度、设施服务等方面。

（二）投诉的类型

按照投诉的等级分类，可分为重大投诉、严重投诉、一般投诉、无效投诉。

按投诉的方式分类，可分为现场投诉、信函投诉、媒体投诉、电话投诉。

按投诉的行为分类，可分为消极抱怨型投诉、负面宣传型投诉、愤怒发泄型投诉、激进型投诉。

按投诉的目的分类，可分为建议性投诉、批评性投诉、控告性投诉、索取性投诉。

按投诉的责任部门分类，可分为乘务部投诉、地面服务部投诉、飞行部投诉、机务部投诉、销售部投诉。

二、旅客投诉的主客观原因

旅客投诉主要集中发生在其时间期望、态度期望和产品期望不能被满足时。投诉最根本的原因是旅客没有得到预期的服务，即实际情况与旅客期望之间的差距。即使我们的服务已达到良好水平，但只要与旅客的期望有距离，投诉就有可能发生。

（一）客观原因

1. 设施原因

引起旅客投诉的设施原因主要有航班座位有限、班次有限而令旅客无法买到机票；航班因天气、机械等原因延误或取消等引起旅客不满。

2. 服务标准

在对民航服务的要求上，一千个旅客就有一千种标准。面对来自世界各地的旅客，由于语言障碍、自然环境、突发事件、风俗习惯等客观条件的影响，服务很难尽善尽美。

3. 旅客个性差异

服务质量与服务态度的好坏常常与旅客的心理感受有直接关系。由于旅客的气质、性格、情绪不同，对于同样的服务，有的旅客满意，有的则不满意。在产生不满意的消极情绪时，旅客处理问题的方法也有明显的差异。一般而言，外向的旅客容易投诉，内向的旅客通常抱怨几句就算了。所以不能武断地认为旅客没有投诉就是没有问题。最不容忽视的是旅客将不满意埋在心里的无声投诉，这可能意味着永远失去这位旅客。只有细心观察旅客的语言、表情和动作，及时弥补服务的不足，才能让旅客保持良好的心境，愉快享受服务。

（二）主观原因

1. 对旅客不尊重

旅客无论是在售票处、候机厅、飞机上，还是在酒店、餐厅，都需要服务人员的尊重，这是旅客的共同心理特点。服务人员对旅客不尊重是引起旅客投诉的重要原因，表现在：对旅客不主动，不热情；不注意语言修养而冲撞旅客；对旅客厚此薄彼；不尊重旅客的风俗习惯；对海外游客或衣着光鲜、消费高的旅客笑脸相迎，而对国内旅客或衣着普通、消费低的旅客态度敷衍等。这些都令旅客反感甚至觉得自尊心受损，严重时则引起投诉。

2. 工作不负责任，服务水平不高

某些服务人员缺乏责任心，对待旅客马虎了事，对待工作粗枝大叶，没有完成旅客交代的事情；或者有些服务工作应该是服务人员自己做的，而服务人员却没有做，如在飞机上给旅客送饮料时，有些乘务员不是自己亲手递给旅客，而是"扔"或"丢"给旅客，或叫其他旅客传递等，以上种种都会引起旅客的不满或投诉。此外，环境或食品卫生不好也是工作不负责任的表现。例如，食物不新鲜，端给旅客的食物中有虫子或毛发等，或服务人员端菜时手指插进了汤里等，都会导致旅客投诉。

三、旅客投诉的表现心理

（一）求尊重心理

旅客作为被服务者、消费者，有权获得价质相符的服务。每个人都有自尊心，都有维护自己利益的本能。当旅客觉得利益受到侵害时，为了维护自己的利益，维持自尊，并确认自己是正确的，服务人员是错误的，往往成为投诉和冲突的导演者。他们希望得到同情和尊重，希望有关人员、有关部门重视他的意见，向他表示歉意等。

（二）求发泄心理

旅客在遇到不称心的事情后，会产生挫折感，继而产生抵触、焦虑、愤怒的情绪。只有通过适当的方式将这些情绪宣泄出来，旅客才能恢复心理平衡。投诉是一种最有效的发泄方式，通过口头或书面形式将自己的烦恼、愤怒表达出来以后，挫折感会减少，心境才能平静、轻松。

（三）求补偿心理

旅客在遭受了物质损失或精神损失后，当然希望能够得到一定的补偿。随着维权意识的增强，旅客越来越精于保护自己的权益。尤其在航班不正常时，旅客求补偿的心理表现得更为突出。旅客对于航空公司常规的免费安排餐饮、车辆、住宿等服务不再满足，往往提出更高的补偿要求，有的甚至失去理智地发展为不赔偿就不下飞机的违法行为。

（四）求保护心理

旅客敢于投诉是自我法律保护意识的觉醒，通过合法的途径投诉，既是为自己，也是为所有消费者寻求利益保护。通过投诉，使相关部门重视旅客的反映，并不断改进，服务质量才能不断提高，旅客才能在今后得到更优质的民航服务。

四、旅客投诉的处理程序

（一）接受投诉，缓和情绪

在解决投诉问题之前，先要处理情绪，使双方处于一种理智、平和的气氛之中。

1. 正式自我介绍

主动报上姓名、职务是对旅客的尊重，同时显示自身的诚意和职业性。有时可由乘务长出面。上一级的管理者出面解决问题，既能够满足旅客对态度的期望，也可显示出权威性，"我能帮你解决问题"。可以询问旅客"有什么我能帮忙的吗？"进而创建一个理性的对话环境。尽量避免用"您是不是对我们的工作不大满意呢？"作为开场白，否则会把旅客进一步推入负面情绪之中。

2. 态度诚恳，耐心倾听

倾听是一门艺术，你可以从中发现旅客的真正需求，从而获得处理投诉的重要信息。首先听清楚旅客说什么，态度要认真，让旅客感受到被尊重，这是第一要义。在倾听过程中做出必要的回应，如点头、"嗯""是的"，表示"我在用心听"。有很多旅客发泄完之后，情绪基本平稳了，问题也解决了一半。倾听不仅需要用耳朵，更需要用心。带着同理心去体会旅客的感受，站在旅客的立场考虑问题。

倾听时可适当做些笔录。做笔录的功效很多，可以让旅客感受到我们对他的重视，起到安抚情绪的作用。还可以通过笔录、询问将旅客的注意力引向客观描述和解决问题本身，起到转移注意力的作用。笔录也为记录投诉旅客姓名、联络方式做好了铺垫。记录投诉旅客的姓名和联络方式是非常必要的。否则，旅客愤怒地离开飞机，消失在人群中以后，就像一枚定时炸弹，不知何时会爆炸，破坏力有多大。

3. 积极回应，表示理解

等旅客抱怨完后，首先要适当表示歉意。如果真是我们做错了，要勇于认错："很抱歉我（们）做错了……"如果错不在己，则仍应为旅客的心情损失致歉："很抱歉让您这么不高兴……"因为道歉是平息旅客不满情绪的有力武器。

著名心理学家罗伯特·西奥迪尼在《影响力》一书中阐述，人都有"必须回报他人的让步"的责任感。当你做出让步时，对方心中会产生亏欠你的感觉，从而为之后的妥协埋下伏笔。同时应表示感谢，并解释为何感激旅客的抱怨。旅客愿意花时间、精力来抱怨，让我们有改进的机会，当然应该感谢他。更重要的是，说声谢谢，会让对峙的敌意骤降。可以这样说："谢谢您花费宝贵的时间来告诉我们这个问题，让我们能有立刻改进（补救）的机会。"

4. 分析旅客的真实意图

在倾听过程中，要分析旅客的真实意图。例如，虽然旅客投诉的是衣服被弄脏，要求赔偿，但实际上他要表达的不满是乘务组对他不够重视，推诿、逃避责任、言而无信。

（二）提出方案，解决问题

把握了旅客的真实意图后，就可以着手解决问题了。制订可能的处理方案供旅客选择，千万不要自行做决定，如"就这么办……"而是要将决定权交给旅客，可以说："您是否同意我们这样做……"这么一来，同意权在对方手上，他会感觉受到尊重而怒气不再。

提供解决方案时，可利用"拒绝-退让"策略，先提出旅客较难接受的方案，旅客拒绝后，再摆出另一个稍作退让的解决方案供旅客参考。在对比心理的作用下，旅客比较容易接受，且感觉是他自己促成了协议的达成。

提出方案，和旅客协商的过程，其实就是沟通的过程。在和旅客沟通时，要注意不同表现、性格的旅客需要采取不同的方法。

（三）立即行动

一旦旅客同意了解决方案，就要快速响应。行动要先说出来，然后去落实。具体要求是细节化、环节化。方案的每个动作都要精确地落实，绝不能丧失在旅客面前表现的第二次机会。一样的事情，一样的处理方案，只是行动力不同，可能导致完全相反的结果。例如，由于天气原因，两个航班突遇颠簸，均有旅客受伤。一个航班机上救助及时，并通知相关人员及时到场，将旅客送往医院救治，全程陪同，始终与旅客保持联络，了解旅客的需求和想法。旅客对航班人性化的服务和处理表示非常满意，写了表扬信，并顺利签署谅解备忘录。另一个航班事故发生后，旅客在诊治过程中，服务人员未能全程陪同，旅客因不满而向当地媒体反映，要求赔偿。事件被媒体报道，事态未得到有效控制。由此可见，立即行动非常重要。

（四）确认满意度

事情处理过后，要再跟旅客联系，确认对方是否满意。这样做一方面可以了解补救措施是否有效，另一方面能加深旅客受尊重的感觉："都过了两三天，你依然把我放在心上……"提升旅客对服务的体验。

（五）上报处理结果

给旅客圆满答复后，投诉处理其实并未真正完成。应在任务书上记录事情起因、处理过程及结果，以便业务执行部门进行汇总、分析、归纳、检讨工作流程，积累经验教训，避免重蹈覆辙。我们在工作中经常能看到，一些规范的修订、服务的改进正是来自旅客的投诉。例如，曾有经济舱旅客投诉，由于连续不断地播放电影，他无法了解航班飞行的即时信息。经过改进，娱乐系统在两部影片之间会自动穿插5分钟的航班信息。

【微课】8-1 旅客投诉和群体冲突心理与处理程序

"千里之行，始于足下"，只有重视每个细节，每个和旅客接触的真实瞬间，才能真正做到提升服务质量。而旅客对服务提出抱怨，正是考验服务质量的关键时刻，服务人员的工作能力往往就看这一刻的反应能力。

任务二　旅客投诉的事中安抚

一、旅客投诉事中安抚的处理原则

（一）以旅客需求为中心原则

满足旅客合理的需求永远是民航企业服务与管理的最终目标。对旅客投诉持欢迎态度，不与旅客争吵，不为自己辩护，这是民航企业服务与管理最起码的常识。但是，"以旅客需求为中心"的要求远不止于此。无论民航企业采取怎样的处理手段，无论旅客投诉的内容是什么，最终的目的还是要与旅客达成共赢，这才是"以旅客需求为中心"的实质。

（二）客观性原则

所谓的客观性包括两个方面的含义：一是在面对旅客投诉时，民航企业要冷静地倾听旅客陈述事实并加以分析，给旅客一个客观的答案，而不是有意隐瞒或掩盖自己的失误。如果旅客的投诉是不合理的，或者不是由民航企业的过错引起的，民航企业也要试着站在旅客的立场，告诉旅客事情真实的一面。二是在处理旅客投诉时，服务人员采用的依据与规章应该是有据可查的或服从国家或行业要求的，而不是一个简单的企业规定。对于找不到法规依据的企业规定，民航企业在处理旅客投诉时需要加以规避。

(三)及时性原则

及时性原则要求民航企业在接受旅客投诉后的第一时间给出回应；还要在旅客可接受的时间内对投诉的内容进行分析，给出结论，确定处理方案，并在第一时间告知旅客，与之商讨方案的可行性。

(四)专业性原则

专业性原则强调的是民航企业处理旅客投诉的专业能力、投诉处理结果的权威性，以及处理过程与内容的完整性。对旅客而言，民航企业处理结果的权威性直接影响其对处理结果的接受程度和满意程度。因此，在处理旅客投诉时，尤其是处理旅客的公开投诉或诉讼时，民航企业必须尽可能引入外部专家，借助他们的力量来分析事情的起因与影响，并制订专业的处理方案，接受外界的质询。而完整性则是对民航企业投诉管理的要求，旅客的投诉从表面上看可能是一件很小的事情，但是间接原因可能很多，如果民航企业不能全面地分析这些原因，就很难拿出一个全面改进并完整的方案，也就意味着这样的投诉事件下次还可能发生，甚至引发服务危机。

(五)先化解情绪后处理事情的原则

任何旅客的投诉都是带着情绪的。无论是在接受旅客投诉的现场，还是在处理旅客投诉的其他场所，或者是在与旅客商讨解决方案的场所，服务人员都应先从情绪处理入手，在化解投诉者的情绪后再进行理性分析或选择。正如一家美国汽车修理厂"先修理人，后修理车"的服务宗旨一样，先消除顾客因汽车出现故障而产生的坏心情或情绪，再进行汽车修理。

二、旅客投诉事中安抚的处理流程

(一)倾听—接收投诉阶段

倾听的前提是有一个良好的心态。换句话说，倾听要求服务人员学会放弃民航企业立场，以旅客需求为出发点，心平气和地接纳旅客的倾诉。但是仅有态度是不够的，在投诉现场直面旅客时，服务人员还要做到专注，即专注地倾听旅客的投诉，从中准确领会旅客投诉的真实意图或所表达的希望，把握问题的关键，确认问题的性质。但是，并不是每个投诉旅客的语言表达能力或逻辑思维能力都很强。在倾听的过程中，服务人员可能很难直接从旅客的诉说中找到问题的关键。这就要求服务人员掌握必要的提问技巧。需要特别注意的是，在倾听旅客投诉的时候，服务人员不但要听清楚旅客表达的内容，还要时刻注意其语调与音量，这有助于服务人员了解旅客语言背后的情绪。同时，服务人员还要学会通过归纳与复述来确保自己真正了解了旅客的问题。接下来，服务人员要做的就是分担。通过倾听，如果服务人员能够迅速判断问题的属性，也能基本掌握事情的来龙去脉，就要通过分担的方式来表达同理心，以期平息旅客波动的情绪。可以说，旅客投诉的直接或表面原因可能看起来是一件很小的事情，但是如果处理不得当，就会成为导火索，引起更大的矛盾。

服务人员最后要做的就是澄清，即在基本了解旅客异议的本质及动向的基础上，服务人员需要现场对问题的实质进行定义，究竟是民航企业的服务问题还是旅客自身的情绪问题。如果是民航企业的服务问题，服务人员就需要立即向旅客道歉，并根据问题解决的复杂程度向旅客做出相应的承诺，如立即处理或承诺具体处理日期等。若不是民航企业的问题，服务人员也要向旅客表明事情的实质，并试着与旅客讨论可能的替代方案，帮助旅客解决问题。旅客投诉的问题能够及时得到解决当然最好，但有些问题可能比较复杂或特殊，短时间难以解决，那么这时，服务人员就不要向旅客做出任何承诺，而是诚实地告诉旅客情况有点特别，自己会尽力帮助旅客想方法，但需要一点时间，然后约定回复的时间。

（二）分析-研究投诉阶段

无论是现场能够解决的问题，还是需要事后解决的问题，服务人员都需要进行相应分析。服务人员首先要做的就是分析旅客投诉背后的期望，这有助于民航企业满足旅客的需求，是解决旅客投诉的根本。对于通过倾听接收的投诉内容，服务人员要分析其发生的背景、成因及所有可能性，设计相应的处理方案。对于复杂的投诉，往往需要服务人员设计多套处理方案。服务人员要在与旅客沟通互动的过程中进行相应试探，直到寻找到旅客满意的处理方案。

（三）处理-化解投诉阶段

旅客投诉的目的就是让民航企业用实际行动来解决问题，而绝非口头上的承诺或表达歉意。如果旅客知道企业有所行动，他可能就会表现得平静些，等待的宽容期也会更长些。如果民航企业"只说不练"，无法让旅客看到企业的实际行动，那么结果肯定是矛盾激化，甚至演变成冲突或服务危机。因此，民航企业除在倾听-接收旅客投诉阶段表达自己行动的意向外，还要在处理-化解投诉阶段按照事先承诺的期限，定期、准时地与旅客沟通，甚至主动缩短沟通期限，以便让旅客了解企业的态度与行动的内容。这个阶段最关键的工作是在约定的期限内给予旅客准确的答复，可能并不是准确的行动方案，尤其是那些较为复杂的投诉。民航企业在表达诚意的同时，第一时间拿出相应的处理方案，与旅客进行面对面的沟通与协调，讨论并修改其中的每个细节，直到旅客满意为止。这种快速的行动能够最大限度降低旅客投诉影响扩散的可能性。通常，一个令旅客惊喜的处理方案能够成功地将旅客投诉转化为旅客对民航企业的忠诚，以及旅客对企业的正面宣传。当然，在成功处理旅客的投诉之后，企业不妨真诚地向旅客发出邀请或表达企业的诚意，"假如您还有其他问题，请随时找我，我非常乐意为您效劳"，并提供相应的联系方式。

任务三　旅客投诉的事后处理

旅客投诉的处理不是结束，而是新的开始。只有认清旅客投诉事后处理的意义，才能做好旅客投诉的服务补救。旅客投诉是服务改进的重要信息来源，只有根据旅客现场反馈和投诉信息做好缺陷分析，查找问题原因，才能切实改进和提升服务品质。

一、旅客投诉事后处理的意义

（一）培养忠诚旅客

在民航投诉案件中，如果投诉得到解决，50%～70%的投诉旅客还会再次选择乘坐该航空公司航班；如果投诉得到快速解决，这一比例上升到92%。因此，旅客投诉为航空公司提供了恢复旅客满意的直接补救机会，旅客投诉的妥善解决可以降低旅客流失率，培养忠诚旅客。

（二）了解旅客需求

了解旅客需求，找到服务产品与需求间的差距，是民航服务质量管理的重要内容。如果这个途径保持畅通，旅客需求与民航服务之间的差距就可以在不断的改进中越来越小，旅客的满意度和满意率就会快速提升，民航服务质量就会越来越好。

（三）投诉管理体系创新

转变投诉管理理念，改进投诉工作流程，采取正确、有效的服务补救方法和系统反馈机制，有助于旅客需求与服务供给的差距减小，投诉率下降，旅客满意度上升，服务品质提升。

二、旅客投诉的服务补救

服务补救是一种管理过程，它首先要发现服务失误，分析失误原因，然后在定量分析的基础上对服务失误进行评估，并采取恰当的管理措施予以解决。也就是说，在服务管理与服务提供的过程中，民航企业需要对服务失败或错误，或者旅客的不满、抱怨或投诉，根据服务价值对其进行评估，并做出适当的反应，期望通过服务补救重新建立客户满意和忠诚。

（一）服务补救是处理投诉的重要内容

要树立服务补救是处理投诉的重要内容的意识，明确它是满足旅客需要不可缺少的重要措施。众所周知，民航企业的核心是为旅客服务，服务就是要使旅客感到满意。但从服务过程来看，由于各种各样的原因，服务不可能不发生失误，一定意义上说，失误是难免的，这是无法否认的客观事实。既然无法否认与避免，我们就应该正视问题并解决问题，把服务补救视为服务的重要内容。事实证明，当服务出现差错时，旅客肯定不满意，唯一的办法就是及时进行服务补救，这也是最好的手段。补救能够使旅客满意，或者减少对服务质量的不满意。毋庸置疑，服务补救是服务不可缺少的重要内容，没有服务补救的服务肯定是不完善的。

（二）一线员工是服务补救的责任人

一线员工是服务补救的责任人。服务的过失或差错可能有各种各样的原因，有可能是前一个服务环节的失误造成的，也有可能是服务过程不当造成的，等等。不管其原因如何，它一定发生在现场，一线员工一定是第一个感受旅客不满情绪的人，也是第一个知道旅客不满意原因的人。因此，他们是最有发言权的人，也是最知道应该怎样解决问题的人。例如，世界著名的丽嘉酒店，为了使顾客满意，每位员工都有2000美元的补偿权限。这一做法相当有效，不仅增强了员工处理服务差错的底气与自信心，而且增强了员工的积极性与主动性，更重要的是能够及时化解旅客对服务不满意的情绪，把服务使旅客满意做到了极致。

（三）在错误中学习服务补救

服务补救一般是很难一次完成的。民航服务人员要进行二次补救来消除旅客的怒气，重新取得旅客的信任。投诉发生之后，旅客需要的不仅仅是一声道歉，还包括及时为旅客解决难题。投诉的解决并不是服务补救的结束，而是要在投诉的案例中积累服务补救的经验。例如，丽嘉酒店要求员工记录每次服务补救的情况，然后将该信息输入数据库，分析是否某些模式或系统性服务还需要改进。从丽嘉酒店的案例中可以看出，其一，优秀的服务型企业自然有其成功经验，而服务补救就是其成功经验之一。民航企业也是服务型企业，我们应该认真学习国外优秀企业的服务补救经验，将其变为自己的管理理念与方法，不断提高服务质量，使自己的服务水平跟上时代的步伐。其二，我们要寻找成功背后的原因，深刻理解服务补救最佳的方法不是补救，而是再不犯错误。要做到不犯错误必须从错误中学习，这不仅是最有效的方法，也是捷径。

我国民航业的服务水平近年来有了明显提高，但只要是由人负责的工作就可能出现差错，出现遗漏。此时，民航企业及时提供服务补救就十分有必要。民航企业提供服务补救可谓一举数得。服务补救能让旅客成为忠诚客户。一次好的服务补救，不仅能消除负面影响，还能带来积极效果。

服务补救可以让民航企业在竞争中脱颖而出。随着民航业的发展，市场竞争越来越激烈，如何从竞争者中脱颖而出呢？当然，票价是一方面，但是，随着对价格不敏感的高端旅客越来越多，服务就是一大筹码。旅客对服务的要求各不相同，有的对航班延误不可忍受，有的对响应呼唤铃太慢而大发雷霆，有的对机上餐食不合胃口而抱怨不已……这些不满均可以通过服务补救消除。在所有民航企业均可能出现问题时，某企业针对问题提供服务补救，就会极大地提升企业品牌形象。

提供服务补救可能稍微增加民航企业的运行成本，但是与极大地提高旅客忠诚度、提升企业品牌形象的积极效果相比，这种付出是值得的。

课程思政小红星

化解旅客群体冲突，树立集体主义大局观

民航服务人员需要树立集体主义大局观，及时化解旅客群体冲突。

如何树立集体主义大局观？首先，民航服务人员要牢固树立群众观念，牢记全心全意为人民服务的宗旨，做到"权为民所用、情为民所系、利为民所谋"，心中时时想着群众，尊重人民群众的主体地位。把实现好、维护好、发展好人民群众最直接、最现实、最关心的利益作为一切工作和政策的出发点和落脚点。以群众满意不满意、高兴不高兴、答应不答应作为评判工作好坏的标准和依据。其次，淡化个人得失，维护大局利益和长远利益。集体主义能够让我们淡化个人的利害得失，看重集体和国家的大局利益和长远利益；能够使我们超然物外，洒脱行事，引领我们提高思想觉悟，少计较个人得失，少盲目攀比，多考虑整体利益。

追求与实现个人利益时，不能侵犯、妨碍他人、群众或社会公共利益。追求与实现个人利益时，应兼顾他人、群众或社会公共利益。要把群众的利益或社会公共利益摆在个人利益之前，必要时不惜牺牲个人的利益。这样才能更好地化解旅客群体冲突。

知识巩固

一、知识题

1. 群体是_____或_____组成的，为了_____、_____的整体。
2. 群体冲突心理分为_____、_____、_____阶段。
3. 旅客群体冲突心理的疏导策略包括_____、_____、_____。
4. 旅客群体冲突心理特征包括_____、_____、_____、_____。
5. _____是服务补救的第一责任人。

二、简答题

1. 请举例说明投诉和冲突的处理原则。
2. 群体冲突心理演变的动力机制有哪些？

技能训练

选择一种群体冲突事件或旅客集体投诉事件，以小组为单位扮演旅客和服务人员，重点分析过程中旅客的心理变化和行为特点，并思考如何处理旅客投诉、进行服务补救，灵活解决冲突事件。

模块九 民航服务人员心理素质提升

学习目标

知识目标
- 理解心理素质的概念与特征；
- 掌握民航服务人员个体身心发展内容，了解新时期民航服务人员的职业适应。

能力目标
- 能够根据民航服务人员心理健康的内容，判定其心理是否健康；
- 掌握民航服务人员团体心理辅导和 EAP 方法。

素质目标
- 树立正确的服务价值观，养成良好的职业心态，学习现代民航服务中的劳模精神。

模块九　民航服务人员心理素质提升

思维导图

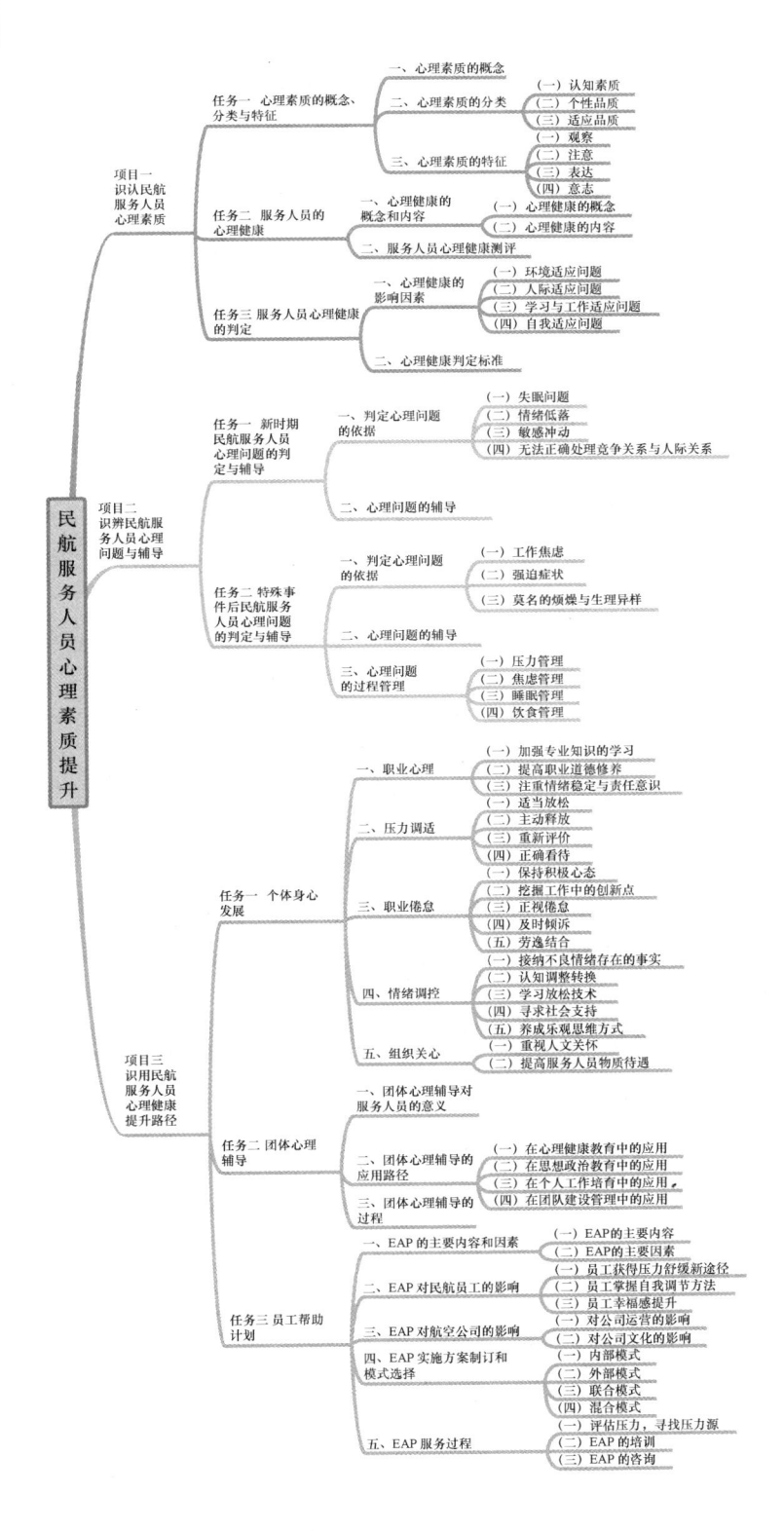

民航服务人员心理素质提升

- 项目一　识认民航服务人员心理素质
  - 任务一　心理素质的概念、分类与特征
    - 一、心理素质的概念
    - 二、心理素质的分类
      - （一）认知素质
      - （二）个性品质
      - （三）适应品质
    - 三、心理素质的特征
      - （一）观察
      - （二）注意
      - （三）表达
      - （四）意志
  - 任务二　服务人员的心理健康
    - 一、心理健康的概念和内容
      - （一）心理健康的概念
      - （二）心理健康的内容
    - 二、服务人员心理健康测评
  - 任务三　服务人员心理健康的判定
    - 一、心理健康的影响因素
      - （一）环境适应问题
      - （二）人际适应问题
      - （三）学习与工作适应问题
      - （四）自我适应问题
    - 二、心理健康判定标准

- 项目二　识辨民航服务人员心理问题与辅导
  - 任务一　新时期民航服务人员心理问题的判定与辅导
    - 一、判定心理问题的依据
      - （一）失眠问题
      - （二）情绪低落
      - （三）敏感冲动
      - （四）无法正确处理竞争关系与人际关系
    - 二、心理问题的辅导
  - 任务二　特殊事件后民航服务人员心理问题的判定与辅导
    - 一、判定心理问题的依据
      - （一）工作焦虑
      - （二）强迫症状
      - （三）莫名的烦燥与生理异样
    - 二、心理问题的辅导
    - 三、心理问题的过程管理
      - （一）压力管理
      - （二）焦虑管理
      - （三）睡眠管理
      - （四）饮食管理

- 项目三　识用民航服务人员心理健康提升路径
  - 任务一　个体身心发展
    - 一、职业心理
      - （一）加强专业知识的学习
      - （二）提高职业道德修养
      - （三）注重情绪稳定与责任意识
    - 二、压力调适
      - （一）适当放松
      - （二）主动释放
      - （三）重新评价
      - （四）正确看待
    - 三、职业倦怠
      - （一）保持积极心态
      - （二）挖掘工作中的创新点
      - （三）正视倦怠
      - （四）及时倾诉
      - （五）劳逸结合
    - 四、情绪调控
      - （一）接纳不良情绪存在的事实
      - （二）认知调整转换
      - （三）学习放松技术
      - （四）寻求社会支持
      - （五）养成乐观思维方式
    - 五、组织关心
      - （一）重视人文关怀
      - （二）提高服务人员物质待遇
  - 任务二　团体心理辅导
    - 一、团体心理辅导对服务人员的意义
    - 二、团体心理辅导的应用路径
      - （一）在心理健康教育中的应用
      - （二）在思想政治教育中的应用
      - （三）在个人工作培育中的应用
      - （四）在团队建设管理中的应用
    - 三、团体心理辅导的过程
  - 任务三　员工帮助计划
    - 一、EAP的主要内容和因素
      - （一）EAP的主要内容
      - （二）EAP的主要因素
    - 二、EAP对民航员工的影响
      - （一）员工获得压力舒缓新途径
      - （二）员工掌握自我调节方法
      - （三）员工幸福感提升
    - 三、EAP对航空公司的影响
      - （一）对公司运营的影响
      - （二）对公司文化的影响
    - 四、EAP实施方案制订和模式选择
      - （一）内部模式
      - （二）外部模式
      - （三）联合模式
      - （四）混合模式
    - 五、EAP服务过程
      - （一）评估压力，寻找压力源
      - （二）EAP的培训
      - （三）EAP的咨询

项目一 识认民航服务人员心理素质

案例导引

"德国之翼"空难事件

2015年3月24日,德国之翼航空公司一架从西班牙巴塞罗那飞往德国杜塞尔多夫的客机在法国南部坠毁,机上150人全部遇难。调查显示,患有精神疾病的副驾驶安德烈亚斯·卢比茨故意将上厕所的机长锁在驾驶舱门外并驾机撞山。安德烈亚斯·卢比茨于2014年12月开始出现伴有精神疾病症状的抑郁症,并咨询了包括精神科医生在内的多名医生。当时距离他上一次接受定期航空体检已有5个月。2015年2月至3月,还有多名医生发现卢比茨存在精神疾病,并为他开了抗抑郁和治疗失眠的药物。"德国之翼"空难调查报告强调要重视民航服务人员精神健康。

资料来源:民航资源网

健康的心理状态、优秀的心理素质对民航服务人员来说是至关重要的,否则就会对旅客造成致命的伤害。对于存在心理健康问题的民航服务人员,要及时进行心理疏导,安排专家与之深入交流,了解症结所在,提供有针对性的建议,帮助他们缓解压力、解除困扰,提供带薪休假等,让他们没有后顾之忧地工作。若不闻不问,最后可能酿成大祸。

任务一 心理素质的概念、分类与特征

在民航服务过程中,满足旅客的心理需求是十分重要的环节。服务人员凭借良好的心态把握旅客的心理需求,深化民航服务,产生持久的积极影响。优秀的服务人员必须具备良好的心理素质。

一、心理素质的概念

心理素质以生理条件为基础,一旦形成,便相对稳定;其最大特点是以先天生理素质为基础,在后天环境、教育、实践活动等因素的影响下逐步发展起来,是先天和后天的因素共同作用的结果。

二、心理素质的分类

个体的心理素质分为两大类:内隐和外显。内隐是基础,包括认知素质和个性品质。外显包括适应品质,主要体现在某个对象上。

（一）认知素质

认知素质是指人对事实关系的主观反映(感觉、知觉、判断和推理等)与实际情况相吻合的程度,它包括对事物的感觉、知觉和表象,以及对概念进行判断、推理、分析、归纳等的思维能力。这是一种基本的能力,是其他心理素质的表现基础。

（二）个性品质

个性品质是指一个人在性格、意志、情感、态度等方面不同于其他人的特质,这种特质主要通过语言方式、行为方式和情感方式表现出来。由于个体的差异性和独特性,每种特质的表现方式也存在差异。

（三）适应品质

适应品质是指在社会化过程中,个体依据内外环境的变化,改变自身和环境,使自身与环

境相协调，保持良好发展状态的心理品质。适应品质包括责任心理品质和创造心理品质。责任心理品质是指个体对自身、对他人、对客观世界的责任心；创造心理品质是指产生独特、现实、有社会价值的产品的多种能力与优良人格特征整合的心理品质。

三、心理素质的特征

（一）观察

观察是人们认识世界的窗口，是获得一切信息的门户，是人类发展的一个重要途径。观察是受主体思维影响的主动活动，是主体知觉的高级形式。观察力是智力的重要组成部分，是有目的、有组织的觉察能力。

服务人员的观察力主要体现在能否关注发生的各类问题，尤其在遇到突发事件时，有些旅客的心理素质较差，会产生紧张、焦虑的情绪，甚至大声呼喊、传播谣言、动摇人心。这时就需要服务人员对其进行情绪安抚。敏锐的观察力是安抚行为的前提，对服务工作的开展起着良好的推动作用。

（二）注意

注意是指心理活动对一定对象的指向和集中。指向是指人们的心理活动有选择地指向某特定对象，同时离开其余对象。集中能够使个体选择注意某个对象，并且维持一段时间，从而帮助主体更好地进行深度加工。注意本身是积极的、主动的，是有能力选择的。

服务人员在与旅客交流的过程中，要认真、仔细地倾听旅客的要求，不能在工作的时候三心二意，这样才能顺利完成服务工作。

（三）表达

表达又称表现，是指一个人用语言、文字、图形、表情和动作把自己的思想、情感、想法和意图等清晰、明确地表达出来，并能够让他人理解、体会和掌握。这种表达能力是在语言能力基础上发展的一种语用能力，是一种智能语言的外化。表达能力是服务人员必须具备的重要能力。

同步思考 9-1

暖心的一句话

2016年10月12日，在从沈阳到北京的某航班上，乘务员遇到了旅客周先生。周先生曾经为汶川地震灾区无偿捐献优质小麦种子和相关种植资料，是帮助灾区恢复农业生产的爱心人士。这位无私奉献的旅客，却在航班上因为一句话而感动。

早上8:45，旅客登机，普通舱有146位旅客。因为客舱通道狭窄，登机时大家动作稍微慢点就会堵塞通道，后面的旅客便会处在焦急等待中。这时，一位腿脚不便还拎着包裹的阿姨缓缓地走过来。"阿姨，您慢点走啊，咱们不着急！"乘务员立刻接过她的包裹，慢慢地扶着她走到座位上，帮忙整理好行李，又叮嘱了几句，便去忙其他的工作。

没想到这句话引起了周先生的注意。他说："我坐了十几年的飞机，不管是哪家航空公司的航班，从没听过这么暖心的一句话，我很感动，觉得很温暖。这才是中国民航该有的精神。"

资料来源：民航资源网

（四）意志

意志是指人们自觉地确定目的，并根据目的来支配和调节自己的行动，克服各种困难，从而达到目的的心理活动。主体受意志支配的行动就是意志行动，其中包括一定的目标，而且主体必须通过克服困难和挫折才能达到目的。通常，只有具备目的，并且通过克服困难和挫折达到目的的行为，才称为意志行动。意志是一个相对抽象的概念，意志品质是意志的具体表现。意志品质是由个体意志行为特点构成的稳定的心理特征的总和。

任务二　服务人员的心理健康

服务人员的心理健康测评可以量化其能力、状态，预测主体的能力表现、业绩情况等，有助于预防风险的发生，降低特殊事件发生的可能性。民航企业通常会积累数据，搭建一套既符合企业实际，又有利于测算员工表现、业绩等的素质模型，为员工提供心理评估、心理疏导与咨询等服务，以此发现员工心理问题，预测员工的可能表现与适应情况。

一、心理健康的概念和内容

（一）心理健康的概念

大量心理学研究证明，人的健康状况是一个整体，身体状况与心理状况相互影响。身体的缺陷和长期疾病会影响心理健康和个性发展，心理状况也会影响身体健康。不适当的情绪反应会导致特定的身体症状，诱发疾病，某些特定的性格特点也常常与某些身体疾病有着不可分割的联系。一般认为，心理健康是个体在其本身及环境许可范围内所能达到的最佳功能状态。具体来说，心理健康是指一个人的心理特征不偏离正常范围，其情感、思维、意志、行为对自身和社会是有价值的，能够发挥自己的水平，对现实具有统一性和协调性，主体本身没有表现出疾病的症状，有较为完整的自知力，能在社会认可的范围内满足自身的欲望。

（二）心理健康的内容

1. 自我评价准确

自我评价准确是指心理健康的服务人员能够准确看待和认识现实中的自己，既能够充分认识自己的缺点，也能够肯定自己的优点，不自视过高，也不贬低自己的价值，还能够对自己的能力、性格和特点做出恰当、客观的评价，并合理接纳自己。

2. 人格健全

人格健全是指人格的正常、和谐发展，即人的各方面发展是完整且平衡的。在服务工作中，人格健全的服务人员思考问题的方式合理、不偏激，对待同事和旅客能采取恰当、灵活的态度，对外界刺激很少有过激行为。此外，人格健全还表现为乐于接受新思想、新行为和新经验，愿意接受社会的改革与变化。

3. 适应能力强

服务人员能够正视、接受现实，具有较强的适应能力是衡量心理健康的重要指标，具体表现在能有效处理与周围现实环境的关系。心理健康的服务人员通常能够面对现实，积极主动地适应现实、改造现实，而不是逃避现实。他们对周围的事物和环境能做出客观的评价，对生活、工作中的各种困难和挑战都能妥善处理，对社会现状具有较为清楚的认识，其思想和行动都能跟上时代发展的步伐，与社会要求相符。

4. 人际关系和谐

人际关系和谐与否是一个人心理健康水平、社会适应能力的综合体现。民航服务工作不是唱独角戏，需要较强的团队合作，与同事及旅客都能够正常交往。心理健康的服务人员乐于与人交往，认可别人的重要性和积极作用。他们有自知之明，能正确看待和评价自己与他人。交往动机端正且具有积极的交往态度，能够真正做到宽以待人、乐于助人。

5. 行为与其年龄、性别等一致

心理健康的服务人员，其行为符合社会的角色期待，与自身的年龄、性别具有一致性，受自身的意识控制。从年龄特征上看，服务人员要保持与其年龄相符的心理与行为，并且能够主动承担相应的责任与义务。从性别特征上看，男性过于女性化或女性过于男性化，都容易造成社会性别角色的反差，使服务人员难以适应社会和群体。

二、服务人员心理健康测评

中国民用航空局规定，自2015年起，招收民航服务人员时必须进行心理健康测评，其测评结果作为招飞机构的选拔依据。以往使用的是明尼苏达多相人格测试量表，现在使用的民航招飞心理健康测评答卷是中国民用航空局所属航空医学中心与中国科学院心理研究所合作编写，经专家审议和论证后全面推广使用的。

心理健康测评工作由中国民用航空局指定的体检鉴定机构负责组织和实施。体检鉴定机构必须选拔有资质的心理健康测评辅导员，接受并通过中国民用航空局组织的培训及考核。测评题目共399道，除了不同性格的量化指标，还设定了疑问、谎言、伪装及修正等效度量表。

任务三　服务人员心理健康的判定

由于职业的特殊性，服务人员应具备很高的心理健康水平。对于民航企业，高质量的服务不仅是对旅客的承诺，也是其自身良好形象的集中表现。因此，心理健康是服务人员做好本职工作的最基本的要求，保持服务人员的心理健康对于民航业的发展具有重要意义。与其他服务行业相比，民航工作环境和工作实践的特殊性是民航服务人员心理健康受到影响的主要因素。

一、心理健康的影响因素

（一）环境适应问题

环境适应问题是指对物理环境与人文环境的双重适应。例如，执飞不同的航班，经常换城市；岗位的调换；晋升或降职等所有生活和工作的变化，都会对人的环境适应性提出挑战。善于适应的人，很快就能在新环境中有新的发展；而不善于适应的人，则可能在新的环境中产生大量负面情绪而无法自拔。很多人有一个误区，以为职位晋升、受到嘉奖、搬进大房子等好事不存在适应问题，其实不然，所有环境变迁都存在适应问题。

（二）人际适应问题

人际适应问题包括对工作关系、学习关系、家庭关系、熟人关系的适应等。工作关系有同事关系、上下级关系和客我的关系等，家庭关系有夫妻关系、亲子关系、手足关系及各种亲戚关系等，熟人关系有同学、同事、同屋及邻里关系等。熟人关系看起来是人际关系中最松散也最不重要的部分，但往往是最容易产生困扰的一种人际关系，因为这种关系的发生频率高，而个人既不可能像与上级一样保持距离，也不可能像与亲友一样亲密无间，所以免不了发生摩擦，又往往在不经意间造成误解，加之缺乏合适的沟通渠道和方法，因而常常给人带来坏心情。

（三）学习与工作适应问题

学习与工作适应问题是指对事的适应，包括能否很快了解和胜任新的岗位，能否在工作或学习中充分体现自己的能力并从中体验到乐趣。科技日新月异的发展，给每个人的学习与工作能力带来了严峻的考验，如果我们不懂得以不断的学习去适应环境，就难以胜任工作，产生心理问题的可能性便会增加。

（四）自我适应问题

自我适应包括对自己身心发育的适应，对自己社会角色的适应，对不断自我实现的适应，以及对自己不断增加的愿望的适应等。

一个未曾适应自己的人是很难与环境和平共处的。每个人生发展的重要阶段都是人自我适应的关键期。在这些关键的人生发展阶段，很多困扰都是由自我适应没有调节好而引发的，很多环境适应问题的根源都在于此。

心理健康水平是一个连续体，心理健康与心理病态或心理异常之间是没有明确界限的。如果不注意保护自己的心理健康，心理健康水平就会不断下降，甚至出现心理病态或心理障碍。当自己的心理状态是正常的，但并不是心理健康最佳水平时，可以通过自己的努力来不断调节心理健康水平，使个性不断得到发展。

二、心理健康判定标准

结合服务人员的训练要求和职业特点，在习近平新时代中国特色社会主义思想指导下，服务人员心理健康判定标准总结如下。

（一）人格健全

人格是心理健康的基础，也是心理健康与否的重要标志。因此，人格健全是心理健康最重要的一条标准。培养健全人格应该做到以下几方面。

1）树立正确的世界观、人生观、价值观，有崇高的理想境界和高尚的道德情操。

2）培养爱国主义和集体主义精神，助人为乐、与人为善。

3）培养敢于面对现实、正视现实、求真务实的态度和开拓进取的精神。

4）锻炼坚强毅力，培养胜不骄、败不馁的意志品质。

5）培养艰苦奋斗、勤奋工作（学习）、勇于追求真理的精神品质。

6）培养谦虚谨慎、沉着稳重、敢于和善于批评与自我批评的良好品质，努力使自己的言行举止与社会要求相适应。

7）培养开朗、豁达的性格，保持乐观、愉快的心境。

8）培养广泛的兴趣爱好，以愉悦生活、充实精神、帮助事业成功、增强适应环境的能力。

（二）了解并接纳自己

服务人员对自己各方面的现状都应做到心中有数，做到自我评价客观、真实。唯有如此，才能使自己头脑清醒，立于不败之地，保证心理健康。要做到正确了解、接纳自己，应注意以下几个方面。

1. 全面了解自己

从多方面、多途径来了解自己，既了解别人对自己的评价、别人与自己的差别，也了解自己操纵周围事物、把握周围世界的状况；既了解自己的能力特长，也了解自己的性格品德等。这样才能对自己有一个全面的了解，更好地适应现实社会。

2. 正视人性阴暗面

在我们成长的历程中，接受的教育都是正统教育，引导人们积极向上。而实际上，人是一个复杂的有机体，有时会产生不能被社会价值观所接受的想法，或者做出与社会期望不相符的行为。而这些想法和行为往往成为个人不能自我接纳的根源。我们应该正视人性的阴暗面，它是自然存在的。只要正确加以约束，它们的存在就不会影响我们的价值和尊严。

3. 确定合适的目标

个人在选择自己目标的时候，要根据自己的实际能力水平量力而行。合适的目标应该是既有适度的把握，又有一定的挑战性。太低的目标无法充分发挥个人潜力，太高的目标如果没能实现则容易带来挫败感。合适目标的确定应当建立在对自己全面了解的基础上。

（三）能够战胜挫折

人生难免有挫折，但如何对待挫折却人各不同。因此，首先要有能够战胜挫折的能力。要不怕挫折；认真分析挫折原因，总结经验教训；借鉴别人战胜挫折的方法和经验，在工作、学习过程中逐步培养自己的耐挫力。

（四）能够适应环境

环境包括多方面，有自然环境、人际环境、工作环境、家庭环境和社会环境等，这些环境都需要人们去适应。想要很好地适应环境，首先要有思想和知识准备，因此需要努力学习；其次要培养冷静、稳重、果敢的性格和处理问题的能力；最后要正视现实、总结教训、学会适应的方法。

（五）心态积极

积极、良好的精神和情绪状态是保持心理健康的一个重要条件。人们具有积极、向上、乐观的心态，有利于经受住各方面的考验，有利于锻炼应对与战胜困难和挫折的能力，使身心少受伤害。积极心态主要来自豁达开朗的性格。

（六）人际关系和谐

人际关系状况直接影响人的情绪和身心健康，因此理顺人际关系很重要。建立和谐的人际关系主要包括以下几个方面：第一，善于理解。理解对方的心情和难处，不但能够拉近心理距离，还能够处理好相互之间的关系。第二，善于沟通。沟通可以了解矛盾原因，可以融洽感情、消除矛盾、缓和对立情绪，为矛盾和冲突的解决提供有利的条件。第三，具备开朗的性格和宽广的心胸，不为人际矛盾而烦恼伤神，这样矛盾也容易解决。

（七）参加有益的活动

积极参加有益活动能愉悦心情、广交朋友、增长见识、锻炼身体、调节心理功能，有利于身心健康，如参加文化娱乐活动、旅游、公益劳动等。此外，积极参与社会活动可以扩大个人的交际面，增强个人的归属感和安全感，保持心理健康。

项目二　识辨民航服务人员心理问题与辅导

案例导引

"3·21"空难事故后各航空公司开展员工心理疏导

"3·21"空难事故发生后，民航一线员工的心理和情绪受到了一定冲击，部分员工情绪波动，尤其是部分年轻空勤人员出现应激心理反应，情绪较低落。中国民用航空局对此高度重视，主动采取措施，帮助飞行员、乘务员和安全员纾解心理压力，确保空勤人员保持稳定的、积极的思想状况和心理状态，全身心投入飞行安全工作。

> 为加强特殊时期企业对员工的心理关爱，保障广大员工身心健康，机场和航空公司全力做好员工心理疏导及防御工作，构建"心灵防护墙"。
>
> 航空公司工会将"民航员工心理关爱服务平台"推送至各分工会，广泛宣传，指导有需求的员工通过线上微医问诊就医。该平台可实现创伤后应激障碍、焦虑症、抑郁症的线上自测，预约专业心理医生/咨询师在线免费咨询，缓解紧张焦虑等情绪；同时，为更直观地引导广大员工树立健康、积极、向上的生活态度，博维公司官方微信公众号设立专刊，多次推送漫画、视频等多种形式的"健康课堂"等，提高员工心理调试能力。
>
> 资料来源：民航资讯网

任务一　新时期民航服务人员心理问题的判定与辅导

新时期民航服务人员在飞行中面临着更大的安全压力、更复杂的运行环境和更高的社会要求。这些压力和要求会严重消耗服务人员的体力和精力，造成心理免疫力下降，甚至有可能导致身心健康问题。服务人员心理问题的判定是有针对性地解决心理问题的基础，可依据服务人员表现出的一系列异常状态分析判断其心理问题。

一、判定心理问题的依据

（一）失眠问题

失眠是睡眠时间不足和质量不好并影响身体功能的主观体验，主要表现为入睡困难、睡眠浅、早醒等。服务人员长期倒班工作，作息紊乱，容易出现急性失眠。由于大脑长期处于处理信息的紧张状态，服务人员经常出现头痛、入睡难等症状，睡眠质量逐步下降。失眠问题加重了工作负担，使他们很难集中注意力正常工作。

（二）情绪低落

低落的情绪也会对服务人员的工作状态造成一定的影响。服务人员需要频繁往返于机场和住所，生活中重复着"两点一线"，整个过程较为单调、枯燥，加上受到来自领导、同事和家人的工作和生活压力，普遍容易情绪低落，身心俱疲。有些服务人员虽然渴望在工作上有所成就，但是缺乏具体规划与人生目标，在工作中明显动力不足，内心充满了无助感，甚至对工作产生排斥心理。一般来说，出现这种心理问题的服务人员大多性格比较内向，他们不善于与别人沟通交流，也不善于表达自己的需求，面对自己的现实问题只能以逃避方式消极应对。

（三）敏感冲动

服务人员受种种因素影响，在日常工作中容易冲动，缺乏良好的自控能力与自律能力。面对社会上的各种诱惑，容易产生心理动摇；在工作中遇到困难时或在生活中遇到不顺心的事情时，经常悲观失望，缺乏解决问题的斗志，甚至"破罐子破摔"。尤其是部分年轻的服务人员，情绪波动更大，过分关注工作业绩，对业绩排名非常敏感和在意。

（四）无法正确处理竞争关系与人际关系

同事既是朝夕相处的伙伴，彼此又存在一定的竞争关系。部分服务人员对这种竞争关系的认知过于极端，将同事视为假想敌。他们往往对民航飞行安全也过分忧虑，将旅客都想象为危险分子。这不仅会伤害同事之间的关系，也会影响正常航班的旅客服务，从而影响航空公司的形象。很多航空公司对此并没有重视，导致服务人员无法表达自己的困惑，长期郁结于心，因此变得更加暴躁、易怒，情绪起伏很大。

二、心理问题的辅导

（一）完善心理健康教育，做好心理咨询辅导

首先，应完善心理健康教育，结合当下服务人员心理特点，有针对性地进行心理健康讲解；做好心理咨询辅导，引导服务人员掌握一些基本的心理问题调节技巧，丰富服务人员心理健康知识。其次，应设置心理健康教育讲座，结合相关的心理健康知识及要求，有效落实相关的教育内容。最后，对于个别服务人员难以适应工作的心理问题，可以有针对性地进行心理健康教育辅导。

（二）将团建活动与心理健康教育联系在一起，加强自我教育

开展团建活动，增进同事之间的感情，营造更加和谐、温暖的大环境，从而让服务人员能够更加和谐地相处，更好地适应集体，培养集体意识与团队协作能力。在团建活动开展过程中引入心理健康教育内容，借助集体的力量帮助服务人员突破心理障碍，建立自信心。例如，开展主题演讲比赛；针对民航飞行安全的案例，开展辩论赛；举办民航安全飞行与心理健康征文活动等，让服务人员在交流过程中掌握自我调控、疏导的技巧，感受到集体的温暖，获得来自他人的激励，从而有勇气直面自己的心理问题，最终在大家的帮助下解决心理问题。

（三）做好个别心理教育

除了具备工作性质导致的普遍心理问题，不同服务人员因家庭因素、个人问题等不同，面对的心理问题也有一定的特殊性。因此，在实际进行心理干预的过程中，民航企业还应从一些特殊服务人员个体入手，通过开展一对一心理健康辅导，专门为他们制订有针对性的个性发展方案，让他们感受到企业的真诚，帮助他们消除心理障碍，避免出现严重的心理问题。

（四）引导服务人员自主发现心理问题，教会他们解决方法

针对一些常见的心理问题，应认真、细致地向服务人员分析这些心理问题产生的原因，并教他们掌握一些科学合理的心理调适方法，如自我暗示法、脱敏法、焦点转移法等，以此帮助服务人员清楚地认识到自己的心理问题，并尝试解决问题。另外，民航企业还应加强对服务人员人际关系适应能力的培养，增强他们的沟通交流能力，让他们尽力为旅客做好服务，与同事愉快合作，避免出现心理封闭问题。

任务二　特殊事件后民航服务人员心理问题的判定与辅导

民航服务工作是一种特殊的工作，光鲜亮丽的职业光环下有着不同于一般职业的工作压力。倒班、轮休的工作时间使服务人员的作息时间和饮食时间不固定，飞行驻夜的地点变化及节假日无休使他们无法留出更多的时间陪伴家人。有时，服务人员还会遇到无法控制的特殊事件，如空难、恐怖袭击等，这些特殊事件会对服务人员造成不可磨灭的心理创伤。

特殊事件对服务人员心理的影响，不仅涉及当事服务人员，还可能波及行业内部其他服务人员。他们都有可能不同程度地需要合理的心理问题判定与辅导。

一、判定心理问题的依据

（一）工作焦虑

特殊事件发生之后，服务人员不仅要按时完成相应的飞行任务，还要保持良好的心态。服务人员的工作焦虑问题主要体现在对空难等特殊事件及空乘工作产生的消极情绪，如自我怀疑、自我否定等，导致身心压抑，对工作产生畏惧、厌恶等心理。这种心理问题若无法得到民航企

业的关注与及时疏导，服务人员就可能陷入恶性循环，严重影响工作状态，无法自拔。

（二）强迫症状

强迫症状是一种反复出现的强迫观念、刻板行为或仪式动作，服务人员明知这些观念或动作无意义，试图忽略、压制或用其他思想、动作来抗衡它们，却无法控制。发生特殊事件后，当事服务人员脑海中可能反复出现过往画面，无法控制这种自动性思维；此外，相关服务人员也可能过分担忧自己的工作，安全感急剧下降，反复回想自己在工作过程中是否操作不当，语言是否有疏漏等，严重时会怀疑旅客偷偷录音、录像等，表现出坐立不安的行为异常。

（三）莫名的烦躁与生理异样

若日常工作压力得不到有效消解，就会逐渐转变为生理异样，如部分女性服务人员在月经期间会莫名感到焦躁，容易出汗，无法集中注意力，对一切都提不起兴趣。还有的服务人员过分担心航班飞行安全，无法安心工作，在服务过程中经常"开小差"，甚至出现幻听、幻觉等。某些内向、自卑、缺乏安全感的服务人员容易因过度担心或紧张而引发持续焦虑。

二、心理问题的辅导

（一）飞行前心理辅导

在服务人员即将上岗或飞行前，应该做好心理问题的辅导，引导服务人员找到有利于自我身心调节及科学防范的方法，保持良好的心理状态。

第一，引导服务人员正确认识自己的心理反应，明白产生一定的消极情绪是十分正常的，这些情绪是提醒自己更及时、有效地保护自己。即使发现自己出现了不常出现的情绪，也不必对此有过多的心理负担。要正视自己的心理问题，允许这些反应的出现，而不是否认和排斥。接纳当下发生的一切，积极的变化自然就会发生。

第二，引导服务人员以恰当的心态对待飞行，避免接触带有各种强烈情绪的信息。民航企业要从正规渠道和官方网站获取信息，转发给服务人员。

（二）飞行中心理辅导

飞行中心理辅导是指为民航工作人员提供心理支持和辅导服务，以帮助他们应对飞行中可能出现的心理压力和困扰。首先可以提供压力管理技巧和策略，帮助飞行人员有效应对工作压力，如时间管理、放松训练、情绪调节等。其次可以通过团队训练和合作活动，加强机组人员之间的沟通与配合，提高团队凝聚力和应急能力。针对不可预测的紧急事件和突发情况，提供应急心理辅导和训练，帮助飞行人员保持冷静和应对紧急情况。很多航空公司建立了"民航职工心理关爱服务平台"，指导飞行中有需求的服务人员通过线上微医问诊就医，实现创伤后应激障碍、焦虑症、抑郁症的线上自测，预约专业心理医生/咨询师在线免费咨询，缓解紧张焦虑等情绪。在公司官方微信公众号设立专刊，提高员工心理调试能力，增强重新复岗的信心。

（三）飞行后心理辅导

在飞行结束后，航空公司要给予服务人员充分的关心。航空公司应加强对一线人员的心理关怀，充分肯定员工在飞行期间的努力和付出，及时给予鼓励和肯定，平复不良情绪。持续关注飞行结束后的一线空勤人员的心理健康状况宣传并提供有效的心理健康服务方式，针对飞行期间工作负荷开展对一线空勤人员心理压力、心理弹性的健康测评，以便后期有效实施心理援助及安排相应工作。民航员工也可以自我排解压力，如图9-1所示。

图 9-1 民航员工自我排解压力

三、心理问题的过程管理

（一）压力管理

压力水平适当是个人保持心理健康的重要因素。每个人可接受的压力水平都不一样。对服务人员来说，把压力控制在可接受的水平十分关键。如果压力水平无法得到控制，就可能造成不利影响。

（二）焦虑管理

在没有切实证据的时候，担忧或不确定性会导致我们对可能发生的事情过度担心。焦虑在精神上主要表现为紧张、恐慌、易怒、注意力不集中；在身体上则为胸闷、反胃、心跳加速、颤抖、肌肉紧张；在情绪上则为孤僻、沉默寡言、社交退缩。此时可以腹式呼吸两秒钟，保持两秒钟，再用嘴呼气两秒钟，重复三到五次，直到情绪稳定下来。另外，从 100 开始，倒数三次；听音乐并尝试分辨每种乐器的声音；数一数并说出短时间内能看到的物体的名称，都有助于缓解焦虑。

（三）睡眠管理

高质量睡眠能够使我们的身体从一天的活动中恢复过来。成人的建议睡

【微课】9-1 异地隔离期间的服务人员心理辅导

眠时间是每天 7～9 小时，在此基础上，睡眠时间略多或略少都是正常的。如果不能获得足够的高质量睡眠，就可能造成对健康的长期不利影响。

（四）饮食管理

均衡的饮食也是个人保持心理健康的重要因素。饮食会影响我们的感觉、思考和行为。均衡的饮食是指以正确的比例吃各种食物，摄取适量的食物和水分，以达到并保持健康的体重。确保饮食均衡能够降低患抑郁症及焦虑症或现有症状恶化的风险。水分摄入不足会导致焦虑水平超过正常状态，并容易疲劳；酒精会减少人体内的水分，也容易导致抑郁。

项目三　识用民航服务人员心理健康提升路径

案例导引

"3·7"事件

2008 年 3 月 7 日，南方航空公司从乌鲁木齐飞往北京的某航班上，有一名女性旅客从卫生间出来，恰好一名乘务员从她身边经过，发觉该女子身上的香水味中有特殊气味。乘务员随后进入该女子离开的卫生间，里面也有这种特殊气味。警觉的乘务员立即通知空中警察，随后与空中警察一起全面检查卫生间，最终在垃圾桶内找到一个散发汽油味的饮料罐。之后，乘务员和空中警察并没有贸然采取行动，而是仔细观察，发现有四名旅客神色慌张，于是协调其他空中警察对其进行隔离。在对嫌疑人的行李进行搜查之后，空中警察又发现了可燃物品。

资料来源：民航资源网

从上述案例中我们看到，优秀的心理素质对于民航服务人员积极、有效、及时地解决问题有至关重要的作用。当服务人员在工作中遇到突发事件时，优秀的心理素质是其迅速解决问题的关键。在上述案例中，乘务员临危不乱，并且能够密切和机组其他成员配合，顺利安排各项工作，最终确保机上全体人员的安全。这说明心理素质是一个人整体素质的组成部分，对工作的开展有重要作用。从事民航服务工作不仅要有良好的道德修养、强烈的服务意识、高超的服务技巧，更要重视优秀的心理素质。

任务一　个体身心发展

民航服务人员是一个比较特殊的群体，工作适应问题、人际关系问题、理想与现实的偏差问题，以及在学习中、恋爱中产生的矛盾时常影响着服务人员的心理。为了更好地消除心理压力导致的心理应激和心理危机，服务人员需要培养良好的心理承受力和心理耐挫力，从而增进身心健康，积极预防精神和心理疾病。只有这样，服务人员才能对工作充满热情，以正常的心理状态和积极的工作态度去适应环境。

一、职业心理

（一）加强专业知识的学习

出色的业务能力需要专业知识做支撑，具备一定的专业知识，是从业者基本的职业要求。具备专业技能是服务人员胜任工作岗位的一项基本条件。提高服务人员的专业技能，要从专业技术和专业知识两方面着手。掌握专业知识是提高专业技能的先决条件。扎实的专业知识是工作高效完成的基础，也是职业道德的反馈，更是服务人员良好心理素质的必备基础。

（二）提升职业道德修养

要提升服务人员的职业道德修养，就需要培养服务人员对工作的热爱。为了赢得更多的旅客，航空公司需要不断增强自身竞争力，而核心竞争力就是服务人员的服务质量。因此，想在市场竞争中赢得旅客，就必须增强服务人员的服务意识和服务理念。这也是提升服务人员职业道德修养的关键。

（三）注重情绪稳定与责任意识

服务人员一直处在特殊的工作环境中，在工作中难免会遇到一些意外的危险。当突发事件发生时，服务人员的表现会影响旅客的情绪。这时，服务人员要具备高度的责任感，规范自己，做到遇事沉着冷静，妥善处理危机，从而让旅客对服务人员有足够的信任。在工作中遇到挫折时，要调节好自身的心理状况，增强自己应对挫折的能力。兴趣能够驱动工作积极性，要注重培养对职业的喜爱，增强职业兴趣，具备良好的心理动力。

二、压力调适

工作压力是指工作负担过重、频繁变换岗位、工作责任过大或改变等对员工产生的压力。服务人员调适工作压力的方法大致有以下几种。

（一）适当放松

在一天的紧张工作中，多进行几次短暂的休息，放松身心，做做深呼吸，呼吸一下新鲜空气，可以放松大脑，防止压力形成。千万不要放任压力情绪发展，否则易使这种情绪在阶段性的工作结束后升级成压倒性的工作压力。

（二）主动释放

当我们感到压力太大时，应当主动寻找正确的途径去释放压力。可以找朋友、同学、亲人或陌生人诉说，通过倾诉把内心的郁闷和压力全都释放出来。如果不愿意向别人诉说，还可以通过转移注意力的方式来缓解，即把思想暂时转换到别的地方，多参加一些文体活动。释放压力的方法有很多，要根据自己的个性和需要选择。

（三）重新评价

其实生活中很多压力都是自己带来的，也许只是别人无意的语言、无意的行为、无意的眼神，却被太过敏感的思想曲解，从而带来了不必要的心理压力。在工作、生活中，当需求与现实发生矛盾时，必然要有所取舍，不能期望太高，更不能盲目追求。受到困扰时可以暂时避开问题，心平气和时再思考，不要钻牛角尖，也不要过于责备自己。

（四）正确看待

应当加强意志和魄力的训练，不断培养自己不畏强手、敢于拼搏的精神。不要惧怕压力，有时适度的压力反而是进步的动力，正是有了压力，工作才会充满刺激与干劲。压力是毒药还是良药都在我们的一念之间，不妨将自己的思想做一个大转变，化消极回避为积极运用，这时压力反而变成了成功的特效药。

生活在现今的社会，有工作压力是正常的，因责任而生的压力是人们应该面对的，这会使我们的生活更加丰富和多彩，没有必要去排除。但是，凡事都有尺度，如果压力太大，到了承受的极限，我们就要想办法来缓解。

三、职业倦怠

职业倦怠又称职业枯竭,是个体不能应对职业压力时的一种极端反应,是人们因工作时间过长、工作量过大、工作强度过高而产生的一种疲劳不堪的状态。

对于工作环境和性质无法改变的情况,民航服务人员要学会自我调节,防止各种因素引起职业倦怠。当然,这种自我调节离不开民航企业的配合与帮助。

(一)保持积极心态

保持积极心态是对职业倦怠进行自我调节的关键。服务人员要承认,一个人并不能控制和改变工作中的所有事情,有些工作自己能够胜任,但也有些是自己做不好的。例如,民航服务工作中有些问题是不可避免或难以在短时间内解决的,如航班延误、旅客投诉等。

(二)挖掘工作中的创新点

如果能在看似重复、枯燥的工作中挖掘出"创新"的可能性,就会让人觉得斗志昂扬、精力充沛。例如,在大家都用同样的问候语与旅客交流时,你不妨根据自己的观察和旅客的实际情况提供他们切实需要的服务,如果自己的用心能够得到旅客的肯定或赞扬,你就会有美妙的成就感。做自己喜欢的工作,就会愿意投入更多的时间和精力,而不会感到辛苦和倦怠。而一个人如果积极主动、充满激情地去工作,就总能超额、超水平发挥,这是一个良性循环。

(三)正视倦怠

服务人员要对职业倦怠有明确的认识和接受的态度,应认识到自己在压力之下做出的反应并不是个人能力差的表现,而是人人都可能有的正常心理现象。

(四)及时倾诉

服务人员在受到压力威胁而产生倦怠情绪时,不妨与家人、亲友一起讨论自身的状况,与他们一起分析产生职业倦怠的原因,在他们的疏导下重拾职业热情;当需要某些实际的帮助时,不妨求助于领导和同事,请他们给出切实的意见。另外,一些消极情感如愤怒、恐惧、挫折等也应及时倾吐,以得到某种发泄,这对舒缓压力和紧张的情绪是非常必要的。

(五)劳逸结合

服务人员要注意劳逸结合,保证足够的睡眠,将休闲和各种娱乐活动作为工作的必要补充。工作之余进行适度、有节奏的锻炼,持续5~30分钟,能够缓解倦怠,换来舒畅而平稳的心情。此外,适时、适当休假,可让身心恢复,也可借此机会思考,然后重新出发。如果短期内没有休假的机会,那么一些松弛方法,如游泳、做操、散步、洗热水澡、听音乐等也十分有效。

同步思考 9-2

安检"微笑哥":工作中盛放愉悦的鲜花

任何职业,从事的时间长了,都会产生倦怠。但对厦门安护T3检查分部彩虹班组的安检员张晨曦而言,安检员是个不会枯燥的职业。每天在工作中能遇到不同的人,有不同的经历,只要用心去感受,就会有不一样的收获。张晨曦会在休息时到登机口旁的书刊处阅读《中国民航报》。他说:"每当我对工作和生活产生疑惑时,那些报纸上刊登的优秀民航人的故事都能带给我巨大的鼓舞和激励。他们能把工作做得完美出色,我为什么不行呢?"带着这样一种肯学习、不认输的职业精神，通过自身的努力，张晨曦诠释了民航安检人的金牌服务。这让他被众多旅客交口称赞，成为厦门机场一颗耀眼的服务明星。

资料来源：民航资讯网

职业倦怠现象在各种职业中都会出现，在民航服务行业影响更大。服务人员面对的是旅客，丧失热情、态度冷漠的工作状态直接影响民航企业的服务质量，需要从业人员引起重视，提早预防，从而提高工作稳定性，提升民航企业的形象。

四、情绪调控

情绪调控方法多种多样。只要把握如下几个要点并掌握相关的方法，就可克服不良情绪，使自己快乐起来。

（一）接纳不良情绪存在的事实

情绪是每个人正常的心理体验，每个人在遇到一定的情境刺激时，都会产生相应的情绪，如高兴、紧张、焦虑、生气、悲伤等。所以应当接纳自己的情绪，不要排斥。当接纳自己的情绪时，就能够真诚地面对自己，自我就会和谐统一，心态就变得平和。因此，承认不良情绪的存在，找出原因，然后调整、克服，才是应有的态度。

（二）认知调整转换

情绪ABC理论认为，导致消极情绪的不是事实本身，而是个体对事实的看法，改变看法，就可以调整情绪。在服务过程中，无论遇到怎样的旅客、怎样的情况或怎样的问题，都可以换个角度想想，这次经历会带给自己什么样的经验或教训，如何不重蹈覆辙，将"问题"转化为"机会"。这有助于抑制不良情绪的影响，甚至将其转化为积极情绪。

（三）学习放松技术

情绪放松技术可以使紧张、抑郁、焦虑等不良情绪得到缓解。找到一个放松的姿势，如靠在沙发上或躺在床上，尽量减少其他无关刺激，然后按照手臂部—头部—躯干部—腿部的顺序，按如下五个步骤进行：集中注意力—肌肉紧张—保持紧张—解除紧张—肌肉松弛。

（四）寻求社会支持

寻求亲人、朋友、同事或专业心理咨询工作者的帮助，既可缓解情绪，又可获得新的看待问题的视角和思路，摆脱习惯的思维模式，走出困境，找到新的出路。

（五）养成乐观思维方式

快乐一方面取决于客观实际，另一方面取决于认知、思维方式。如果觉得不幸福，就会感到不幸；相反，只要心里想着快乐，绝大部分人都能如愿以偿。很多时候，快乐并不取决于你是谁、你在哪里、你在干什么，而取决于当时的想法。如果养成了乐观的思维方式，万事万物就都能带来快乐。抱怨除了破坏心情，对问题的解决毫无作用。

五、组织关心

（一）重视人文关怀

由于工作的特殊性，服务人员在节假日一般都需要坚守自己的工作岗位；由于航班一般都有凌晨的飞行，因而很多服务人员作息时间也不规律。与其他职业相比，他们不仅有来自工作的压力，还有忙于工作而未能处理好家庭事务的压力。民航企业除了要保证自己的员工能够出色完成工作，还必须帮助缓解员工两方面的压力，为员工提供人文关怀。

（二）提高服务人员物质待遇

如果服务人员在工作中有杰出表现或突出贡献，就需要给予一定的物质奖励。对于具有创新思维和能起到模范作用的服务人员，同样可以设置奖项或表彰制度，及时进行表彰和物质奖励。特别是那些为工作做出过重大牺牲，或者长年没有过节假日的服务人员，要及时送去慰问。绩效考核是对员工的激励，在绩效考核下，应当配备相应的物质奖励机制。通过补贴、捐助、社会力量帮助等多种形式帮助困难员工，对于长期工作在一线的员工及时发放补贴，以此激发员工对工作的热情。

任务二　团体心理辅导

团体心理辅导是一种在团体情境下开展的心理辅导形式，具有覆盖面广、功能丰富（教育、发展、预防及治疗四大功能）等优势，尤其在发展性和预防性心理辅导中效果独特，被广泛应用于企业和高校。

一、团体心理辅导对服务人员的意义

（一）有助于促进服务人员身心健康

民航服务人员是一个相对特殊的群体，严格的行政化管理、较高的升空淘汰率、紧张的飞行，还有较大的安全压力、较高的职业价值预期，对他们的身心健康提出了更高的要求。服务人员的年龄大多在24~44岁，心理虽然成熟，但是容易受到家庭和社会的影响，加上作息不规律，心理健康水平起伏很大。团体心理辅导能够帮助服务人员培养社会规范，发展新的应对技能，学习新的适应性行为，探索自己与他人的相处方式，学习有效沟通。

（二）有助于增强服务人员团队合作意识

对个体而言，团体赋予其归属感，而个体则将归属感的反馈转化为协作的力量，这正是"1+1＞2"，整体大于部分之和的表现。团结协作的工作作风是当代民航精神的重要内容，也是行业发展的必然要求。个体的行为模式会影响团队的行为模式，及时、有效的团体心理辅导可以遏制反常的个人心理，强化个体与个体、个体与团队的交互，进而规范彼此的行为模式，形成温暖、坚定、和谐的团队氛围，增强团队凝聚力，有利于服务人员日常生活、工作、训练的正常进行及长远的职业作风培养。

（三）有助于创新服务人员思想道德建设

服务人员的思想道德建设，不仅关系到个体未来的发展，更关系到整个民航业先进性的高低。思想道德建设具有主动性，在心理健康问题出现之前望闻问切、对症下药，能起到预防、消除心理问题的效果。良好的思想教育工作有助于培养现代民航人的利他精神，自觉、自愿地做出有益于社会的行为和贡献。团体心理辅导引入民航业，可以促进思想道德工作在形式和内容上进行创新。例如，团体性、互动性较强的素质拓展训练可以促使服务人员互动，增强他们的参与意识和主动意识，并在团队合作中增进友谊，实现思想和情感的互动。

（四）有助于提高民航企业领导的工作效率

民航企业的领导在承担一般管理工作的同时，应该更多关注员工身心健康，思考如何缓解员工身心压力。员工有来自旅客、同事及同行的压力，从整体来看，要承受社会、职场和家庭的几重压力。团体心理辅导能够更加方便、高效地解决服务人员的共性问题，疏导心理压力，使其达到正常的心理状态。这就有利于民航企业领导日常工作的正常开展，从而提高民航企业领导的工作效率。

二、团体心理辅导的应用路径

（一）在心理健康教育中的应用

服务人员普遍存在发展性心理健康问题，而团体心理辅导具有覆盖面广、功能丰富等优点，成为心理健康辅导工作的重要方式。在进行员工心理健康测评之后，根据测评结果，针对员工特点和存在的问题开展不同主题的团体心理辅导，如人际关系小组、压力管理小组、自信心培养小组、情绪管理小组等，设计对应活动方案，既可以对特定员工给予辅导，又可以筛查出严重问题，实施进一步的个体咨询。团体心理辅导可以在培养员工完整、健全的人格方面提供正确的引导，可以预防及纠正服务人员产生错误的自我意识、以自我为中心、人际交往上的缺陷等，为有效降低后期离职率、保障飞行训练安全打下坚实的心理素质基础。

（二）在思想政治教育中的应用

民航是国家"窗口"行业，服务人员的政治形象和公众形象十分重要，因此一定要重视服务人员的思想政治教育工作。树立坚定的理想信念、把握正确的意识形态、培育社会主义核心价值观、弘扬当代民航精神，是服务人员践行为人民服务和建设民航强国的必然要求。团体心理辅导运用的游戏、体验、分享等形式，可以创新思想政治教育方式，避免了传统思想政治教育中生硬、刻板的说教，在服务人员思政教育中有事半功倍的效果。例如，以团体心理辅导形式开展"诚信""奉献""感恩"等主题航班，使服务人员在服务过程中获得感悟、触动，在认知层面留下深刻的记忆。

（三）在个人工作培育中的应用

服务人员的飞行工作任务重、时间准确率要求高，往往忽视了个人的深造和学历提升。帮助员工重新激发学习动机、克服职业倦怠很重要。利用团体心理辅导，可以在平等的同伴交往模式中干预员工对目前工作状况的自我接纳，促使员工自我反思、自我教育，探索和澄清工作和个人深造方面的困惑，明晰学习优势与不足，帮助员工形成积极的工作情绪。以纪律作风建设为主题，有意识、有目的、有步骤地开展团体心理辅导，可以培养服务人员参与作风建设的主体性，加强同事之间、上下级之间的沟通与协作，建立一定的团体规范，使员工在愉悦的团体气氛中接受集体的行为准则和纪律约束。

（四）在团队建设管理中的应用

团体心理辅导以活动为载体，具有较高的互动性、情境性和生动性。例如，"同舟共济""十人九足""信任背摔"等体现合作、信任的团体活动，让员工在活动中彼此接纳、认同、欣赏，学会理解、宽容、协作，促进员工相互交流，有助于改善员工的人际关系，提高乘务组的凝聚力，增强乘务员的归属感，营造平等、和谐、积极、互助的机舱氛围，促进乘务员个体与航空公司的共同成长。

团体心理辅导对引导服务人员养成良好的行为习惯、人际交往模式、心理需求、社会适应能力有独特的优势和可行性，对乘务组的团队凝聚力、归属感及职业理想信念培养有积极作用，对员工自我教育、自我管理、自我发展的能力培养也有其必要性。

同步思考 9-3
新疆空管局空管中心工会开展班组团体心理辅导活动

为进一步加强民航新疆空管局员工心理关爱工作，提高工会服务员工的工作水平，提升广大员工的身心健康水平，改善人际关系，舒缓心理压力，2021 年 3 月至 7 月，新疆空管局空管中心工会特邀新疆泰能心理培训机构辅导老师开展 5 期班组团体心理辅导活动，主要以"团队凝聚与建设""支持性班组""合作与竞争""发现内在品质""希望与未来"等主题开展班组团体心理辅导体验活动，参训 62 人次。

体验式班组团体心理辅导（包括团体沙盘、团体绘画）帮助员工有效纾解压力、调节情绪、放松身心，更好地适应环境、融入团队，强化团队意识与协作精神，增强团队凝聚力，帮助员工更全面、深入地认识自己、了解他人，从而与他人建立起更和谐的关系。

资料来源：中国民航网

心理辅导机构有针对性地制订专业心理援助计划，为员工提供简便易行、专业保密的班组团体心理辅导等服务，解决员工生活、工作、学习、职业发展、人际交往、婚姻关系、亲子教育等方面的心理困扰，预防心理问题演变为心理疾病。加强与员工的沟通与联系，及时对情绪有波动的员工提供心理关怀和疏导，消除员工情绪变化带来的不稳定因素，重点关注长期在基层一线重点工作岗位工作及工作强度高、压力大的员工，努力营造以人为本的工作和生活环境，给予他们更多的人文关怀与心理援助。

心理健康是影响经济社会发展的重大公共卫生问题和社会问题。以上案例中，民航新疆空管局空管中心工会充分认识到员工心理关爱工作的重要性，把持续做好员工心理关爱工作作为服务员工的一项重要内容，在人文关怀和心理关爱等方面加大力度，明确目标，持之以恒为广大员工提供便捷化、精准化的心理关爱服务。

三、团体心理辅导的过程

在进行团体心理辅导之前，要先对服务人员进行压力信息采集与个人访谈，确定团体辅导的目标，如可以正确识别压力、压力源，认识到自己不合理的信念，可以自我寻找支持系统，同时学会放松、减压；并结合服务人员工作压力大、精神高度紧张的现状，对服务人员进行团体心理辅导。由互动游戏导入，引入压力管理及合理情绪疗法，进入意象对话和凝聚力提升。其中的放松环节是一种让身心得到很大程度放松的练习，能够让人在一种平静和放松的状态下感知自己的内心，强化各感官的感知。

团体心理辅导能够让服务人员增加心理健康知识，掌握自我心理调节的要领，为确保服务人员以良好的心理素质投入工作打下了基础，为圆满完成任务提供了平稳健康、积极向上的心理和思想保障。

同步思考 9-4

团体辅导方案 1：压力来自哪里

活动名称：快乐兔子

活动目的：热身，使成员活跃起来

活动过程：

1. 将所有成员分成约 10 人一组（可按报数等方式分），每组以颜色取名字，如蓝兔子组、红兔子组等。

2. 开始的一组由团体领导者指定，被指定的这一组成员听到指令后要迅速双手搭肩站成一横排。一边喊自己组的名字一边下蹲 3 次，最后一遍喊出下一组要蹲的组名，如"白兔子蹲、白兔子蹲、白兔子蹲完黄兔子蹲"。听到指令的一组立刻开始同样的程序。

3. 每组口号（要求接下来蹲的组名）必须一致，下蹲整齐，否则重做。
4. 说清楚规则后，可练习一遍，同时给每个小组留出 2 分钟时间商量自己小组的策略。

引导讨论：

活动完成后，所有成员分享活动感受。在面对压力时，我们的反应如何？应对压力的有效方法是什么？在这个过程中，我们想到了哪些生活场景？

同步思考 9-5

团体辅导方案 2：信任的力量

活动名称：好心情唱出来

活动目的：增加信任

活动过程：

将所有成员分成两个组，由团体领导者选一个主题，如"朋友"。给大家 5 分钟时间商量关于"朋友"的歌曲，然后两组赛歌。要求每个成员都要唱，谁唱不出了就出列，歌曲不得重复。哪个组先淘汰出局为失败。

引导讨论：

在和组员商量的过程中，你内心的感受怎样？这种情境让你联想到生活中的什么？活动给你哪些启发？

任务三　员工帮助计划

员工帮助计划（Employee Assistance Program，EAP）是企业为员工提供的系统性、长期性援助与福利，由专业人员对企业及员工进行诊断，并在诊断后提供专业指导、培训和咨询，帮助员工及其家庭成员解决心理和行为方面的问题，提高绩效，改善组织气氛和管理水平。

一、EAP 的主要内容和因素

（一）EAP 的主要内容

1. EAP 服务是由雇主发起的

为解决影响员工工作满意度及生产效率的诸多问题，雇主主动发起 EAP 服务，通过企业内部或外部签约的供应商具体执行，具体的服务内容包括摆脱酒精或药物依赖的咨询、辅助员工解决婚姻或家庭问题、职业咨询及为员工亲属提供帮助。

民航工作的评价体系首先以"安全"为核心。因此 EAP 的工作目标也应聚焦于根除人为因素导致的"安全隐患"，围绕加强相关岗位员工的三大能力开展工作。三大能力分别为"专注力""自制力""履职力"。围绕这三大能力所做的训练能够取得以下工作成效：减轻工作压力大导致的慢性疲劳和职业倦怠，确保员工的意识聚焦于安全保障；减少意志消沉导致的不合作及任务执行不到位，确保在大流量或紧急状况下的工作绩效稳定度；减少缺少责任心导致的错忘漏，以及职业态度不佳导致的安全隐患，提升员工的职业素养与责任心，使他们自发爱岗敬业。

2. EAP 服务是基于职场的项目

大部分员工表示更加愿意接受电话、微信、微博等在线咨询，而线下面对面的 EAP 反而不太愿意接受。员工最重视的是医疗保健服务。对于民航服务人员，危机事件支持服务也非常重要。休闲娱乐活动和专业个人咨询也是大部分员工感兴趣的项目。由此可见，企业的 EAP 服务项目应该包括医疗保健服务、危机事件支持服务、休闲娱乐活动、专业个人咨询。

3. EAP 服务是一项健康服务

EAP 重点关注员工健康问题的方方面面，帮助员工在职场中找到并解决各种影响其工作绩效和个人健康的问题，如婚姻问题、药物滥用、家庭困扰、压力应对、健康教育、家庭暴力和疾病。

基于以上内容，可以将 EAP 定义为企业帮助员工提升绩效的资源，通过预防、鉴别等手段，在员工个人问题和生产力问题两个方面发挥作用。

（二）EAP 的主要因素

第一，咨询、培训并辅导企业的领导层。例如，若发现某位员工一直在哭，该员工的主管即可拨打与员工相关的 EAP 热线为员工寻求帮助。

第二，当员工身上出现问题，影响其工作绩效时，及时找到问题，并对其做出专业且保密的评估。

第三，针对影响工作绩效的员工行为，使用激励和现场干预等方法进行纠正。具体措施不仅包括心理咨询，还包括企业发生危机事件时提供一系列 EAP 服务，同时包括劝退年纪过大的员工等。

第四，员工个体的治疗、管理及跟进。无论是在 EAP 服务范围内还是超出 EAP 范围，都应当保证对员工个体及企业提供最有效的服务。

第五，鼓励 EAP 服务的供应商与各地签约客户建立高效且友好的长期合作关系。

第六，向企业雇主或高层管理者提供咨询，通过首先为高层管理者提供服务的方式，逐步增加健康福利的可得性、可用性，并且逐渐向基层员工推广。

第七，从绩效和项目的执行情况两个方面，对接受了 EAP 服务的组织及个人进行评估，并在评估的过程中考虑投资回报率。

同步思考 9-6

EAP 项目举例

南方航空公司的 EAP 项目主要通过三种途径解决服务人员面临的各方面压力：首先，追寻压力源头，消除员工产生压力的诱因，如尽量避免让员工暴露在不适宜的环境中，从而消除外部压力源。其次，提升员工的抗压能力，通过缓解及疏导等方式鼓励员工以积极的心态处理个人问题，正确地解决自身存在的压力问题。最后，发现并改变员工的弱点，采用引导及教育的方式来转变员工的不良行为模式及生活方式。

中国国际航空公司在战略层面把 EAP 服务作为宣扬企业文化的重要一环。通过 EAP 项目改善组织及员工之间的关系，并加强员工对公司的心理承诺，以此强化组织凝聚力。其 EAP 以外部模式为主，大部分服务都外包给了北京某咨询公司。该公司针对中国国际航空公司组织分布广泛、员工规模庞大及出差频繁等航空业的特殊问题，按企业层级分开管辖各分公司片区，针对性地提供 EAP 服务，研发出面向不同需求员工的特色培训课程，为有需要的员工提供生活、工作、家庭、健康及子女教育等不同类型的咨询服务。

资料来源：中国民航网

二、EAP 对民航员工的影响

（一）员工获得压力舒缓新途径

民航企业实施员工 EAP 项目之后，在企业内部，员工拥有了用来放松、减轻压力及进行心理咨询的舒适场所。在 EAP 项目工作室中，民航企业为广大员工舒缓压力和调节情绪提供了私密、安全、高效的新途径。员工可以进入音乐放松室听音乐来舒缓自己的压力，可以使用减压宣泄室通过宣泄活动消除较高的心理压力，还可以进入团体工作室通过团体活动来强化抗打击能力，在访谈室中与资深专家交谈，在倾诉中缓解不良情绪。

（二）员工掌握自我调节方法

EAP 项目会为员工举办系列讲座，向他们讲解如何自我调节以缓解自己的压力，如何合理地宣泄自己的压力，如何正确地管理自己的压力。大部分员工都愿意参加 EAP 项目组织的讲座。EAP 项目的培训课程包括"亲子教育培训""危机干预实践技术"等。在这些培训课程中，EAP 项目通过实际案例及现场解答等方式，让员工能够切实掌握在亲子教育、危机干预中如何正确地自我调节，使员工的压力能够控制在恰当的水平。

（三）员工幸福感提升

EAP 项目促使员工拥有良好、积极、健康的身心状态，在企业内部形成良好的工作氛围和环境。由于实施 EAP 项目给员工带来积极、正面的帮助，员工整体上增强了对个人健康的关心，对心理健康的关注度有了较大提高，个人生活也有了相应的改善，竞争压力及其他心理问题也都迎刃而解。在接受 EAP 项目服务后，员工自身的压力得到缓解，身心更加愉悦，家庭更加和睦。无论是员工本人还是他们的家属，幸福感都节节升高。

三、EAP 对航空公司的影响

（一）对公司运营的影响

1. 员工归属感不断增强

引入 EAP 项目之后，航空公司员工的归属感不断增强，越来越多的员工愿意参与 EAP 项目。以东方航空公司为例，其 EAP 项目已经由最初试点的 320 机队 600 人左右扩展到上海本部的所有员工，共 1800 人。公司针对心理健康开展培训近 20 次，参与人数近 600 人，一对一访谈近 60 人。为推广 EAP 项目，印发 EAP 项目宣传手册和月度刊物 1000 余份，参与人数 450 人次。随着 EAP 的开展，员工的离职率也大幅降低，从而减少人员流失。

2. 公司安全服务不断强化

民航系统最重要的就是航空安全，一切都以安全飞行为首要任务和目标，安全是航空业的基石，是飞行的生命线，是对旅客的重要承诺，也是维持社会稳定和经济发展的基本保障。航空公司推行 EAP 项目，既帮助员工更好地缓解来自工作、生活的多方面压力，使身心保持平衡与健康，也保证了每次出航的安全。

3. 公司经济效益不断提升

在落实 EAP 项目的过程中，需要建立一支 EAP 项目队伍，设立员工心理健康档案、EAP 项目心理健康网站和 EAP 项目工作室，开展一系列培训。EAP 项目与公司的业务利润存在关联，公司的业务利润因为 EAP 项目的引进而大有提升。实施 EAP 项目以后，无论是旅客的运输量还是营业收入增量、利润总额增量都比此前有很大提升。根据已经取得的经济收益，不难衡量实施 EAP 项目的投资回报率。另外，EAP 项目的实施也保证了员工对公司的归属感与忠诚度。员工的离职率明显降低，自然节省了公司的招聘费用。实施 EAP 项目，公司以人为本，关心员工身心健康的形象广泛传播，由此带来的良好声誉已远非金钱所能衡量。

（二）对公司文化的影响

1. 公司人本主义文化不断强化

通过实施 EAP 项目，航空公司形成了积极、健康的良好氛围，员工能够在舒适、轻松的环境中工作，心理压力得以缓解，心理问题得到解决，心理健康水平显著提升。航空公司的 EAP 项目与公司倡导的人本主义文化相辅相成，通过多种渠道实现"员工热爱、顾客首选、股东满意、社会信任"的愿景，在与全部利益相关方的合作共赢中，创造幸福体验、分享幸福成果、打造幸福航空，使员工获得归属感和幸福感，同时为公司带来了长久发展的活力。EAP 项目服务给予员工的实际福利延伸到他们的家庭成员，大大减轻了他们的家庭负担，使他们能够毫无后顾之忧地走向工作岗位。

2. 公司社会责任感不断彰显

EAP 项目有助于航空公司发扬其承担社会责任的企业文化。航空公司的社会责任包括不断"创造幸福，感知幸福，传递幸福，向员工、顾客、股东和全社会释放幸福，让幸福汇集广众，让幸福从东方扩及世界"。EAP 项目引进后，航空公司的社会责任感不断彰显。这主要是由于员工的归属感越来越强，越来越多的员工参与公司组织的社会活动，付出人力、物力、财力，从而彰显了公司的社会责任感。

四、EAP 实施方案制订和模式选择

按服务来源划分，EAP 项目可以分为以管理为基础的内部模式、以契约为基础的外部模式、以资源共享为基础的联合模式、专业化和灵活性相结合的混合模式四种。

（一）内部模式

内部模式是组织内部甚至专门机构在人力资源部等相关部门新设职能，由内部专职人员负责 EAP 项目的方案制订和组织实施。他们的工作是进行评估，提供短期咨询，以及当需要长期咨询时转到外部的服务供应商。该模式的优点主要有：专职人员对公司独特文化、潜在问题和民航服务人员特性有着更深的理解和把握，拟定的方案更有针对性。缺点主要有：专职人员在设计方案的过程中难免带有主观性；向同事直接提供帮助，有可能因为觉察个人隐私受到威胁而影响服务的使用，而且很难做到相关记录的严格保密。

（二）外部模式

外部模式是组织将 EAP 项目外包，由外部具有社会工作、心理咨询辅导等知识经验的专业人员或机构提供 EAP 服务。该模式的优点在于组织人力资源的耗费最少，组织只需要支付一定的报酬就可以得到全套服务；同时，由于服务提供商是组织之外的第三方，服务人员在接受服务的时候更能感到个人隐私的安全性。缺点在于服务提供商可能对组织了解不够，费用也可能相对较高。

（三）联合模式

联合模式是若干组织联合成立一个专门为其服务人员提供援助的服务机构，该机构专门配备专职人员。该模式可以最大限度地节省经费，但是目前在中国很难实现。一方面，中国对 EAP 有明确需求的组织比较少，很难形成规模；另一方面，在人员配置、人员权限、薪酬福利等方面，多个组织也有引发争端的可能。

（四）混合模式

混合模式是组织内部 EAP 实施部门与外部的专业机构联合，共同为组织服务人员提供帮助。这种方式能保证服务提供商的专业性、服务人员的信任度，同时有组织内的联系人协助推进项目，并对质量进行跟踪、监督、评估。

五、EAP 服务过程

（一）评估压力，寻找压力源

先要帮助服务人员找到压力源，然后才能对症下药。这个过程主要是由外部 EAP 服务提供商的专家进驻企业完成的，但是又离不开企业内部 EAP 小组及各管理层的协助。一方面，由专业人员采用专业的心理健康评估方法，评估服务人员心理健康现状，并且根据压力源的划分，找出问题产生的原因。心理状况的调查研究是 EAP 项目有效开展的前提，旨在发现和诊断职业心理健康问题及其原因，并提出相关建议，减少或消除不良的组织管理因素。另一方面，企业内部管理层最清楚服务人员的心理、身体状况，能够提供很大帮助。

（二）EAP 的培训

针对服务人员的普遍问题，EAP 项目执行者设计覆盖职业心理健康、压力管理、时间管理、人际沟通、工作与家庭平衡等多个领域的培训，协助企业开发服务人员自身巨大的潜力，在提升服务人员价值的同时，实现企业管理和效益水平的提升。

（三）EAP 的咨询

EAP 项目能够在组织内部营造一种心理健康导向的工作氛围，并使管理者和服务人员在意识上发生某种转变。培训则进一步将这种意识上的转变深化到行为层面。但对于面对心理困扰的服务人员，真正能够起到帮助作用的则是专业的心理咨询。因此，在 EAP 项目的实施过程中，心理咨询能够起到"各个击破"的作用。

课程思政小红星

迎夏而战，凝心聚力——天津航空公司客舱服务部以实际行动关爱基层员工

2023 年，随着民航传统暑运旺季的到来，各一线运行单位均面临着压力大、任务重的情况。为及时有效缓解基层工作压力，达到凝聚人心、鼓舞士气的目的，激发员工工作热情，提升员工幸福感，天津航空公司客舱服务部党委采用多种形式为基层减压、减负，全方位关爱客舱服务部基层员工。

天津航空公司客舱服务部领导干部把深入群众一线调研作为先手棋，以"做员工信赖的人"为目标，多次深入一线、深入基层、深入群众，与员工及时进行谈心和沟通，积极帮助疏导压力。

结合暑运的到来，客舱服务部大力开展员工"关爱行动"，从工作、生活、学习等方面送关爱到基层、送关爱到一线。天津航空公司客舱服务部工会组织开展了"祈福纳吉，凝心聚力"的创意活动及"迎夏而战，化伏为安"的关爱活动。

长期以来，客舱服务部党委始终高度重视基层员工的关爱工作，通过加强调研、关注思想、迅速落实等工作方法坚持做到工作推动在基层、感情融洽在基层，以党组织为核心带动工会、共青团等群团组织力量形成合力，通过开展各种"关爱行动"积极为基层减压、减负，充分调动基层员工的积极性，不断激发基层工作活力。

知识巩固

一、填空题

1. 心理素质分为_____、_____、_____。
2. 服务人员心理健康的内容包括_____、_____、_____、_____、_____。
3. 心理健康的影响因素有_____、_____、_____、_____。

二、简答题

1. 怎样提升民航服务人员的心理素质？
2. EAP 是什么？它的应用对民航服务人员和航空公司的影响有哪些？

技能训练

请以小组为单位，搜集资料，调查民航服务人员的心理健康状况。选择一种心理问题，重点分析服务人员产生这种心理问题的原因及其行为特点，思考如何对服务人员进行心理辅导。

参考文献

[1] Latane, B. (1979). Society for personality and social psychology: president's report[J]. Personality & Social Psychology Bulletin, 5(1), 1-4.

[2] Diener, E., Fraser, S. C., Beaman, A. L., &Kelem, R. T. (1976). Effects of deindividuation variables on stealing among halloween trick-or-treaters[J]. Journal of Personality & Social Psychology, 33(2), 178-183.

[3] （美）艾伯特·J. 伯恩斯坦. 范蕾译. 情绪管理[M]. 北京：中国水利水电出版社，2005.

[4] 彭聃龄. 普通心理学[M]. 北京：北京师范大学出版集团，2012.

[5] 乐国安. 社会心理学[M]. 北京：中国人民大学出版社，2013.

[6] 金盛华. 社会心理学[M]. 北京：高等教育出版社，2009.

[7] 林崇德. 发展心理学[M]. 北京：人民教育出版社，2009.

[8] 宫火良. 情绪管理原理与方法[M]. 北京：新华出版社，2012.

[9] 梁宁建. 心理学导论[M]. 上海：上海教育出版社，2015.

[10] 向莉，岳继勇. 民航服务心理[M]. 北京：科学出版社，2013.

[11] 熊明根. 人格结构 PAC 理论及应用浅探[J]. 三明学院学报，1997(1):81-87.

[12] 刘俊杰，于佳楠. 空难事故对民众心理影响调查[J]. 安全，2022，43(7):20-27,12.

[13] 常宇杰. 心理学视野下机场群体性事件的成因及对策研究[J]. 江苏警官学院学报，2017，32(5):76-82.

[14] 许红军，田俊改，叶美岐. 民航客舱乘务员 EAP 体系构建研究[J]. 民航管理，2018，No.331(5):74-79.

[15] 朱晓燕，陈志强，王忠才，郝玲，高翔. 民航关键岗位员工心理健康现状及对策研究[J]. 民航管理，2019，No.340(2):40-44.

[16] 汪磊，瞿凯. 后疫情时代民航飞行员心理健康状况分析及对策[J]. 民航管理，2023，No.388(2):89-93.

[17] 黄颖芬. 情绪劳动在人文机场建设的价值和应用[J]. 中国民航飞行学院学报，2022，33(1):48-51.

[18] 闫艳. 积极做好民航企业意识形态工作[J]. 支部建设，2021，No.533(17):39.

[19] 王霞. 心理资本对民航业新生代员工安全绩效影响的差异性研究[J]. 安全与环境学报，2020，20(4):1384-1390.

[20] 张晓玉，章昊灵. 航班延误引发的乘客心理问题与服务策略探析[J]. 成都航空职业技术学院学报，2019，35(2):67-71.

[21] 刘然，刘正宏. 飞行行为观察被试心理测评系统研究[J]. 自动化与仪表，2017，32(4):1-4,14.

[22] 王霞. 基于心理测评的民航机务人员安全胜任力研究[J]. 中国民航飞行学院学报，2017，28(2):19-24.

[23] 张思佳. 航空乘务员心理危机干预[J]. 劳动保障世界，2017，No.451(3):27,29.

[24] 中国民用航空职业技能鉴定指导中心. 民航乘务员（2020 年版）[M]. 北京：中国民航出版社，2020.

[25] 中华人民共和国人力资源和社会保障部，中国民用航空局. 民航乘务员国家职业技能标准